大明

300年

艾公子 ◎ 著

辽宁人民出版社

ⓒ 艾公子　2024

图书在版编目（CIP）数据

大明 300 年 / 艾公子著 . 一沈阳：辽宁人民出版社，
2024.1（2025.3 重印）
ISBN 978-7-205-10860-1

Ⅰ . ①大… Ⅱ . ①艾… Ⅲ . ①中国历史—明代—通俗
读物 Ⅳ . ① K248.09

中国国家版本馆 CIP 数据核字（2023）第 178243 号

出版发行：辽宁人民出版社
　　　　　地址：沈阳市和平区十一纬路 25 号　邮编：110003
　　　　　电话：024-23284321（邮　购）　024-23284324（发行部）
　　　　　传真：024-23284191（发行部）　024-23284304（办公室）
　　　　　http://www.lnpph.com.cn
印　　刷：天津旭丰源印刷有限公司
幅面尺寸：170mm × 240mm
印　　张：26
字　　数：420 千字
出版时间：2024 年 1 月第 1 版
印刷时间：2025 年 3 月第 2 次印刷
责任编辑：娄　瓴　刘　明
封面设计：人马艺术设计·储平
版式设计：新视点工作室
责任校对：吴艳杰
书　　号：ISBN 978-7-205-10860-1

定　　价：78.00 元

大明之气

明朝开国第57年，明成祖朱棣最后一次亲征鞑靼，追击到答兰纳木儿河（今蒙古国境内），于回师途中病逝。这名硬气皇帝，一生多次亲征，直至死在路上。

明朝开国第82年，明英宗朱祁镇御驾亲征蒙古瓦剌部，在土木堡（今河北怀来）被俘虏。蒙古人以为"奇货可居"，谁知明朝在硬气大臣的主导下另立新君，平稳度过统治危机。

明朝的最后一年，崇祯皇帝朱由检面对死局硬不迁都，最后在煤山上自缢。死后，人们从他身上找到一纸遗诏，上说："朕死，无面目见祖宗，自去冠冕，以发覆面，任贼分裂，无伤百姓一人。"

这是代表明朝的三张面孔。

明朝是个很精彩的朝代。16位皇帝各有特点，他们或明或暗，或刚或柔，或暴虐或仁慈，或勤政或懒政，或奇葩或多疑……有的口碑极好，有的风评很差。在16位皇帝中，甚至找不出两个"雷同"之人。但无论如何，他们在国家层面上均守住了两条原则：一是"不和亲，不赔款，不割地，不纳贡"；二是"天子守国门，君王死社稷"。

这两条总结性的原则，当然是今人对明朝的概括，但它们并非空穴来风。

明朝中期有一个名叫敖英的官员，他在笔记《东谷赘言》中盛赞当朝的外交格局："我朝国势之尊，超迈前古，其驭北虏西蕃，无汉之和亲，无唐之结盟，无宋之纳岁币，亦无兄弟敌国之礼，其来朝贡，则以恩礼待之。"这段话后来被多方引述，慢慢演变成"不和亲，不赔款，不割地，不纳贡"的口号式表述。

汉唐流行和亲，两宋主张纳贡，清代割地赔款，中国历史上的主要朝代在外交上都有权宜和不得已的特别举措。唯有明朝，哪怕被逼到墙角，到了万不得已的地步，也仍旧采取一种硬刚到底、决不妥协的姿态。

可以作为对比的有两个例子：西汉初，刘邦被匈奴骑兵围困于白登山，最终以贿赂、和亲解之；明朝的皇帝朱祁镇被俘，其母孙太后、其妻钱皇后偷偷以金银赎人，但在朝廷上，文武官员定下的对策却是以硬碰硬——皇帝的命可以被扼住，王朝的命不可以。

前后相距1600多年的这两个事件虽然最后都得到了妥善解决，但其背后体现出的王朝气质迥然有别：西汉以柔克刚，韬光养晦，展现的是智慧；明朝以硬碰硬，虽死不惧，展现的是骨气。

明朝最初定都南京，随着北伐成功，疆界拓展，帝国的敌人和压力变成分化的元朝势力。朱棣起家于北京，知道边疆困局所在，又因为靖难之役后的政局魅影，故而决定迁都北京。对外可以说的理由，或许便是"天子守国门"，不过，历史的惯性也由此形成。

唐朝中后期的皇帝动不动就在战乱中出逃，任由都城沦陷，而明朝的皇帝绝不敢如此惜命和草率。他们背负着巨大的道德压力和责任感，要为全体臣民之表率，所以越是危急时刻，越要镇守其位。崇祯皇帝在亡国之时做出的抉择是不迁都、自缢死，我们不能以迂腐和无能进行解释，而是需要看到整个王朝背后的历史传统：身在其位的帝王已经被塑造成一个象征性的模范。这既是历史的神话，也是历史的包袱，正所谓"欲戴皇冠，必承其重"。

正因如此，不管崇祯皇帝是英明还是昏聩，他都必须以死为"天子守国门，君王死社稷"的家族传统画上句号。只有这样，他才对得起明朝，才能激发臣民、士人的气节。

纵观明朝风气，虽不如唐朝奔放，不如宋朝潇洒，但自有一股凌厉之气贯穿始终。无论文人、武士、市民、才子，他们都像紫禁城里的帝王一样，身上流露出这个朝代的精神气质。这是明朝可以诞生于谦、王阳明、海瑞、张居正的原因，也是明朝覆灭后依然可以走出张煌言、史可法、李定国、顾炎武的原因。这，或许就是孟子所说的"气"。

话分两头。朱棣迁都、朱祁镇好战、朱由检自杀，他们做出这样的选择，从更深的层面来看，是因为他们的位置决定了他们必须作为帝国的象征而存在。他们的选择固然有值得被放大的意义，但没办法改变他们面临的人性与历史的局限性，包括小农、刻薄、自私、暴虐、多疑等特质。我们不能以今度古，过分苛求古人，但对此仍需批评，仍需反思，这样读史才有意义。

为明朝写史作传是一件极其困难的事，因为不仅牵涉历史，还关乎当下的社会情绪。不管是在专业史学界，还是在历史爱好者小圈子，对明朝的评价均呈两极化态势：有人恨它的暴虐、荒唐和倒退，也有人爱它的霸气、才气和市民思潮。但实际上，一旦带有偏好去阅读和理解一个朝代，便会陷入历史信息的茧房里出不来。只有把一个朝代的所有侧面像镜子一样摆放在桌面上，让它们相互对照着，才能看清接近于历史事实的模样。

要做到这一点并不容易。

我愿意在此提供三条原则，若您无法认同，请谨慎阅读本书：

第一，抛开个人好恶与历史成见；第二，尊重已经发生的历史事实；第三，对历史复杂性抱同情之理解。

本书作者"艾公子"，系微信公众号"最爱历史"创作团队的集体笔名。四名作者分别是郑焕坚、吴润凯、梁悦琛和陈恩发。感谢我们的第一批读者，他们在"最爱历史"阅读了本书的部分内容，并提出了一些宝贵的修改意见。

是为序。

艾公子

目录

三 第三个百年：从隆庆新政到南明灭亡

朱载垕（1567年登基）—朱由榔（1662年驾崩）

危机四伏：内有权斗，外有强敌

一

第一个百年：
从定都南京到夺门之变

朱元璋（1368年建国）—朱祁镇（1464年驾崩）

逆袭：草根皇帝第一人

朱元璋：由南向北统一中国的第一人

经过十几年的奋斗，穷苦人家出身的朱元璋终于咸鱼翻身，在元至正二十七年（1367）逆袭成为元末南方群雄的龙头老大，占据全国最富庶的江南地区。

北伐，势在必行。

众所周知，朱元璋此次北伐开创了由南向北统一中国的先例。在明朝之前，从来没有一个立足东南的政权能够建立大一统王朝。

就在朱元璋北伐之前，崛起于江淮一带，给河南、山东等地元军造成重创的红巾军，也因缺乏统一的指挥而被元军各个击破，逐渐走向覆灭。

那么，朱元璋成功的秘诀到底是什么？

01

有钱，说话就有底气，做事就硬气。

朱元璋的自信，或许与其根据地优越的经济条件不无关系。早在起义之初，他就采纳朱升提出的"高筑墙，广积粮，缓称王"的战略方针，在南方不断积蓄实力。

长江下游的开发晚于北方，但随着历次北人南迁，经济重心南移，该地区逐渐成为全国最富裕的经济区。

在元入主中原的过程中，宋蒙间进行了40余年的战争，繁华的江南并没有受到战火的严重摧残。战后，在蒙古贵族和汉族地主的支持下，临安、绍兴、温州等经济发达的州府日渐繁荣，商品经济迅速发展。有元一代，东南沿海一带人口稠密，物产丰富，海港众多，在半个多世纪中，始终是全国的经济中心。

元朝虽建都北方，经济上却仰仗东南。为此，元朝廷重新开凿疏通大运河，运输东南财赋供养京师，又"以东南之粮，养西北之兵"，相比于汉唐时"飞刍挽粟"（指迅速运送粮草）、逆流而上的转输关中路线，元代的南粮北运方便了不少。

南粮北调是元朝的一项基本国策，每年通过海道和大运河长途贩运的粮食就有数百万石之多，元大都（今北京）的各级官吏、军队、百姓都靠南方漕粮为生。因此，一旦起义军占据长江中下游，也就掌握了元朝的经济命脉，切断了元朝军队的粮饷供应。

至正十九年（1359），因淮河流域被起义军占领，大都失去粮食来源，一度陷入饥荒。元朝廷只好通过与张士诚、方国珍等控制江南的地方政权签订协议，来换取江南粮食。

私盐贩子出身的张士诚和方国珍从这些交易中捞到不少好处。他们在与元朝廷的交涉中反复无常，双方关系十分微妙。由此可见，张士诚与方国珍都没有推翻元朝的雄心，仅仅贪图一时的利益。

与之相反，在波澜壮阔的大时代下，朱元璋的团队最早意识到立足江南、统一天下的可能性。

至正十六年（1356），朱元璋攻克集庆路（南京在元朝时的名称）后，选择尽量避免激化与元朝廷的敌对关系，转而集中力量扫平南方群雄。

这一时期，朱元璋一边派遣使者与北方的王保保（扩廓帖木儿）等元朝将领和谈，另一边又先后打败陈友谅、张士诚、方国珍，占据湖广、江西、浙西、淮东、浙东等大片土地，并蚕食元朝在江南的残余势力。

曾经敲钟念经、托钵行乞的穷孩子朱元璋，在西灭陈友谅、东吞张士诚后终于坐拥长江中下游这片沃土，以应天为中心，建立了大明政权。至此，元朝在南方的一条重要粮食供给线也被彻底切断。

当徐达的军队向江南腹地挺进时，朱元璋对其下达指令："大军既克淮安，足以保障江淮，控制齐鲁。"

当徐达等人攻下淮东时，朱元璋豪言："大事可成，天下不难定。"

此时，朱元璋对夺取中原已有胜算。

02

早在征伐陈友谅、张士诚时，朱元璋就密切关注北方局势。他派出间谍，从方国珍占据的浙东乘船前往元大都侦察情况。

当时，北方的元军因派系分裂已经乱成一锅粥，盘踞山西的王保保、占据关中的李思齐等地方将领拥兵自重，相互攻伐，元朝实际控制的区域仅剩下大都周围的华北平原，还有地处边陲的辽东、云南和蒙古高原，早已不复当初铁蹄踏破欧亚大陆的豪迈气概。

在元朝崩溃之际，王保保成为独当一面的"救火队长"，一生多次与明军交战。有一次，朱元璋与明朝开国功臣讨论谁为天下"好男子"，手下众将一致认为作战勇猛、所向克捷的常遇春担得起这个称号。朱元璋对此不尽认同，说："遇春虽人杰，吾得而臣之。吾不能臣王保保，其人奇男子也。"

早在朱元璋争夺江南霸权期间，王保保就曾驻兵于河南一带。如若那时王保保挥师南下，完全可以让朱元璋腹背受敌，阻止其扫平南方群雄的进程，可元朝廷却对朱元璋采用拉拢甚至招降的对策，派出户部尚书张昶同朱元璋和谈，错过了消灭他的最佳时机。

南北对峙时，元将孛罗帖木儿在后方掀起内乱，进犯大都，王保保不得不回师救援。朱元璋趁着元军派系分裂之机，派出使者离间王保保和其他地方将领的关系，向其提出"续我旧好，各保疆宇"的建议，劝他们不要和自己远争江淮之利，还是守好幽燕重地为好。

当朱元璋逐步统一江南时，王保保再次陷入元朝的内乱中，与李思齐等元朝将领在中原、华北混战，甚至当明军北上时，也无暇救援大都。

可以说，北方元军的混乱局面正好给了朱元璋分化瓦解他们的机会。

03

至正二十七年（1367），在明朝立国前夕的一次军事会议上，朱元璋与徐达、常遇春等将领商议北伐战略。众将都认为元朝必亡，主张直捣大都，与元朝廷一决雌雄。

朱元璋不以为然，他强势推出一套自己的北伐计划："吾欲先取山东，撤其屏蔽；旋师河南，断其羽翼；拔潼关而守之，据其户槛。天下形势，入我掌握，然后进兵元都，则彼势孤援绝，不战可克。既克其都，走行云中、九原，以及关陇，可席卷而下矣。"朱元璋认为，元朝建都百年，都城固若金汤，如果自应天直趋大都，孤军深入，恐怕会困于城下，被元朝各路援军围攻，以致进退失据，功亏一篑。因此，不如趁元朝内部分裂，先攻山东，接着再向西攻取河南，除去大都南面的最后两道屏障。然后，明军可西抵潼关，遏制关中元军东出。如此，成功剪除元军羽翼，阻止其各路支援，再进军大都。攻下大都后，再转战山西、关陇、巴蜀等地，席卷天下。

诸将听完朱元璋的方案，一时豁然开朗，一统天下的大幕由此徐徐拉开。

当年十月二十一日，朱元璋命徐达为征虏大将军，常遇春为副将军，率25万大军北伐中原。与此同时，朱元璋又分兵三路南征，直取福建，并乘胜克复两广，从而平定南方广大地域，加速统一的进程。

以往蒙古军南下多选在秋高马肥之时，只因秋冬时节黄淮平原便于战马驱驰，北方游牧民族的军队可凭借骑兵野战的优势轻易饮马长江，所以宋代有"防秋"一说。而朱元璋选择在这个季节北伐，就像是拿破仑挑战冬天的莫斯科，仿佛有一种逆天改命的雄心壮志。

04

按照朱元璋的战略，徐达、常遇春率军由运河北进，首战山东。

在攻下毗邻淮北的沂州（今山东临沂）后，徐达取道沂山与琅琊山之间的河谷低地，沿着当年刘裕北伐的路线越沂山北进，攻占兵家必争之地益都（今山东青州）。

益都是中原与胶东之间的要道，也是攻取山东的关键所在，元朝廷在此地设有山东东西两道宣慰使，掌管山东各路军政。攻取益都后，明军又乘胜拿下山东中北部的寿光、临淄、昌乐等地，之后挥师鲁西。他们喊着"立纲陈纪，救济斯民"的口号，沿途各县"望风款附"，章丘、济南等城守将不战而降，到当年十二月，山东各地全部为明军所有。这就如同多米诺骨牌，推倒了第一枚，之后就会有一系列连锁反应。

失去山东后，元大都的东南方向再无天然屏障可以阻挡明军北进。

洪武元年（1368），朱元璋按照之前拟定的战略，继续铲除大都南边的另一支势力。他以邓愈为征戍将军，从今湖北地区北上，与山东的徐达大军对河南形成夹击之势。

当明军横扫山东、河南时，元朝皇帝多次下诏，命"关中四将"李思齐、张良弼、脱列伯、孔兴带兵勤王，但这些地方将领都各怀鬼胎，不听号令。

关中地区被山带河，易守难攻，被称为"形胜之区，四塞之国"，自古就是兵家必争之地，秦、汉、隋、唐都是以关中为基础统一天下的，司马迁更是在《史记》中写道："夫作事者，必于东南，收功实者，常于西北。"然而自唐以后，中国的政治、经济中心向东、向南转移，关中地区逐渐衰落，"得关中者得天下"的理论早已不合时宜。

在邓愈率军占领河南后，明军完全可以趁势进军关中，这也是东晋时桓温、刘裕的北伐战略。可是，朱元璋果断停止了西进的脚步。

朱元璋不迷信教条，他仔细分析后放弃攻打关中，转而集中兵力北伐，同时出兵占领了潼关，将关中元军东出的大门牢牢堵住，牵制西北，以绝后患。

潼关犹如关中的正门，地势险要，是关中与中原沟通的要道，元军出潼关即可进入三川河谷（今河南西北部），威胁明军后方。现在失去了潼关，关中元军对中原自然鞭长莫及，只能龟缩在陕西，直到元朝灭亡。

另一面，元朝位于黄河以北的战略要地山西由王保保镇守。山西倚靠太行山，地势高峻，仰攻不易，是连接关中与河北的枢纽，占据这里可俯瞰三面，威制中原。

王保保在山西手握重兵，却遭到元朝廷的猜忌。元朝廷三番五次试图削弱王保保的兵权，还与李思齐等将领勾结，准备消灭其军队。王保保发现朝廷的意图后果断奋起反击，占领了太原，将当地的元朝官员全部处死，随后固守自保，和李思齐等关中元军展开内战。

明军接连攻占了山东、河南，山西、关中的元军将领却还在各自为战。大都两翼都被折断，华北平原又一马平川，元朝廷一无兵可用，二无险可守，自然陷入孤立无援的境地。

洪武元年（1368）七月，明军自鲁西北的门户临清出兵，沿大运河水陆并进，以迅雷不及掩耳之势直取大都，一路上元军全都一战即溃、望风而逃。当明军兵临城下时，自知大势已去的元顺帝带着老婆孩子、七大姑八大姨趁夜打开健德门北逃，溜到了元上都（今内蒙古多伦西北）。退居漠北的元政权，史称"北元"。

至此，元朝皇帝结束了其在中原地区97年的统治。明军进入大都，朱元璋将这座城改名为北平。

从开始北伐到攻占大都，明军只用了不到一年的时间，之后更是全部收回已经被非汉族势力统治了400多年的燕云十六州。

05

按照朱元璋的北伐战略，攻取大都后便是对付西北的元朝残余势力。于是，朱元璋命徐达、常遇春进军山西，征讨王保保。

元顺帝北走时，曾命饱受朝廷内外质疑的王保保收复北平。王保保相当敬业，对没能挽救朝廷追悔莫及，果断放下了之前被朝廷排挤的仇怨，在明军出兵的同时，率领大军出雁门关，向北平进发。

见王保保大军逼近北平，徐达用了一招围魏救赵，直接围攻王保保的大本营太原，逼得王保保带兵回撤。常遇春得知消息后，趁机招降了王保保的部将豁鼻马作为内应，策划发动夜袭。

王保保刚赶在太原城破前抵达城下，大营就遭到夜袭。全军迅速溃败，只剩下王保保带着十八骑仓皇出逃，继续往西跑到了甘肃。

洪武二年（1369），明军平定山西后兵分两路：一路由常遇春率领，加强北平防御，趁势攻打北元；另一路由徐达率领，攻取潼关以西。

凭借之前占据的潼关，关中四将早成瓮中之鳖，陕西、陇右不久就被明军收入囊中。关中四将外强中干，被轻易攻克不足为奇，倒是逃到西北重镇兰州的王保保仍不愿轻言放弃。

王保保再次奋起抵抗，但是这次败得更惨。战败后，王保保和妻子抱着一块大木头艰难渡过黄河，一路跋山涉水，狼狈逃到北元朝廷所在的和林，从此再未能踏足中原。

到洪武三年（1370），明军出师北伐近两年，北方各省基本平定。

06

陕、甘、宁一线的兵力被消灭后，元朝在辽东还有纳哈出的军队20余万人，在云南有梁王的军队10万人，青海西宁、嘉峪关外赤斤、哈密、吐鲁番等地也都有诸王部分兵力部署，而川蜀之地还有明玉珍建立的大夏政权，明朝的边境威胁依然存在。

但随着天下大势已定，全国境内上述各地方势力已被切割成小块，构不成实际威胁，朱元璋一统天下的目标近在眼前。

洪武四年（1371），明朝大军在汤和与傅友德的率领下，分水陆两路从瞿塘、秦、陇等地入川。夏主明升（明玉珍之子）难以抵挡，率众出降，四川被迅速平定。

洪武十四年（1381），明军进兵云南。朱元璋命傅友德为征南将军，蓝玉、沐英为副将，率步骑30万出征。元朝梁王把匝剌瓦尔密兵败自杀，10万元军溃散，几年之后，云南被明军平定。

洪武二十年（1387），明军以冯胜为征虏大将军，傅友德、蓝玉为副将，出征辽东。镇守辽东的元朝丞相纳哈出是朱元璋的老熟人。30年前，朱元璋攻克太平（今安徽马鞍山和芜湖一带）时就曾俘获纳哈出，只是考虑到他是元朝开国功臣木华黎的后人，朱元璋也不想在统一江南前和元朝彻底闹掰，便将他放了回去。但是这一次，纳哈出可是在劫难逃了。20万明军东出；纳哈出率领的元军困守辽东，孤立无援，走投无路之下只能向明军投降，辽河流域也被全部平定。

至此，明朝的统一大业基本完成。

如今，再回过头看至正二十七年（1367）朱元璋的北伐战略，一切就好像在按事先写好的剧本发展，明军从点到面，鲸吞蚕食，势不可当。

所以，从来没有什么"天命所归"，不过是深思熟虑后的水到渠成。

张定边：差点儿击杀朱元璋

大明永乐十五年（1417），福建晋江灵源寺，在此落发多年的创寺高僧沐讲禅师圆寂了。当地流传着很多关于沐讲禅师的传说，其中最传奇的当数沐讲禅师在山间打虎的故事。

传说有一年，年近花甲的沐讲禅师像往常一样在山中晨练。他忽觉山间狂风四起，林木摇曳，落叶纷飞，猛一转身，见一只大老虎目不转睛地盯着自己，正蓄势欲猛扑过来。说时迟那时快，在猛虎径直扑过来的瞬间，沐讲禅师顺势往右侧一闪，举起随身携带的禅杖朝猛虎脑袋上一击，刹那间，猛虎脑浆迸裂，瘫软在地。沐讲禅师气不长出面不改色，只慈悲地诵了一声佛号。

不过，杀虎对于神秘的沐讲禅师而言根本就是小儿科，在他人生的高光时刻，"屠龙"也并非完全不可能——他也确实尝试了，那个差点儿被杀的"真龙"，便是大明的开国皇帝朱元璋。

沐讲禅师，在元末天下风起云涌之际曾有一个威震江湖的凡家俗名：张定边。

01

那是一个人人吃不饱饭、饿殍遍野的时代。

张定边的老对手朱元璋在揭竿而起之前做过农民，当过和尚。家乡闹饥荒，他的父母兄弟因此而死。就算他落发为僧，四处化缘，也还是填不饱肚子。

张定边也好不到哪去。居于沔阳（今湖北仙桃）的他是个穷苦的打鱼孩子，要说丰年做个打鱼的倒还好，可偏偏他在年少时一连遇上几个饥荒之年，日子过得还不如朱元璋。

迫于无奈，张定边只能学汉末刘皇叔，到集市上卖草鞋以维持生计。不过，他这个卖草鞋的，可比《三国演义》里的刘备威武多了——明朝史书形容张定边可是用了"枭猛"一词。在摊位遭到无良公差打砸抢烧的时候，这个天不怕地不怕的小子敢面对面跟官差硬杠。

张定边就这样在集市里讨生活，直到遇上他的"伯乐"，那个年纪与他相仿、同为沔阳渔家出身的陈友谅。

与张定边卖草鞋同时，陈友谅谋得了一份到街上巡逻的衙役工作，但算命先生曾说他命里自带富贵，他又怎甘于一辈子只做个唯唯诺诺、人云亦云的小公差呢？在命运的安排下，卖草鞋的张定边与当"城管"的陈友谅认识了，两个同样不甘于当前生活的年轻人很快熟络起来。

随着元末社会矛盾不断加剧，越来越多吃不饱饭的人选择造反，在这种潮流的裹挟下，不管是陈友谅还是张定边，最终都会走向同样的结局。不过，现在的历史舞台还轮不到他俩登场。在两人还没听到命运对他们的召唤之时，元朝至正十一年（1351），安徽农民刘福通和韩山童率先觉醒了。

在一个月黑风高之夜，刘、韩二人在黄河河道上埋下了一个独眼石人。当时，黄河决堤，朝廷正征用民夫修补黄河缺口。而后，随着石人被挖掘出来，一句"石人一只眼，挑动黄河天下反"的谶语不胫而走。老刘和老韩见时机成熟，立即召集人马，起兵造反。因起义军人人头绑红色头巾，这支队伍又被称为红巾军。

经过数次战役，红巾军势力迅速扩张，天下各路英雄豪杰纷纷响应。在南方长江流域，徐寿辉、彭莹玉等也打出红巾军的旗号起兵反元。为了与刘福通的那支队伍相区别，徐寿辉这伙人在历史上被称作南方红巾军。

至正十五年（1355），徐寿辉派遣部下大将倪文俊攻陷沔阳。从此，脱离了元朝政府统治的沔阳正式成了南方红巾军的地盘。作为沔阳城内两个有抱负的青年，陈友谅和张定边顺势加入了红巾军。

投靠红巾军的陈友谅感觉来到了一个更大的平台。他早些年读过点书，在人头涌动的红巾军里算得上是个"知识分子"，而且和那些只知埋头打仗的大老粗相比，他的头脑可谓相当活络，因此没多久，他就得到倪文俊的赏识。倪文俊将陈友谅召到身边，授了他个簿书掾的职位，让他专门给自己当秘书。

02

南方红巾军相继攻陷鄂、浙、湘、苏、皖、赣等省，势力一度膨胀。为了显示自己一方的强大力量，倪文俊迎徐寿辉在汉阳（今湖北武汉）登基，建立天完政权，倪文俊自任丞相。

作为倪文俊的头号小秘，陈友谅在倪文俊发迹后自然也迎来了一个事业高峰——他被安排坐镇黄州（今湖北黄冈），拥有了第一块自己的小地盘。

至于陈友谅的好兄弟张定边，由于还未冒头，史书对这个时期的他大都记载得语焉不详。合理推测，没读过什么书的张定边应该是位居陈友谅之下，为其效犬马之劳。只有如此，在陈友谅权势膨胀的后期，才有张定边露脸的机会。

天完政权建立后，倪文俊俨然成了政权里的"曹丞相"，连所谓的皇帝徐寿辉都得让他三分。他外号"倪蛮子"，打起仗来十分勇猛，天完政权的势力在他的主持下不断扩大。

为了抑制红巾军的发展势头，元朝廷做了两手准备：一面命令军队猛攻红巾军，一面对红巾军将领尽力招安收买。

尽管倪文俊在揍元军时颇为卖力，但对元朝廷开出的招安条件也十分心动，因此，他时常为了个人私心将元军战俘作为筹码拿去与元朝廷谈判，希望对方许给自己高官厚禄。元朝廷识破了倪文俊两面派的做法，断然拒绝他的"敲诈"。见元朝廷与自己谈不拢，倪文俊顺势将俘获的忽必烈子孙统统杀害，算是与元朝廷方面撕破了脸。

随着倪文俊在天完政权中的话语权越来越高，越来越大的野心与欲望也在持续影响着他的每一次决定。终于，他不再甘于做"挟天子以令诸侯"的臣下，他要窝里反，他要当老大！

通常情况下，一个反复无常、卖主求荣的家伙下场都是不好的，倪文俊也不例外。在密谋造反之际，倪文俊的异心被傀儡皇帝徐寿辉知晓，举事失败了。

而早些时候被倪文俊安排坐镇黄州的陈友谅，此时的日子却是过得越发好了。经历数次作战，陈友谅已经从当初的一个小秘书功升元帅，在红巾军中拥有了一定的话事权。

比起原来的老大倪文俊，此刻的陈友谅对手下兄弟们还算友好和贴心。

根据今天湖北仙桃当地的传说，著名的地方特色菜"沔阳三蒸"即源自这一时期的陈友谅。据称，当年陈友谅曾回家乡沔阳征集兵马。他令随军伙夫以"征"为主题，为应征前来的沔阳子弟准备食物，慰劳他们。"征"与"蒸"同音，陈友谅的妻子在得知丈夫的用意后，协助伙夫将肉、鱼、藕等当地农家食材分别拌上大米粉，配上作料，装碗上甑，猛火蒸熟。士兵们在吃完这几道大菜后不负所望，在战场上所向披靡，为陈友谅立下了汗马功劳。靠着这些军功，陈友谅最终得以称王称霸。

凭着这个"兄友弟恭"的人设，在倪文俊兵败出走黄州时，陈友谅最初还是好好安抚了倪文俊一番的。但是，陈友谅毕竟是个抱着"自己是天命之子"思想的野心家，如此天赐良机，他又怎能放过呢？如能借机吞并倪文俊的兵马，自己可就离大富大贵的人生巅峰更近一步了！

从倪文俊踏入黄州城的那一刻起，他的人头就被锁定了。

果不其然，陈友谅很快扯下伪善的面纱，磨刀霍霍向老大，站在"大义"的角度结果了这个带他入行的造反老前辈的性命，并趁机吞并了倪文俊的部队，取代了倪文俊的地位，自称平章政事，成了天完皇帝徐寿辉部下的新"头马"。

尽管在史书记载中，这些事里并无张定边的身影，但这个与陈友谅同时加入红巾军的年轻人想必是参与其中的。正是有了目睹甚至参与红巾军内部斗争的经验加持，才有了后来张定边的一战成名。

03

徐寿辉是个"扶不起的阿斗"，即便经历了兄弟倪文俊的背叛，他对兵权仍旧采取放任姿态。于是，取代了倪文俊的陈友谅很快又成了天完政权的新任"曹丞相"。

陈友谅不是倪文俊，从一开始他的目标就很明确：我要当皇帝，那才是真正的大富大贵。所以，在逐步收拢南方红巾军兵马的同时，无法抑制的野心令陈友谅再次举起那把沾满鲜血的屠刀，狠狠地朝天完政权的一号人物徐寿辉砍去。

至正二十年（1360），陈友谅杀徐寿辉而代之，改国号为"汉"，取年号"大义"。至此，陈友谅变成了当时长江以南实力最强的红巾军首领，达成了人生初级阶段的大富大贵。而在他身边跟随多年、被他极度信任的张定边，自然就成了新政权中掌管兵马的太尉。

只是，元朝不断衰落，天下格局也被打乱。从总体上看，当时天下最大的两股敌对势力是大元帝国和红巾军，但实际上，不是所有头绑红巾、焚香聚众、自称"香军"的造反者都属一脉。乱世发展到这种程度，总要有一个关键人物站出来振臂一呼，开启一个新的时代。

陈友谅认为，受到时代召唤的天命之子必然是他。殊不知，在他举起屠刀相继杀了老领导倪文俊和徐寿辉后，曾经在他身上出现的令兄弟们信服的"大义"已荡然无存。陈友谅的队伍里人心涣散。

此时，几乎与陈友谅同时踏上造反之路的朱元璋，在另一部红巾军中也混得风生水起。大概是因为两人成长步调一致，朱元璋与陈友谅之间从来不乏争斗。与陈友谅不同，凭着"高筑墙，广积粮，缓称王"的方针，朱元璋掌握了所谓的"大义"。征伐天下说白了就是抢地盘，随着朱元璋大军攻陷集庆路（今江苏南京），将集庆路改名应天并作为自己的新根据地，朱元璋与陈友谅之间的争斗进入了你死我活的阶段。

应天位于长江下游出海口，在它的西边是以长江中游为大本营的陈友谅，而稍南则是以平江（今江苏苏州）为"龙兴之地"的张士诚，附近还有方国珍、陈友定等人的部队。朱元璋可谓强敌环伺。

至正二十年，陈友谅正式发动战争攻打朱元璋。也是在这之后，张定边开始频繁活跃于历史舞台。

可惜，陈友谅的首战着实打得不咋地。先前陈友谅当着众人的面宰了原天完皇帝徐寿辉，篡位自立，这可埋下了祸根。原先忠于徐寿辉的部分将领对此心存芥蒂，打仗自然不卖力。开打没多久，这些人就声称陈友谅悖逆不道，直接跑到朱元璋军中投降，于阵前倒戈了。

好在，陈友谅的运气虽差，为人也"雄猜"（多疑），但身边还有张定边这样的好兄弟。即便陈友谅再不是个东西，他早年对沔阳家乡子弟兵的那份情，相信张定边还是看在了眼中。况且，从两人一路的发展轨迹来看，张定边或许从很早开始就与陈友谅同在一条船上，两人是一荣俱荣，一损俱损。

如今，兄弟受挫，张定边岂有不竭力辅助之理？

04

当陈友谅相信朱元璋的部将康茂才会和自己里应外合、共谋大业时，张定边对此持有异议。他曾极力劝阻，可惜，太想入主应天、问鼎中原的陈友谅听不进逆耳忠言，仍按康茂才信中所讲的计划率军直抵江东桥。他绝对没想到，迎接他的会是一场惨败。

首战的胜败虽定，却无碍张定边尽忠守义。陈友谅首败后，张定边就盯上了朱元璋的势力，并非为了投敌，而是伺机反攻，证明陈友谅一部仍有机会争夺天下。

不久，中原红巾军的内部产生了不大不小的矛盾。无论是陈友谅还是张定边，都认为这是绝佳的反攻机会。

张定边抓住了这个机会，率领陈友谅手下精锐部队对朱元璋占领的安庆发起攻击，迫使朱元璋留在安庆的守城部队弃城逃跑，为陈、朱相争中陈友谅一方扳回一城。

靠着张定边小胜了一次之后，陈友谅却再度陷入节节失利的困境之中。

朱元璋处理完内部矛盾，转身就开始收拾陈友谅了。陈友谅这个空顶着皇帝名号的起义军首领，不得不再次面临手中地盘急剧减少的情况，不但安庆得而复失，就连当初天完政权的老一辈将领们辛辛苦苦打下来的江山，也在一寸寸地失去。

眼前的境况不免让陈友谅恼羞成怒，他放弃了据城死守、励精图治的想法，转而锐意出击。

陈友谅发兵60万，亲率数百艘楼船，兵指洪都（今江西南昌）——他要与朱元璋决一死战！

05

这场大战绝对是历史性的，因为在这场大战后，天下的新格局就定了。

对于人生中的最后一场仗，在攻打洪都时，陈友谅是抱着必胜之心的，满腔热血几近沸腾。但对于张定边而言就全然不同了。陈友谅一路走来由盛转衰的全过程，张定边都看在眼里，这一仗，他并没有必胜的把握。

然而，已经上了战场，怎么能够退缩？要么奋力杀出一条血路，取得最后胜利；要么于金戈铁马的搏杀中，马革裹尸而还！张定边早已做好了必死的准备，只是，跟随陈友谅和他出战的将士们，又何须在战争绞肉机中为了虚无的帝王梦献出宝贵的生命？

此战是张定边的沙场人生中最精彩的一笔。

史载，陈友谅在这几百艘楼船中"置走马棚，上下人语声不相闻，舻箱皆裹以铁。载家属百官，尽锐攻南昌，飞梯冲车，百道并进"。那场面可谓威风十足，不过，陈友谅的底牌也因此尽数展现出来了。

此时守洪都的是20多岁的农家小伙朱文正，朱元璋的侄子。眼见南昌城外面的长江上来了遮天蔽日的楼船，朱文正知道打不过，只能另寻他法。投降吗？不可能。不过，诈降拖延一下时间还是可以的。也不知道陈友谅是抱着怎样的自信，居然轻易就相信了朱文正，这给了朱文正充足的求援时间。

在与陈友谅就"投降"事宜进行谈判的同时，朱文正迅速派人将此间战况报告叔叔朱元璋。朱元璋当然明白宿敌陈友谅的来意，于是，与陈友谅一样，朱元璋也亲提20万大军火速而来。

仇人相见，分外眼红。朱元璋既到，陈友谅也没必要再纠缠朱文正了，双方列阵洪都城北的鄱阳湖，准备展开决战。

朱元璋的小舟要想对战陈友谅的楼船，无疑是蚂蚁啃大象，在形态上就不占优势。见状，朱元璋的好兄弟徐达主动请战，率轻舟小船诱敌深入，伺机图之。陈友谅显然对朱元璋十分轻视，没有丝毫犹疑地命令楼船大举压上。不料，战场上瞬时刮起了一阵逆风，趁着风势，朱元璋一方的士兵纷纷搭起火箭朝陈友谅的楼船射去。风助火势，大火迅速蔓延，楼船体型臃肿调转不灵的问题一下子显露出来。原本占据战场优势的陈友谅失去了最佳的进攻机会，双方进入胶着阶段。

如今已经到了生死攸关的地步，不能再拖下去了！张定边决定单刀直入，直接取朱元璋首级，从根本上解决问题。

对于张定边的计划，主战的双方大概均不知晓。于是，在陈、朱均毫无防备的情况下，张定边开始了他枭猛的行动。

06

趁着双方厮杀的空当，张定边瞄准了身处百万军中的朱元璋。

擒贼先擒王！当一个人的精神处于高度集中的状态，身旁便再也没有其他琐事可搅扰。抱着这样一股冲劲，张定边奋力拼杀，如入无人之境，朱元璋手下三员大将瞬时毙命。此刻，站在旗舰上指挥作战的朱元璋身旁已无他人可作阻挡，似乎再过一秒，历史就要走向另一个结局！

然而，相较于众叛亲离的陈友谅，朱元璋即便在最危难的时刻也仍命不该绝，而这无关玄幻的天命。

眼见主公即将受难，朱元璋的部将常遇春用一支利箭阻缓了张定边本可逆天改命的凶猛攻势。随后，朱元璋一方的众将士合力解围，张定边"中矢百余而退"。

时不我与，机会稍纵即逝。最终，多行不义的陈友谅在鄱阳湖之战中被一支暗箭贯穿了脑袋，他疯狂的皇帝梦就这样在仓促间结束了。

对张定边而言，无论战争胜败，忠义似乎原本就应该立于是非对错之外。为了胸中的这份忠义，他最终选择拼死保护陈友谅的次子陈理以及陈友谅残存的尸体，带着他们返回武昌，并扶持陈理称帝。

后来，在朱元璋乘胜追击至武昌，准备剿灭陈友谅残部时，张定边选择开城投降。但一臣不事二主，张定边无法放下心中的芥蒂随陈理一起投降朱元璋。尽管对方愿意以优于徐达、常遇春等人的待遇厚待他。

张定边之后去了哪里，正史没有着墨。作为一个战败者，可能在正史中，他不配拥有姓名。只知在那之后，世间流传着关于张定边去向的三种说法：被杀、改名换姓以及出家。

被杀一说来自民国年间编写的《新元史》。然而，这种说法与《明太祖实录》中的记载有偏差。想必作为胜利者，朱元璋完全没必要对此事有所隐瞒，所以被杀一说并不靠谱。

改名换姓一说也不一定合理。毕竟，张定边是让朱元璋印象深刻的敌方将领，朱元璋后来还曾告诫部下切勿轻敌，以防张定边式的人物再次出现。在朱元璋的忌惮和大明朝廷的强力统治下，张定边又如何做得到隐姓埋名呢？

这么算来，或许只有出家一说可能性较大了。所有参加红巾军的起义者，最初的梦想都是能够吃上一口饱饭。若新生的大明能给天下以太平，人们无须忍饥挨饿，又何须打破秩序，让天下重新陷入混战？遁入空门或许才是张定边最好的归宿。

传说，在福建灵源山，张定边放下了尘世间的烦扰，收敛杀戮之气，一心皈依佛门。他自号沐讲禅师，建灵源寺，率领僧侣造福百姓，广施万民。

最终，在山间潜心修行了数十年的张定边逐个送走了老对手朱元璋、徐达、常遇春，之后才圆寂。此时，已是大明永乐年间。

被清洗掉的三大开国功臣

　　大明胜局既定，接下来便要考虑犒赏功臣。然而"飞鸟尽，良弓藏；狡兔死，走狗烹"。帝王心狠，功臣难为，纵然是高明的智者，在身陷权术争斗的旋涡中时，也无法预料自己的结局。

01

　　至正十二年（1352），定远土豪郭子兴率众揭竿而起，攻占濠州，加入浩浩荡荡的红巾军起义浪潮中。郭子兴的部下汤和给他儿时的小伙伴朱元璋写了一封信，劝他"速从军，共成大业"。

　　此时的朱元璋简历上就只有放牛、乞讨、撞钟这些工作经历，实在乏善可陈，在一番犹豫后，他"被迫"加入起义军队伍。

　　这次豪赌为朱元璋带来了意想不到的收获。投身起义军后，他迎娶了郭子兴的养女马氏为妻，手下更聚集了徐达等一帮精兵强将，事业蒸蒸日上。

　　居安思危，朱元璋不是会沉溺于眼前成就中的人，他看了一下自己的创业团队，发现都是大老粗，自知要想有长远发展必须优化管理层，于是准备招揽知识分子。朱元璋自己也说："方今群雄并争，非有智者不可与谋议。"

　　至正十四年（1354）春，朱元璋带兵攻打滁州，他的老乡、安徽定远人李善长前来拜见。

　　李善长粗通文墨，喜欢读法家学说，曾在乡里担任祭酒，即节日祭典上代表乡亲以酒祭天的人。身为生活在乡间的小知识分子，李善长一向有很重的乡土观念，日后更是成为明初淮西官僚集团的领袖。

当时有不少淮西文人在郭子兴帐下任职，唯独李善长看上了在郭子兴手下打工的朱元璋。朱元璋正愁团队里没有读书人，如今就来了一个，十分高兴。他和李善长一见如故，聊得很投机。

朱元璋问李善长："四方战事何时才能平定？"

李善长早已胸有成竹，答道："秦末天下大乱，汉高祖也是白手起家，但他豁达大度，知人善任，乃民心所向，因此五年平定天下，成就帝业。如今元朝纲纪紊乱，天下土崩瓦解，您的家乡凤阳与汉高祖的家乡沛县相去不远，这天子之气应在您身上。若是能效仿汉高祖，何愁天下不平？"

这一番话让朱元璋心潮澎湃，从此，他将李善长视为心腹，让他负责保障后勤，并替自己收罗人才。后来，朱元璋将无行军打仗之功的李善长喻为萧何，列为开国功臣之首。这评价很妥帖，李善长为明朝建立作出的贡献确实与汉代的萧何相似。

朱元璋自称吴王后，留镇后方的李善长以元朝制度为基础，取其精华，弃其糟粕，制定了一套新的法律法规，包括经营法、立茶法、立钱法等。前线将士征战四方时，李善长将后方打理得井井有条，百姓安居乐业。朱元璋称帝后，李善长又制定六部官制和朝廷礼仪，监修《元史》，编《祖训录》《大明集礼》。开国之初，明朝的大小事务几乎都有李善长的一份功劳。

但是，能跟李善长竞争明朝开国第一文臣的，其实还有两人。

02

创业之初，朱元璋听取李善长劝其效法刘邦"豁达大度，知人善任，不嗜杀人"的建议，礼贤下士，延揽人才。然而，并非所有人才都会和李善长一样主动前来投效。元末乱世时，还有许多文人志士选择隐居山中静观时变，其中就包括浙东大儒宋濂。

宋濂的文名天下皆知，时人评价其文章"浩浩乎莫窥其际，源源乎不知其所穷，洋洋乎不见其所不足也"，堪称元末的文坛领袖。元朝廷多次向宋濂抛出橄榄枝，想擢升他为翰林兼国史院编修官。以一介布衣一步登上朝堂，这是多少文人梦寐以求的事，但宋濂都推辞不受。

宋濂固辞，更多是出于冷静的政治考量。

元朝廷想任命宋濂为编修官时，距离灭亡只有19年了。当是时，统治集团内部相互倾轧，黎民百姓生计维艰，群雄斩木揭竿，天下一片大乱。至正初年，仅京南一带的起义就有300余起，几乎每天一闹，元朝廷顾不上也管不了。

宋濂平生规规默默，奉行的是儒家的入世思想，"用之则行，舍之则藏"。他以太公望、诸葛亮自比，强调"古之人非乐隐也，隐盖不得已也"。他一直在等待，等一个足以平定乱世的英主。

至正十八年（1358），朱元璋攻占应天，之后亲率大军进攻浙东。

此前，朱元璋宣布"贤人君子有能相从立功业者，吾礼用之"，又对李善长说："我手下不缺淮阴侯韩信这样的人物，徐达便可担当大任，但是少了个留侯张良。"李善长向他举荐了一个人："宋濂博物洽闻，兼通象纬，可堪大用。"于是在这个时候，朱元璋便征召了包括宋濂在内的许多浙东名士前来应天。

在仙华山隐居多年的宋濂此前曾婉拒过朱元璋部下宁越府知府的聘书，称自己虽然读了很多书，但不过是借此消遣，并没有真才实学，只想在山中草屋内照顾年迈的父亲。这次朱元璋亲自礼聘，宋濂这才欣然前往。

出山前，宋濂特意征询当地隐士千岩大师的意见，千岩大师表示不赞成，可宋濂不听，反而拂袖而去。作为一名儒者，宋濂有着根深蒂固的观念：遇无道之朝固然可以隐而不出，但若遇有道之君就应当入仕，不仕则无义。

宋濂到应天后被任命为儒学提举司提举，长期担任朱元璋的顾问和秘书。朱元璋还将长子朱标托付给他，让他教授其经学。宋濂教导朱标10余年，为培养皇位继承人竭尽心力，又在朱元璋戎马倥偬之际为他讲授帝王之学，堪称一代帝师。他是朱元璋亲自认证的"开国文臣之首"。

03

和宋濂同时被朱元璋征召的浙东名士还有刘基，也就是刘伯温。

当年，李善长举荐宋濂，说他通晓经纬，可为人一向低调的宋濂却说自己的本领不如青田刘伯温。

宋濂与刘基相识多年，他们都曾跟随郑复初学习理学，而在宋濂选择隐居仙华山义不仕元时，刘基却在朝中为官，助元朝廷剿灭起义军。

数年间，刘基见证各地起义军攻城略地，也见识了官军的暴虐无道。昔日繁华的杭州城惨遭兵燹，元军举火焚城，一时间只见"市人半荷戈，使客尽戎装"，到处一片兵荒马乱的景象。刘基"悲从怛中怀，泣涕纵横流"，最后弃官归乡，隐居青田。

有意思的是，现在宋濂不再隐居，还劝刘基出山辅佐朱元璋，刘基却不愿再出世，反劝宋濂入山为道，还讽刺朱元璋等起义军不过是盗贼。他写了一首诗，说："五载江淮百战场，乾坤举目总堪伤。已闻盗贼多如蚁，无奈官军暴似狼。"

朱元璋让处州总制孙炎邀刘基出山，刘基不干，回赠一把宝剑，潜台词是"你们别逼我，我宁死也不从"。孙炎是个文化人，收到宝剑后还赠刘基一首《宝剑歌》，其中有"还君持之献明主，若岁大旱为霖雨"二句，意思是"这宝剑我不敢接受，希望你把它献给明主，也就是我家主公"。

经过再三考虑，刘基终于还是决定和宋濂等三位名士一起到应天见见朱元璋。朱元璋热情地接待了他们，态度也很诚恳，直说："我为天下屈四先生耳！"朱元璋还在自己住所的西边修筑礼贤馆供他们居住，对他们可谓礼遇有加。

刘基心动了。有别于谨言慎行的宋濂，刘基一向慷慨敢言，他针对朱元璋"四海纷纷，何时能定"的疑问大胆呈上时务十八策，直言进谏，备受朱元璋赞赏。此后，刘基一直担任朱元璋的军师，不仅奉献一身观星算卦的本事，更在战场上出谋划策，被朱元璋誉为"吾子房（张良）也"。

至正二十三年（1363），鄱阳湖，朱元璋与陈友谅展开为期36天的决战。此战中，刘基与朱元璋同乘一船，参与作战指挥。

刘基借鉴古代兵法，提出了运用火攻的战法，而他"移军湖口"的策略更是为朱元璋奠定胜局。两军大战正酣时，朱元璋听从刘基的建议，命常遇春诸将横截湖面，断掉陈友谅军的退路，又分兵断其粮道。陈友谅进退失据，只好从湖口突围，想要退回武昌，结果水陆两路都遭到朱元璋军的堵截。最终，陈友谅在突围时中流矢身亡，他原先占据的广大地区很快归朱元璋所有。

此战中，刘基还救了朱元璋一命。当时朱元璋正在船上督战，一旁的刘基发现陈友谅的战船正对着他们，急忙请朱元璋转移到其他船只。朱元璋前脚刚走，还没坐下，回头一看，原来的船已经被击沉。

在平定陈友谅、张士诚乃至北伐中原的过程中，刘基多次献计建功，后世称其为"渡江策士无双，开国文臣第一"。

04

李善长是朱元璋的患难之交，还是故旧乡人；宋濂是太师兼帝师；刘基则是朱元璋的首席军师。明朝建国后，从新王朝的名称、皇宫都城建设到诸多典制、封赏册封，此三人统筹决议尤多。多年来，他们随朱元璋南征北战，为新朝建设建言献策，一身才智正好为农民出身的朱元璋所用，如今功成名就，只待颐养天年。

左丞相李善长被封为韩国公，岁禄4000石，位列功臣之首。其他大臣质疑李善长的能力，朱元璋还为他辩解，称李善长"虽无汗马功劳，然事朕久，给军食，功甚大"。

李善长还与朱元璋结为亲家，其子娶了朱元璋的长女临安公主。此外，朱元璋还赐李善长丹书铁券，可免李善长两次死罪，免其子一次死罪。不过历史证明，免死铁券其实没什么用，因为上面有"谋逆不宥"四字。这大概只是皇帝演的一出君臣相得的好戏。

常年担任"侍从之臣"的宋濂同样深得朱元璋的信任和尊重，平时朱元璋与大臣们唱和的诗集都由宋濂作序，朱元璋还赐给宋濂白马、黄马，并称赞"翰林首臣，只有宋濂一人合宜"，一度想把他提拔到中枢。

洪武八年（1375）的中秋节，朱元璋和宋濂开怀畅饮。朱元璋赐酒，宋濂不胜酒力，喝得烂醉。朱元璋看着这位帝师的醉态，写了首《赐醉赞善大夫宋濂歌》调侃："宋生微饮兮早醉，忽周旋兮步骤跄跄。"你把我灌醉，还给我写诗，这可真是一幅君臣无猜的和谐画面，二人的亲密可见一斑。

刘基一开始的待遇也不算差，被封为诚意伯，只是他一早就在建都之事上得罪了皇帝朱元璋和淮西官僚集团，最先感受到朝堂上的变化。

05

建国之初，朱元璋将曾经一起奋斗的部下视同手足，可皇帝的位子坐久了，难免渐渐暴露出骄矜多疑的性格。

朱元璋打算在临濠府（凤阳）营建中都，建造宫殿，仿效京师之制。他的理由很充分："临濠前江后淮，以险可恃，以水可漕。"明眼人都知道，这是皇帝建设家乡的举措，而以李善长为首的淮人也都盼望着在故乡建都。

刘基胆识过人，又不善钻营，他从维护朝廷利益的角度出发坚决反对此事："凤阳虽是帝乡，但绝非建都之地。"一句话就把朝中重臣得罪了一大半。朱元璋也很有意见，不过这会儿，他还不忍心立刻与这位老臣决裂。

后来，淮西官僚集团权力日益膨胀，朱元璋产生了撤换丞相李善长的想法，他问刘基，谁是合适的接替人选。

刘基与李善长素有嫌隙，此时却为李善长说话："李丞相是元勋旧臣，能调和诸将，不宜骤换。"

朱元璋不解道："他数次想害你，你怎么反而为他说话？看来你比他更适合为相。"

刘基即刻叩头推辞："这可使不得！换相好比换柱子，要大木才行，若以小木代之，只会加速倾覆。"

李善长还是被罢相了。事后朱元璋再次与刘基讨论此事，提了几个候选人。朱元璋先问杨宪如何，刘基答："杨宪有相才，而无相器。"朱元璋又问汪广洋如何，刘基说汪广洋还不如杨宪呢！最后朱元璋问及胡惟庸，刘基更不以为然，说："胡惟庸现在是一头小牛，危害不大，将来却一定会摆脱牛犁的束缚，到时就要翻车了。"

这个也不行，那个也不行，朱元璋干脆对刘基说，要不还是你来。刘基赶紧力辞："臣嫉恶太甚，又不耐繁杂的事务，恐怕会辜负陛下一片好心。其实天下有的是人才，惟明主悉心求之。至于目前诸公，确实没有合适的人选。"

刘基很聪明，再一次全身而退，但是他也该知道，此时的朱元璋已经不需要聪明人了。另一方面，候选人之一胡惟庸是由李善长一手提拔为中央大员的，还将自己的侄女嫁给了李善长的侄子，他是李善长的姻亲和死党，也是李善长被罢相后淮西官僚集团的骨干。如今刘基得罪了他，也就意味着再次得罪了淮西官僚集团。

06

洪武四年（1371），刘基在受封为诚意伯一年后急流勇退，辞官归故里，并给朱元璋上了一个《谢恩表》表示感谢，算是正式退休。

刘基告老还乡后谨慎有加，平时唯有饮酒下棋，闭口不谈曾经的功勋，甚至连当地知县前来拜访他也避而不见。为了见他一面，知县只好微服私访，打扮成山野村夫。

那日，刘基在家刚洗完脚，见有客人来访，就让侄子请人入内，好生款待。饭吃到一半，来人才向他坦露身份，言说自己是本地知县。刘基吓得忙起身告罪，以平民自称。从此之后，这名知县再没能见到刘基。

刘基虽已还乡为民，但性情坦率的他还是管不住自己那张嘴，厄运终究找上门来。

当时瓯、闽一带有一个地方叫谈洋，是盐贩、盗贼聚集之地。刘基委托儿子上奏，称可在该地区设立巡检司，以控制当地刁民。胡惟庸得知此事，指使刑部尚书吴云上书弹劾刘基，说谈洋踞山临海，有王者之气，刘基是想谋取该地作为自己的墓地，当地百姓不允许，才建议设巡检司为难百姓。

朱元璋一听还有这么一茬，又想到刘基本来就懂风水，便信以为真，大怒之下把刘基的禄位撤了。

刘基自知惹祸上身，急忙进京请罪，路上心情悲戚，写诗一首："今日复明日，明日能几何？壮心萧索尽，思念恒苦多……我独无羽翼，慷慨中自伤。"到了京城，冤屈无处辩白，又得不到朱元璋宽宥，刘基很快就病倒了。

刘基生病期间，胡惟庸派太医前来诊治，可刘基服药后非但没有好转，反而觉得腹中似有石块，病情似乎加重了。

一直拖到洪武八年（1375）三月，朱元璋才放刘基重回故里。回家不到一个月，65岁的刘基就病重身亡了。

07

洪武十三年（1380），胡惟庸案发。除掉了擅权枉法的胡惟庸后，朱元璋在案情未明的情况下又向一众开国功臣举起了屠刀，受连累者数以万计，即便是宋濂和李善长也未能幸免。

洪武十年（1377），年迈的宋濂致仕还乡。宋濂退休，朱元璋仍尊称其为先生，赐其绮罗，并关怀备至地问他年岁几何。

宋濂答："六十有八。"

朱元璋说："好好珍藏此绮，三十二年后可做一件百岁衣。"

宋濂顿首拜谢。

"生世而逢真主，仕宦而归故里"是为臣者的至高荣誉，但归乡后，宋濂全然没有人们想象中荣归故里的样子，他终日闭户不出，不问世事，亲戚中有人托他向府、县的衙门疏通关系，都被他一口回绝。每每有人议论国事，宋濂也都三缄其口，说："臣老矣，退休田里，久欲无言矣。"

宋濂深知官场险恶，更是不愿重蹈好友刘基的覆辙，只求善始善终。可是，谦逊低调的宋濂还是在退休3年后遭遇无妄之灾：长孙宋慎卷入胡惟庸案，宋家受到牵连。

早已远离朝堂的宋濂被定为死罪，将要斩首。马皇后极力劝止，对朱元璋说："民间尚且懂得对老师以礼相待，何况天子，而且宋濂久居乡里，必不知情。"朱元璋根本听不进去，马皇后只好另想他法。她一改往日习惯，不吃荤菜，不沾一滴酒。朱元璋纳闷，问她这是何故，马皇后说："妾为宋先生作福事也。"朱元璋一听，不免有些恻然。

与此同时，太子朱标进行"死谏"，以投河自尽为要挟，请求朱元璋赦免自己的老师宋濂。

见妻儿如此，朱元璋只好放过宋濂，将其全家流放到茂州（在今四川北部）。

本来就年老多病的宋濂经不起长途颠簸，经过夔州府时一病不起，最终含冤而死。

直言敢谏的刘基和谨慎小心的宋濂都不得善终，曾为淮西官僚集团领袖、扶持胡惟庸上位的开国丞相李善长更是危在旦夕。

洪武二十三年（1390），77岁的李善长被揪出来清算旧账。

此时距胡惟庸案发生已过去整整10年，李善长突然被举报曾参与谋逆。朱元璋故作怒态，宣布：李善长身为朝廷重臣，又是皇亲国戚，见有人谋反居然知而不报，实在是大逆不道，而此时正好有星变，需诛杀大臣应灾。

李善长自知唯有一死才能解脱，在家中自缢，李家其他70余人皆被处死。这位曾被朱元璋称赞为当世萧何的股肱之臣也不免落得个兔死狗烹的下场。

第二年，虞部郎中王国用上《论韩国公冤事状》，为李善长公然叫屈。

王国用在《冤事状》中说，李善长与陛下齐心协力，出生入死，生前封公，位极人臣。若是他自己图谋不轨还说得过去，但说他要帮助胡惟庸造反，那就太荒谬了。最后，王国用冒死劝谏："李善长功勋卓著，在审案不明的情况下就借口杀大臣以应天象而将他论罪，只怕满朝文武都会为此寒心。只求陛下以此为戒，不要再行杀戮。"

也许是一时良心发现，朱元璋看到《冤事状》后竟没有发怒，默默认同了李善长之罪确实是莫须有。

然而，明初恐怖的政治气氛并没有因此消散。无论是"出万死以取天下，勋臣第一"的李善长、"开国文臣之首"的宋濂还是"渡江策士无双"的刘基，乃至北上破元的蓝玉、平定云南的傅友德、远征辽东的冯胜等开国功臣，他们大多不得善终。

洪武一朝，朱元璋诛杀的官员和儒生多达10余万，其中有许多贪官污吏和不轨之臣，但也有不少王公、列侯、高官、大将无罪被杀，成了冤死鬼。

如此情形，成为功臣第一又有何用？

朱元璋晚年为何会大开杀戒？

父亲朱元璋连续多年大规模屠杀功臣，太子朱标终于看不下去了。

洪武二十三年（1390），在朱元璋连续利用胡惟庸案、空印案、郭桓案前后屠杀10多万人后，丞相李善长一门70多人也被下令全部斩杀。对此，接受儒家教育长大的太子朱标规劝父亲朱元璋说："陛下诛杀过多，恐怕会伤了和气。"

朱元璋听后默默不语。

第二天，朱元璋把太子朱标叫去，指着放在地上的一根长满刺的荆棘，让他捡起来。太子朱标怕扎手，犹豫着不知如何下手。这时朱元璋才慢慢开了口，说："我怕你不好拿，剥光了刺再给你，难道不好吗？现在我杀的都是对国家社稷有危险的人，除掉他们，对你是很有好处的。"

在朱元璋看来，太子性格文弱，血洗英才荟萃的功臣集团很有必要。在某种程度上，这是在为孱弱的后代铺路。

01

不过起初，朱元璋可不是这么说的。

在1368年建立大明帝国后，非常推崇《孙子兵法》的朱元璋曾将兵术权谋斥为卑劣之术。他经常对臣子们公开说："用仁者无敌，恃术者必亡。"然而，在持续多年的大规模屠戮功臣行动展开后，他却改变了口吻："胡元以宽而失，朕收平中国，非猛不可！"

在朱元璋看来，大明建国之初，残余的蒙古人势力盘桓在辽东、内蒙古、西北以及云南等地，对大明帝国形成夹峙之势，所以他仍然需要利用群臣。等到这些势力被逐渐扫清后，他便开始觉得，当初自己赖以起家的淮西官僚集团很碍眼了。

朱元璋祖籍本是沛国相县，即今天的江苏沛县，与同样喜欢屠戮功臣的汉高祖刘邦所在的丰县同属今天的徐州市。由于家境贫寒，朱家到了朱元璋的祖父辈时一再迁徙，因此朱元璋实际上是出生在濠州（今安徽凤阳）的。他刚出生时连正式名字都没有，因为在兄弟们中排行第八，父亲只给他随便起了个名字叫朱重八。至于改名朱元璋，那已经是他参加起义军之后的事儿了。

朱元璋小时候给地主放过牛，在父母和大哥由于饥荒和瘟疫相继死亡后，被迫剃头当了和尚。寺中无粮，他又当了三年乞丐，流浪四方。在回忆这段流亡生涯的文章《皇陵碑》中，朱元璋动情地写道："突朝烟而急进，暮投古寺以趋跄。仰穹崖崔嵬而倚碧，听猿啼夜月而凄凉。魂悠悠而觅父母无有，志落魄而佯佯。西风鹤唳，俄渐沥以飞霜。身如蓬逐风而不止，心滚滚乎沸汤。"

1352年，24岁的朱元璋在儿时小伙伴汤和的劝说下投奔红巾军，由此开始了驰骋沙场的军旅生涯。朱元璋对家乡子弟多有提拔，所以他的功臣集团中多为淮西人。建立明朝后，洪武三年（1370），他封赏李善长、徐达、常茂（常遇春之子）、李文忠、邓愈、冯胜等6人为公爵，6人全部为淮人；另外，他又封侯爵30人，其中绝大部分也是淮人。对此，当时的诗歌描述说："马上短衣多楚客，城中高髻半淮人。"

朱元璋对淮西功臣封赏不少，淮西勋贵们却仗着自己劳苦功高胡作非为，时有掠夺民田、贪赃枉法的行为。为此，朱元璋特意命令工部铸造铁榜告诫功臣："不以功大而有骄心，不以爵隆而有怠心，故能享有荣盛，延及后世。"

朱元璋自社会最底层起家，当过牧童、和尚和乞丐，对于权贵集团有着本能的警惕，而元朝末年豪强欺凌百姓以致亡国的教训，更是让他刻骨铭心。另一方面，在取得天下、平定四方之后，这些曾经与他并肩作战、出生入死的功臣兄弟似乎也越来越碍眼了："此等愚夫，不学无术，勇而无礼，或闲中侍坐，或饮宴之间，将以朕为无知，巧言肆侮，凡所动作，悉无臣礼。"

于是，在光复北京，随后又相继平定西北和辽东，基本扫荡了蒙古人的残余势力后，觉得功臣们已经无甚大用的朱元璋开始下手了。

02

洪武十三年（1380），决定对功臣集团先发制人的朱元璋突然以图谋不轨的罪名杀了丞相胡惟庸，并灭其三族，杀其"党羽"1.5万多人。

诛杀胡惟庸后，朱元璋马上宣布取消中书省，废除已经存在了1000多年的宰相制度，并宣布由皇帝本人直接管辖六部。由此，在中国历史上能起到制衡皇权作用的相权被废除。同时，他又将原来统管军事的大都督府拆分为中、左、右、前、后共五军都督府，通过分权牢牢控制军队。从此，政权和军权牢牢掌握于皇帝一人之手，中国封建社会的帝制在朱元璋以后逐渐走向集权巅峰。

为了管控功臣集团和整个帝国，朱元璋还宣布设置锦衣卫。这个机构由皇帝亲自控制，四处侦察帝国官员的举动。对于这个创新，朱元璋不无得意地说："有此数人，譬如恶犬，则人怕。"

通过革除相权、掌控军队以及设置特务机构，朱元璋的皇权越发巩固。然而，他对功臣集团还是不放心。

诛杀胡惟庸等功臣整整10年后，洪武二十三年（1390），朱元璋又兴起党狱，宣布将当时已经77岁的前任丞相——韩国公李善长一门70多人以及猛将陆仲亨、唐胜宗等一大批功臣宿将，以协助胡惟庸造反等名义全部诛杀。整个胡惟庸案前后历时10多年，"词所连及坐诛者三万余人"。

03

大明建国初期，朱元璋与功臣们也有过一段"温馨岁月"。

在历经16年征战后，1368年，40岁的朱元璋登基称帝。起初，他与功臣们的关系还算融洽。洪武初年，每有功臣去世，朱元璋都感伤不已。鄂国公常遇春卒，"灵车之至，（朱元璋）亲临奠……痛哭而还"。大都督府同知康茂才在陕州病逝后，朱元璋"亲为文祭之"。卫国公邓愈卒，朱元璋"哭之恸，诏辍朝三日"。

但是，随着年龄的增长，朱元璋变得越来越冷酷，或者应该说，年轻时长期紧张的战斗生活给他种下了阴冷残酷的种子。由于国事的烦冗劳累，他的身体每况愈下，当上皇帝不久后就得了心跳过速的病症，甚至常发高烧，"每心火炎上，喜怒不常"。心里一烦，对待功臣和部属的那种忍让和耐心便开始消失，变得烦躁易怒，经常想杀人。

传说有一次朱元璋微服私访，听到有个老妇人在路边与人交谈时竟然将"皇帝"称呼为"老头"，他回到宫中后竟立马下令将老妇人所在街坊的居民全部杀光，并说："张士诚死后，当地人至今还叫他'张王'，但对我竟然大胆叫'老头'，真叫人活活气死。"

对待身边的嫔妃，朱元璋也是动辄杀戮。鲁王的母亲郭宁妃、唐王的母亲李贤妃、伊王的母亲葛丽妃因为触怒朱元璋被同时处死，朱元璋还下令将三人的尸体用同一个大筐装了，埋在南京的太平门外。后来朱元璋怒气消除，打算以棺木入殓三人，发现尸体早已腐烂，无法辨认彼此，只得勉强立了三个坟墓，以致后来唐王悄悄祭奠，都不知道究竟哪座坟墓里葬的是自己母亲。

楚王的生母胡充妃被怀疑堕胎，也被朱元璋暴怒之下斩杀，尸体被扔到城外。楚王哭着请求将母亲尸体带回安葬，朱元璋不允，只下令给了他一条胡充妃生前用过的衣带。楚王只能带着衣带回到封国，为母亲立了个衣冠冢。

诛杀胡惟庸、废除宰相制度尽管能将权力独揽，但也造成了一个严重后果：朱元璋不得不巨细无遗地做海量的工作。根据《明太祖实录》记载，仅仅在洪武十八年（1385）九月十四日至二十一日的8天时间里，朱元璋就阅览审批了内外诸司奏札共1660件，处理国事计3391件，平均每天要批阅奏札200多件，处理国事400多件。

大明帝国的官员顶着动辄被杀的高压，因此普遍不愿担责，更何况，既然所有的事情都是皇帝说了算，那么官员又有什么责任呢？事情进入恶性循环。朱元璋把政务的最终审决权几乎全部揽到自己头上，这使得他逐渐不堪重负。临死前的几年，他对身边的侍臣说："今朕年老，精力已倦。"

就在这个时候，洪武二十五年（1392），太子朱标病死，年仅38岁。接班人的突然死亡，让大明帝国内部再次掀起腥风血雨。

04

朱标去世的这一年，朱元璋已经65岁，所剩时日已经不多，而朱标的儿子——皇长孙朱允炆这时才16岁。为了巩固帝国的江山，朱元璋觉得，他有必要继续为接班人"清路"。

在朱元璋的逻辑里，尾大不掉的功臣集团将是后代子孙的隐患。他早先就将以李善长、胡惟庸为首的文人功臣集团连带其宗族、下属共3万多人全部斩杀，而之所以还没大规模清除武将功臣集团，是因为蒙古人残存的势力还在，他仍然需要猛将们为他卖命追剿蒙古人。

洪武二十年（1387），宋国公冯胜、颍国公傅友德、永昌侯蓝玉等率军20万最终平定了辽东。洪武二十一年（1388），蓝玉又带兵远袭捕鱼儿海（今中蒙边境之贝尔湖）的北元朝廷，俘虏了包括元主脱古思帖木儿的次子地保奴、太子必里秃妃在内的蒙古王侯贵族共3000多人，收获了北元朝廷的宝玺、图书、金银印章，给予北元朝廷毁灭性打击。

看到北元势力已经被击垮，朱元璋掂量着，武将集团也没什么利用价值了。他开始寻思下手的机会，而太子朱标的病逝更加使他觉得，如果不在自己有生之年铲除剩下的武将功臣集团，那么他年幼的皇长孙将很"危险"。

于是，太子朱标死后次年，朱元璋以"谋逆"的罪名将大将军蓝玉以及景川侯曹震、鹤寿侯张翼、舳舻侯朱寿、定远侯王弼、东莞伯何荣、吏部尚书詹徽、户部侍郎傅友文等人全部处死，前后"族诛者万五千人"，大明帝国的开国武将几乎被杀了个精光。

至此，朱元璋先后将文臣和武将两个开国功臣集团及其家族、下属共4.5万余人全部斩杀，大明帝国的"功臣宿将相继尽矣"。后来，清朝学者赵翼评价说："（朱元璋）藉诸功臣以取天下，及天下既定，即尽举取天下之人而尽杀之，其残忍实千古所未有。"

05

朱元璋并不满足。

在陆续诛杀开国功臣的过程中，朱元璋又对整个官僚集团和民间地主豪强大开杀戒。作为当过牧童、和尚和乞丐的开国皇帝，朱元璋在内心深处有着强烈的自卑感。也因此，与贵族出身的刘秀和李世民宽待开国功臣不同，从社会最底层踩着无数尸体攀爬到帝王位上的朱元璋，内心深处涌动着"不是你死就是我亡"的偏颇狭隘的想法，对于功臣和豪强更是有着发自本能的警惕和敌视——尽管这些人是曾经与他一起出生入死的战友兼兄弟。

当上皇帝后，在修撰自己的身世和家族谱牒的时候，朱元璋曾经动过攀朱熹为祖先的念头，但因为太过勉强，最终只好作罢。后来他坦言说，自己"本淮右布衣"，"起自田亩"，"出身寒微"，但这种事只能他自己有所感触的时候偶尔提一下，别人是不能说的，说了就是揭帝王伤疤，纯属找死了。

朱元璋晚年时，浙江府学教授林元亮在一份奏表内写了"作则垂宪"四个字，朱元璋认为"则"与"贼"音近，是在讽刺自己起义军出身，因此暴怒之下杀了林元亮。常州府学训导蒋镇在《正旦贺表》中写了"容性生知"四个字，朱元璋认为"生"与"僧"音近，是在讽刺自己当过和尚，立马就将蒋镇斩首。

尽管已贵为帝王，但贫微的出身是朱元璋心中摆脱不了的阴影，谁要是敢触碰，甚至哪怕是影射讽刺，朱元璋立马就会叫他人头落地。

另外，穷苦出身的朱元璋认为，勤俭节约是人人需要遵守的美德，于是他强行压低官员俸禄，部分底层官员俸禄"月不过米二石，不足食数人"，以致很多官员"不足以资生"，"困于饥寒"。后来的史学家感慨地说，明朝的官员是历朝历代工资最低的公务员群体。

由于国家定下的俸禄如此之低，实在难以养活一家老小，部分官员难免有了别的想法。对此，朱元璋发起了中国历史上空前的反贪运动。在他的治下，明朝官员贪污60两就会被斩首，剥皮填草示众。而实际追究起来，朱元璋时期很多官员的所谓"贪污"，竟然是收受"衣服一件、靴二双""书四本、袜一双"。户部尚书滕德懋被人举报贪污，朱元璋随即下令将他斩杀，还命令剖开他的肚子看看里面有什么。看到滕德懋肚子里都是一些粗粮杂菜后，朱元璋才感慨地说："原来是个清官啊！"

在不停地斩杀开国功臣集团的同时，朱元璋也对整个官僚阶层进行了大清洗。仅洪武十五年（1382）的空印案和洪武十八年（1385）的郭桓案，前后因连坐被斩杀的就有近8万人，以致大明帝国从中央到地方、从官员到士绅，"大抵皆破"。史载，从洪武元年（1368）到洪武十九年（1386），两浙、江西、两广、福建地区"所有司官，未尝任满一人"，因为他们在任期内要么被拘捕了，要么被杀了。遭殃的还有民间士绅，传为江南首富的沈万三家族几乎被灭门。

这种不分青红皂白针对整个官僚集团、民间豪强乃至普通有钱人的大规模屠戮，使读书人"多不乐仕进"，"以溷迹无闻为福，以受玷不录为幸"，部分人甚至不惜采取自残的方式来避免被录取为官，以求自保。

在这种恐怖的社会氛围下，朱元璋一朝，幸存的臣子们活得战战兢兢。许多官员每天上朝前都要和妻子儿女诀别，因为不知道自己今天会不会被处死，如果当天活着回家，还要私下庆贺。据说，臣子们每天上朝都要根据玉带的摆放位置揣测朱元璋的心情：如果朱元璋把玉带高高贴在胸前，那就说明他老人家今天心情好，可能不会杀人；如果他的玉带被按在肚子下面，大臣们就知道今天完蛋了，皇帝心情糟糕，不知道又要杀谁了。

06

虽然对待臣民以"暴酷"著称，但朱元璋对待自己的子女却是出奇的"温柔"。

大明建国初期，朱元璋给官员们定下了有史以来最低的俸禄标准，到明朝中期，著名清官海瑞甚至因此穷得吃不起肉，以至于在他为给老母亲祝寿破天荒买了一斤肉时，整个官场都轰动了。与此同时，朱元璋却将自己在世的24个儿子和一个侄孙子（朱元璋哥哥的孙子朱守谦）全部分封为王，并规定皇族一旦封为亲王，年俸禄至少在万石以上——这已是明朝最高级官员俸禄的十几倍，还不包括另外发放的土地等大量赏赐。

为了让子孙后代都过上最优越的生活，朱元璋还规定，皇族子孙不必从事任何职业，每一个皇族后代一生中的所有花费全部由国家承担。皇子皇孙们10岁起就可以领取俸禄，结婚时有国家发放的房屋、冠服、婚礼费用，死后其家人还能领取一笔丰厚的丧葬费。

对于皇族待遇远超大臣的畸形状况，明朝有人曾经私下感慨地说："我朝亲亲之恩，可谓无所不用，其厚远过前代矣。"

在朱元璋看来，整个天下都是老朱家的，所以他才会铲除开国功臣，向太子朱标表达"除刺"的心声，强行压低整个官僚集团的俸禄，其目的无非是损天下以肥自家。尽管历代帝王都有这个心思，但朱元璋无疑是将这种心思发挥到了登峰造极的程度。

从洪武十一年（1378）开始，朱元璋将封为藩王的各个儿子派往藩国，这些皇子"护卫甲士少者三千，多者至万九千人"，有的藩王还负责镇守北方重镇，部下更是多得惊人。例如驻守大宁（今河北北部、内蒙古、东北等地）的宁王，所部就有"带甲八万，革车六千，所属三卫蒙古骑兵骁勇善战"。

藩王们分驻各地，在明朝初期有效拱卫了朱家的"家天下"，但由于藩王普遍坐拥重兵，到了朱元璋晚年，他们已经变成让朝臣担忧的问题了。

对于分封带来的隐患，早在洪武九年（1376），山西平遥一位小人物叶伯巨就公开上书指出，分封过侈在后世将形成尾大不掉之势。当时，朱元璋的反应是暴怒，认为叶伯巨公然议论皇族内务，"离间皇帝父子骨肉之情"，下令将叶伯巨囚死狱中。此后，再也没人敢说藩王的事儿了。

但是，作为皇位的接班人，皇太孙朱允炆对形势看得很清楚，也有胆量提出质疑。

洪武二十五年（1392）太子朱标死后，皇太孙朱允炆有一次跟朱元璋聊天，忧心忡忡地问道："诸王不靖，孰御之？"

朱元璋一时语塞。他想了想，反问朱允炆："你觉得应该怎么办呢？"

从小在皇宫长大、接受儒家教育的朱允炆说："以德怀之，以礼制之，不可则削其地，又不可则废置其人，又甚则举兵伐之。"

朱元璋点头说："是啊，也只能这样了。"

为了给儿孙铺路，朱元璋不惜大肆屠戮功臣和天下士民，但对于分封藩王导致的肘腋之变，朱元璋却像庸人一样不以为意。

洪武三十一年（1398）闰五月，朱元璋腥风血雨的一生到了尽头，终年71岁。在遗诏中，朱元璋说："朕膺天命三十有一年。忧危积心，日勤不怠，务有益于民。奈起自寒微，无古人之博知，好善恶恶，不及远矣。今得万物自然之理，其奚哀念之有。"

临死前，朱元璋嘱咐要让后宫46位嫔妃殉葬，并禁止各位藩王进入京师吊唁——这是为防止他们趁机争夺帝位。但朱元璋没想到的是，他死后仅仅一年，即建文元年（1399）六月，他的第四子燕王朱棣就在北平起兵了。又三年，即建文四年（1402），朱棣最终攻占南京，夺位成功，是为明成祖。原本接班登基为帝的皇太孙朱允炆则在此次战乱中失踪。

政变：

始于靖难之役，终于永乐盛世

朱允炆：消失的帝国继承人

1402年，经历了皇宫一场大火后，被叔叔朱棣夺了帝位的建文帝朱允炆究竟是死是活，成为明史第一悬案。

从大火烧起来的那天起，对于建文帝的下落就是众说纷纭，迄今都无定论。

按照明初最重要的两部官方档案——《明太祖实录》和《明太宗实录》的说法：六月初三，燕王朱棣的大军开进南京金川门，直捣皇宫。但朱棣进入皇宫内，看到的就是一片火海。史官追述，在朱棣进城前，朱允炆想要出城迎接，但原本侍奉在他左右的人都逃跑了，身边仅剩下几名内侍。年轻的皇帝悲痛而又自责："我何面目相见耶？"叹罢，朱允炆"遂阖宫自焚"。

朱棣看到大火熊熊，命人前往施救，但已经来不及了。太监从火堆中扒出一具烧焦的尸体，报告朱棣。朱棣大哭："你果然是个痴儿！我是来辅助你做一个好皇帝的，你竟然不知道吗？为何选择自焚呢？"

到此为止，朱允炆自焚而死似乎已经是板上钉钉的事实。然而，历史留下了太多后人难以看到的暗黑角落，真相没有这么简单。

01

历史是胜利者书写的，权力可以制造"事实"。

夺位成功后，为掩盖篡位的事实，塑造自己即位的合法性，朱棣利用手中的权力对当朝和前朝的史书、档案进行了删削和修改。在他当政时期，官方历史是这样

记述明太祖朱元璋挑选接班人的过程的:

> 先是太祖(朱元璋)疾,遣中使召上(朱棣)还京,至淮安,允炆与齐泰等谋,矫诏令上归国。太祖不之知,至是病革,问左右曰:"第四子来未?"无敢应者,凡三问,言不及他,逾时遂崩。允炆矫遗诏嗣位。

意思是说,朱元璋临终前心心念念要把四子朱棣从北京召回南京,意欲传位于他。但朱允炆胆大妄为,伙同手下假传圣旨,又让已经走到半路的朱棣回北京去了。这样,朱元璋死时没等到朱棣回来,而朱允炆则篡改遗诏,登上帝位。

官方史书中这么写,意思是说朱棣夺位只不过是为了夺回原本属于自己的东西,而他那个侄子表面文弱,其实心怀叵测,是真正的篡位者。

然而,真实的历史是怎样的呢?

朱元璋生前已经考虑到,燕王朱棣可能是皇太孙朱允炆继位后的潜在威胁,因此,他在下遗诏立储的同时,严禁被分封到各地的儿子们回京奔丧。然而,当朱元璋驾崩的消息传出,朱棣还是直接南下吊孝。兵部尚书齐泰发现朱棣的动向,祭出太祖遗诏,将朱棣遣回北京。

后来,建文帝朱允炆听从齐泰、黄子澄等大臣的建议进行削藩。朱棣逮住机会,搬出《皇明祖训》,说朱允炆身边有奸臣乱政,以"清君侧"为名发动了靖难之役。经过三年左右的内战,朱棣坐上了帝国最高的那把椅子。

为了让群臣和百姓相信自己才是皇位的合法继承人,朱棣指使臣下大量修改了《明太祖实录》,并销毁了建文一朝的一切档案资料。

例如,当时的史书一概不称朱允炆为建文帝,要么直呼其名,要么称为"建文君"。"建文"这个年号也不能用。1402年本应为建文四年,但硬被朱棣改为"洪武三十五年",如此,洪武朝莫名延长了四年,而建文朝则被迫消失了。一番操作下来,永乐元年(1403)无缝对接上了"洪武三十五年"(1402),而他朱棣,就从明朝事实上的第三代皇帝,直接变成了开国皇帝朱元璋之后的第二代皇帝。

02

但有一句话说得好："你可以在所有时间里骗到部分人，也可以在部分时间里骗到所有人，但不可能在所有时间里骗到所有人。"不论怎么掩饰，真相总会以某种方式现于人前。

前面讲了，永乐朝的档案将朱棣的夺位之战描述成帮侄子朱允炆除奸，而朱允炆最终死于羞愧自焚。永乐朝严苛的政治环境让人们一时不敢反驳，但等永乐朝结束后，就陆续有史料冒出来，说建文帝朱允炆根本没有自焚。后世修《明史》的史官对此莫衷一是，只好模糊处理：

（建文四年六月）乙丑，燕兵犯金川门……都城陷。宫中火起，帝不知所终。燕王遣中使出帝后尸于火中，越八日壬申，葬之。

这个记载颇可玩味。皇宫大火后，太监从火堆中找出来的是建文帝皇后的尸体，根本不是建文帝的尸体。

清朝乾隆时期修订《明史》，更是直接修改了建文帝自焚的说法：

（朱）棣遣中使出后尸于火，诡言帝尸。

朱棣拿到建文帝皇后的尸体后，当场宣布这就是建文帝的尸体——反正尸体已经烧焦了，谁也认不出。接着，他开始对着尸体痛哭，用意昭然若揭：只有宣布建文帝已死，他才能名正言顺地以朱元璋嫡子的身份登上帝位；就算建文帝真的没死，还在召集旧臣进行复位活动，他也可以将其认定为假冒者进行镇压。

为了让天下人都相信建文帝已死，朱棣需要把动静闹得很大，于是他按照手下的建议，以天子之礼安葬这具"建文帝"的尸体，仪式相当隆重——越隆重，大家越不会猜疑。

这是一场叫人"细思极恐"的葬礼。尚在人世的朱允炆如果听到这个消息，肯定也会整个人呆住，因为以后不管如何证明，别人也不会相信他还活着了。

诡异的是，朱棣虽为朱允炆安排了天子级别的葬礼，历史上却从没有关于建文帝陵墓的记载。到了明末崇祯年间，有人上书请求祭祀建文帝，崇祯帝也只能无奈地说：

建文无陵，从何处祭？

一个可能的解释是，办葬礼只是出于昭告天下"建文已死"的目的，朱棣和身边的大臣都知道下葬的并非建文帝，所以陵墓修得很普通，后来更是疏于祭扫，日子长了也就湮灭无闻了。

03

朱棣一边把姿态做足，治丧、祭祀、辍朝，给了"死者"朱允炆最后的天子待遇；另一边，他悄然开始进行一场无声杀戮。当然，这些残酷的杀戮事实，后人在永乐朝的历史档案中同样是看不到的。

朱允炆的几个弟弟不是死于火灾事故，就是死在凤阳监狱里。朱允炆的儿子、建文朝的皇太子朱文奎当年只有7岁，在朱棣攻入南京后"莫知所终"。只有朱允炆的小儿子、刚刚2岁的朱文圭因为年龄太小逃过死劫，一直被朱棣幽禁在凤阳老家。直到明英宗时期，这个废皇子已经50多岁了，才重获自由，但那时候他已经跟智障一样，连牛马都分不清了。

朱棣对建文朝的官员下手更狠。据说朱棣称帝后，建文朝高官400多人集体出逃，仅有20多人向朱棣称臣。朱棣怒不可遏，公开宣布他们为"奸臣"，并对其中死忠、固执的官员及其家族展开无情的大屠杀，"瓜蔓抄""诛十族"，惨死者众。

类似的皇族内部权力争斗的事，历史上不是没发生过。往前看，唐朝有玄武门之变；往后瞧，清朝有九子夺嫡。但无论在哪一朝，都未有如此大规模死忠的臣子，大家很自然就站到新君一边了。哪怕是明清易代，天下都成别人家的了，崇祯皇帝一上吊，明廷高官也没见几个"坚守气节"的。叔侄争权，不论谁赢，天下归根结底还是朱家的天下，建文朝的臣子为什么对朱允炆这么死忠，坚持不事二君呢？

多想一下，其实也不难理解：建文朝的诸位大臣都相信建文帝没有自焚，没有死。旧主还活着，而且他是更占礼法优势的一方，大臣们也就不会选择服侍朱棣这位新君了，这是他们为人臣的基本节操。

朱棣肯定清楚这一点，所以他大开杀戒，一是为杀鸡儆猴，二是要趁此机会，让知道真相的人消失。

04

这就牵涉到建文帝下落的另一个说法，一个连朱棣内心都深信不疑的版本：1402年明皇宫大火发生时，建文帝已经逃遁了。

清初历史学者谷应泰在《明史纪事本末》中，根据明朝中后期流传的史彬的《致身录》、程济的《从亡日记》等文献[1]，重新叙述了明皇宫大火那天建文帝的行踪：

建文帝得知南京金川门失守，长吁短叹，想要自杀。翰林院编修程济拉住他说，自杀不如流亡。这时，有人提醒建文帝，太祖朱元璋临终前曾留下一个宝匣，并交代过，如有大难，可以打开。众人一起取来一个红色宝匣，砸开锁，却见里面有三张度牒，分别写着"应文""应能""应贤"，还有袈裟、剃刀、僧鞋和银元宝。宝匣内还有字条写着，应文从鬼门（皇宫暗道）出，其余人等从水关御沟而行，薄暮时分在神乐观会合。建文帝当场剃发，法号"应文"。臣下中，杨应能、叶希贤也表示愿意剃度改装随行，是为"应能""应贤"。当时殿上几十号人痛哭流涕，都表忠心要随建文帝流亡。建文帝说，人多行动不便，大家均有家室，都回家照顾妻儿去吧。随后，仅挑了20余人分批走暗道，开始流亡生涯。

这个版本太过戏剧性，而且赋予了朱元璋未卜先知的"特异功能"，有多少可

---

[1] 另一些学者则认为这两部书是伪作。

信的成分，实是见仁见智。不过，从朱元璋生前不遗余力替皇太孙朱允炆清除潜在威胁，以及朱元璋个人发迹前曾经出家当和尚的经历来看，我们可以猜测，爱护皇太孙心切的朱元璋生前很可能对朱允炆或他的亲信交代过极端情境下的逃生方案，后来史书又把这个过程神化了。

另外，《明史》也在不同地方一再提及"或云帝（建文帝）由地道出亡""或曰帝（建文帝）亦为僧出亡"等说法，也是在指证朱允炆出逃的事。这么看来，当天朱允炆应该确实是出逃了。

关于建文帝去向的最离奇的版本，出现在明英宗时期。

传说某天，广西思恩州一座寺院的一个老和尚跑到知州大人岑瑛面前大声嚷嚷："我是建文帝！"还口诵了两首诗自证身份：

牢落西南四十秋，萧萧华发已盈头。

乾坤有恨家何在，江汉无情水自流。

长乐宫中云气散，朝元阁上雨声愁。

新蒲细柳年年绿，野老吞声哭未休。

阅罢《楞严》磬懒敲，笑看黄屋寄昙标。

南来嶂岭千层迥，北望天门万里遥。

款段久忘飞凤辇，袈裟新换衮龙袍。

百官此日知何处？惟有群乌早晚朝。

岑瑛一听吓坏了，这确是帝王之诗啊！他不敢怠慢，赶紧叫人把老和尚送到北京。

眼看就要以建文帝的身份享受荣华富贵了，可惜老和尚历史没学好，露了馅：

御史：您老今年贵庚啊？

老和尚：九十多了。

御史：不对吧？建文君生于洪武十年，到今年也就六十四啊。

老和尚：……

终于，老和尚供出了实情。原来他俗名杨应祥，后出家为僧。他在寺院中修行时遇到了个气象不凡的室友，一日瞄到了该室友题写在墙上的两首诗，跟岑瑛一样被吓坏了，这是帝王之诗啊。之后冷静一想，觉得机会来了，遂直奔岑瑛的府衙。

官方把假建文帝处死之后，根据他的描述把真建文帝找了出来，验明正身然后将其迎入宫中。建文帝此后一直于宫中礼佛，直到老死，宫中人皆称其为"老佛"。迄今，中国西南地区的很多地方还留存有建文帝逃亡后在当地为僧的传说和遗迹，真假莫辨。

从明朝中后期以来，关于建文帝的各式各样的传闻广泛流传，连朱棣的后世子孙对此事都很感兴趣。

万历二年（1574），年轻的万历皇帝朱翊钧突然向身边的大臣们发问："建文君当年是不是没自焚，逃亡了？"时任内阁首辅张居正站出来回答说："此事国史中没有记载，但先朝的大臣口耳相传，说当年建文君化装成僧人，从皇宫密道出走了，此后云游四方，没人知道他究竟去了哪里。"

张居正的这个回答代表了明朝半官方的态度，就是说，朝廷承认朱允炆确实以僧人形象逃亡了，至于逃亡以后的事迹就不清楚了。

明末的钱谦益在国史馆整理史料30多年，据说他看到建文朝史事就伤心流泪，因为这段历史实录无征，传闻异辞，伪史杂出，后人难以还原真相。对于研究国史的人来说，这是最悲伤的事了。

05

出于政治统治的需要，朱棣表面上对外宣布建文帝已死，但实际上，他的内心也始终相信朱允炆还活在世上。

攻入南京后不久，朱棣派人暗中探寻建文帝的下落，过程中抓到一个名为溥洽的老和尚。有人告发，建文帝逃亡前，正是溥洽为他剃发的，建文帝极有可能逃亡藏匿到溥洽的家乡杭州。朱棣遣人前往追查，却没有找到建文帝。他担心事情泄露，所以用其他罪名将溥洽关了起来，一关就是16年。到永乐十六年（1418），朱棣的老师姚广孝年迈病重，朱棣亲自去探望他，问他有什么话想说。姚广孝说，希望放了溥洽。溥洽因此才重获自由。

从历史记载看，朱棣在位期间的很多诡异做法，均与追查朱允炆的下落有关。只是官方口径是建文帝已死，所以他必须以其他名义暗中追查，不能声张，生怕让天下人知道真相。

在海路，朱棣派郑和下西洋。根据《明史·郑和传》记载，朱棣"疑惠帝（建文帝）亡海外，欲踪迹之，且欲耀兵异域，示中国富强"，故派郑和下西洋。可见，寻找建文帝是郑和出洋的主要原因，宣传武力只是附带的，是为掩世人耳目。

郑和下西洋时，每次船上都有近3万的军士。带领这么庞大的一支军队并不符合外交使团的惯例，只有一种答案可以解释得通，那就是，朱棣相信建文帝逃亡海外，并已组织起了不小的武装势力，因此必须派出规模庞大的军队前去寻找，防备建文帝武装复辟。

在陆路，朱棣派出亲信大臣胡濙，名义上是寻访仙人张三丰，实际上是察访建文帝下落。《明史·胡濙传》的说法是，朱棣"遣濙……访仙人张邋遢（张三丰），遍行天下州郡乡邑，隐察建文帝安在"。

胡濙出去执行任务10多年，连母亲死了都未回去吊丧、守丧，这完全违背了传统社会的礼制。一直到永乐二十一年（1423），胡濙才风尘仆仆地回到朝廷。此时，朱棣因亲征漠北鞑靼部，去了宣府镇（今河北宣化），胡濙又立即驰赴宣府镇，赶到时已是深夜。正史记载：

帝（朱棣）已就寝，闻濙至，急起召入。濙悉以所闻对，漏下四鼓出。

有什么事不能等到明早再说？史书上虽未透露君臣二人长时间密谈的内容，但可以看出，这是件非常重要的事。正史里紧接着记载，君臣二人深夜密谈后，朱棣"至是疑始释"——至此，朱棣心中积压多年的疑问、疑虑，终于被打消了。

请大家注意这个时间点：永乐二十一年（1423）。这一年，胡濙的深夜汇报，打消了朱棣心中之疑。同样在这一年，郑和第六次远洋航行结束返回国内，此后到永乐朝结束，郑和再未有下西洋的行动。

从这些奇异的事件基本可以断定，胡濙确实找到了建文帝的下落。而从朱棣的反应以及结束海、陆两条寻踪之旅的决策来看，此时建文帝的状况只有两种可能：第一，他真的已经死了；第二，他已出家，完全放弃复位的想法，遁身世外。

无论胡濙带回了哪一个消息，朱棣终于放心了。

06

朱棣死后，明朝的政治环境逐渐变得宽松，但建文帝的平反工作却依旧曲折。

就像前面所说，朱棣把建文帝在位四年的历史全部抹掉了，根本不承认这个人当过皇帝，这就导致朱棣的子孙，也就是帝国后来的继位者，直到大明灭亡，都一概不认朱允炆这个皇帝。所以很长一段时间内，平反工作都只能围绕朱允炆的周边进行。

天顺元年（1457），明英宗朱祁镇复辟后，有感于自己曾被俘虏、被软禁的经历，下令释放了朱允炆的小儿子朱文圭。

100多年后的万历年间，明神宗朱翊钧在群臣的鼓动下，为建文朝死难的忠臣平反，原来被朱棣定性为"奸臣"的方孝孺等人，现在被认定为忠臣，朱翊钧还为他们在南京建表忠祠以示纪念。后来，朱翊钧又同意恢复"建文"年号，洪武朝恢复历史本相：它只有31年，不是35年，最后的4年还给了建文朝。

即便有了松动，可直到1644年明亡为止，建文帝的帝位仍未被正式承认。等到南明弘光朝，死守残存江山的弘光帝才应臣子们的要求，补齐建文帝实录、谥号、庙号与祀典，建文帝的帝王身份到此时才算得到了完全恢复。

抹杀一段历史轻而易举，恢复一段历史却难上加难。

从1402年开始，因为建文朝的真相长期被掩盖，坊间传闻四起。随着时间的推移，传闻越来越多，原本清晰的历史事实终于消弭在各种真真假假的传说中。明朝第一悬案，就是这样造成的。

方孝孺之死：为求一个"忠"字，株连八百余人

01

1402年是中国历史上的一个关键年份。

这一年六月，南京城，方孝孺静坐家中，等待自己被捕一刻的到来。

城内布满通缉令，举国上下正在追捕上榜的29个"奸臣"，排名前五的是：太常侍卿黄子澄，兵部尚书齐泰，礼部尚书陈迪，文学博士方孝孺，御史大夫练子宁。

方孝孺第一个被捕。准确地说，他是被靖难之役的胜利者朱棣派人"请"去的。

三年前，朱棣以"清君侧"的名义在北平起兵，反对侄子建文帝的削藩政策。发兵前，他的军师姚广孝特别嘱托说，南京城破之日方孝孺一定不肯投降，希望朱棣不要杀他。

"杀方孝孺，天下读书种子绝矣！"姚广孝的话意味深长。

朱棣打下南京城后，方孝孺果然不降。几次劝说不成，朱棣彻底被激怒了。他忘了姚广孝的叮嘱，当场命人用刀割裂方孝孺的嘴巴，从脸颊割到耳朵。

野史记载，方孝孺的族人、朋友、门生一个个在他面前被处死，他都不为所动。轮到弟弟方孝友时，方孝孺流下眼泪，他弟弟则反过来劝他："阿兄何必泪潸潸，取义成仁在此间。"

这场屠杀整整持续了7天，一共杀了873人。最后轮到方孝孺本人，他慨然赴死，并写了一首绝命词：

> 天降乱离兮，孰知其由？
> 奸臣得计兮，谋国用犹。
> 忠臣发愤兮，血泪交流。
> 以此殉君兮，抑又何求？
> 呜呼哀哉兮，庶不我尤！

方孝孺死时，年仅46岁。

这是中国历史上株连最广的一次残杀。此后，方孝孺成为"骨鲠之士"的代名词，被认为是明朝最硬的"硬骨头"。

02

方孝孺死了，而关于他的死的争议才刚刚开始。

方孝孺死后，他的硬汉之名盖过他的博学之名。但事实上，方孝孺在世时，学问才是他成名的基础。他是明初最重要的思想家、文学家之一，年轻时师从"开国文臣之首"宋濂，是宋濂最得意的门生，宋濂常把他比喻为"孤凤凰"。

朱棣的军师姚广孝称方孝孺为"读书种子"，后世理解为方孝孺只会读书，其实不然。当时的"读书种子"所指的精神内核，不仅是说一个人读书、学问一流，更重要的是说这个人学以用世，以道事君，代表儒家的入世追求。简单说吧，姚广孝如此评价方孝孺，是因为方孝孺是"横渠四句"——为天地立心，为生民立命，为往圣继绝学，为万世开太平——的坚定践行者，所以《明史》才会说，方孝孺"恒以明王道、致太平为己任"。

朱元璋在世时曾两度召见方孝孺，称赞他为"异才""壮士"，不过终生未用他。朱元璋公开的说法是，他想把帝国的人才留给子孙去用，但根本原因其实是方孝孺的政治改革理念与他建立的政治体制截然对立。

朱元璋在位期间颁布了一系列专制政策，比如废除丞相、重用内监、实行特务统治等，极大地扩大了皇权，形成绝对的君主独裁。任何有碍他构建君主专制政治的人和制度，都被他一一清理干净。

方孝孺的老师宋濂在明朝开国后已基本被闲置，后来还因受胡惟庸案牵连被贬谪而死。在朱元璋看来，宋濂倡导的仁政治国理念已经过时了。而方孝孺的政治主张与他的老师相近，倡导"仁德治世"。他提出"格君"之说，要把人君规训成道德与智慧并重的圣贤之主——这显然不是朱元璋想要的。

换句话说，朱元璋要的是"霸道"，方孝孺讲的是"王道"。政治主张产生分歧的结果，是方孝孺坐了10多年冷板凳。

1398年，朱元璋去世，此时42岁的方孝孺已在汉中府学教授任上干了6年，心中满是郁闷。他在这一年的立春写诗抒发不得志的惆怅：

> 万事悠悠白发生，强颜阅尽静中声。
>
> 效忠无计归无路，深愧渊明与孔明。

然后，这个想学诸葛亮的中年书生终于等到了出头之日。

03

继任的建文帝朱允炆召见并起用方孝孺，授其为侍讲学士。官品不高，但位置重要，方孝孺有了大把机会把他的治国理念灌输给新皇帝。朱允炆也很好学，但凡读书有疑问，就把方孝孺请来讲解，遇到国事难以定夺时，也会请人去咨询方孝孺。鉴于皇帝的信任和恩遇，方孝孺在建文朝的地位相当于国师。

君臣二人在治国理念上达成高度一致，朝中几乎所有重要文书都由方孝孺草拟。某种程度上，方孝孺成了新皇帝的代言人。这是方孝孺觉得自己可以大展拳脚的基础。

在方孝孺的推动下，朱允炆决心厉行仁政，进行政治革新。这时候，文人从政的毛病就彻底暴露出来了。政治家从政，一切改革讲究切合实际；而文人从政，最容易掉入理想主义的陷阱。

儒家知识分子对于理想世界的期许不是在未来，而是在过去。具体来说，这个理想世界就是早期儒家推崇备至的周朝。许多读书人以恢复周制为毕生努力的方向，只是他们没有掌权，无法实践罢了。也有掌权人想要尝试，只是脱离了历史发展的政治实践必败无疑，最早全面恢复周制的新朝皇帝王莽就是最好的例证。

前车之鉴摆在那里，但是架不住有人依然不死心。

在朱棣起兵发动靖难之役的4年时间里，方孝孺与他的忠实信徒朱允炆对按照周制改革朝政显示出极大的热情。他们整日研究如何复古，修建省躬殿，给城门改名字，还计划恢复井田制……应对迫在眉睫的军情从来不是他们的第一要务。等到朱棣的军队渡过长江，直逼南京，朱允炆才从恢复周制的梦中醒过来。

当时，朱棣率孤军从朝廷军队留出的缝隙中冲到南京城下，实际控制的地盘其实很小，大半国土还在朝廷的号令之下。如果朱允炆弃城而去，实施战略转移，完全可以号令天下军队反攻朱棣，所以臣下纷纷劝他出走，图谋东山再起，但方孝孺竟然劝朱允炆留守。史载，"帝忧惧，或劝帝他幸，图兴复。孝孺力请守京城以待援兵，即事不济，当死社稷"。真是迂腐到家了！错失翻盘的机会，朱允炆一败涂地，最后失踪了，而朱棣顺势直接宣布了这名年轻皇帝的死讯，接过了帝国权柄。

可以说，方孝孺的政治幼稚病害惨了朱允炆。

04

方孝孺被逮捕入狱后，表现出孟子所说的大丈夫气概，拒绝与篡位的燕王朱棣合作，从而招致"诛十族"的血腥杀戮。

后世评论者认为，朱棣的血腥杀戮是方孝孺用激烈言辞激怒他的结果。说这话的人实在太不了解朱棣了。

明清之际的大儒黄宗羲说，朱棣"天性刻薄"，而方孝孺是天下士林领袖，只有跟他合作一条路；如果不合作，则"怨毒倒行，无所不至"，方孝孺肯定会被收拾得很惨。可见，不管方孝孺激不激怒朱棣，只要不合作，都会是这个结果。

朱棣是个政治家，政治家的特性是目的为先。武装夺取皇位后，为证明自己继位的合法性，他可以无所不用其极，包括在肉体上消灭朱允炆的死忠、在宣传上抹黑建文朝以及销毁反对派的言论或著作等。方孝孺是个有大名声的硬骨头，为了消除方孝孺在儒林中的影响，震慑其他士人，使他们承认当前的政治事实，朱棣选择对其屠戮十族、焚毁著作也就不难理解了。

关于方孝孺之死，最早的记载来自《奉天靖难记》，这是一部朱棣统治时期对靖难之役的政治合理性做出解释的文献，书中把方孝孺丑化成一个贪生怕死、跪地求饶的懦夫：

上（指朱棣）叹曰："小子无知，乃至此乎？"时有执方孝孺来献。上指烟焰处谓方孝孺曰："今日使幼君自焚者，皆汝辈所为也！汝死有余辜！"方孝孺稽首祈哀乞怜。遂命收之……丁丑，执奸恶齐泰、黄子澄、方孝孺等至阙下。上数其罪，咸伏其辜，磔戮于市。

与此同时，方孝孺及其门生的著述被打成禁书，一概在焚毁之列。当时有个名叫章朴的官员家中藏有方孝孺文集，他的同事杨善知道后马上去检举告密，结果杨善得到升迁，章朴直接被处死。这已经带有文字狱的血腥气息了，朱棣却说："除恶不可不尽，悉毁所著书最是。"

整个永乐朝，谈论方孝孺都是犯禁的，除非按照官方口径，把方孝孺当成摇尾乞怜的"奸臣"进行批判。直到朱棣死后，明仁宗朱高炽继位，这种政治语境才有所改变。朱高炽多次评论说，方孝孺、齐泰等人"俱是忠臣"。这之后，士大夫才敢争取为方孝孺平反，只是平反的历程很漫长。到万历十三年（1585），明朝皇帝才首次以官方形式为方孝孺平反，此时距离方孝孺殉难已经过去了183年。

平反可喜可贺，可此后每一个历史时期的人提起方孝孺，目的都不是为了方孝孺本人，而是为了因应时下的现实问题。尤其是明末世乱道衰、内忧外患之时，士人多以追忆方孝孺气节的方式表达对现实政治的不满。

可惜，追忆无用。很多明末官员只会耍嘴皮子，真遇到变局，他们跑得比谁都快。李自成攻破北京城后，明朝最后一个状元、张嘴闭嘴"宁死不从贼"的杨廷鉴看到李自成竟跪倒在泥淖中，三呼万岁后才敢起身。后来，杨廷鉴还与另一名明朝官员争着给李自成起草登位诏书，两人厮打在一起，把衣服都扯破了。

明末史家计六奇写下了这个场面。想起方孝孺宁诛十族也不为朱棣草拟诏书的故事，计六奇评论道："明末士人屈节忘义，节操全无，这是当年朱棣杀戮忠臣的报应啊！"

难怪王夫之说，方孝孺死，"读书之种绝于天下"。方孝孺以后，天下读书人真的就是只埋首学问，不问是非，但求活命了。这正应了当初姚广孝特意叮嘱朱棣的那句话。

05

方孝孺被誉为"程朱复出""有明之学祖""当世文章第一人"，他学问好，人品好，有骨气，这是数百年来公认的事实，是任谁也无法抹杀掉的。哪怕是朱棣大权在握，可以组织写作班子丑化、诋毁方孝孺，但是朱棣死后，历史评价的天平仍会偏向事实一边。

不过，我们在肯定方孝孺忠义精神的同时，也应该对历史人物做一番全面的剖析，不能以精神品质来评价一切。

在实际的政治生活中，方孝孺的能力、魄力和见识存在很明显的短板，远不如后世的张居正。

要知道，具有道德洁癖的人是难以完成政治改革的。在这方面，张居正的手腕和权谋虽然被人诟病，但不得不承认，这恰是其得以推动帝国改革的原因。而方孝孺虽有改革天下的理想，无奈道德洁癖太重，过于爱惜羽毛，最后只能是以误国收场。

评价一个历史人物，道德气节很重要，但是道德气节不是唯一的标准，用人品去议论政治人物会显得十分幼稚。权谋不是君子所为，但有时候是必需的。

后世推崇方孝孺，仅限于对其道德、学问层面的肯定。他成了帝国的一个道德模范。我们崇尚道德气节，不忍历史上任何一个骨鲠之士的事迹遭到埋没，这是中华民族得以砥砺天地间数千年而文化一脉相承不曾中断的底色。正如鲁迅所说，他们是"中国的脊梁"。但我们也应明白，浮动在这层底色之上的，是每个时代应对具体挑战的渲染之色。说到底，历史上的人，无时无刻不在与层层新染的颜色打交道，这才是真正的实际，是解决问题的出口。

我们需要道德模范，也需要能干事的人，需要解决实际问题的人。

另外，不是只有"死"才能赢得历史的尊重，生有时候比死更难。历史上不乏这样的情景：猛士赴死前嘱咐同伴快走，说"君为其难，我为其易"。

然而，这个社会上的很多人因为推崇方孝孺式的死法，对历史上其他人物的看法显得十分简单粗暴：面临权力更替，他们只看这个人死不死，死则英雄，不死则狗熊。

恕我直言，这叫头脑简单。

南宋赵孟𫖯在国家灭亡时没有像他的族兄一样殉国，而是降了元朝，用生存换取了艺术上的大成。

晚清谭嗣同在戊戌政变失败时选择了死，但他要求梁启超活下去。一个自愿赴死的人却对一个艰苦逃生的人表达了最大的敬意，是"去留肝胆两昆仑"。

有的人负责死，有的人负责生。只要他们的选择有利于制度的改善，有利于文化的传承，而且不对民众造成伤害，无论生死，都值得敬佩。

我敬重方孝孺的死。说实话，在那种情况下，他也只有死了才是真正的方孝孺。但我也常常为他的死感到惋惜，600年过去了，他所捍卫的正统，他所维护的朱家皇位继承秩序，早已变得毫无价值，甚至可以说，他不惜以873人的性命为代价死守的东西，在现在的人们看来变得有些可笑。整个血腥事件中，只有死守的精神有意义，而死守的东西全无意义。

我时常在想，要是方孝孺像200年后的布鲁诺一样，死守的是科学真理，而不是皇权正统，那该多好！但是，大明的士人和子民并不会考虑这个现代意味浓厚的问题，他们很快就需要面对一个更加现实的问题——帝国的龙椅上迎来了新主人，他就是靖难之役的胜利者朱棣。

姚广孝：明朝第一奇僧的是与非

在靖难誓师大会上，燕王朱棣曾发表一番慷慨激昂的讲话，主要内容有四点：

一、我朱棣，太祖高皇帝和孝慈高皇后的嫡子，自受封藩王以来一直遵纪守法。

二、如今幼主（朱允炆）嗣位，信任奸臣，挑动削藩，屠戮我家，公然违背太祖高皇帝的"祖训"。

三、正义与奸邪不共戴天，我将遵循"祖训"，奉行天命，清君侧以安社稷。

四、天地神明，日月永鉴。

就在亲信将士被朱棣的发言感染，一个个情绪激昂的时候，天气突然大变，刚刚还是万里晴空，一下子就电闪雷鸣、暴雨如注了。据说，雷电还震落了燕王府宫殿上的一些瓦片。在场的人见状无不大惊失色，连刚才自信爆棚的朱棣整个人也有点儿蔫了：如此不祥之兆，是上天在警示我等的"靖难"计划吗？

众人开始耳语，夹杂着沉重的唉声叹气。

此时，一个年老的僧人站出来，示意大家安静，然后他说："祥也。飞龙在天，从以风雨。瓦堕，将易黄也。"

三言两语，信息量巨大：风雨是吉利之兆，说明现场要出真龙天子了，真龙出现，故而风雨相从。殿瓦坠落则预示着要换黄瓦了，而按明朝的制度，藩王的宫殿用绿瓦，只有皇宫才能用黄瓦。

经此一番解释，现场情绪由低落转为亢奋。众将士对他们的领导者朱棣重新报以膜拜的目光。

对于老僧的这出漂亮救场，朱棣在心中默默记了一笔。

01

说起来，为朱棣解围的老僧其实是燕王府的老熟人，法名道衍，后来被人称为"黑衣宰相"。道衍和尚是朱棣起兵与侄子朱允炆争夺皇位的幕后推手，如果没有他，朱棣有没有信心起兵靖难还得打一个大大的问号。

建文元年（1399）七月，朱棣在誓师大会上与侄子公开叫板的时候，道衍已经65岁了。但在此后的靖难之役中，道衍事实上充当了朱棣的大军师和总参谋长。《明史》后来评价说："帝（指朱棣）用兵有天下，道衍力为多，论功以为第一。"尽管这名年老的和尚没有上过一天前线，但他却是公认的永乐朝第一功臣。

用世俗的眼光来看，道衍是一个不正经的和尚。他本名姚天僖，出生在元顺帝至元元年（1335），苏州人，家族世代行医，过得比较清贫。

14岁那年，姚天僖自主就业。他没有选择子承父业继续行医，而是选择在家乡的妙智庵出家，成为一名小沙弥，由此获得法名"道衍"。

在姚天僖出家的4年前，安徽凤阳一名17岁少年在灾荒逼迫下家破人亡，入了皇觉寺为僧。世道不好，出家成为人活命的一种方式，何况僧人在元朝有特殊的地位，不是官，但有时胜似官。在决定是否同意姚天僖出家的家庭会议上，姚天僖的伯父就因此极力支持："为学有成则仕于朝，荣显父母，不则就学佛，为方外之乐。"出家好处多，可攻可守没风险。

有史料说，姚天僖某天看到一个出街的大和尚，伞盖簇拥，威风凛凛，派头比本地官员还大，当下就跑到庙里剃度去了。这恐怕是根据他后来入世甚深、地位颇高的经历，反向编排出来"讥讽"他从小就有政治野心的段子，不足为信。真实的情况应该如前面所说——在当时，出家不失为贫寒子弟一条相对较好的出路。

出家后的道衍并不按常理出牌。他颇为聪慧，把自己练成了一个"杂家"。他学过天台宗，又拜过禅宗临济宗高僧智及为师，甚至拜过道士席应真为师，在其处学习道法、相术和兵法，"尽得其学"。他还爱好诗文，与后来成为"明初三大家"之一的高启等人结为"北郭十友"，经常开诗会，相互酬唱。

渐渐地，道衍成为当时的一个奇僧，在圈内积攒起不错的名气和口碑。

1368年，当年入皇觉寺为僧的凤阳少年创造了一个历史奇迹，成为大明开国皇帝朱元璋。而道衍，终朱元璋在位31年间并未出圈，只在江湖中流传着一些传说。

02

有一个流传甚广的传说是这样的：道衍游嵩山时遇到著名相师袁珙，袁珙看到道衍的面相后大吃一惊："是何异僧，目三角，形如病虎，性必嗜杀，刘秉忠流也。"

刘秉忠是早道衍120年出生的奇僧，法名子聪，在大蒙古国忽必烈幕府中参与军政要务，深得忽必烈信任。忽必烈将蒙古国号定为"大元"，正是出自刘秉忠的建议。现在史学界对刘秉忠的评价是相对正面的，称他为元朝的设计师，但在明初反元的氛围中，服务于元朝的刘秉忠自然被当作负面人物。

不过，道衍听到袁珙说自己是刘秉忠之流，却是心中大喜。后来，道衍到北平后还曾两次拜谒刘秉忠之墓。事实证明，他们果然是一路人。

道衍游京口（今江苏镇江），观览南朝的历史陈迹后赋诗一首：

> 谯橹年来战血干，烟花犹自半凋残。
>
> 五州山近朝云乱，万岁楼空夜月寒。
>
> 江水无潮通铁瓮，野田有路到金坛。
>
> 萧梁事业今何在？北固青青客倦看。

与道衍同时代的高僧宗泐读到这首诗后讥讽说："这是一个僧人该说的话吗？"言外之意，你一个和尚，管人家萧梁事业干吗？政治兴亡之事，是出家人该想的吗？

道衍对此笑而不答。

洪武十五年（1382），朱元璋的患难之妻马皇后去世。根据要求，全国的高僧被推举出来，并将跟随朱元璋的儿子们到各自的藩国，为逝去的马皇后诵经祈福。

明朝人的笔记十分八卦地记载了道衍与燕王朱棣的第一次见面：道衍在所有藩王中间物色到了朱棣，主动去搭讪。朱棣见道衍相貌奇怪，起初并未予以理睬。道衍急了，直接把朱棣拉到一边耳语道："殿下若是带我前往北平，我将送一顶大白帽子给您戴。"这是一句隐语，但朱棣一听就懂——他已是燕王，"王"的头上戴"白"帽子，可不是"皇"吗？朱棣当场骂了道衍一句，事后却同意带道衍去北平。

当然，八卦写得很精彩，但我还是忍不住要说，这是明朝人为了证明道衍心存政治野心而编造出来的。

想想看，一个僧人与一个藩王素昧平生，他们第一次见面，前者就说出怂恿后者谋逆的话，这是历史上著名的大军师会干的事，还是一个傻子才会干的事？再说了，他们初次见面的1382年，皇太子朱标还活得好好的，即便朱元璋立时死了，又哪能轮到就藩才两年、尚显稚嫩的皇四子生出篡位为帝的念头呢？

真实的情况是，道衍能前往北平担任庆寿寺住持，为逝去的马皇后念经祈福，是经高僧宗泐举荐，并由朱元璋亲自安排的，压根儿与朱棣无关。但道衍是跟随吊丧后的朱棣车队返回北平的，他们两人应该在此期间有了第一次见面，日后才慢慢熟络起来。

在北平庆寿寺，道衍担任了大约20年的住持。漫长的年月里，他如何一步步取得朱棣的信任，最终成为其不在编的机要军师、穿僧衣的参谋，正史并无记载。这么隐秘的事情，想必朱棣也不会轻易泄露出去。

史书上只留下一个让人浮想联翩的记载：道衍"出入（燕王）府中，迹甚密，时时屏人语"。一个僧人频繁出入朱棣王府，并在没有第三人在场的环境下与朱棣密语多次，他们究竟谈些什么，就很有想象空间了。这是明代中期以后野史记载真伪掺杂的根本原因。

在一个版本的记载中，道衍曾为朱棣占卜，掷出两枚铜钱后，他说："殿下要做皇帝乎？"朱棣很紧张，一口否认："莫胡说。"但道衍依然坚信他所谓占卜的结果，继续说："有之。"

另一个版本则说，朱棣曾出了一个上联："天寒地冻，水无一点不成冰。"道衍随口对了下联："世乱民贫，王不出头谁作主。""王"字出了头就是"主"，天下之主，鼓动朱棣起兵的意图十分明显。

明朝人的笔记还记载，道衍跟朱棣说："老僧最善相面之术，多年以来云游天下，阅人多矣，从未见如您一样非凡的骨相，岂是久居人下之人？"

总之，关于道衍逐步鼓动并介入朱棣起兵靖难的过程，有太多类似的记载。虽细节不足为信，但整个过程应该确实是与朱棣实力和野心的膨胀同步的。

史载，洪武二十三年（1390），朱元璋命朱棣统领北平兵马征伐北元。此战过后，朱棣因为有勇有谋在诸藩王中逐渐冒头，深得朱元璋倚重，从此燕王势力日益壮大。洪武二十五年（1392），太子朱标英年早逝，朱棣慢慢觉得自己有机会成为继承人。特别是在洪武三十一年（1398）朱元璋病逝后，继位的皇长孙朱允炆意欲通过削藩加强集权，这既让朱棣感到恐惧，也让他感到时机来临。他开始频繁地接触社会上的能人，并通过道衍的关系，很快在自己的王府中聚集了一批奇人异士，其中包括袁珙父子以及金忠等擅长占卜、相面、谶语的人，这些人后来都成为开创永乐朝的大功臣。

03

随着帝国情势的发展，道衍一步步成为朱棣的"刘秉忠"。

朱棣是一个性子偏急的人，认定的事就火急火燎要去干。朱元璋死后，朱棣带着人马南下赴京师（今江苏南京）奔丧，到达淮安时，接到新皇帝朱允炆命人送来的"朱元璋遗诏"，要求他返回封地去。

据说朱棣很恼火，坚持要渡江，但道衍去信阻止了他。道衍分析说："您现在以尽孝之名南下渡江是没问题的，问题是这样做有违'遗诏'，反而变成不孝了。"言外之意，朱棣若此时起兵，合法性是存在问题的，所以要懂得忍耐，等待时机。

当朱允炆大力推行削藩计划时，传说有人在京师听到一个道士传唱歌谣："莫逐燕，逐燕日高飞，高飞上帝畿……"这首带有谶语性质的歌谣或许是在警告朱允炆不要动燕王，否则后果很严重；或许是在为燕王马上就要起兵的行动造势，并寻求起兵的合法性解释——是新皇帝不听老天警示，是新皇帝逼我的。

虽然没有直接证据，但这些歌谣极有可能是朱棣集团里面的道衍等人安排传播的。

历史上，当谶语、童谣开始传播时，干大事者的野心就昭然若揭了。

建文元年（1399），决心举兵之前，朱棣说出了他最后的顾虑："民心向彼，奈何？"朱允炆代表正统，是民心所向，我一个藩王对抗朝廷，没有胜算呀。

道衍回答他："臣知天道，何论民心？"这种事情主要看天道，天道就是民心，老天已经多次暗示你要出头为主了，这个我最懂。

在朱棣为了迷惑朱允炆派出的亲信而装病的时候，道衍协助朱棣干起了厉兵秣马的事情。

据说，道衍在燕王府中建起兵器作坊，打造武器，操练士兵。为了防止泄密，他特意命人在院中饲养了大量的家禽，借鸭鹅的聒噪掩盖一切异常的声响。

在七月的靖难誓师大会上，道衍巧妙地帮朱棣化解了天气剧变带来的尴尬，更得朱棣信赖。《明史》记载，靖难之役进行的3年多时间里，道衍因年事已高未随朱棣征战，而是留在北平辅佐世子朱高炽镇守后方，但朱棣每有疑难总是驰书相问，"战守机事，皆决于道衍"。

建文二年（1400），一路打胜仗的燕军在东昌（今山东聊城）遭遇重创，朱棣手下第一大将张玉战死，幸亏援军及时赶到，朱棣才得以突出重围。

东昌一战，朱棣损失惨重，士气一下子低落到极点。但此战过后没多久，道衍极力督促朱棣重新出师。面对毫无信心的朱棣及将士们，道衍说出了他的理由："我之前就讲过，'师行必克，但费两日'，现在不是应验了吗？东昌的'昌'写成文字就是两个'日'，这个挫折一过，此后当全胜也。"

看吧，关键时候又是他发挥神神鬼鬼的能力，给大家打了鸡血。这种开放性的预测和解释，在今天看来就是一个文字游戏而已，但古人对所谓的"迷信"是很信任的，他们相信任何巧合背后的神秘力量。所以，道衍说完他的判断，朱棣带着将士们又雄赳赳气昂昂地出发了。

现在我们说道衍是一个"神奇"的军师，究竟有多少神秘的成分，其实也没有。他只是心中有一个判断，认定朱棣起兵这事儿能成，然后通过他的临场应变能力，一再将这件事合理化，最后他赌赢了，之前一切合理化的说辞就被赋予了神奇的色彩。如此而已。

道衍真正的"神来之笔"，是为胶着了3年的战争画上了句号。

到建文三年（1401）年底，朱棣起兵已经近3年了，由于兵力有限，始终未能取得突破性进展，仅仅保住了北平、永平、保定三府的地盘。就在这时，从京师叛逃到燕王府的宦官报告说，朝廷大军都派出来打燕王了，京师反而是兵力最薄弱的地方。听完，道衍灵光一闪，立即提出了战争史上一个想象力爆棚的奇谋："毋下城邑，疾趋京师。京师单弱，势必举。"

朱棣也是聪明人，略一思索就同意了。他不再拘泥于一城一地的争夺攻守，而是领兵向南疾进，甩掉了朝廷部署在北方的重兵，"遂连败诸将于泖河、灵璧，渡江入京师"。

次年（1402）六月，燕兵占领京师，宫中火起，建文帝朱允炆不知所终。几天后，朱棣登基，永乐朝缓缓拉开了帷幕。

换个思路事半功倍，这是道衍作为历史上一流谋略家真正厉害的地方，也是正史将道衍视为靖难之役第一功臣的原因。

04

胜利属于朱棣，也属于道衍。永乐二年（1404），70岁高龄的道衍被朱棣封为资善大夫、太子少师，达到一生地位的巅峰。朱棣还恢复了道衍的俗姓姚，并赐名广孝，目的是要道衍——如今是姚广孝了——还俗为官，享受荣华富贵。

史书说，朱棣命姚广孝蓄发，姚广孝不肯。朱棣又赐予他豪宅和美女，也被退回了。姚广孝仅接受了太子少师的官职，此后"常居僧寺，冠带而朝，退仍缁衣"。

功成名就之后，姚广孝反而看淡了功名。当年，他以辅佐忽必烈的刘秉忠自命，如今他却说自己只是一只老病之猫。

在《题江行风浪图》一诗中，姚广孝借长江风高浪急、行船危险来比喻人世：

世人知险是风波，那识人心险更多。

> 人心对面九巍山，一笑杀人俄顷间。
>
> 贫贱安居良不恶，名利奔驰有何乐。
>
> 此日披图心为惊，老年无事不江行。

人心险恶，一笑杀人……所有这些，应该是一个年逾七旬的老僧见惯的，因此，"老年无事不江行"实际上就是他想退隐的一种表达。

在靖难之役中，朱棣要发兵之前，姚广孝曾特别嘱咐说，有个叫方孝孺的人一定不会投降，但请你不要杀他，"杀孝孺，天下读书种子绝矣"。但朱棣一再被方孝孺激怒，最后还是把他杀了。

有分析说，姚广孝因为朱元璋嗜杀，故在洪武一朝对同为僧人出身的朱元璋并不感冒，也不认同朱元璋的政治遗产。但他辅佐的新皇帝朱棣同样是嗜杀之人，在方孝孺及一大批受牵连者被杀之后，姚广孝的政治理想有些幻灭了。

另一种分析则指出，姚广孝在功成名就后仍然坚定地不脱僧衣，向往归隐，是因为他作为功高盖世的元勋处境已经十分微妙。功高之人，最好的自我保护就是表明自己无意于政治。

姚广孝曾立在古人的墓冢前，写诗表达他关于历史、功名、荣华、死生的思考：

> 焉知大化中，天地同旅寓。
>
> 事业水上沤，功名草头露。
>
> 死生谅莫测，荣华何足顾。
>
> 不如保贞德，歌欢自朝暮。

把功名看淡之后，年老的姚广孝与政治的关系开始变得若即若离：

作为太子少师，他会辅佐太子朱高炽，后来还担任皇长孙朱瞻基的侍讲、侍读。实际上，这样安排表明他是朱棣祖孙三代的帝王之师。

他又以钦差的身份前往故乡苏湖一带赈灾。在离别故乡20多年后，他终于衣锦还乡。朱棣特别叮嘱他，不要吝惜国库，赈济时需要多少钱就用多少钱。

他还主持《永乐大典》和《明太祖实录》两部大书的编修，尤其是《永乐大典》，它是中国古代最大类书和重要文化巨著。

他养了一只雄鸡，每天闻鸡而起，十分自律地度过了一生中最后的十几年。

姚广孝晚年写过一段自述概括自己的人生，言语间充满了淡泊的气息：

幼读东鲁书，长习西方教。抹过两重关，何者为悟道。不厌山林空寂，不忻钟鼎尊荣。随缘而住，任运而行。犹孤蟾之印沧海，若片云之浮太清。了无他说，即此，便是人问我，更何如手里棻珠一百八。

永乐十六年（1418），84岁的姚广孝奉诏由南京北上，到北京后就病倒了。朱棣数次去探视他，他语不及私，却提出了释放僧人溥洽的请求。

溥洽是建文朝的高僧，有人说是他为建文帝朱允炆剃度并将其藏匿起来的。朱棣当年攻下南京后，找不到朱允炆的踪影，遂将溥洽拘禁起来，一关就是十几年。听到姚广孝的请求后，朱棣下令释放了年迈的溥洽。

朱棣问他："你还有何事要交代吗？"

姚广孝答："出家人复何所恋！"

朱棣又问，姚广孝"终无言"。

三月二十八日，姚广孝端坐而逝。

朱棣在《御制姚少师神道碑》中追忆姚广孝的功绩："广孝于时识进退存亡之理，明安危祸福之机，先机效谋，言无不合。出入左右帷幄之间，启沃良多。"他还亲自为姚广孝撰写了祭文，在文中无限感慨道："自昔以来，如卿者，岂易得哉！"

一代奇僧离开人世，皇帝对他评价颇高，然而关于他的争议，随着时间的推移却越来越激烈了。

05

明朝中期以后，文人士大夫编排了很多段子来"丑化"姚广孝。

明英宗天顺年间，姚广孝的义孙身穿姚广孝的"遗衣"去见苏州知府，以为可以在知府面前显摆祖上的功名，谁知知府一听"姚广孝"大怒，将他骂了一通。

明世宗嘉靖年间，嘉靖皇帝下令撤除姚广孝配享太庙的资格。

清朝时期，乾隆直接说，朱棣最听姚广孝的话，"称兵篡逆，皆用其谋"。当时在编《四库全书》，姚广孝的作品和严嵩的作品是"同等待遇"——"虽词华之美足以方轨文坛"，但他们皆为"大奸大恶"，故仅"附存其目"，不录全文。

归根到底，这是在所谓"正统观"影响下对姚广孝的污名化。人们受传统儒家观念和皇权思想束缚，认定朱棣起兵夺位是不对的，但他既然夺位成功了，不能再骂他，便只能找鼓动他、辅佐他的人来骂，而其中最合适的人选，非"第一功臣"姚广孝莫属。

因此，在陈旧的观念主导下，人们骂姚广孝是奸僧，是恶人，是野心家……没有人愿意关注他具体做了什么，他内心有多少焦灼，他建功立业是否为了自己的野心。只有晚明特立独行的思想家李贽跳出了"正统性"的牢笼，一针见血地指出："我国家二百余年以来，休养生息，遂至今日，士安于饱暖，人忘其战争，皆我成祖文皇帝与姚少师之力也。"

今天的我们，读历史更应该像李贽一样，摆脱陈旧和愚昧的思维，客观地评价一个人物。如果我们今天还像明清时期一样，以篡没篡位来衡量历史人物的道德，那我们依然是皇权的奴隶。

靖难之役的本质跟历史上诸多皇室内部的权力之争一样，没有正义与非正义之分。是朱元璋的儿子当皇帝还是孙子当皇帝，对百姓来说没有实质性的差别。

所以，我们大可换一套评价标准：对于胜利者，我们要看的是他有没有比前任做得更好。对于失败者，我们可以崇尚他们的精神，但不应固守他们的观念；我们可以同情他们的遭遇，但不必认同他们的选择。如此，我们才能更深刻地洞穿历史上的权变，懂得把朱棣摆在什么位置，把朱允炆摆在什么位置，把方孝孺摆在什么位置……

以及，把一代奇僧姚广孝摆在什么位置。

朱棣：一位焦虑症患者

朱棣的后半生一直活在篡位者的焦虑之中。

1402年，在历经3年叛变作乱后，42岁的朱棣终于率军攻入南京城。但朱棣的侄子建文帝却在宫城大火中离奇失踪，这成了朱棣一生的心病。他疑虑、焦躁，为了探寻建文帝的行踪，从永乐五年（1407）起，他连续16年派出建文帝的旧臣胡濙，以寻访仙人张邋遢（张三丰）的名义，"遍行天下州郡乡邑，隐察建文帝安在"。

此前，永乐元年（1403），朱棣已派出宦官马彬出使爪哇等国，暗中探访建文帝是否漂洋出海。永乐三年（1405），他干脆派出郑和率领2.7万多人的庞大船队正式出使西洋。自永乐三年（1405）至永乐十九年（1421），郑和共下了六次西洋，且每次都是率领着近3万人的庞大军队航行。

01

一位叛变起家的帝王，最害怕的就是别人的质疑，他需要堵住悠悠众口。

朱棣攻入南京后，先是按照姚广孝的建议，召见了被称为士林领袖和"天下读书种子"的方孝孺，并要方孝孺为自己起草即位诏书。

方孝孺是建文帝手下的主要谋士。他被带入宫中后，当众为建文帝痛哭失声，响彻殿宇。

朱棣强忍不悦，说："我法周公辅成王耳。"

方孝孺质疑道："成王安在？"

朱棣勉强回应说："伊自焚死。"

方孝孺又逼问："何不立成王之子？"

不耐烦的朱棣只得说："国赖长君。"

方孝孺再问："何不立成王之弟？"

面对耿直硬杠的方孝孺，朱棣理屈词穷，只得起身离开坐榻，走向前跟方孝孺说："此朕家事耳，先生毋过劳苦。"

然后，朱棣又让人强行塞给方孝孺纸笔，要他以天下士林领袖的身份起草即位诏书。朱棣还特地说："诏天下，非先生不可。"

没想到方孝孺依旧刚直不屈："死即死耳，诏不可草。"

朱棣出离愤怒了，这位通过起兵叛变夺位的枭雄信奉以残酷暴力治天下，从来不畏惧杀戮，此时此刻，父亲朱元璋遗传给他的阴鸷狠毒爆发出来。他威胁方孝孺，若不听话，将诛九族。不料，方孝孺听后竟怒斥道："便诛十族奈何！"

怒不可遏的朱棣下令"割裂其口至双耳"，接着又诛灭方孝孺十族亲友共873人，株连之广史上罕有。

以方孝孺为开端，为建文帝之事进言的大臣前仆后继。建文帝在位只有4年，却如此深得人心，一干重臣甚至不惜冒着株连十族的危险，心甘情愿地为建文帝说话。这种精神力量让朱棣的内心产生了极大不安，于是，他在南京大开杀戒。

为了剿灭建文帝的忠臣和死党，朱棣先后酷杀、流放朝臣及朝臣亲友数千人。

兵部尚书铁铉忠于建文帝，不愿屈服。朱棣命人将他的耳朵和鼻子割下来放在火上烤，然后强塞到他嘴里，还问他："甘否？"铁铉说："忠臣孝子之肉有何不甘！"至死都骂不绝口。

朱棣又杀死忠于建文帝的礼部尚书陈迪。他先是将陈迪的儿子抓来杀掉，并将其鼻子和舌头割下，强塞给陈迪吃。陈迪唾向凶手，怒骂不绝，最终被凌迟处死，宗族中被流放者有180余人。

刑部尚书暴昭同样宁死不愿屈从，朱棣命人"先去其齿，次断手足"，暴昭"骂声犹不绝，至断颈乃死"。

明史中保留了许多朱棣下令虐杀建文帝朝臣时的语录。在下令处置右副都御史练子宁及其家族共500多人时，朱棣说："亲近的拣出来，便凌迟了，远亲的尽发去四散充军。若远亲不肯把亲近的说出来，也都凌迟了。"

在下令诛杀建文帝的兵部尚书齐泰和翰林学士黄子澄时，朱棣甚至叫人轮奸他们的全部女眷家属，即使是10岁的女孩也不放过，然后将她们全部充为官妓。

在针对建文帝一朝大臣的残酷清算中，朱棣无所不用其极，然而对外，他又自诩斯文地对群臣说："不得已而用刑，权一时之宜……复为祖训垂宪子孙，而墨劓荆宫并禁不用……朕以菲德，缵承大统……施仁政，以忠厚为治。"

经过一番针对反抗者的残酷虐杀，信奉顺我者昌逆我者亡、试图从身体和灵魂上都残酷凌辱反抗者的朱棣，终于走上了和他的父亲朱元璋一样的道路，建立起了一个血腥的帝国。他们父子两代的杀戮，影响直到后世。

1644年崇祯皇帝上吊、明朝亡国时，北京城中的殉国者甚至还没有为建文帝殉难的人多。对此，明末清初史学家李清在《南渡录》中写道，当李自成和清军先后进入北京时，朝臣全无道义和骨气，"正气渐削，故酿为今日猰㺄之徒屈膝拜伪"。

02

在残酷的屠杀中，朱棣内心偶尔也会掠过一丝不安。

由于父亲朱元璋曾经当过和尚，朱棣也跟着信仰佛教，他喜欢到佛寺参拜，祈求佛祖的庇佑。行大恶者表面上的虔诚虽然不能为其带来些许慈悲心肠，但会给人一种宽和的假象。作为帝王，朱棣需要的正是这种伪装。

有一次，朱棣到南京紫金山的灵谷寺祭拜，发现一只虫子爬到了他的衣服上。他先是用手将虫子拂落在地，然后命令左右将小虫子放到树上，还说："此虽微物，皆有生理，毋轻伤之。"

朱棣对同样通过政变夺位的唐太宗李世民非常敬仰，并处处以唐太宗自我标榜。尽管对待政治对手残酷血腥，对反抗者动辄灭族凌迟，但为了树立"仁政"的口碑，朱棣对于死刑判决要求"五复奏"，即反复审查五遍才能判处某人死刑，以此来为自己贴上审慎的名声。

相比于后世那些萎靡不振的皇子皇孙，朱棣拥有超人的体力和惊人的意志。史书记载，永乐初年，朱棣每天"四鼓以兴，衣冠静坐"，然后"思四方之事，缓急之宜"。在处理完上午的早朝后，朱棣下午还要开晚朝。外朝的事务处理完毕，他还要处理宫中之事，"闲暇则取经史览阅，未尝敢自暇逸"。

朱棣天生精力旺盛，而通过政变夺位后，得位不正的舆论压力和自我焦虑也促使他加倍努力和付出，去树立一个伟大君主的形象。这一方面表现为对反抗者从个人到家族、从身体到心灵的残杀和凌辱，另一方面则表现为通过建功立业来缓解外界的质疑和舆论的压力，在震慑朝野的同时建立个人的绝对权威。为此，他命令郑和六下西洋，还五次亲征蒙古，下令征讨安南（今越南），筹划迁都北京……尽管内中原因很多，但洗刷名声、震慑内外都是其中一个。

朱棣还是藩王时，驻扎在当时的北平（即后来的北京），经常与元朝的残余势力北元对抗，在长期对战中培养起来的骁勇精神，使得朱棣表现出与其他守成君主完全不同的气象。

登基之后，永乐四年（1406），朱棣命大军南征收服安南，改安南为交趾，下辖十五府三十六州一百八十一县，并在各州县分别设立卫所以加强控制。

同样是永乐四年（1406），朱棣还下令营建北京宫殿。此后他多次北巡，长期住在北京。永乐十八年（1420），北京宫殿落成，他下令正式迁都北京，从此奠定了北京作为中国首都的稳固地位。

永乐八年（1410），朱棣第一次御驾北伐，亲征蒙古鞑靼部，并在斡难河畔大破第二十二代蒙古大汗本雅失里军，使本雅失里仅以七骑西逃。此后从永乐十二年（1414）到永乐二十二年（1424）的10年间，朱棣又四次御驾亲征蒙古。

通过建立一系列的功业，朱棣确信，自己的威权已经足以消灭天下人对他篡位夺权的质疑声了。这种通过建功立业来树立威权的套路，朱棣是在他的前辈们——通过玄武门之变夺位的唐太宗李世民、通过"斧声烛影"事件上位的宋太宗赵光义身上学到的。他将这两位前代皇帝视为偶像，也因此，在他身后，他的子孙将他的庙号尊为"太宗"，一直到嘉靖皇帝时，他的庙号才被改为"成祖"。

03

但焦虑始终困扰着朱棣。

此前，在靖难之役起兵时，朱棣裹挟自己的弟弟宁王朱权共同叛变，并许诺事成后"当中分天下"。但1402年攻入南京后，朱棣很快就翻脸不认人。不仅如此，在宁王朱权请求将苏州和钱塘作为自己封地的时候，他也一概拒绝，改而将宁王分封在了南昌。

此举不仅针对宁王。在以反对建文帝削藩的名义起兵叛变成功后，朱棣自己也开始了马不停蹄的削藩行动。代王、岷王、齐王的护卫数量先后被削减，就连与朱棣一母同胞的弟弟周王的护卫也被迫裁除。

没了藩王在侧的隐忧，朱棣终于稍稍缓解了夺权后的焦虑，但这还不够。

建文帝朱允炆在1398年朱元璋死后即位，由于觉得朱元璋在世时设立的《大明律》过于酷烈，他开始放宽刑罚。朱棣夺位后，又开始严格执行《大明律》，甚至在他的掌控下，刑罚之酷烈比朱元璋时有过之而无不及。

朱元璋晚年时曾对自己设立锦衣卫一事表达过忏悔，并下令烧毁了锦衣卫的刑具，宣布锦衣卫不得再私设诏狱，所有案件都由司法机关审查。朱棣上位后又恢复了旧制，他允许锦衣卫绕开司法机构私设诏狱，而且刑罚的花样持续创新。为了钳制百官，朱棣还任用宦官成立东厂，通过厂卫联合，开创了明代恐怖森严的特务网络。

为了倡导文治，朱棣下令编撰《四书大全》《五经大全》《孝顺事实》《古今列女传》等书，《永乐大典》的编撰更是让他所谓的武功文治达到巅峰。但不久，他又将《永乐大典》的总编撰、名臣解缙下狱拷打，使得解缙从宠臣遽然变成阶下囚。5年后，他又指使锦衣卫将解缙处死。

只有在严刑酷罚中，作为君王的朱棣才能找到一丝丝的安全感。然而，上天似乎在给予他某种警示。

永乐十九年（1421）四月庚子日，刚刚成为大明都城三个月的北京雷雨交加，随后，耗时10多年营建而成的奉天殿、华盖殿、谨身殿三个大殿因被闪电击中起火，最终统统化为了灰烬。

紫禁城是动用百万民工、耗时10多年才建成的，三个大殿更是耗尽朱棣心血，没想到却一朝尽化为灰。在信奉天人感应的古人看来，这或许是上天对朱棣动辄滥杀无辜的警示。朱棣内心也很受震动，在颁布的《罪己诏》中称："上天垂戒，朕甚惊惧，不遑自安。"

可惜这种"不安"只持续了几天而已。由于重审此前的一起宫人诬告案时发现宫女竟然私通宦官，朱棣在颁布《罪己诏》不久后再次大开杀戒，在皇宫中诛杀2800余人。在行刑时，朱棣甚至亲临刑场，要亲眼看看宫人们将如何被凌迟处死。对此，有的宫人在临刑时当面大骂朱棣说："你自家阳衰，所以人家才和宦官私通，这有什么罪？"

04

朱棣老了。尽管雄才大略、建功无数，但这位疑虑焦躁、凶狠残暴的帝王终于还是像被宫女所骂的那样，走到了身心"阳衰"的境地。

到了晚年，朱棣很喜欢吃方士进献的"灵丹仙药"。有一次，朱棣人不舒服，太医诊断后说，近来皇帝你的痰火虚逆，估计是吃道士的丹药所致。朱棣勃然大怒说："仙药不服，服凡药耶？"

像每一位试图建立不世伟业的君主一样，朱棣渴望战胜一切，包括战胜死亡。而这，偏偏是每一位君主的"阿喀琉斯之踵"。

晚年身染重病后，朱棣吃了很多"仙药"，却一直没有效果。或许是内心孤单寂寞，吃饭时他也要求宫人在一旁陪伴，这在明朝是很特殊的案例。临死前几个月，已经65岁的朱棣还要求朝鲜进献美女"服侍"他。

在其他方面，朱棣也仍然爱折腾。他第五次亲征漠北，却不见蒙古人踪影。在无功而返的途中，他对身边的近臣杨荣、金幼孜感慨地说："昨夜三更我做了个梦，有个画中神人模样的人告诉我：'上帝好生。'难道是上天有意保护他们（蒙古人）吗？"途中，朱棣还看到往年用兵时死在塞外的兵士的累累白骨，不禁心生恻然，于是命人收拾路上的遗骸，并亲自写了祭文以悼念历年在北伐中阵亡的军士们。

临死前一年，即永乐二十一年（1423），朱棣不服输地再次御驾亲征蒙古鞑靼部。当走到宣府镇（今河北宣化）时，奉朱棣命令秘密暗访建文帝行踪的胡濙突然在半夜到访。当时，多次外出暗访的胡濙在外时间已达16年之久。

似乎是胡濙带来的某种信息极大缓解了困扰朱棣多年的焦虑症，那很可能是建文帝的下落。悬在朱棣心中最重的一块大石头悄然落地，而他的生命也接近尾声了。

永乐二十二年（1424），朱棣再次踏上了北伐蒙古的征途。当年七月庚寅日，没有捕捉到蒙古人踪迹的明军无功而返。大军行至榆木川（今内蒙古多伦西北），不可一世、戎马倥偬的永乐大帝朱棣终于走到了生命的尽头。

朱棣去世后，随行的内臣马云与大学士杨荣、金幼孜密商，用军中的锡器熔铸成一具棺椁装殓朱棣，然后杀掉锡匠，对外则让人照常上膳，营造出朱棣仍然在世的假象，并派人密报太子朱高炽。随后，朱高炽即位，是为明仁宗，而朱棣则葬到北京天寿山长陵。

依照朱棣的遗愿，30多位宫人被要求殉葬。他生前最宠爱的妃嫔韩氏在被迫上吊自尽前一直呼喊自己的乳母，说："娘，我去了！娘，我去了！"话还没说完，宦官们便将她脚下的小木凳给撤掉了，留下韩氏在绳索上挣扎了一会儿，最后气绝身亡。

我们从历史教科书中得知的永乐朝是"强大昌盛"的，可实际上，由于连年用兵，再加上六下西洋，明朝的国库早已空虚，财政危机严重。朱棣在位时，全国便已经出现了多达40起的民乱；到了朱棣统治晚期的永乐末年，大明国内甚至连向来号称富庶的苏州、常州、嘉兴、湖州等地都出现了成批的强盗和流民；及至朱棣驾崩，明朝已经是"人民流离，饿殍盈路，税粮逋负，盐贼横生"了。

如果不是朱棣的儿子朱高炽和孙子朱瞻基恢复治理、力挽狂澜，或许，朱棣也是一个亡国的隋炀帝了。

在建功立业与焦虑狂躁之间，在圣君与暴君之间，朱棣时而展现A面，时而展现B面。历史不断反复，他有幸成了创业者，而不是毁灭者。

仁宣之治：放弃开拓，转为守成

夏原吉：大明盛世背后的男人

永乐二十二年（1424）八月十二日，榆木川（今内蒙古多伦西北）明军大营，刚经历了第五次北征的朱棣进入了生命的倒计时。

纵观朱棣的一生，五次亲征漠北，派郑和六下西洋，无一不是影响大明国运乃至中国历史的大事件，但此时的他心里仍残存遗憾。病榻之上，朱棣拼尽全力留下最后五个字："夏原吉爱吾！"

三天后，朱棣的死讯传回紫禁城，坐镇京师的正是"胖瘸太子"朱高炽。再也不用活在父皇的阴影下了，朱高炽感到一丝轻松，但长期监国的经验告诉他，此时还不是该放松的时候，他的兄弟们正在盯着后永乐时代的至尊宝座。

现在，能救他的，大概就只有父皇口中的夏原吉了。

01

22年前，夏原吉是建文帝朱允炆手下的"后勤部长"——大明户部右侍郎。当时，他的职责是为朝廷军队筹措钱粮，提供后勤保障，维持国家财政收支平衡。若不是建文帝坚持"削藩"，起用了"草包将军"李景隆讨伐燕王朱棣，致使大明军队惨败，也许他会在建文朝持续发光发热，帮助建文帝开启大明的"建文盛世"。但历史没有假设，自从第一次与朱棣"零距离"接触，他的命运就悄然改变了。

那是建文四年（1402）六月十三日，大明皇宫燃起熊熊烈火，皇帝朱允炆早已不知所终。南京城最后一道城门——金川门被打开，胜利者朱棣率领手下大军"回家"了。作为曾经的造反派，朱棣进城后的第一件事自然就是处理掉当初支持建文帝"削藩"的大臣们，诸如黄子澄、齐泰之流，通通身死族灭。

作为建文帝的"后勤部长"，南京城破之时，夏原吉还在户部埋头苦算战争损失和抵御燕军的城防用度，丝毫没有被外界的杀伐之声所扰，直到被搜捕的士兵发现，将他捆绑带到朱棣面前。

此时的朱棣早已被屠戮的血腥之气模糊了双眼，表现得异常愤怒。他正欲对夏原吉下狠手，这位建文旧臣突然开口为自己求情了。

夏原吉说，我本来就该死，但是手头上的账目没有厘清，能否再借我三日？

朱棣一愣。怎么，这个时候还有大臣愿意舍生忘死地工作？这个夏原吉该不是脑子坏掉了吧？

当听到身边同为建文旧臣的"变节者"、兵部尚书茹瑺说，夏原吉在靖难之役中替建文帝出力甚多，朱棣瞬间就明白了：这就是个为了国家不要命的大臣。他当即下令释放夏原吉，并邀他担任新朝的官员，让他继续留在户部效力。

据相关历史学者研究，朱棣和夏原吉之间应该有过一次对话。他们谈了什么，我们今天不得而知，但就是这次谈话改变了夏原吉对朱棣的看法。专家称，儒家尊崇的是"道不同不相为谋，道同则可相与谋"。道，是他们最终达成合作的基础。

也就是在这次的谈话中，夏原吉与朱棣产生了对彼此的信任。

02

永乐元年（1403），浙西再次发大水。这里历来都是大明赋税的重要来源，以往朝廷屡次派人去抗洪救灾，效果都不好。如今新朝刚刚建立，天下目光皆聚焦于这次灾难，准备看新朝廷怎么处理，身为皇帝的朱棣如何不清楚这一点？

在这个节骨眼上，朱棣想到了建文旧臣夏原吉。不知他是否值得自己信任？

接到命令的夏原吉即刻出发。治水期间，他日夜思考如何才能更好地消除水患。在疏浚工程现场，人们经常能看到一个身穿布衣的官员徒步前来考察，即使天气炎热也没有停歇。

当时的人多有不解，夏原吉却说："如今因为洪水的影响，百姓都很辛苦，我作为负责疏浚洪灾的官员又怎能贪图安逸呢？"

通过实地考察，夏原吉向朱棣提出，可以遵循古时夏禹治水的方法，导三江入海，疏通吴淞江下游，使其连接太湖水系，然后建立水闸，按照汛情变化开合闸门。

不出意外，朱棣同意了。

得到皇帝的肯定，夏原吉带着军民分别疏浚了白茆塘、刘家河、大黄浦等地，一举根治了为害大明多年的江南水患，使这块帝国的赋税重地重新焕发生机，为永乐盛世的到来提供了坚实的经济基础。

这些都被朱棣的亲信、"黑衣宰相"姚广孝看在眼里，他向朱棣盛赞："原吉真有上古仁德之心。"

03

夏原吉治水的成功，说明了他自身为官的才能，证明了当初朱棣的选择是正确的。由于成功地为朱棣解决了登基后的第一个大考验，因此治水归来后不久，夏原吉便接到命令，出任户部尚书，总揽大明帝国财政事务。

掌管天下财赋岂是易事？特别是在刚刚经历过靖难战火的大明。国库里的钱粮是有限的，小到给官员发工资、修缮宫殿，大到地方基础设施建设、对外打仗，一切事务都要由户部拨款支持，稍有差池便是掉脑袋的事。新上位的朱棣偏是个需要用丰功伟绩来证明自己的君主。他在位期间干了不少大事，编修《永乐大典》、六下西洋、五征漠北、攻安南、修紫禁城、通运河……每一个都是"烧钱"的大项目。国家刚刚遭遇4年的战争，百废待兴，能正常维持朝廷的日常开支就很了不起了，哪还有余钱去完成皇帝的理想？

上溯历史，即便是在经历了开皇之治的隋朝，隋炀帝开挖大运河也会把国家给"挖"没了。而在刚经历了战火的大明，又有什么力量支撑皇帝的"面子工程"呢？

面对这一切，夏原吉有招。

首先，长期为国家理财的经验告诉夏原吉，好记性不如烂笔头，所以他随身携带着一本记录了全国各地户口、府库、税赋变化的小册子，随取随用。当朱棣问他"现在我们国家有多少钱"时，夏原吉马上就做出了详尽的说明。朱棣听后，更加确信自己当初的选择。

其次，夏原吉于理财方面确有奇招。他向朱棣提出一系列开源节流的办法："裁冗食，平赋役，严盐法、钱钞之禁，清仓场，广屯种，以给边苏民，且便商贾。"通过裁撤多余的机构和人员，缩减国家财政支出；通过减轻全国赋税，严厉打击私盐买卖，将囤积在仓库里的物品"变现"，增加国家财政收入；推广屯田种植方式，让边防军士在平时也能耕种，自给自足，减轻对国家财政的依赖；鼓励没有分到土地的农民到边境去落户开荒，与民休息；通过颁布一些新政策惠及商人，让他们为大明经济发展提供助力……一桩桩一件件，都是赚钱省钱的好办法。

紧接着，夏原吉又提出通过弹性税收方式"区别对待"税收对象。他主张对富人增收税款，减免穷人的税款，且要允许人们出钱来代替劳动。

当皇帝需要赏赐臣下或外来使节时，夏原吉率先建议进行一次性封赏。一次性的赏赐虽然数额巨大，但可以有效减少因封赏的长期性造成的大明财政资源的持续浪费，算是一种变相的节约。

最后，面对数量日益庞大的大明宗室，夏原吉提出"开放盐引"，即允许宗室藩王运销食盐，自给自足，减少朝廷每年需要支付及赏赐给藩王的大笔经费。

正是这些措施，为永乐盛世下每一次大手笔的花销提供了保障。在支撑皇帝的"面子工程"顺利进行的同时，也让大明在提高国家影响力、增加国库收入、改善民生之间找到了平衡点。难怪清代历史学家赵翼会赞叹："历朝论理财能者，唯桑弘羊、夏原吉二人也。"

04

夏原吉基本上每次都能完成朱棣交代下来的"特殊任务"，朱棣对他渐渐产生了足够的信任。

自永乐八年（1410）起，朱棣便命夏原吉辅导皇太孙留守北京，"凡铨选文武，经理财赋，修明礼乐，调遣军马，详审刑罚，兴止营造，激扬风纪，所以北奏行在，南启东宫，下令于天下者，皇太孙端拱惟公言是从"。

可见，此时的夏原吉除了日常管理户部事务外，还承担了批阅奏章、处理国家大事、辅弼储君的职责。他一个人肩上的重担，甚至超越了永乐朝的内阁所要承担的责任。

永乐朝有"不得专制诸司"的规定，而夏原吉却拥有处于皇太孙之下，凌驾于六部大臣之上的权力。这已与当初朱棣的政治理念大有出入，甚至给人一种改变朱元璋"不设丞相"祖制的嫌疑。

如此能臣，也无怪朱棣驾崩后，太子第一个想起的人就是夏原吉了。

05

夏原吉当初选择与朱棣合作，仅是源于自身对天下苍生的担忧，并不是为了"效忠"。他也做出过拂逆朱棣本意的行为，最严重的一次当数朱棣提出第三次北征计划时。

永乐十九年（1421），当朱棣听到当初支持他靖难的股肱大臣们纷纷反对自己三征漠北的计划时，他把目光转向了夏原吉，这是位无条件支持自己近20年的大臣，他想从这里得到赞同。

可是夏原吉这次却不再支持皇帝的贸然决定了。他直截了当地说："国家连年战争，基本都无功而返。如今军马储备已经损失了十之八九，加上灾荒不断发生，早已内外交困。更重要的是，您老人家现在身体不好，还需要静心调养。出征漠北这种事，找个将领代表一下就行，您不用亲自去。"

夏原吉很明白，这种话一出口，自己肯定是要遭罪的。但为了天下着想，此言不得不说，皆出自肺腑。但此时的朱棣哪里听得进忠言？原本是希望得到赞同之声，却被泼了盆冷水，无论是谁都不会高兴。

朱棣下诏抄了夏原吉的家，并将他下了诏狱。随后，三征、四征、五征漠北依次登场，直至朱棣在榆木川终结了帝王生涯。

据说，此次抄家把"永乐盛世最强保障"夏原吉的真面目抄了出来。他掌管天下财赋数十年，家里除了皇帝赏赐之物以外，就只剩下些破衣烂衫、瓶瓶罐罐。谁能想到，一辈子跟钱粮打交道的他，能将国家打理得井井有条，使永乐盛世威名远播，却没能为自己留下半分余财。

清廉至此，可见一斑。

这大概也是朱棣在驾崩前忆起当初时，喊出"夏原吉爱吾"的主要原因吧！

06

太子朱高炽将朱棣驾崩的噩耗告诉了在诏狱中的夏原吉，夏原吉伏地痛哭。对于没能劝阻老皇帝北伐，他是懊恼的，但悲痛之余，他心里也很清楚太子来找他的用意。所以当太子询问他，自己登基后应该怎么执政时，他很快便向太子提出了三条建议：第一，立即停止郑和下西洋项目；第二，赈济灾民，同时蠲免赋税；第三，停止向云南、交趾采办金银。

夏原吉指出，永乐盛世确实繁荣，但由于耗费过甚，社会也产生了诸多尖锐的矛盾。解决这些遗留的历史问题，可以有效弥补大明在快速发展的过程中产生的社会创伤。

朱高炽经过一番思索，最终同意了。

在之后的仁宗一朝，夏原吉历任太子少傅、少保等职，以"三公三孤"的身份继续为大明王朝保驾护航。直到宣德五年（1430），历仕五朝的夏原吉溘然长逝。

纵观夏原吉这一生，从最开始不顾自身安危为国工作，到后来力劝皇帝终止北伐计划，他的心里始终存着一个"道"，一份承载天下苍生生计的"道"。也正是因为心中的"道"，他在处理国家政务、为国理财时总能首先想到百姓，即便这有时会让他忤逆当政者的意愿，使自己陷入险境。正因为心中这份"道"，他为永乐盛世之后大明帝国的发展提供了保障，在朱棣之后才又诞生了一个十年治世——仁宣之治。

朱高炽：只在位十个月，却创造了历史

大明皇帝朱棣死了，毫无征兆。

永乐二十二年（1424），65岁的朱棣五征漠北，带着荣耀班师，却不料驾崩于榆木川。

随行大臣杨荣、太监海寿等人紧急赶回京师，向正在监国的皇太子朱高炽禀报了这个不幸的消息。身宽体胖的中年皇太子悲痛欲绝，哭得差点儿晕倒。但他很快缓过劲儿来，因为他突然意识到，自己马上要成为父亲遗留下来的偌大帝国的新主人，他不能跟着倒下去。

朱高炽随即做出两项决策：第一，派儿子朱瞻基前往榆木川，迎朱棣的梓宫回京；第二，亲自探视羁押狱中的原户部尚书夏原吉。此前，做了20年户部尚书的夏原吉因反对朱棣出征而被下狱。

朱高炽气喘吁吁地跑到关押夏原吉的地方，告诉他噩耗，并与他商议要如何安排丧礼事宜。夏原吉哭倒在地，许久不能起来。想不到，那个不计较自己早年仕于建文朝，将自己一手提拔为户部尚书，放心地把国家的经济命脉交托给自己的帝王，已经从"今上"变成了"先帝"。但夏原吉明白，此时正是帝国权力交接的关键节点，稍有不慎就将有负于先帝厚望。他打起精神，建议皇太子要赈济饥民，减省赋役，停罢下西洋行为，并停止向云南、交趾地区派出采办金银的使团。

皇太子全听从了。此次他亲往探望夏原吉，预示着一朝更替的开始。

这年，皇太子已经47岁了。他将在不久之后坐上父亲用血汗打下来的位置，开

创被后世誉为"仁宣之治"的盛世。同时，他也进入了生命的倒计时。

01

纵观朱高炽这一生，人生的无常在他身上体现得淋漓尽致。

大概朱高炽这辈子都没想过，自己有一天会坐在那座金碧辉煌的大殿上受文武百官山呼万岁，更没想到自己屁股刚坐热乎的龙椅，要匆匆让给自己的儿子。

按照既定的轨迹，朱高炽一出生就是要继承他爹的爵位——燕王的。有明一代秉承祖训，藩王有国家出钱养老，这也不能干，那也不用干，每天伙食又那么好，能不长肉吗？所以，心宽体胖的朱高炽养出200斤的体重真不值得被嘲笑。

世事变化无常，要不是堂哥朱允炆上位后急着削藩，动了爷爷朱元璋分给他们家的蛋糕，朱高炽绝对是一世安乐王爷。

有了危机，平静的生活被打破了。他爸朱棣没忍住，决定以叔叔的身份进京（南京）好好教育允炆侄儿，靖难之役爆发。朱棣带着朱高炽的两个弟弟出战，准备返回离开了20年的"原生家庭"。临行前，他交代朱高炽看好现在的家，防止贼人偷袭。分别时的情景大概如下：

朱高炽：爹，你们放心去吧！家里有我呢！两位弟弟，你们也要多加小心，注意保护爹的安全，哥哥在家等着你们凯旋！

朱高煦：老大，回去吧！这次爹带着我们兄弟肯定杀他个人仰马翻！

朱棣：老大，回去吧，照顾好家里，有空减减肥！

朱高炽望着父亲骑上战马的背影沉重地点了下头。这个刚刚成年的世子已经意识到父亲此去是要流血的，而弟弟们此行能不能回来还要两说。

在接下来的日子里，双方势力此消彼长。

朱棣援救永平，击退辽东军，后又攻陷大宁（今内蒙古宁城以西），以事成后共治天下为条件换取了驻扎在此地的宁王朱权的信任，将其手下掌控的朵颜三卫精兵收归己有。

此时，朱高炽的堂哥朱允炆手下大将李景隆率领50万大军打到了北平，而北平城中仅余朱棣留下看家的1万多士兵。

战争一触即发。

面对50倍于自己的敌人，原本一心只想当好后勤部长的朱高炽不得已扛起武器，站在城墙上指挥作战。事实证明，他虽然胖，但很能打！

时值农历十月，北方入冬早，此时的天气已是滴水成冰。朱高炽在"黑衣宰相"姚广孝的辅佐下选拔勇士乘夜缒城，潜入敌营砍杀，又利用天气寒冷这一特点命人连夜往城墙上浇水。水一浇即冻，前来进攻的李景隆士兵看着白花花的琉璃似的城墙束手无策。朱棣及时率领朵颜三卫精兵回师，与城中的燕军共同夹击李景隆，李景隆败走德州。

可以说，此战朱高炽居功至伟。他替父亲争取到了战略转移时间，也间接促成了靖难之役攻守态势的转化，使胜利的天平开始倾向燕王。

02

守城之功虽大，却不如直接上场冲杀明显。战场拼杀都是以命搏命，须尽全力方有生存下去的希望；而坐镇后方虽是运筹帷幄，对千里之外的战况起着重要作用，却往往容易被人忽视。

对父亲朱棣而言，相对于只有守城之功、身体肥胖的长子朱高炽，二子朱高煦、三子朱高燧常年跟着自己在外面冲杀，替自己担下战场上的凶险，已有了过命的感情，心自然也就偏了。后来，朱棣登基，虽封朱高炽为皇太子，却更喜欢当年跟着自己南征北战的朱高煦和朱高燧，甚至还对朱高煦说出"吾病矣，汝当努力，世子（朱高炽）多疾"这样的话，无形之中显得皇太子朱高炽更加懦弱无能，也让朱高煦误以为自己有机会学李世民代兄称帝。

朱高煦平时经常自比李世民，处处流露出对无能大哥的鄙视和希望有朝一日能取而代之的野心。可他虽得朱棣偏爱，却有个致命的缺点。史载，"汉王高煦，成祖第二子，性凶悍。成祖以为类己，高煦亦以此自负，恃功骄恣，多有不法"。也就是说，汉王朱高煦是个莽夫，除了能打，别的也没什么长处了。关键是，他还喜欢将"我像我爹"这样的话挂在嘴边，恃宠而骄，无法无天。于是，久而久之，朱棣对他有些不爽了。

任何一个皇帝都喜欢唯我独尊，哪里能容忍别人觊觎自己的皇帝宝座？即便是爱子也不行。况且，谁又知道"汝当努力"之类的话，不是朱棣有意试探朱高煦呢？或者这就是简简单单的一句鼓励，朱棣是希望他能够成长起来，日后好辅助大哥治理天下。

如今自己的二儿子到处说他很像自己，一副对皇位势在必得的样子，作为从马背上抢得天下的胜利者，朱棣与朱高煦的父子关系渐渐变得像唐初的李渊父子了。但朱棣不是李渊，他不会让玄武门之变发生在自己身上。

当然，作为大哥的朱高炽也不会允许这样的事发生。

朱棣发现自己太过于宠爱朱高煦，导致其变得无法无天，当即下令褫夺曾给予他的一切赏赐，将他关起来准备杀掉。此时，朱高炽性格中沉静、温和的一面显露出来。他主动站出来劝解，希望父亲顾念亲情，不要残杀他的手足。

虽然不知此举是不是朱棣故意为之，但朱棣看到自己的太子能顾念亲情救兄弟一命，想必心里也舒了一口气吧——大明版的"玄武门之变"应该不会上演了。

03

永乐七年（1409）以后，因亲征蒙古、督造北京紫禁城等繁杂事宜，皇帝朱棣无暇逗留在南京统管大明的政治事务，这让太子朱高炽有了长达10余年的监国理政时期。所谓监国，即皇帝外出时，由皇太子或其他重要人物代行皇帝权力，管理朝政事务。

在夏原吉、蹇义、杨荣、杨士奇等大臣的辅佐下，这位大明皇太子终于有了大展拳脚的机会。《明史》称，这段时间"东宫监国，朝无废事"。

在朱高炽的统筹下，一批新的职能部门如河南卫河提举司、陕西茶马司等相继设立，为在前线打仗的大明军队提供了持续且强有力的后勤保障。朱高炽还下令，批准当时正遭遇经济危机的四川等地开煎井盐，改善民生。此外，他派人出巡河道、督运物资、修缮仓库、疏浚河道、开放渡口，还接受少数民族朝贡，代天巡狩。

力所能及的事朱高炽都做了，可惜他也做不了更多，因为他的头顶是猜疑成性的朱棣。朱棣委任太子监国，还派永乐盛世的治世能臣们辅佐太子，看似放权，实际上却坚决不让太子过多染指军队方面的事务和朝廷人事安排。

朱棣这么安排，是为了保证自己离开首都时手中权力不至于被架空。同时，他还利用朱高炽、朱高煦兄弟不和的现状来牵制两派势力，从而达到朝中政治生态的平衡。这是古代皇帝惯用的一种管理朝局的权衡手段，历史上用此手段高居其上的皇帝有很多，后世的嘉靖、康熙、乾隆莫不如是。

要做出成绩，又不能因为成绩太好被父亲忌惮。在不少于五次的监国时期里，朱高炽面临的不只是登基前的能力磨炼，还有一着不慎就被打压的危险。

面对着日渐老去的父亲，朱高炽除了需要面对二弟、三弟的攻讦，还需要提防多疑的父亲为了权力平衡以及对帝国至高无上权力的掌控对他的不断限制和怀疑。甚至于，父亲还会利用两个弟弟的势力打压他。

朱高炽差点儿喊出来：我太难了！我要回北平！

好在朱高炽对自己的父亲有足够的了解，监国期间的态度和对朝政的把握都刚刚好，终于，他在波诡云谲的永乐朝后期涉险过关。

要问朱高炽的秘诀是什么，用他自己的话说便是："我只知道做好自己的本分，当个孝子就行。"若说事事令人满意，估计谁也做不到，只求一个问心无愧就好。

04

永乐二十二年（1424），英武一世的朱棣在北征返京途中突然病逝。英国公张辅、阁臣杨荣担心朱高煦、朱高燧兄弟乘机作乱，决定秘不发丧。军中每日还是向皇帝进餐、请安，一切如故。与此同时，杨荣与太监海寿赶紧回京报告皇太子朱高炽。

在大臣们的精心安排下，一个多月后，当朱棣驾崩的消息传开时，朱高炽已经拖着肥胖的身躯稳稳地坐在了龙椅上。他昭告中外，改元"洪熙"。

属于朱高炽的时光虽然只有短短十个月，可谓"十月天子"，但他比那些在位数十年却无所作为或是胡作非为的皇帝强出百倍，他用极短的时间开启了一个被后世称赞的治世，人们将其称为"仁宣之治"。

十个月，对朱高炽而言弥足珍贵，于大明而言又何尝不是至关重要？

登基后，朱高炽一改父亲朱棣好大喜功的做派，针对父亲伐漠北、征安南导致全国十室九空、民苦徭役的现状，颁布了"宽恤之令"，同时他还进行赈灾，蠲免赋税，与民同利。

在政治上，朱高炽放宽了永乐朝内阁"只备顾问"的权限，赋予阁臣参赞机要、票拟等权力。此前被关押入狱的原户部尚书夏原吉与杨荣、杨溥、杨士奇、金幼孜等太子监国时期的辅弼重臣一起进入新朝的内阁，把握帝国的整体发展方向。

新的问题又出现了：永乐帝朱棣的丧期中，夏原吉亦恰逢丧母。

母亲去世了自己却不能守在身边，这不仅是人生的不幸，也是大不孝。因此，作为一个兢兢业业辅佐两代帝王20年的老臣，年逾花甲的夏原吉萌生了退意。刚继承帝国的朱高炽并非不明白夏原吉所想，但他实在太需要老臣们的辅佐了，只能驳回夏原吉祈求丁忧的奏折，同时命令有关部门即刻成立"治丧委员会"，尽心办好老夫人的丧事，承诺一应费用全由朝廷承担。丧事结束后，他还安排夏原吉亲属护送老夫人的遗体回乡。

这样，朱高炽一方面极力补偿在监国时期与自己共患难的老臣们，以安朝野之心，另一方面将政务交由专业人士处理，避免不必要的失误，使本来已经内耗过度的大明帝国得以平稳发展下去。

朱高炽的身体很差。面对自己日趋沉重的身躯，他似乎意识到了什么，所以继位后才把大部分时间用在行政改革上面。他将那些可有可无的官员解职，规定70岁以上的官员退隐，失职的官员降职，有突出才能的官员则可升任更重要的职务。同时，他在京城建弘文馆，并常驻此处，与儒臣谈论经史。

在逐渐重视科举的前提下，朱高炽发现，进士中南北分布的比例极不均衡，因此又规定了取中比例为"南六十、北四十"，使北方学子也有机会进入朝堂一展身手，北地学风得以扭转。在他死后不久，宣德二年（1427）丁未科，大明历史上首次真正诞生了一名北方籍贯的状元——正统（明英宗年号）朝的帝师马愉。

朱高炽继位时，靖难之役虽已过去20多年，但由于政治需要，一直没人敢触碰皇家的这道"伤疤"。朱高炽登基后很快意识到，父亲遗留下来的高压政策似乎已变得不合时宜，而这本身也与他所崇尚的儒家道德相悖。再则，遗留了20多年的历史问题确实也需要重新定性了。

靖难之殇本是同室操戈，但牵连甚广，那段历史对经历过的人而言太过沉重了。为了弥补，在仅余的岁月里，朱高炽两次下诏赦免诸如齐泰、黄子澄等建文朝官员的家属，让他们返回京城，过正常人的生活。

朱高炽死前不久还颁布一份诏令，进一步告诫司法当局要依法判决案件，对于所有的判决，特别是对死刑犯的裁决，更要做到程序上的反复核查，验明正身。此外，他禁止对犯人屈打成招，禁止惩处犯人时连坐其亲属（重大的叛逆罪除外）。

这些举措进一步巩固了大明的统治，也在一定程度上缓和了明朝前期遗留下来的社会矛盾，为后继之君扫除了统治障碍。

05

洪熙元年（1425）五月，朱高炽咽气了。

尽管还有很多政治抱负未曾实现，但朱高炽总算留给下一任皇帝一个"抚平"过战争伤痕的国家。天若假年，这位"十月天子"也许能创造出比其父更加辉煌的大明盛世，可惜老天不愿他去实现这一切。尽管如此，他给后继者的遗产仍是不可忽视的。

除了上述那些宽和的政策，朱高炽也达成了儒家的"仁政"理想———一个道德上坚毅的皇帝采纳学识渊博的大臣们的忠告以统治天下。在他统治时期，他十分信任自永乐以来一直帮助和辅佐他的夏原吉、"三杨"等文官，与他们亦师亦友，亲密无间。虽然后世之君将他的管理方法逐渐变成维护帝国长期运转的统御之术，引得党争不断，使大明的政治生态逐渐变成一个无解的死局，但在他的时代，这套用官制度是行之有效的，并没有那么糟，它只是后来被慢慢用坏了。

朱高炽留下来的内阁辅政重臣，比如"三杨"，在他死后的若干年中继续留在朝廷中枢，甚至当大明遭遇土木堡之变这种突发性国家问题时，依然能及时做出相对正确的反应，从而确保大明这个庞大的帝国可以有条不紊地运转下去。

仅凭这一点我们就可以说，朱高炽短暂的洪熙朝对整个大明产生了举足轻重的影响。

纵观中国历史，皇帝的庙号众多，除了值得歌功颂德的高祖（太祖）、太宗之外，大概所有王朝的君主们，都想获得"仁宗"的庙号，因为"慈民爱物，功施于民曰仁"，这是对一个皇帝最好的褒奖。可这个庙号实在是太难得了，以至于在中国历史上将近500位帝王中，也不过仅有宋仁宗、元仁宗、明仁宗和清仁宗等寥寥数人荣膺此衔。

朱高炽便是明仁宗。

历史终究未亏待这位默默付出的皇帝。

朱瞻基时代：帝国路线与皇权体制的双重调整

大明皇帝朱高炽病重，快不行了。一个太监奉命悄悄离开北京，全速奔赴南京，要把皇太子朱瞻基召回来。

这一天，是洪熙元年（1425）五月初十。

仅仅两天后，离京的太监还要七八天才能到南京，朱高炽驾崩了。事态紧急，朝中大臣夏原吉等人决定秘不发丧。

数日后，得到回北京诏令的朱瞻基已能明显感觉到南京城中流言四起。他的属下劝他率护送兵马回北京，以防万一，26岁的朱瞻基却觉不必。他说："我刚到南京就要立即返回北京，谁能料得到？君父在上，天下归心，谁敢有二心？父皇召我回北京，我又怎能拖延？"

然而，能料到和有二心的人确实存在，他就是朱瞻基的叔父——汉王朱高煦。所幸朱瞻基行动迅速，朱高煦在山东派人伏击皇太子的计划才宣告落空。史书记载道："高煦谋伏兵邀于道，仓促不果。"

六月初三，朱瞻基顺利抵达北京附近的良乡，夏原吉等人这才公开宣布了洪熙皇帝朱高炽的死讯，此时距离朱高炽驾崩的日子已经过去了20天。

当日，朱瞻基进入北京城。

六月十二日，在朱高炽驾崩整整一个月后，朱瞻基正式登基继位，是为宣德皇帝。

一场皇位继承危机，总算暂时得到了缓解。

01

朝廷内外，熟悉汉王朱高煦为人的人都知道，他绝不会就此罢手，一定会继续作妖。

朱高煦是明成祖朱棣的次子，性凶悍，善骑射。他早年跟着朱棣起兵靖难，屡立战功，几次帮助朱棣转危为安。朱棣也认为，朱高煦"类己"，曾经流露出将他立为皇位继承人的意向。仗着军功和父皇的宠爱，朱高煦颇为骄恣，常常把自己比作唐太宗："我英武，岂不类秦王世民乎？"

相比之下，朱棣的长子朱高炽痴肥，为人仁厚，并不太受朱棣待见。朱棣传达出来的暧昧态度助长了朱高煦夺嫡的念头，使他加快了夺嫡的步伐，朝臣们由此分成两派。

朱棣也十分矛盾。有一次，朱棣就接班人问题征求大才子解缙的意见。解缙说："皇长子仁孝，天下归心。"朱棣不说话，解缙又补充了一句说："好圣孙。"这句话终于打动了朱棣，因为他确实一直很喜欢朱高炽的长子朱瞻基。

史书记载，朱瞻基出生时皮肤燥裂，像条烤鱼一样。尽管长相不讨喜，但祖父朱棣很喜欢这个黑娃娃。据说，建文元年（1399），朱瞻基出生前夕，朱棣恰好做了一个梦，梦到朱元璋把象征皇权的大圭送给了自己，并说："传之子孙，永世其昌。"梦醒后，就传来了朱瞻基降生的消息。可能正是这个祥瑞之梦，进一步刺激了朱棣夺取江山的欲望。

朱瞻基满月时，朱棣第一次见到这个长孙，一见便喜，说这个孙子"英气溢面"，跟自己的梦境完全相符。自此，朱瞻基就离开父母，由祖父母抚养，受到朱棣的着意栽培。

在明成祖朱棣的调教下，朱瞻基能文能武，颇具人君气象。朱瞻基15岁时，朱棣命他对对子，上联曰："万方玉帛风云会。"朱瞻基不假思索，跪下叩头，说："一统江山日月明。"朱棣大喜。有这种格局，朱瞻基确实是未来大明帝王的最佳人选。

永乐年间，朱棣多次北征，每次出征，要么令朱瞻基随行，让他经历沙场；要么命他留守，培养他处理政务的能力。朱棣在立朱高炽为太子的情况下又立朱瞻基为皇太孙，一方面是表达对朱瞻基的喜爱，另一方面也是通过皇太孙对在南京监国的太子形成牵制。

不过，朱瞻基自小深知父亲朱高炽处在极度危险的政治环境中，因而一直极力维护父亲的形象，并不想成为打压自己父亲的一颗棋子。

对于那个野心勃勃想取代太子的叔父朱高煦，朱瞻基很早就表现出不满，朱高煦也对朱瞻基颇有敌意——某种意义上说，正是因为朱瞻基的存在，朱高煦才会离帝国皇位继承人的位置越来越远。

一次，朱棣命朱高炽、朱高煦、朱高燧三个儿子与长孙朱瞻基一同拜谒孝陵。朱高炽体胖又腿脚不便，失足跌倒，朱高煦见了，在他身后挖苦道："前人失跌，后人知警。"朱瞻基听到后立即回击："更有后人知警也。"朱高煦回头，看着这个侄子，语塞不敢接茬。

朱棣在位后期，为了防止儿子间流血争斗，对一向骄横的朱高煦进行制裁。永乐十五年（1417），他将朱高煦封到山东乐安，并削弱了他的护卫力量。这样，在永乐二十二年（1424）朱棣驾崩后，朱高炽才能在朝中重臣的辅佐下顺利继位。

然而，明仁宗朱高炽继位不到十个月就病重去世，此时大明帝国的局面在虎视眈眈的朱高煦眼里，多么像当年朱棣面对侄子朱允炆的情况。朱高煦想让靖难之役的历史重演，而他的侄子朱瞻基，也想证明自己不是朱允炆。

派兵伏击未果，朱瞻基顺利登上帝位，朱高煦别无他法，只好加紧谋划发动属于他的"靖难之役"。由于手中的兵力有限，他甚至砸开州县监狱大门，放出里面的死囚，给这些人优待，训练他们习武打仗。同时，他还招募无赖子弟和社会流氓编入军队。可以说，为了发动夺位战争，朱高煦无所不用其极。

此时的朱瞻基表现得像他死去的父亲一样柔弱，对朱高煦有求必应。朱高煦为了试探新上位的皇帝，不断提出一些过分要求，没想到朱瞻基一一予以满足，这让朱高煦更加肆意妄为，以为这个侄子并没有那么聪明和可怕。他不曾想到，朱瞻基按兵不动是想让他自我暴露，大胆作死，从而争取道义和舆论的支持。

02

宣德元年（1426）八月，按捺不住的朱高煦终于起兵反叛了。

明宣宗朱瞻基本想令武将率兵征讨，但内阁"三杨"之一的杨荣提醒他说，朱高煦已经料到您刚继位，是不可能御驾亲征的，"今出不意，以天威临之，事无不济"。另一名重臣夏原吉也以靖难之役中南军主帅李景隆最终叛投朱棣的往事，劝告朱瞻基一定要亲征，否则征讨军主帅一旦被朱高煦搞定，就真的要重演前朝的靖难故事了。

朱瞻基因此下定决心御驾亲征。这样一来，朝廷军在声势上一下子就压倒了叛军，之前跟朱高煦约定一起起兵的几路兵马都不敢轻举妄动。

朱瞻基的军队将乐安围得水泄不通，部将请求攻城，朱瞻基不许，只是在城外放炮"秀肌肉"，震慑叛军。很快，叛军士气瓦解，朱高煦在强大的压力下出城投降。

朱瞻基兵不血刃平定了朱高煦之乱，消除了一场潜在的"靖难之役"，巩固了他作为新天子的权威。

朱瞻基不想落得个杀叔父的骂名，最终只是褫夺了朱高煦的爵位。但有一些野史记载，3年后，也就是宣德四年（1429），在朱瞻基探望叔叔朱高煦的时候，跋扈惯了的朱高煦突然伸出一脚将朱瞻基勾倒在地，然后仰天哈哈大笑。朱瞻基怒不可遏，当场命护卫用一口重300斤的大铜缸将朱高煦罩住。但朱高煦力气很大，顶缸而起。朱瞻基遂下令在铜缸周围堆起木柴，点火烤炙，朱高煦就这样被活活烤死了。

03

平定朱高煦之乱后，各地的藩王们纷纷向明宣宗朱瞻基交出兵权，朱瞻基的权力得到进一步巩固。

在朱瞻基的统治下，明朝社会发展迅速，这段时期与明仁宗朱高炽在位的时期一起，在史书中被称为"仁宣之治"。史书对朱瞻基的评价很高，比如《明史》就这样说："（朱瞻基）即位以后，吏称其职，政得其平，纲纪修明，仓庾充羡，闾阎乐业，岁不能灾。盖明兴至是历年六十，民气渐舒，蒸然有治平之象矣。若乃强藩猝起，旋即削平，扫荡边尘，狡寇震慑，帝之英姿睿略，庶几克绳祖武者欤。"

由于明仁宗朱高炽在位时间很短，还不到十个月，所以通常认为，"仁宣之治"是明宣宗朱瞻基的功劳。但实际上，朱高炽在几个月之内已经改变了永乐朝的许多政策导向。要知道，朱棣前半生为了得到皇位而战，后半生则为了证明自己皇位的正统性和合法性而战，所以发起了许多"大项目"，比如迁都北京、出兵安南、五次亲征漠北、派郑和率大型舰队下西洋等。这些政策都具有扩张性帝国的特征，极其消耗民力和帝国力量。朱高炽继位后，几乎尽反朱棣的扩张政策，转而从恤民、收缩、守成的角度重新调整了帝国的统治政策。

对于朱瞻基而言，一方面他的教养和统治能力全部来自祖父朱棣，另一方面他又在父亲朱高炽的短暂统治后继位，所以在登上帝位的那一天，他就已经意识到自己面临着两条道路的选择：到底是继承祖父的扩张路线，还是父亲的收缩路线？

这个选择至关重要，决定着明朝帝国的未来走向。

朱瞻基在位10年（1425—1435），恰好处在一个王朝开国的60年至80年之间。史学家分析，历朝历代开国的60年至80年之间，都会遭遇一个发展瓶颈，这个瓶颈被命名为"王朝中期病"。突破这个瓶颈，克服"王朝中期病"，帝国就能迎来治世，否则社会就会陷入动荡，严重者甚至会影响王朝的生死存亡。

任何朝代，扩张—收缩政策都应该有一个度。不顾国力一味扩张，穷兵黩武，或者用大工程压垮民力，王朝可能会像秦、隋两朝一样短命。明朝的仁、宣两个皇帝能够把父祖的江山延续下去，很大程度上就是因为他们掌握了国力承受的这个度。

不可否认，朱棣在位期间的扩张国策具有积极意义，但国力消耗也是空前的，尤其是几大工程并举，使永乐朝后期的大明帝国处于严重的国力超负荷状态。不仅如此，朱棣为政酷虐，曾大肆诛杀建文朝遗臣，后来又借故大肆诛杀太子的官属，使朝中笼罩着一种血腥的恐怖氛围。强压会引发崩盘，幸好朱高炽、朱瞻基父子在位期间结束了恐怖政治，代之以仁政，稳定并收复了民心，明朝得以迎来发展的黄金时期。史家因此把他们二人比作西汉的文景二帝。

04

开拓难，守成也难。朱瞻基选择继承父亲的政治道路，实际上也背负着巨大的道德和舆论压力。

永乐四年（1406）十月，因为安南内乱，朱棣下令出兵，用八个月时间占领了安南，随后设立交趾郡，把安南完全纳入明朝版图。但安南并未因此安静，各种抗明复国的武装起义此起彼伏，明朝廷不得不在当地投入巨大的人力和财力。

朱高炽在位时，一开始企图通过一些柔性的安抚措施缓和安南人的反明情绪，稳定地区秩序，但安南起义头领黎利在与明军的周旋中逐步坐大，威胁日增。朱瞻基继位后，得知前线明军多次溃败，立即签署了对安南采取强硬措施的诏令。

就在签署诏令的第二天，朱瞻基秘密召集内阁大学士杨士奇、杨荣共商安南局势。这可以算作一场通气会，会上，在正式谈话前，朱瞻基特别叮嘱二人："今天的谈话朕只与你二人说，你们千万不能泄露出去。"然后他直言，他想继承父亲的遗志，让安南成为附属国即可，三年一贡如洪武朝之制，这样，"中国亦省兵戎之劳"，只是真这样做了，人们不免会说他"委弃祖宗之业"。说完了，朱瞻基再次叮嘱二人勿泄密。

后来，朱瞻基在任命王通为总兵官率军大征安南的同时，将通气会的范围进一步扩大为蹇义、夏原吉、杨士奇、杨荣四人。交谈中，朱瞻基再次表达了希望"使安南自为一国，以全一方之民命，亦以休息中土之人"的意愿。原先被通过气的杨士奇、杨荣此时支持朱瞻基，称他的决定"不失为圣君"，说汉唐以来每次征服安南都得不偿失，我朝不应再陷入这个泥淖里了。但原先没被通过气的蹇义、夏原吉则表示反对，他们说，现在安南只是小丑作孽而已，一旦放弃了，不只有损明朝威望，更重要的是成祖以来20年的付出就都会白费。

这次谈话，朱瞻基没有收到预期的结果。

这正是朱瞻基所担心的。皇帝的任何重大决策如果不能得到朝中重臣的一致支持，一意孤行地执行下去，这个皇帝铁定要背负千古骂名。明朝的皇帝看似权力很大，但除了朱元璋和朱棣两代雄主，其他皇帝其实都活在制度的牢笼里。朱瞻基可以按自己的意志行事，却不得不随时斟酌和衡量任性带来的后果。哪怕是在废皇后这件事上，朱瞻基都要在五六次与内阁重臣沟通、寻求支持、得到他们的一致同意后，才敢以胡皇后多病无子为由改立孙氏。更何况，现在讨论的是领土问题。事关国家脸面，朱瞻基内心承受的压力肯定很大。

事情最终是以一种令人出乎意料的形式解决的。

朱瞻基想以一种体面的形式放弃安南，因此不断派兵进入安南，想靠碾压性的胜利来撑起帝国的颜面，但是，他先后派出的王通、柳升、沐晟三个兵团都被安南军队各个击破。最后，明朝廷在明军战败的情况下与安南议和，被动承认了安南的独立地位。不管怎么说，明朝的主要敌人在北方，不在南方。此后，朱瞻基没有继续在安南战场投入人力和财力。事实证明，适时放弃安南是正确的选择。

朱瞻基的统治政策基本都是父亲朱高炽的延续，但有一条他是反对的——他放弃了父亲将帝都迁回南京的计划，而是坚持执行祖父的决定，把帝都定在北京。他清楚地知道帝国的敌人在哪里。

有一种说法是，朱瞻基选择继续以北京为帝都，是为了满足个人对于边事的着迷。受祖父影响，他喜欢巡边，边境上偶尔的捷报都能使他陶醉，这是明朝皇帝重视但又轻视北方敌人的开始。朱瞻基的这个特性很不幸地遗传给了他的儿子明英宗朱祁镇，明末清初史学家谈迁说，1449年发生土木堡之变，原因正在于此。

05

1449年那场差点儿让明朝国祚定格在81年的土木堡之变，背后其实潜藏着一个制度性肇因，而这项制度正是朱瞻基在位时确定下来的。

在明朝的皇帝里面，朱瞻基是一个比较懂得自省的人。帝国某地丰收了，臣僚照例要吹捧皇帝圣心感动上天，"圣心所欲，天必纵之"，肉麻得不得了。朱瞻基受不了这种吹捧，他会反问："天果纵之，帝国其他地方怎么会有水旱之灾呢？还是我们的善政做得不够，我等君臣应该更加努力才是。"

但是，朱瞻基也并非完美帝王，他有他的毛病。在官方史书之外，他是一个世人皆知的"蛐蛐皇帝"，喜欢斗蟋蟀，并且让这种爱好变成政治任务，引发了不少人间惨剧。

另外，他还是一个有艺术天赋的皇帝，写诗、作画、器物、玩好样样精通。他是明朝宫廷培养出来的第一代艺术家皇帝，反过来，他也塑造了明朝宫廷的文化——一种倾向于奢靡和华丽的风格。在他之后，明朝的皇帝或多或少都有属于个人的奇葩偏好。问题在于，历史经验告诉我们，艺术家皇帝往往不愿意把他们的全副身心用于治国，他们更愿意把时间花在自己艺术才华的展示上。

果然，最初称得上励精图治的朱瞻基，到后来毫无顾忌地沉溺于各种艺术和玩好之中了。

要知道，明朝在太祖朱元璋时期已经废除了宰相制度，名义上由皇帝直接和负责具体政务的六部进行沟通。这样一来，皇帝身上的担子变得前所未有的重，连一门心思钻研做皇帝的朱元璋和朱棣都难以胜任烦琐的日常管理事务，更不要说要时常分身出来做艺术家放纵一把的朱瞻基了。

权力真空最终由内阁进行了填补，但内阁中人并不甘愿只做皇帝的传声机器，他们既要遵奉皇帝的旨意，也要服从儒家的规训，以儒家理念和祖宗之法来检验皇权的行使是否得当，如有不当，内阁也会与皇帝产生矛盾。这是明朝皇帝不敢也不能肆意妄为的制度性因素。

朱瞻基是个聪明人。为了更大程度地体现皇权，避免内阁过度制约自己，他在皇权—内阁的体制中，引入了司礼监联合辅政的制度，即由内阁通过"票拟"来提出对各种奏章的处理意见，再由皇帝决策批行（即批红），同时授权司礼监秉笔太监代表皇帝来签批内阁的拟票。为了让太监家奴更好地为皇权服务，朱瞻基甚至调任高级文官教太监们读书识字。

在这种体制下，"内阁之拟票，不得不决于内监之批红"。内阁受到代表皇权的司礼监的控制，皇帝及其家奴——宦官的权力进一步扩大和加强了。那些懒于朝政、耽于游乐的皇帝们，以后可以放心地任用家奴来控制内阁，进而控制政局。明朝后来的两个皇帝——嘉靖和万历，他们即便不上朝也能控制政局，正是拜朱瞻基的制度设计所赐。

但是，任何制度都不可能十全十美。朱瞻基是从繁重的政务中解脱出来了，可以做一个潇洒风流又大权在握的皇帝，可宦官的祸害也开始彰显了。

从中央到地方，从军事到民政，朱瞻基在位时期，宦官介入政务的程度大大加深，给社会造成了很大的危害。宣德时期，几乎所有的边镇都设有镇守太监，这些太监往往自恃是天子身边的人，凌驾于总兵官之上，干扰军政，为所欲为。朱瞻基还将最精锐的火器铳炮部队交由宦官控制，掌握军政的宦官已有能力同各地将领相抗衡。这就意味着，在这一时期，宦官已经取得了一部分军权。

在中国历史上，明朝与东汉、唐朝是宦官之祸最严重的三个时期。清初，一些人反思明亡的原因，指出"明亡不亡于流寇，亡于厂卫（宦官）"。而朱瞻基正是让宦官势力强势崛起的那个关键人物。

其实，明亡差点儿都不用等到1644年。

宣德十年（1435），36岁的朱瞻基英年早逝。朱瞻基的母亲张太后暂时成为朝中的核心人物，但宦官王振凭借他在宣德朝的宠遇、制度上的优势以及与小皇帝明英宗朱祁镇的特殊关系，很快就击败内阁"三杨"和老太后，开始垄断朝政，最终引导年轻的皇帝冒险与北房交战，酿成了1449年的土木堡之变。在这个事件中，明朝皇帝都被蒙古人掳走了。

史学家认为，是王振的专权和明英宗的无能导致了土木堡之变。但在当时的情况下，朱瞻基时期那些能干的老臣和经过调整已变得完善的制度都无力阻止惨败的发生，从这个意义上讲，土木堡之变是宣德时期政治隐患的总爆发，是内阁—司礼监牵制制度的悲剧，也是朱瞻基个人遗留下来的悲剧。

尽管朱瞻基无法亲眼看到这悲剧的一幕，但是，这么有才华的一个皇帝，在开创了仁宣治世之后，是否有想过大明王朝会迅速迎来中衰的局面呢？

盛世的不可持续，会让盛世本身大打折扣。

有因必有果，有果必有因。自己造成了后果，即便不是直接造成，也无法逃脱历史的评判。

再次政变：
从明英宗到明英宗

土木堡之变：大明国势转折点

正统十四年（1449），七月，一个年轻冲动的皇帝，一个利欲熏心的宦官，率领着一支庞大的军队走出了北京城。

不到一个月时间，北京城就收到前线传来的噩耗：这支庞大的精锐部队几乎全军覆灭。随军出征的重量级武将勋贵，包括太师英国公张辅、太保成国公朱勇、兵部尚书邝埜、大将吴克忠在内的50多人全部遇难。他们或是战死，或是死于乱军之中。

至于皇帝，也有去无回。他被俘虏了。

这一年，是大明王朝建国第81年，是许多名将墓碑上的卒年，是明朝国势的重要转折点。

01

自明太祖朱元璋问鼎中原起，明朝与逃遁至长城以北的北元残余势力就形成了长期对峙的局面。洪武、永乐两朝，明军多次北伐，只为遏制元军对中原的觊觎。

不过，光靠武力解决双边争端，难免会让一个新兴的政权陷入穷兵黩武的境地。因此，在帝国统治安全性的驱使下，明朝一方面着力打造强大的军队，另一方面也在积极寻求与臣服于自己的外邦、部落建立朝贡贸易关系，以实现经济、外交上的双边共赢。

当时，外邦只要愿意向大明称臣，明朝廷就会与之展开封贡互市。他邦使臣可携带土特产、马匹等大宗商品到中土来朝见明朝皇帝。而作为东道主，明朝廷则在使臣来访期间做好一切招待工作，并赏赐各藩属国、部落以大量的财物，待各国使臣回朝时，明朝皇帝还会以回赐的名义给予使臣每人一份丰厚奖赏。凡此种种，均展示了大明天朝上国的物阜民丰。

经过这一套"组合拳"的收买，明朝周边的敌对势力已被清理得七七八八了，但明朝廷始终有一块心病——蒙古各部落从未放弃过统一草原的念头。

鞑靼部脱脱不花与瓦剌部脱欢、也先结盟之后，漠北蒙古实现了短暂的统一。当然，与当年成吉思汗雄霸欧亚大陆相比，此时的脱欢、也先父子可谓"要啥啥没有，吃啥啥不剩"，所以，为了蒙古部族的发展，他们不止一次胁迫大汗脱脱不花南侵。至于南侵的核心目的，也先相当直白地宣称："纵不得其大城池，使其田不得耕，民不得息，多所剽掠，亦足以逞。"

可见，也先始终希望通过战争劫掠大明，以使蒙古各部获得更多的生存资料。

但与直接开战相比，朝贡互市的成本显然更低，况且明朝一贯厚待臣服于己的友邦和部落。因此，脱欢、也先两父子均认为，在自身实力尚不强时，借朝贡之机，狠狠地敲明朝的"竹杠"，实乃上上之选。

02

正统二年（1437），也先的父亲脱欢首作表率，令麾下都指挥佥事阿都赤率领267人的使团，押着大批骆驼、马匹到明朝朝贡并商议互市细节。

当时，即位不久的明英宗朱祁镇还是个十来岁的小孩子，国家大事均由"三杨"报予张太皇太后决断。眼见不属于成吉思汗直系子孙的瓦剌人组织起了大规模的朝贡队伍，明朝方面却并未产生必要的警觉，而是照以往对待其他外邦的惯例，给予瓦剌使臣数十倍计的赏赐。

此举彻底激起了脱欢等人的贪婪之心。才过了两年，新继任的瓦剌太师也先又组织了上千人的使团朝贡，此后每隔一段时间，也先就会派出上千人乃至数千人的使团前往明朝讨赏。

出于维护自己天朝上国形象的需要，明朝虽然深知这群恶狼来者不善，却还是硬着头皮"以藻饰太平为名，赏赉金帛无算，凡所请乞，亦无不予"。一再获利的也先毫不收敛，为了更好地"薅羊毛"，他指使瓦剌使团虚报人数，疯狂地骗取赏赐。结果，明朝竟生生被这群饿狼拖累，经济逐渐不堪重负。

正统七年（1442），亲政后的明英宗下诏，令镇守大同的武定伯朱冕、参将石亨设法阻截瓦剌使团入朝。在这道诏书中，他明确规定，往后瓦剌入朝觐见的使臣人数不许超过300人，如果瓦剌不遵照执行，大明边镇将官有权将他们拦在关外，点清人数后再放行入关，超出来的使臣要么原路打道回府，要么先到猫儿庄（今内蒙古丰镇市东北）集中，直到入关使臣从北京返回后，再一同回去。

然而，明英宗的诏书在也先面前形如废纸。

这些年，脱欢、也先父子在朝贡贸易上用诈骗的方式获利甚多，他们因此在蒙古各部得到不小的支持。如果遵守明朝的规定，获益骤减，也先等人的威望必然受损。为自身考虑，接到诏令的也先不仅没有改正错误，反倒变本加厉，再次扩大出使队伍，同时私下令使臣窥探明朝虚实，并夹带违禁的兵甲、火器、弓箭等，想要打开黑市军火贸易市场。

对于无赖的瓦剌，明朝只能一再谕令压制其使团人数，并采取固定赏赐金额的措施，限制瓦剌使臣贪婪的胃口。如此一来，超标的瓦剌使臣不能进京了，但他们仍旧拥有使臣身份，既然大明礼部不负责接待，接待的任务就全数压在了地方政府以及边镇守将的肩上。

正统九年（1444），巡按山西监察御史苑恪在给朝廷的奏报中称："瓦剌等处朝贡使臣过大同者，岁以数千，供亿之费，上下苦之。"镇守大同的石亨也曾奏报称："瓦剌朝贡使臣动二千余，往来接送及延住弥月，供牛羊三千余只，酒三千余坛，米麦一百余石，鸡鹅花果诸物莫计其数，取给官粮不敷。"可见，接待一次瓦剌使团不仅要掏空大同官民的荷包，甚至连隔壁几个军镇卫所也受波及。

正统十四年（1449）春，也先向明朝派遣2000余人贡马，却谎称有3000人，伺机向明朝勒索邀赏。明英宗身边最受宠信的大太监王振"怒其诈，减去马价"，这使瓦剌使团大失颜面，也让也先找到了开启战端的借口。

同年七月，也先联络蒙古各部，兵分四路向明朝发动进攻。土木堡之战一触即发。

03

起初，明英宗并没有御驾亲征的念头，可开战没几天，前方传回的战报就让他坐不住了。

久任边陲的大同参将吴浩在猫儿庄被也先伏击阵亡，紧接着，由大同总督宋瑛、武定伯朱冕、驸马都尉井源和石亨率领的四路支援前线大军也在抵御来犯之敌时失利，宋瑛、朱冕、井源等中伏而死，唯石亨快马逃脱战场，侥幸得活。

不仅大同的局面难以控制，据《明实录》记载，在宣府抵御阿剌知院大军南侵的总兵杨洪也面临危局。

杨洪在明朝中期的将领中以骁勇善战著称，他早年率部随明成祖朱棣远征漠北，在斡难河畔大败鞑靼大汗本雅失里，使之仅率七骑逃遁，因此被明成祖盛赞为当世将才。但此次面对蒙古大军的南侵，杨洪明显准备不足，使阿剌知院的大军在进攻前就将宣府驻军的水源切断，并将宣府围得水泄不通。

不过，阿剌知院似乎对发动战争不太感兴趣。围城期间，他曾命人射书城中，要求与明军议和，希望明朝方面继续维持之前开放朝贡互市的待遇。可见，瓦剌南侵，主要还是为了钱。

瓦剌士气正盛，明朝这边却接连发生边将弃城逃跑的事。在正统十四年（1449）九月，阿剌知院求和前后，巡抚大同、宣府的都御史罗亨信上奏朝廷称："守备赤城堡指挥郑谦、徐福，雕鹗堡指挥姚瑄先于七月内闻贼入境，弃城挈家奔走，以致怀来、永宁等卫亦行仿效。"对于边将临阵逃跑一事，朝廷委托杨洪处理，结果，杨洪宽宥了这群边将，并令他们率所部官军到居庸关外驻扎，为京师声援。

眼见前线战事越来越不利于己方，23岁的明英宗毅然决定御驾亲征。他没想到，自己的这个决定吓坏了朝中的股肱大臣们。

兵部尚书邝埜和侍郎于谦极力反对皇帝御驾亲征，认为明军此时准备不充分，贸然出兵必遭大败。吏部尚书王直等人也进行劝谏，指出也先一伙最擅长断人水源，如果皇帝出征，不仅后勤粮草堪忧，水源也难确保，万一被切断水源，后果不堪设想。

然而，面对群臣谏阻，明英宗和他宠信的权宦王振却有不一样的想法。

明英宗自登基之日起，就有效仿祖宗亲征漠北、重振大明基业的想法，他认为，此时御驾亲征正是一个绝好的机会。

而王振呢？他虽任司礼监掌印，拥有总管宫中宦官事务及替皇帝掌管内外一切章奏文件、代传皇帝谕旨等权力，但说到底，对国家并无甚功劳，难以确立威信，无法与此前"七下西洋"的郑和以及监管奴儿干都司的亦失哈等宦官相提并论，因此他也急需一个立功的机会，来清洗朝野上下对他的不满情绪。

于是，当明英宗表露出亲征的想法时，王振力排众议，极力促成此事。

04

正统十四年（1449）七月十六日，由明英宗亲自率领的几十万明军正式开拔。太师英国公张辅、太保成国公朱勇等元老宿将，兵部尚书邝埜、户部尚书王佐及内阁学士曹鼐、张益等文臣武将，均追随年轻的皇帝出征。

此次参战的明军到底有多少人，向来众说纷纭，有20万、50万等多种说法。不过，从明英宗下达亲征诏书到明军整体开拔，中间仅隔了两天时间，能否发动这么大规模的兵力需要打一个问号。即便明朝有能力在这么短的时间内集结50万大军，对于一场即将爆发的大型战役而言，仍旧显得十分仓促。因此，无论事后是否发生土木堡之变，明军大概率都难逃战败的结局。

七月十九日，明英宗的车驾进抵居庸关。此时，也先的大部队已经在北线与明军发生遭遇战，并占得先机。明军长途而至，一路上看到的不是伏尸遍野，就是血流成河，所以军心逐渐不稳。可明英宗对此视而不见，甚至为了尽快完成对北线明军的救援任务，他督令全军加紧行军。

就在几十万大军行进的途中，天空突降暴雨，给大部队更添了一丝衰气。面对此情此景，一些随驾大臣向明英宗提出应该停止冒进，稍稍后撤，以观战场形势。明英宗却正在兴头上，热血沸腾得根本听不进去。

过了居庸关，明英宗又挥师宣府，进抵鸡鸣山（在今河北张家口）。到了鸡鸣山，明英宗一高兴，干脆将前线军务处决权交托亲信太监王振。

有皇帝撑腰，王振自然不会放过表现的机会。当户部尚书王佐、兵部尚书邝埜等人力陈不可轻进时，他竟大声痛骂邝埜道："你这腐儒，怎知用兵之事？再胡说八道，必死无疑！"成国公朱勇向明英宗递交紧急军情，王振又耍起威风，要朱勇"膝行听命"。朱勇德高望重，属于军中的二号人物，地位仅次于英国公张辅，他遭到如此羞辱，军中将士自然义愤填膺。军士们切责王振专权太过，提议诛杀王振以安军心，为此，一群兵士还闯了主帅张辅的大营，希望他能聆听将士们的心声，替天行道。可惜，张辅为人愚忠，担心此举会引起明英宗的不满，自己反被迁怒，最终没有实施计划。

此前也先围攻大同时，除石亨侥幸逃脱外，大同监军太监郭敬因为躲入草丛，也捡回一条性命。就在群臣与王振意见相左之际，八月一日，明英宗的车驾抵达大同，太监郭敬现身，向他的好友兼上司王振力陈前行的巨大风险，王振这才答应了回銮之事。

05

明军这一趟折腾注定不顺利。

刚刚得知明军数十万精锐正在一路向西挺进，也先就担心自己的几万人马无法与之抗衡，所以，还没见到明朝援军的影子，他就早早收缩部队，退出大同等待战机。谁承想，明军竟然未战先撤，也先哪里愿意放过这种天赐的劫掠机会？伴随大明军队后撤的脚步，也先提兵追击而来。

形势紧迫，留守大同的副总兵郭登一刻也不敢耽搁，立即向内阁大学士曹鼐、张益等人递交了明军的后撤计划。他建议，明英宗的车驾可以经内长城，由紫荆关入关，如此就能避开也先大军的围猎，只要进入河北易县地界，大部队安全返回京师就没问题了。

对于这个方案，明英宗和王振起初都是同意的。可大军后撤还不到40里，王振就发现一个问题：从大同往紫荆关方向撤军，势必要经过他的老家山西蔚州（今河北蔚县）。他怕几十万大军从家乡过境会损坏家乡的农田作物，于是怂恿明英宗下令，让明军改变了原来的行军路线，转至宣府入关。这么一番折腾，时间全被耽误了。

就在明军竭力呵护庄稼、小心腾挪的时候，抄直线走近路的也先大军追了上来。等明英宗走到雷家站（今河北怀来新保安镇），也先已经追到亲征大军后翼，伺机发起突袭。

军情紧急，恭顺伯吴克忠、都督吴克勤兄弟俩向皇帝请命，留下来为大部队断后。然而，瓦剌大军人马太多，吴氏兄弟虽力战群英，杀敌数人，终因寡不敌众阵亡，他们的部下也全军覆没。已经护驾走到鹞儿岭的朱勇、薛绶等人只能再次分兵，让皇帝先走，留下4万部队阻击也先。由于应战仓促，加上随军太监刘僧不熟地形却贸然进攻，明军出师不利，4万人全数亡于阵前。

死了这么多人，王振还是没能意识到问题的严重性。他一边骂骂咧咧，斥责明军作战无能，一边继续领着剩余的明军走向他们的"墓穴"——土木堡。

06

土木堡虽是京北三大堡之一，但说白了就是个稍大点儿的土筑砖包，压根容不下数十万的亲征大军。更要命的是，土木堡一带既没有可靠的水源，也没有足够的粮草，没两日，明军就被逼得不得不动手采挖地下水了。可是这里群山环绕，地形复杂，风沙漫天，水是一滴也没有。

随军大臣们提议，让大军撤往居庸关。居庸关距土木堡不过百里，城高池深，是京师北边最重要的关城。这个方案遭到王振的否定。

又有一部分人提出了新方案：撤军到20里外的怀来卫，借助卫城抵御也先大军，同时派人向京师报信，令各地领兵勤王。王振再次否决。

原来，王振一路上搜刮了一大堆金银财帛，这些稀罕玩物被装在1000辆辎重大车上，如果撤退，势必要丢下辎重急行军，所以他才死活不乐意。就这样，最后一扇通往活路的大门被彻底关上了。

正统十四年（1449）八月十五日，趁着明军出发寻找水源，也先突然发动进攻。刹那间，军容不整的明军全线崩溃，英国公张辅、兵部尚书邝埜、吏部尚书王佐等50余名随征官员尽数死于乱军之中。最后时刻，明英宗和王振身边只剩下少量的锦衣卫，尽管他们多次拼死突围，但面对瓦剌大军的重重围困，他们的冲击无异于徒劳。

直到看见身边的锦衣卫接连战死，明英宗和王振这才醒悟过来，然而为时已晚。一直护卫在明英宗身边的老将樊忠早就恨透了王振擅权误国，他不顾明英宗的反对，抢起一把大铁锤，把王振砸死当场。

可惜，王振的死并没能给这场战役带来扭转战局的机会。随着也先大军不断进逼，明英宗身边的锦衣卫和禁卫军越战越少，老将樊忠也在护卫明英宗出逃时被乱箭射死，壮烈殉国。

见实在无法突围，明英宗索性下马，盘腿而坐，等待也先大军的审判。瓦剌士兵围了上来。他们起初以为这个人只是来不及逃跑的普通明军将领，后来才知道原来自己立了大功。

07

皇帝亲征被俘虏，这是亘古少有的大事。在也先眼里，此时的明英宗就像吕不韦手中的嬴异人，奇货可居——他只想把明英宗卖个高价。于是，在抓到明英宗的第二天，也先就挟持其叩关。

明英宗被俘的消息迅速传回京师。虽然明英宗出征前曾令弟弟郕王朱祁钰留守京师，但实际上只是让他当个摆设而已，大明王朝的实权依旧掌控在明英宗自己手中，而政务则暂时交由内阁商办处理。这样的情况下，明英宗被俘一事给天下带来的震动可想而知。

正所谓"国不可一日无君"，时局不稳，明朝的留守大臣们不得不赞同于谦另立新君的提议。他们把郕王朱祁钰扶上皇位，然后着手筹兵筹粮，准备击退瓦剌。

正统十四年（1449）九月，朱祁钰登基，即明代宗。出于政治需要，明代宗朱祁钰自即位之日起就遥尊明英宗朱祁镇为太上皇，并立誓要救回哥哥。他起用兵部侍郎于谦，誓死守卫北京城。

也先原以为有明英宗在手，只要自己率着蒙古大军到北京城下"打草谷"，就肯定能狠狠地敲上一笔。孰料，瓦剌骑兵一路南下的肆意行径触动了中原百姓千百年来形成的敏感神经。面对外族入侵，又得知明朝的留守部队将对也先大军发起反击，无数百姓选择了与明军站在一起，共同抗敌。他们要么报名参加各路勤王大军，要么拿起工具跑上北京城楼，只为协助明军守城。来到北京城下的瓦剌骑兵不过一两万人，而各地赶来勤王尚未进入北京城的部队就达22万之众，几乎对瓦剌骑兵形成了反包围。

在围攻北京城月余无果后，也先不敢如从前那般嚣张，急令部队撤出战场。这时，在于谦的指挥下，明军倾巢而出，以其人之道还治其人之身——他们尾随追杀瓦剌军，毙敌近万。也先不敌，只能率部土遁漠北，并着手策划送还明英宗。

第二年，也就是景泰元年（1450）的八月十五日，又是一个中秋月圆夜，在瓦剌当了一年俘虏的明英宗朱祁镇终于返回北京城。经此一役，他似乎成熟稳重了些。

土木堡的惨败让帝王有了成长，却给大明王朝带来了难以估量的惨痛后果，成为整个帝国由盛转衰的分水岭。

特别是追随明英宗出征的一批武臣勋贵通通战殁在土木堡，一下子打破了由朱元璋、朱棣等数代先帝努力创造的文武制衡格局，自此之后，明朝逐渐陷入文官把持朝政的局面。随着皇权与臣权的矛盾不断加深，为了压制文官集团的繁衍与发展，后世的皇帝们只能在东厂的基础上再设西厂、内行厂，以求从文官手中收拢更多的权力，维持朝堂的平衡与稳定。然而，宦官掌权的结果是什么在唐朝就已得到验证，明朝此举无异于饮鸩止渴。

明英宗被俘一事影响过大，以致明朝在土木堡之变后，除了"异类"明武宗朱厚照，便再无皇帝亲自率兵出征或到民间体察民情，久居深宫的皇帝们与整个帝国日渐脱节。

更为严重的是，明英宗被放归后，帝都深宫之内二龙并存，皇位的归属成了难以解决的遗留问题。皇权斗争若隐若现，一些朝臣为了自保，一些朝臣为了上位，纷纷开始左右摇摆。一时间朝堂之上波诡云谲，一场新的政治灾难已在酝酿之中。

夺门之变：无人阻止的悲剧

景泰八年（1457）正月十七日，天色微亮。按照大明皇帝朱祁钰跟群臣的约定，这天他将要重新出早朝。

群臣早早等候在午门外。听到钟鼓齐鸣，他们鱼贯进入奉天门，但眼前的景象让他们目瞪口呆，一个个都怀疑自己眼花了。

只见御座上的人并不是明景帝朱祁钰，而是被幽禁了7年的太上皇朱祁镇。

众人面面相觑，这时，徐有贞站出来高声说道："上皇复辟了！"朱祁镇接着对群臣发话："皇帝病重，群臣迎朕复位，你们各人仍担任原来的官职。"

事已至此，群臣只好下跪，山呼万岁。

就在昨夜，也就是正月十六的深夜，大明帝国发生了一起诡异的政变。主事者仅纠集了千余人马，却在一夜之间颠覆了皇权，顺利得让人怀疑其间可能没有爆发流血冲突。

第二次坐上皇位的朱祁镇若出版回忆录，书名一定是"我的成功不可复制"。

01

当然，如果朱祁镇不想隐讳的话，他的失败同样不可复制。

一个皇帝被敌人直接掳走，在漫长的中国历史上，除了极少数的亡国之君，朱祁镇算是少有的倒霉蛋。但反过来说，皇帝被敌人掳走国家却没有亡，这个皇帝最后还能生还归国，他也算是少有的幸运儿了。

正统十四年（1449）七月，蒙古瓦剌部的首领也先率军侵扰明朝。23岁的明英宗朱祁镇在大太监王振的怂恿下，像打了鸡血一样做出了一个让他后悔一辈子的决定：御驾亲征。

明军遭到暴击。史载，50万明军死伤过半，衣甲辎重全部被夺去。关键是，连皇帝朱祁镇也被瓦剌军俘虏了，而不断作死的王振在乱军中被护卫将军樊忠一锤击杀。

消息传回帝都，大明朝廷和皇宫都陷入惶恐之中。

也先把朱祁镇当作对明朝进行政治讹诈和经济讹诈的资本，时不时就带着他出现在大同城门外，以他的名义降旨要求见这个见那个，最后搜刮一批银子就走了。朱祁镇的母亲孙太后希望把皇帝赎回来，她和钱皇后一起，搜罗了宫中的金银珠宝，用八匹马把所有值钱的东西驮到瓦剌军营。也先照单全收，却只字不提放回朱祁镇。

这把明朝逼到了没有君主的境地。

朱祁镇被俘四天后，他同父异母的弟弟——郕王朱祁钰摄政监国，代行皇权。

又四天，朱祁钰临朝听政，群臣像往常一样上朝。有大臣在殿上揭发王振的罪行，说王振虽死，余党还在，不诛灭其九族无以谢天下。看着群臣一起跪倒在地，朱祁钰下令，让锦衣卫指挥使马顺去抄王振的家。

话音刚落，给事中王竑突然把马顺扑倒在地，劈头盖脸一顿痛殴。群臣迅速加入，最后竟在朝堂上就把马顺活活打死了。

原来，满朝文武都知道马顺一直是王振的忠实跟班，而不知情的朱祁钰竟让马顺去抄王振的家，马顺还在朝堂上斥骂言官，这才引发众怒。当天，一起被打死的还有王振的另两个死党——毛贵和王长随。

朱祁钰第一次听政就遇上了史上罕见的当朝群殴事件。眼看着三个大活人死在朝堂上，他在太监的搀扶下想悄悄撤走，却被于谦拦下。之后，他宣布马顺等人罪当处死，当场赦免了打死人的群臣。

02

大约十天后，群臣以太子年幼，需要有人领导抗击瓦剌入侵为由，请孙太后立朱祁钰为帝。

孙太后并不想让朱祁钰登上帝位，她死命要保住自己儿子朱祁镇的皇位。在早先给朱祁钰监国的敕书中她就特别强调，皇帝（朱祁镇）"今尚未班师"，朱祁钰只是"暂总百官，理其事"。但慢慢地，迫于现实和舆情变化，她不得不接受了群臣要求朱祁钰称帝的事实。

朱祁钰表现得很不想当这个皇帝。史书说，他"退让再三"，群臣则不依不饶。被逼急了，朱祁钰厉声说："皇太子（指朱祁镇的太子朱见深）在，卿等敢乱法耶？"大家都不敢说话了。只有于谦大声说："臣等诚忧国家，非为私计。愿殿下弘济艰难以安宗社，以慰人心。"

听了于谦的话，朱祁钰才放心地当起了皇帝。说起来，若没有土木堡的突发事件，朱祁钰一辈子想都不敢想帝位的事儿，而现在，他却坐在了龙椅上，要领导这个国家对抗入侵的敌人，这或许就是所谓的天命。明朝有两个皇帝的帝位是捡来的，朱祁钰正是其中一个。

朱祁钰的帝位也不算白捡，在王朝的危急时刻，他不辱使命，做了一名合格的主战皇帝。传统认为，是于谦临危不乱，领导并打赢了北京保卫战，从而延续了明朝国祚，但大家忽视了一个问题：于谦的背后，是新皇帝朱祁钰的授权与支持。没有朱祁钰的信任，于谦难以组织起上下一心的力量抗击瓦剌。

当时，侍讲徐珵（即徐有贞）等人曾主张放弃北京，举朝南迁。如果这一主张付诸实践，土木堡之变就将演变成明朝版的"靖康之变"了。于谦听了很生气，厉声说："言南迁者，可斩也！京师天下根本，一动则大事去矣，独不见宋南渡事乎？"

朱祁钰力挺于谦，说自己可不想做宋高宗赵构。

不南迁，那就只能跟瓦剌打。

也先发现明朝立了新皇帝，手中的俘虏朱祁镇变成了太上皇，利用价值大打折扣，遂在当年十月率兵进犯北京，结果被击败。次年（1450）春，也先又来寇边，再次被大同总兵官郭登击败。

在于谦和朱祁钰坚决抗战的情况下，也先意识到继续拘留朱祁镇已经无利可图，不如把他送回去，说不定还能在明朝内部引发二龙相斗，让他们自毁长城呢。

明朝这边，朱祁钰对于也先表态释放太上皇朱祁镇反应很冷淡，但群臣很兴奋。见大臣王直等人一直在讨论怎么奉迎太上皇，朱祁钰很不高兴地说："朕本不欲登大位，当时见推，实出卿等。"这是在埋怨群臣当初逼他做皇帝，现在又要把"正牌皇帝"接回来。

朱祁钰意思很明白：你们将朱祁镇迎回来后，要把我摆在哪里？

又是于谦站了出来。他从容地说："皇位已经定下来了，您就放心吧。但按道理，是应该把太上皇接回来的。"

吃了于谦的定心丸，朱祁钰这才说："听你的，听你的。"

明朝内部隐隐已有不稳，瓦剌人在送还朱祁镇时还不忘补上一刀，他们希望能尽力挑起明朝内讧。

在送朱祁镇归国之前，知院伯颜帖木儿屏去左右，让译者对他说："今日天可怜见，皇帝回去，只是你兄弟在家做了皇帝。皇帝位子本是你的，你到了家里不要怕大小臣宰们，你要坐你的皇帝位子。"

不知是真心还是假意，当了一年俘虏的朱祁镇说："愿看守祖宗陵寝，或做百姓也好。"

权力的欲望在坐稳了帝位的朱祁钰心里变得越来越重，但在重返大明的朱祁镇心中似乎已经很淡了。

03

景泰元年（1450）八月，太上皇朱祁镇被迎回帝都，朱祁钰把他安置在南宫，并派了一支军队负责守卫——朱祁镇遭到了朱祁钰的变相幽禁。

在朱祁钰临危登基时，朱祁镇已经做了十几年的大明皇帝，如今朱祁镇归来，根基未牢的朱祁钰深感危机，一直想尽办法要让朝臣淡忘这个太上皇。他禁止群臣去朝见朱祁镇，只允许孙太后去探望自己的儿子，还有侍奉太监可以出入南宫，给予朱祁镇最低限度的尊严。他相信时间的力量，相信一切坚固的东西都会随着时间的推移烟消云散，包括一个活着的前皇帝的影响力。

朱祁钰的本心并不算坏，但权力的甜味终究让他欲罢不能。他不仅想自己做皇帝，还想让自己的子子孙孙都做皇帝。权力的父子相传是父系社会的共识，在这一点上，他无法产生超越时代的思想。

当时的情况是，朱祁钰是大明的皇帝，但太子还是朱祁镇的儿子朱见深。也就是说，在朱祁钰驾崩之后，帝国皇位又将回到朱祁镇一脉，这是朱祁钰内心的隐忧。

任何时代都不缺乏深度揣摩上意以求高额回报的人。广西一个都指挥使因为谋杀土官被捕，他赶紧派人上书"请易太子"，希望能借此自救。

朱祁钰见到这封奏疏一定恨不得捧起来亲吻一下，他赶紧召集礼部讨论此事，群臣不敢反对，一个个唯唯诺诺地签名，同意"易太子"。

景泰三年（1452）五月，6岁的朱见深被废为沂王，朱祁钰改立自己的儿子——5岁的朱见济为皇太子。

然而，易储之事终于激起了一些人的不满。朱祁钰的皇后汪氏明确反对，结果被朱祁钰废掉，另立朱见济的生母杭氏为皇后。

仅仅一年半以后，景泰四年（1453）十一月，皇太子朱见济夭亡了。这或许是朱祁钰一生中最悲痛的事。而朱见济的死，一定程度上成为后续一系列事件爆发的导火索。

朱见济死后，朱祁钰没有其他儿子可补立为皇太子，于是一些大臣提出恢复朱见深的太子地位。朱祁钰怒不可遏。他才二十六七岁，精力旺盛，再生几个儿子不成问题，这些大臣为什么这么着急替朱祁镇的儿子说话？他一面将提出复立东宫的大臣们打入诏狱，一面为了尽快生出一个继承人而十分努力地纵情声色，甚至一度把当时的名妓李惜儿召入内宫。

渐渐地，在易储风波中，被人淡忘的太上皇朱祁镇又被人记起来了。

负责朱祁镇日常生活的太监阮浪曾得到朱祁镇赠予的一个金绣袋和一把镀金刀，后来阮浪把这两样东西转送给了他的朋友王尧。不知怎么回事，这件事被捅了出来，朱祁钰认为这是朱祁镇图谋复辟的一个阴谋，将阮浪和王尧双双下狱。好在阮浪至死都不肯供述朱祁镇有复辟的企图，朱祁镇才未受牵连。

景泰六年（1455）七月，一个名叫徐正的刑科给事中面见朱祁钰，并请求屏去左右。之后，他对朱祁钰密语说："上皇（朱祁镇）临御岁久，沂王（朱见深）尝位储副，天下臣民仰戴。宜迁置所封之地，以绝人望，别选亲王子育之宫中。"

朱祁钰听后惊愕大怒，指着徐正说："当死！当死！"

徐正原本想着富贵险中求，借挑动朱祁钰除去太上皇一脉的潜在威胁来谋取富贵，没想到有些太过直白的"指点"犯了忌讳。

朱祁钰将徐正判了个流放充军，但他内心其实无比认同徐正的话。

朱祁钰对朱祁镇的幽禁升级了。他要彻底断绝朱祁镇与外界的联系，防止与外人"通谋议"。他还下令浇固南宫的门锁，增高宫墙，同时砍去靠墙的大树，日常给朱祁镇的饭菜只能从一个墙洞送入，连纸笔的供应量都进行了严格控制。

当时正值夏季，朱祁镇看到平日纳凉的大树突然被砍光了，心中十分害怕，生怕下一秒就要遭杀身之祸。

朱祁钰终究不算是一个大坏人。他把太上皇朱祁镇禁锢起来，却从没想过直接取了他的性命。尽管在长达六七年的时间里，只要他流露出一丁点儿对朱祁镇仍存活于世的不安，底下的人立马就会心领神会，把与朱祁镇稍近的人解决得干干净净，不留首尾，但朱祁镇始终活得好好的。

活着，就有翻盘的可能。

04

到景泰七年（1456）年底，朱祁钰还是没有折腾出一个儿子，却把身体折腾垮了。他开始生病，连一些仪式活动都无法参加。

次年（1457）正月十二日，朱祁钰病重不能临朝。群臣到左顺门请安，宦官兴安出来说："你们是朝廷的股肱之臣，却不能为社稷计，只是日日问安，有何益处？"群臣无言以对，只能退了出来。

大家都认为兴安话中有话，似乎在暗示他们赶紧决定立储之事，于是聚在一起商议储君人选。他们七嘴八舌，最后公推时任兵部左侍郎兼左春坊大学士的商辂主笔草拟了《复储疏》，并根据于谦的提议特地加上两句话："乞早择元良，以安人心事。陛下（指朱祁钰）宣宗章皇帝之子，当立章皇帝子孙。"然后众大臣挨个署名。由于明宣宗朱瞻基的嫡孙只剩沂王朱见深一人，这个折子相当于把复立朱见深为太子之事公开化了。

两天后，正月十四日，折子递了上去。朱祁钰很快下了谕令："所请不允。"表示不同意群臣的意见。他说："朕只是偶感寒疾，正月十七日当早朝。"

群臣认为这是皇帝身体好转的标志，于是各自退去，等待在三天后的正月十七日早朝上再议。

正月十五日，按惯例，皇帝要亲自祭祀天地。朱祁钰想自己去，却站都站不稳。他选了总兵官、太子太师、武清侯石亨代替自己去。石亨被召到皇帝的病榻前，由此得知了朱祁钰的真实病情。出来后，他立即联系了司设监太监曹吉祥、都督张轨二人，偷偷告诉他们说，皇帝已经快不行了。

石亨说："皇帝病已沉重，如有不测，又无太子，不若乘势请上皇复位，倒是不世之功。"三人当场决定干一票大的，一场仓促的阴谋由此拉开了序幕。

按照分工，曹吉祥进宫去见了孙太后，并取得了孙太后的支持。孙太后给了曹吉祥一份懿旨："天子（指朱祁钰）疾大渐，殆弗兴，天位久虚。上皇（指朱祁镇）居南内于今八年，圣德无亏，天意犹在。以奸臣擅谋，闭而不闻，欲迎立藩王以承大统，将不利于国家。（石）亨等其率兵以迎上皇。"明朝的一些史料指出，这是曹吉祥、石亨等人伪造的懿旨，不过从孙太后希望自己儿子重登大位的立场来看，这份懿旨极有可能是真的。

石亨和张轨则连夜去找了善观天象、足智多谋的徐有贞。徐有贞就是土木堡之变后提议南迁的徐珵，因名声太臭长年不得升迁，听从高人的建议改名徐有贞，后来因治理黄河有功晋升左副都御史。他有经世才华，但为人功利心太重，总想着建立盖世功业。

听完石亨等人的来意，徐有贞相当兴奋，当即夜观天象，说："帝星已见移位，事不宜迟，咱们得赶快下手。"

经过谋划，他们将举事时间定在第二天，即正月十六日的晚上。

正月十六日晚，徐有贞换上朝服，出门前交代家人说："我要去办大事，办成了是国家之福，办不成对徐家可能是灭顶之灾。你们要有心理准备。"

一路上，徐有贞又邀请左都御史杨善、老将王骥加入。王骥当时已70多岁，不但自己披甲上马，还将儿孙带在身边。与石亨叔侄、曹吉祥叔侄会合后，张軏也带着京营兵出现了。

他们全部加起来不过千把人，一齐向着皇城进发。

张軏调兵进城的借口是瓦剌军骚扰边境，需要护卫京城安全。石亨掌管皇城钥匙，直接打开大门，这群博取富贵的亡命之徒顺利进入了紫禁城。进入皇城后，心思缜密的徐有贞重新将大门锁上，防止外面的援兵进来。

众人顺利到达南宫，途中遇见的皇城守军竟然无人敢上前盘问。

南宫的宫门被朱祁钰加固后怎么都打不开，石亨派人用巨木撞击，还是撞不开，反倒把墙撞出一个大洞。众人干脆从洞口一拥而入。太上皇朱祁镇此时还没入睡，看到黑压压的人闯进来，以为自己死期已至，谁知道众人见了他全都伏地跪拜，口呼万岁。

朱祁镇问道："你们请我复位吗？这事务必审慎。"

众人坚持，随后簇拥着朱祁镇直奔大内。一路上，朱祁镇挨个儿问清这群人的姓名，表示不会忘记大伙儿的功劳。

到了东华门，守御士兵上前阻拦。朱祁镇站出来叱退守御士兵，众人兵不血刃地进入了皇宫。另一些史料则表明，东华门的守御士兵跟石亨、张軏的士兵发生过一场小规模的冲突，不过他们也未能阻止朱祁镇在当夜坐上奉天殿宝座。

历史上著名的宫廷政变——夺门之变，就这样诡异而平静地成功了。

当朱祁镇重新登上皇位时，朱祁钰正在梳洗，准备临朝。听到钟鼓齐鸣，他问左右："莫非是于谦反了不成？"此时在朱祁钰的心中，对手握重兵的兵部尚书于谦的担忧甚至高于对朱祁镇的。

没多久，底下人回奏说，不关于谦的事，是太上皇复位了。朱祁钰连说了三个"好"，重新回到床上，面朝墙壁睡下。没有人知道他此刻的心境是怎样的。

被担忧篡权的于谦这会儿已经做好了赴死的准备。

朱祁钰当政初期，帝国处于战时状态，兵政合一，兵部尚书于谦是毫无疑义的帝国二把手。后来，于谦是少保兼兵部尚书，再加总督军务，权重一时。他多次提出辞去一部分职务，但朱祁钰说："国家重务委托于卿……不允所辞。"

夺门之变发生时，甚至在朱祁镇重登帝位接受群臣朝拜的当口，手握重兵的于谦如果想阻止，那也是不太费力的事。如果他愿意的话，是绝对有能力让朱祁镇变回太上皇的。但无论夺门之变发生时还是发生后，于谦都没有采取任何行动，这表明他默认了夺门之变的发生。

明朝后来的史学家分析说，徐、石密谋夺门之变于谦并非不知，但他认为，如果以武力相抗，虽则自己身家可保，英宗、景帝却势不俱全。为了大局考虑，当他知道徐、石带兵夜入南宫时，才会听之任之，坐以待毙。"公（指于谦）盖可以不死，而顾以一死保全社稷也。"

05

于谦的死期果然到了。

重登帝位的朱祁镇内心被复仇情绪填满了，似乎只有把旧账一一清算才能对他6年多的幽禁生活有个交代。而首当其冲的，便是被朱祁钰倚重的"救时宰相"于谦。

夺门之变后第二天，正月十八日，于谦被捕下狱，罪名是莫须有的"意欲迎立外藩"——想要另立储君。

正月十九日，朱祁镇命三司九卿从速审理此案。

正月二十日，20多名官员在大理寺对于谦进行会审。于谦身遭酷刑，始终保持沉默。

正月二十二日，于谦被杀。

从立案到处死于谦，前后仅用了三天时间。这种非常规的死刑执行模式，表明有人迫不及待要于谦死。

根据史书的说法，朱祁镇对于是否处死于谦颇为犹豫，认为"于谦实有功于大明"，但徐有贞在一旁进谗言说："不杀于谦，此举为无名。"意思是，不杀掉于谦的话，你现在的皇位就是得之不正，没有合法性。于是"帝意遂决"，下旨处斩了于谦。

处死于谦的同一天，朱祁镇下诏赦免天下，并改景泰八年为天顺元年。几天后，被软禁起来的明景帝朱祁钰被废为郕王。

朱祁镇在诏书中指责朱祁钰当年是篡位上台，还对他8年来的为人、为政进行了全面的否定，大骂朱祁钰"不孝不悌，不仁不义，秽德彰闻，神人共怒"，甚至诅咒朱祁钰"既绝其子，又殃其身"。

经过朱祁镇的抹杀，曾经坚决抗击瓦剌、延续明朝国祚的朱祁钰、于谦君臣二人，一个成了"神人共怒"的昏君、暴君，一个成了包藏祸心的奸臣、野心家。

大约在夺门之变一个月后，朱祁钰死了，年仅30岁。《明英宗实录》说朱祁钰是病死的，但这可能是朱祁镇出于掩盖真相而指使史官写的。野史的说法是，朱祁钰死于朱祁镇派出的太监的缢杀。

朱祁钰死后，朱祁镇给他定了一个恶谥——"戾王"，随后又命人毁掉了朱祁钰生前为自己营建的寿陵，另在北京西郊将他草草下葬。

明朝诸帝中，只有两个皇帝没能进入皇陵，一个是下落不明的建文帝朱允炆，另一个就是明景帝朱祁钰。而这两人的背后，是明朝立国不足百年间发生的两起震惊天下的宫廷政变。皇权的争夺从来就是这么赤裸裸，亲情与血缘算得了什么？

相对而言，朱祁镇的手段比捡到皇位的朱祁钰要狠得多。朱祁镇或许仅有一个想法：我只是拿回原本属于我的东西，只有他人亏欠我，我谁也不亏欠。这种"不亏欠"的心理也是人性使然，即便贵为皇帝，亦无法超脱作为人的局限性。就像作为臣子，石亨、徐有贞等人提着脑袋也要往上爬一样，大多数人总是以私利去指导自己的行动，世上如于谦者，实在百年难得一见。

在夺门之变成功后，那些信奉富贵险中求的亡命之徒一个个封官晋爵。在此处，我懒得一一去记述他们得到了什么，因为他们不是最终的赢家，仅仅是皇权更替的工具而已。

这些人最终都迎来了不好的结局。在明英宗朱祁镇巩固了自己的权力后，当年的夺门功臣一个个变成了乱臣贼子。石亨、曹吉祥等人均以谋逆罪被下狱或诛杀，尽管石亨谋反案可能仅是朱祁镇罗织的一起冤狱；徐有贞在政争落败后一度遭流放，始终得不到他想要的功名富贵，据说获释归乡后，他每次酒后都要绕屋一圈一圈地跑，边跑边叫"人不知我"，大概已经疯了……从某种意义上说，他们跟于谦一样，都是皇权之争的牺牲品，只是他们死得没有意义，而于谦以其高贵的人格，在死后成了我们民族和国家共同膜拜的悲情英雄。

站在历史的长河之中，当我们感受着流水的方向，就会发现任何宫廷政变都毫无意义——除了增加阴谋与权术的运作方式，教坏世人之外，它们根本没有改变河流的方向。夺门之变就是如此。

我压根儿不关心朱祁镇与朱祁钰兄弟的生死，抑或夺门功臣们的命运，他们要么咎由自取，要么死不足惜。他们都想掌控权力，却无一例外地成了权力的奴隶而不自知。正如诗人北岛所说，卑鄙是卑鄙者的通行证。

而我之所以愿意用这么长的篇幅讲述这场"毫无意义"的帝国政变，更多是因为它造成了于谦被杀的悲剧。这又印证了北岛的下一行诗句：高尚是高尚者的墓志铭。

整个事件中，无数的人物登场又退场，但经过历史的淘洗，唯有于谦的遭遇和精神超越了时代留存下来，是他让这段历史值得被反复追忆，被永久铭记。

曹吉祥：太监能不能当皇帝？

从古至今，宦官专权、威慑朝政屡见不鲜，但太监能不能拨开最后一层面纱当皇帝呢？

公元1460年是明英宗天顺四年，这一年，京城里总督三大营（五军营、三千营、神机营）、手掌禁军大权的司礼监掌印太监曹吉祥偷偷向门客冯益问了个问题："自古以来，有没有太监子弟做皇帝的（自古有宦官子弟为天子者乎）？"

冯益何等聪明，马上就领会了主公曹吉祥的本意，随即回答说："有啊，您的本家曹操不就是吗？"

太好了！

听说此事古代已经有了实操案例，大字不识一个的文盲曹吉祥心中狂喜。哈哈，原来我已经有榜样了！看来我也得准备准备，开创比同魏武（曹操）的大业了！

01

虽然说从东汉的十常侍到唐朝的李辅国、仇士良、王守澄等大太监都是骄横跋扈的，但他们只是操纵皇帝，或者杀皇帝、废皇帝，却没有一个真正准备干掉皇帝，自己上马做天子的。在公开的史料记载中，曹吉祥可算是中国前无古人、后无来者的太监第一人。

究竟是什么让大太监曹吉祥生出了这种熊心豹子胆呢？这事儿，得从11年前的土木堡之变说起。

曹吉祥是滦州（今河北滦州）人，就在他探问太监能不能做皇帝的11年前，即大明正统十四年（1449），明英宗朱祁镇北征瓦剌不成，反倒被蒙古人抓去做了一年多俘虏。随后，明英宗的弟弟朱祁钰在危急之中做了新君，在于谦等大臣辅佐下击败进犯的瓦剌，保全了大明江山。

在土木堡之变发生前，曹吉祥是大太监王振的手下。那时，王振依仗着明英宗呼风唤雨，曹吉祥趁着王振当权，也曾经作为监军参与麓川之战、征讨兀良哈之战等重要战争。在那时，曹吉祥就经常挑选一些勇悍的蕃将和军士，将他们纳入自己帐下，收为己用。也就是说，从那时起，曹吉祥就开始在私宅中豢养勇士和私藏军器了。

但没想到的是，土木堡之变中曹吉祥的领导王振被杀，没过多久，新君景泰皇帝朱祁钰登基，于谦等一帮大臣受到重用。一时间朝政清平，天下没有了太监们的用武之地。

曹吉祥不能逆势而动，只能等待。终于，机会来了。

当了8年皇帝后，景泰八年（1457），景泰皇帝病重。由于景泰皇帝的亲生儿子早夭，眼见皇帝膝下无子，这年正月十六日夜，手握兵权的武清侯石亨连同副都御史徐有贞以及太监曹吉祥等人一起秘密策划发动了一场政变。武将、朝臣、太监们协同行动，将被蒙古人释放、此时已被软禁在紫禁城内南城达7年之久的明英宗朱祁镇又迎了出来，明英宗成功复辟。这件事就是历史上著名的"夺门之变"，又称"南宫复辟"。

一个月后，景泰皇帝朱祁钰蹊跷死亡，死因虽是众说纷纭，但不管怎样，曹吉祥在明英宗复辟这件事上都是立了大功的。

说起来，在土木堡之变后景泰皇帝执政的8年间，失去了老领导王振庇护的曹吉祥不得不生活得十分低调，低调得快要让人记不起了。这是野心勃勃的曹吉祥所不能忍的，所以，当扶持明英宗复辟后，曹吉祥一下子欢欣鼓舞、跳腾起来了——终于翻身啦！

02

夺门之变成功后，明英宗自然是要大大封赏功臣们。作为参与复辟行动的重要武将，石亨被明英宗晋封为忠国公。本来只是副都御史的徐有贞则在夺门之变的当天就闪电般进入内阁，第二天又晋升为兵部尚书。但徐有贞觉得自己功劳太大，并不满足，明英宗没办法，又给他加封了一个武功伯的爵位。

至于曹吉祥嘛，作为明英宗复辟的内廷接应，功劳自然也是很大的。他被封为司礼监太监，并且总督京军，掌握京城兵权。曹吉祥的养子曹钦也被升为都督同知。

曹吉祥、石亨、徐有贞等人又为他们的手下和亲信邀取官爵，最终，因"夺门之功"被晋升的人前后有3000多人。

晋升了功臣，接下来就要处置前朝的"余孽"了。

首先遭难的，就是在土木堡之变后率众抵御瓦剌、保卫北京城、立下赫赫战功的兵部尚书于谦。于谦被杀后，明英宗让人去抄他的家。于谦为官清廉，家中没有财产可抄，只有正室的门锁牢固。主持抄家的官员以为有啥好东西，结果打开一看，里面全是景泰皇帝赐给于谦的蟒衣和剑器。

大功臣于谦被杀后，朝中上上下下都为他鸣不平。曹吉祥有个手下指挥朵儿感慨于谦忠义却无辜被杀，于是拿着酒到于谦被害的地方去祭奠。曹吉祥听说后大怒，将他暴打了一顿，结果这个指挥朵儿在被打的第二天又偷偷跑去祭奠于谦。

于谦之后，景泰皇帝的前朝老臣们——大学士王文、刑部尚书俞士悦、工部尚书江渊等人也受到惩罚，不过他们是被发配辽东充军，大学士萧镃、商辂等人则被削职为民。

一朝天子一朝臣，徐有贞等人开始把持朝政。

徐有贞尽管手段卑鄙，但作为进士，他心里还是非常看不起曹吉祥这些太监以及石亨这种武夫的。另外，徐有贞也想独揽大权，而同样在夺门之变中立下大功的曹吉祥、石亨，无疑已经成了他独揽大权的绊脚石。于是徐有贞便指使御史们上奏明英宗，说曹吉祥和石亨等人"强夺民田，冒功滥职"。这些事确实是有的。曹吉祥发迹后，除了到处强抢民田，对于给他贿赂的人也多有提拔，只要谁给得多，他就帮谁引荐官职，并不管才能如何。明英宗其实心里也大概清楚这些事，只不过曹吉祥辅助他"夺门"有功，他也就睁一只眼闭一只眼了。

徐有贞不仅想干掉曹吉祥，还想干掉石亨。于是，本来因为争权夺利已经疏远的曹吉祥和石亨又联合起来，一起策划陷害徐有贞。

最终，明英宗在曹吉祥和石亨的撺掇下，反而以"图擅威权、排斥勋旧"的罪名将偷鸡不成的徐有贞逮捕入狱，并将他降职为广东右参政。随后，徐有贞又被曹吉祥等人再加诬陷，发配到山旮旯的云南金齿做了平民。

03

除掉了劲敌徐有贞，曹吉祥大出了一口气。这个时候，他大概还没想过自己当皇帝的事。

如果事情没有变化，曹吉祥大概会当个权宦直至终老。

夺门之变后，明英宗把景泰皇帝的旧臣们杀的杀、降职的降职、发配的发配，然后扶持自己的一派上位。可问题是，当初辅佐自己上位的徐有贞眼下已经被贬，而剩下的石亨和曹吉祥看起来也不老实。

石亨这边，仗着自己协助明英宗"夺门"有功，不仅大肆卖官鬻爵，还"以货之多寡为授职美恶，入之先后为得官迟早"。这也就罢了，石亨仗着自己有功，对明英宗说话也很不客气，如果明英宗说话稍微违逆了他的意思，他立马就对明英宗摆出臭脸，搞得明英宗反而有点诚惶诚恐。

有一次，明英宗甚至对吏部尚书李贤说："石亨、曹吉祥这帮人干预朝政，奏事的人不来我这里，却先跑去向他们禀告，这可怎么办好？"

逼迫皇帝至此，石亨自然就危险了。

大明天顺四年（1460）正月，石亨最终以"图谋不轨"的罪名被捕，随后死在狱中。不仅如此，明英宗还下令杀了石亨的侄子石彪，而且革除了"夺门之功"的说法，要求以后所有的奏折都严禁使用"夺门"两个字。并且，明英宗还计划对所有假冒"夺门"之功升迁的人进行彻底清查，只是吏部尚书李贤等人担心波及范围太大，唯恐激发祸变，所以明英宗才改口，让那些假冒"夺门"有功的人前来自首，许诺如此可免罪。

一时之间，大明上上下下有4000多人上书自首请罪。

这下子可把曹吉祥给吓坏了。在曹吉祥看来，明英宗复辟成功后先是诛杀、清洗景泰皇帝的老臣——这个他可以理解，一朝天子一朝臣嘛；接下来，明英宗又贬斥了徐有贞——这个曹吉祥也心照不宣，毕竟他自己也参与了陷害嘛。

可是，眼看着明英宗又干掉了石亨，而且在朝中大肆否定"夺门"之功，还迫令4000多人"自首请罪"，这个可就大大不妙了。

功臣都被干掉了，接下来，可不就要清洗到我曹吉祥的头上了吗？左思右想，曹吉祥越想越不对劲，于是便有了本文开头的一幕。

在听说曹操是以太监后人的身份做上皇帝后[①]，曹吉祥终于放下心来。既然有古代的实操案例，那么，自己就要准备准备啦，免得被明英宗先一步干掉。

曹吉祥他大概是觉得，假如政变成功，他就可以做个开国皇帝，然后再让他的侄子曹钦接班。可他忽略了一件事：曹操的假爷爷曹腾虽然是个太监，可曹操不是啊！还有，东汉末年的天下形势跟眼前大明的可是风马牛不相及。可曹吉祥正在兴头上，政变这事，他还真就横下一条心要走到黑了。

04

大明天顺四年（1460），在下定谋反的决心后，曹吉祥开始秘密谋划。他虽然不识字，可也不是个莽夫。他开始大肆封赏，以此收买手下的禁军将士和亲兵们为他卖命。

事情前后谋划准备了一年多。天顺五年（1461）六月，蒙古孛来部频频犯边，朝廷决定派遣大军于七月二日出发，前往陕西征讨。曹吉祥跟他的侄子曹钦两个人决定，在七月二日这一天趁着军队调动的时机发动政变。叔侄两个人还约好，由曹钦拥兵入宫，曹吉祥则率领禁军在皇宫内接应。

可是百密一疏。曹钦手下的一个蒙古族亲兵马亮担心政变失败牵连自己，偷偷开溜，向朝廷密报了此事。

事态十万火急，见到密报上呈后，明英宗立即假装有事召见曹吉祥，随后将他

---

① 曹操的父亲曹嵩是东汉大宦官曹腾的养子，曹操死后，被他的儿子曹丕追认为魏武帝。

控制起来，并下令紧闭皇城和京城的各个大门。

那边厢，曹钦喝酒喝到一半，突然发现马亮开溜了。预料事情不妙，曹钦干脆一不做二不休，直接起兵攻打皇城，遭到忠于明英宗的军队的拦阻。曹钦又想突围出京城，无奈各个城门又紧紧关闭，他只得率众返回家中拒战，最终投井自杀。随后，曹钦满门皆被斩杀。

三天后，明英宗下令将曹吉祥凌迟处死。按照大明刑律，曹吉祥被割了3357刀。

事后，包括门客冯益在内的曹吉祥的党羽全部被诛杀，在政变前夕逃跑告密的马亮则受到封赏，提为都督。曹吉祥处心积虑策划了一年多，在美梦即将实现的前一夜彻底失败了。

当然，这事还没完。日后，大明的太监里还有刘瑾、魏忠贤相继问世，魏忠贤在巅峰时刻还被称为"九千九百岁"，离皇帝其实也就只差那么一点儿了！

朱祁镇的最后七年：我想做个好人

景泰八年（1457）正月十六日，刚过完元宵节的紫禁城没有半点儿节日的喜庆。子嗣不丰的明代宗朱祁钰接连遭遇独子夭折、爱妻杭皇后崩逝，备受打击，勉强过完新年，之后便病倒了。

反观他哥哥朱祁镇，虽在土木堡之变中失利，被蒙古人掳走长达一年时间，日子却混得风生水起。眼下，被接回宫中的朱祁镇位称"太上皇帝"，闲居南宫6年，又生了好几个儿子。这一点，让一直没儿子的朱祁钰嫉妒不已。

朱祁钰不知道，更大的打击将在今夜：他一向无比看重的皇位就要易主了。

此时，在宫外，大臣徐有贞正爬上自家屋顶，对着满天繁星喃喃自语："紫微星弱，欲成大事，就在今夕！"

按照事先商定好的计划，徐有贞的老熟人——掌管宫中宿卫的石亨、拥有兵权的张軏以及掌管皇帝仪仗的太监曹吉祥，已经率兵赶往南宫。石亨打开宫门，支开守卫，张軏则带兵护卫，迎立太上皇朱祁镇。

这场被称作夺门之变的兄弟阋墙事件，成就了朱祁镇梅开二度的帝王传奇。

01

与所有新登基的皇帝一样，复辟后的明英宗朱祁镇玩起了套路，只是他玩得更溜——毕竟是重登帝位，有经验了。

除了改景泰八年为天顺元年，朱祁镇还好好封赏了身边的"功臣"。在他的安排下，所有参与夺门之变的人均有拥戴之功。"狗头军师"徐有贞入阁为兵部尚书，石亨、张軏等武将通通封爵赏地。至于那个有功的阉人曹吉祥，明英宗也像当年对待王振那样给了他应有的封赏。

正所谓新朝新气象，要是只奖不罚，如何破旧立新？于是，那些曾经陷害过朱祁镇或其长子朱见深的人，如"尽伐南城树"的太监高平、前锦衣卫指挥使卢忠等人，通通被捕下狱。

明英宗天顺朝的政治大清洗开始了。

被捕下狱的人中，还有明代宗朝的内阁大学士王文和曾指挥过北京保卫战的名臣——兵部尚书于谦。这两人与明英宗本人并无直接的矛盾，但为了给天顺一朝立威，这些曾经挽救国运的人也只能成为明英宗案板上的肉。

然此二人皆非等闲之辈。特别是于谦，为官清廉不说，单就他在数年前的北京保卫战中拼死立下的保国之功，就足以名垂青史了。

要搞掉一个救国的英雄，谈何容易？但如果皇帝有心要搞，恰当的理由也不是没有机会找到。

帝国朝堂之上，想要于谦死的人不只是明英宗，还有夺门之变的头号大功臣徐有贞。此人极善观察天象，他两次观天象，都与明英宗有关。

当年，名字还是"徐珵"的徐有贞夜观天象，他看出星象有变，预言了明英宗"北狩"的结局。在土木堡之变发生后，徐有贞为求功名进言南迁。谁知，这个建议不仅没有得到当时负责监国的郕王朱祁钰的认可，还招致满朝大臣的严厉驳斥，一向公忠体国的于谦甚至直说："言南迁者，可斩也！"

而后，通过请托多方关系，徐有贞才获得于谦的谅解。于谦不计前嫌，为其举荐官职，但有关徐有贞升官的动议到了明代宗朱祁钰那里，朱祁钰就直接否定了，还给出评价："这人人品不行，心术不正，教书育人，恐误人子弟！"

由此，徐有贞与于谦、朱祁钰之间的仇算是结下了。

02

早已准备妥当的徐有贞，向明英宗提供了一个他自认为必杀于谦等人的好理由："（徐有贞）诬谦等与黄竑构邪议，更立东宫；又与太监王诚、舒良、张永、王勤等谋迎立襄王子。"

在明朝，谋立外藩等同谋权篡位。这种罪名一旦坐实，管你曾经有多大的护国之功，都是一个死字。

可是，徐有贞犯傻，一心想破旧立新的明英宗却不傻。在塞外喝了一年西北风，回京后被弟弟关了六七年，明英宗早已不是当初那个政治白痴了。无论是作为蒙古人的俘虏，还是作为弟弟登基以来一直防范的假想敌，这些年的经历都足以让他学会凡事谨慎。

明英宗想要的不过是名正言顺地继承皇位。就像他敬爱的曾爷爷成祖朱棣当年进南京城杀方孝孺一样，于谦就是朱祁镇为自己的复辟特地准备的"方孝孺第二"。杀方孝孺，能用谋反这种理由吗？

在后世流传的史书描述之中，明英宗颇感犹豫，声称"于谦实有功"。这一幕，让如今很多人以为明英宗生出了惋惜于谦之心。但我更愿意相信，明英宗只是在提醒他身边的爪牙，他要的是一个"名"，其他的都不重要。

经明英宗这么一提醒，徐有贞终于说出了决定于谦生死的那句话："不杀于谦，此举为无名！"

很显然，这个答案正合明英宗的胃口。

正所谓师出有名，当年朱棣篡侄子皇位时还要打"靖难"的旗号，虽然至今仍受千夫所指，但好歹是个理由。夺门之变算什么？恐怕朱祁镇自己也说不清楚。在这种情况下，如果不树立一个反派典型，朱祁镇将无法向泱泱臣民交代自己的所作所为。

所以，于谦必须死。

对此，于谦的认识可比一同入狱的大学士王文要清醒得多。面对所有的指控，于谦淡然地对王文说了一句："这些都是石亨他们早就商定好的，再辩驳下去又有什么意思呢？"

到了这一刻，明知必死无疑的于谦还在拼死维护想杀他立威的明英宗，将一切的过错推给石亨、徐有贞等人。

天顺元年（1457）正月二十二日，夺门之变后的第六日，于谦人头落地。

史载，于谦"死之日，阴霾四合，天下冤之"。奇异的天气现象不禁让人感觉，于谦的冤屈连老天爷都看不过去。他拼死守护的帝国、忠心爱护的君主，反倒成了夺走他生命的刽子手。

这件事是如此可悲可笑。

03

奉上了功臣，处置了"奸佞"，沉浸在复辟喜悦中的明英宗开始思考如何安置"先帝"朱祁钰。从夺门之变到新朝奖罚完毕，十多天过去了，病重的景泰皇帝朱祁钰居然还没死，深宫中甚至一度传出他痊愈的消息。但皇位既然易了主，那么"先帝"也只能变成废帝了。

天顺元年（1457）二月初一，明英宗假托皇太后的意思，颁诏废黜了朱祁钰。在这份诏书中，朱祁钰被形容成"性本枭雄"之徒，诏书还说他谋夺了皇位之后对哥哥和侄子很不好，实乃"不孝不悌，不仁不义，秽德彰闻，神人共怒"。

没多久，朱祁钰就死了。

此后，有关朱祁钰被谋害的记载即见诸各类野史之中，而那些公认的正史则更倾向于朱祁钰是病死的。的确，从明英宗的角度来看，一个早已掌握朝廷实权且可以主导舆论风向的皇帝，此时已经不需要再暗杀一个"活死人"了。至于他在废黜诏书中提及的"不孝不悌，不仁不义"等愤怒之辞，一则是在再次为夺门之变寻找一个合理解释，二则也是被莫名幽禁了好几年后的情绪宣泄。

明英宗朱祁镇当年被软禁南宫时的精神压力实在太大了，他不仅要提防弟弟朱祁钰对他下手，还要警惕那些为了讨好在位皇帝而提议解决掉他的太监或官员。或许这也是明英宗复辟之后将弟弟安置在紫禁城一个偏僻角落里的主要原因——他要让朱祁钰也尝尝被软禁的滋味。

04

朱祁钰之死，宣告了明英宗面对的前朝问题基本都处理妥当了。接下来，他需要思考自己第二个任期内所要解决的国家问题。

皇位自明太祖朱元璋手上传到明英宗这里，已历四世五任。在这期间，明朝经历了明太祖到明宣宗四代人的治世，国力蒸蒸日上。按照历史发展规律，一个王朝历经多代治世之后，往往会进入一个转折期。这是机遇也是危险，处理得当，王朝开启盛世；处理不当，国家将被带入深渊。

作为土木堡耻辱性惨败的领导者和亲历者，复辟后的明英宗有意对自己的行为做出修正。据天顺年间吏部尚书李贤的《天顺日录》记载，明英宗在与李贤的对话中，曾透露过自己一天的作息安排：

五鼓二点即起，斋洁具服拜天毕，省奏章剖决讫，复具服诣奉先殿，行礼毕，视朝。循此定规、定时，不敢有误。退朝至文华殿，或有政事有关大臣者，则召而访问商榷。复省奏章讫，回宫进膳后，从容游息至午初，复省奏章。暇则听内政，至晚而休。

复辟后的明英宗每天半夜起床，先批阅奏章，再到祖宗牌位前忏悔，然后上早朝，退朝后继续到文华殿办公，中午午休一下，接着继续批阅奏章、召见大臣，直到晚上睡觉。

在第二次成为皇帝以前，近10年的大起大落已经被明英宗刻在骨子里。复辟后，他更是意识到皇位来之不易。所以，无论他的勤政是做做样子，还是真心悔过，目的都是想要好好守住大明江山。

想守住家业，那就好好干。

据统计，从天顺元年到天顺七年之间，明朝百姓至少遭遇了22次旱涝灾害，受灾范围之广为前朝所未有。天灾之后，明英宗无一例外都施行了赈灾免税的政策。在"生民之大本"思想的指导下，他派出李贤等文官，开仓放粮、借支官粮、低价粜卖，积极保障民生，解决民众受灾之苦。

更令人惊奇的是，复辟后的明英宗虽曾为王振修祠立庙，但宦官们再难恢复王振在世时的辉煌和地位。《明英宗实录》记载，天顺二年（1458）十月，当时的鹰坊司太监想要外出采猎供明英宗享乐。临行前，皇帝警告他们不许胡来，但出宫采办的太监们没当回事，到了地方上依旧我行我素，结果回宫之后全都获罪受罚了。

在夺门之变中出力颇大的宦官曹吉祥尽管在某一段时间内权势如日中天，但从前正统年间王振拥有的宦官行政批红权，他到死也没拿到。

05

然而，不是所有人都愿意看到明英宗洗心革面。就在明英宗大刀阔斧地更正过往的施政之弊时，那几个在夺门之变中立了大功的野心家闹掰了，原因是明英宗授予他们的权力不均。

历史上，文官和武将的地位从来都不平等，特别是宋、明这种拥有庞大文官集团的朝代，武将压根就不可能是决策者。而一个国家想要与民休息，则必然会减少战争，无仗可打，像石亨这种纯武夫出身的将领自然也就没有什么被用得着的地方。

于是，在同一条起跑线上的三个盟友出现了分化：徐有贞入阁参与机要，决策国家大事，每天忙得很；石亨无仗可打，只能纠集起一帮亲戚问皇帝要官做；没了批红权的曹吉祥过得更惨，向皇帝讨官时只能把养子、侄子的名字列上。三人因出身不同而待遇不同，地位的变化最终激化成不可调和的矛盾。

为了在皇帝面前争宠，曹吉祥、石亨两大闲人最先结盟。利用曹吉祥司礼监太监的身份，曹石联盟在明英宗屏退众人与徐有贞密谈时得到了谈话的内容。之后，曹吉祥将这些内容反馈给明英宗，让明英宗认为是徐有贞泄露了他们的君臣密谈。

紧接着，曹吉祥领着石亨跑到明英宗面前，一把鼻涕一把泪地哭诉徐有贞如何利用内阁权限欺负他们，请求皇帝做主。

有了上次的泄密事件，徐有贞的好形象在明英宗面前已荡然无存。于是，徐有贞顺理成章地被贬官外放，离开了中央。曹、石二人的计划圆满成功。

或许没有人意识到，徐有贞的被贬恰恰就是明英宗本人最想看到的。徐有贞固然有才，可从帝国政治影响层面来讲，这样一个靠诬陷忠臣、谋划政变上位的内阁首辅，并不利于导向性宣传。但徐有贞对明英宗的复辟是有功的，随意处置一个有功之臣，恐怕满朝文武皆会寒心。如此，通过曹、石二人的诬陷借刀杀人，反而是最好的手段。

曹、石二人赶走了徐有贞，自身处境却越发不好了。

随着徐有贞的消失，夺门之变的利益小集团彻底失衡。明英宗见缝插针，提拔了彭时、年富、王翱等人，依靠新兴的文官集团势力，逐步分化曹、石二人，把至尊皇权牢牢掌握在自己手中。

06

或许明英宗也能意识到，无论多么勤政，多么改过自新，因为土木堡一事，自己还是会受到后人的诟病，被史官之笔刻在大明帝国的耻辱柱上。所以，在天顺朝有限的时间里，他就像一个走上考场的学生，先挑分数高的大题做，想要尽量为自己争取一个好的执政成绩。

在执政答卷上，明英宗选中了三道与自己情感有关的大题：释放建庶人，恢复宣宗朝胡皇后的名位以及废除自明朝建立以来一直存在的宫妃殉葬制度。有趣的是，在这三道政治题目上，他至少有两道是蒙对的。

明英宗选择释放的建庶人，即建文帝朱允炆的次子朱文圭。从两岁起，朱文圭就被篡位成功的朱棣秘密幽禁起来。一直到明英宗复辟后的天顺元年（1457），朱文圭已在明朝宗室内部"消失"了近60年。朱文圭的遭遇触发了明英宗心中同病相怜的因子，因此，明英宗才会不顾大臣们的反对，提出"亲亲之意，实所不忍"的观点。

尽管被释放的朱文圭很快就因为无法适应新生活而去世，但明英宗的做法确实让当时的人们相信，皇帝要变好了，要与过去划清界限了。就这样，明英宗以他的同情心蒙对了第一道大题——释放建庶人的举动，被朝野上下视为"天顺朝第一仁德之事"。

接下来，在执政末期，废除明朝的宫妃殉葬制度同样让朝廷百官乃至天下人看到了明英宗做好皇帝的拳拳用心。

按明朝惯例，未曾为皇帝生育一儿半女的妃子的人生结局，基本就是在皇帝驾崩后为皇帝殉葬。这一点，在建朝之初，朱元璋、朱棣父子算是贯彻落实得非常到位的。史料记载，"太祖陵不知祔葬几妃，今陵祭旁列四十六案，或坐或否，大抵皆妃嫔也。成祖十六妃，谥葬皆不可考，然皆祀于陵"。那些在后宫中曾经侍奉过皇帝一两次、没啥名分的可怜女子，在皇帝去世后都得死。而宫妃身死尚需大量宫女服侍，于是连带着曾经服侍过皇帝或殉葬宫妃的宫女们也得死。

明朝不仅朱元璋、朱棣父子能造孽，就连一向被称作英主的明仁宗、明宣宗两父子在驾崩之后，后宫殉葬之妃也有七人。此外，殉葬的风气蔓延至明朝诸藩宗室。《明史·诸王传》记载了秦愍王、晋恭王、周宪王、蜀靖王等人的宫殉情况。可以说，宫殉影响，弥害天下。

为了防备汉、唐时代后宫干政的现象重演，朱元璋建立明朝时就规定，后宫嫔妃不宜选用有权势的勋贵重臣的女儿，而应采取民间择选的秀女。但宫殉制度让民间百姓对选秀女充满恐惧，因此，废除宫殉势在必行。

但真正触发明英宗废绝宫殉决心的，并非完全源自社会的因素，发妻钱皇后的可怜遭遇才是令明英宗最终废除宫殉制度的关键。

正统十四年（1449）土木堡之变发生后，闻讯的钱皇后毫不犹豫地将自己所有钱帛财物献出来，希望朝廷能早日赎回自己的丈夫，让他们夫妻二人团聚。然而，出于综合考虑以及不愿被蒙古人敲诈的心理，朝廷最终选择了另立皇帝的道路。作为前皇后，丈夫生死未卜让钱皇后忧心不已，但无助而绝望的她只能依靠虔诚的祈求换取精神上片刻的安宁。此后，在明英宗被放回幽居南宫之时，她又义无反顾地选择与丈夫共渡难关。

在长达数年的精神与躯体的双重折磨下，钱皇后瞎了一只眼，瘸了一条腿。最悲惨的是，由于战争及政局等各种原因，钱皇后与明英宗始终未有一子半女。

根据宫中惯例，明英宗驾崩后，钱皇后很有可能需要殉葬。正是这一点，促使辜负了发妻一生的明英宗在生命的最后一刻做出废除宫妃殉葬的决定。

天顺八年（1464）正月十六日，夺门之变的七周年，像是冥冥之中自有安排，38岁的明英宗朱祁镇驾崩了。临终前，他担心钱皇后的生活无法得到保障，留下遗言："皇后千秋万岁后，应与朕同葬。"

明英宗朱祁镇一生犯过很多大错。从第一次当皇帝的荒唐与鲁莽，到第二次当皇帝后冤杀于谦，都逃不过历史的公正之笔。但在此之后，他确实变了。在"做一个好皇帝"这件事情上，他算是用了最后的7年拼力弥补，从王朝的基础民生到后宫私生活的无微不至，像是一个犯错后认真改错的孩子。

　　参照宋英宗、元英宗的庙号取法，英宗的意思大概为"英年早逝，大业未成"。这个庙号放在朱祁镇的身上，多少有点儿考卷做到一半却不得不交卷的惋惜意味。

二

第二个百年：
从成化犁庭到嘉靖大倭寇

朱见深（1464年登基）—朱厚熜（1567年驾崩）

中兴：荒唐的治世

朱见深：后宫一塌糊涂，却是中兴之主

30岁的明宪宗朱见深在内侍的帮助下坐在镜子前梳头，透过镜子，他敏感地看到在一侧伺候自己的太监正低着头数着金匣子里的"龙发"。他很是感慨。

年过而立，膝下却无一子，将来这大明的江山可怎么传下去？

听了这番话，老太监张敏突然跪倒在地，说："皇上有子。"张敏解释说："当下，在安乐堂，您之前宠幸过的纪氏宫女曾诞下一子，如今已6岁，姿容修颀，颇像您呢。不过，为严明皇室血统，还请万岁爷公开还皇子一个清白身世。"

朱见深大喜，命人赶紧寻来孩子与自己相见。当他第一次见到已经6岁的儿子时，不禁想起自己小时候那段被幽禁的岁月，潸然泪下。

几个月后，这个被赐名"祐樘"的孩子被立为皇太子，明宪宗朱见深总算解决了自己一生中最苦恼、最棘手的问题。

01

在3岁以前，朱见深是整个大明最幸运的孩子。那时，他的父亲朱祁镇是大明万里山河的主人，而他则是未来接手这片锦绣江山的头号继承人——皇太子。

然而，美好的一切在明英宗朱祁镇听了太监王振的怂恿，决定率领大军到大草原去一展大明铁军的雄风后戛然而止了。在土木堡，大明帝国最能征善战的一批悍将强兵损失殆尽，御驾亲征的皇帝也成了俘虏。

国不可一日无君，这个道理谁都懂。作为战斗的胜利者，蒙古草原领袖也先自

然也明白。他向大明帝国提出了议和，要求大明拿钱赎回他们的皇帝。不过，此事遭到了大明上下一致的反对。割地赔款是不可能的，这辈子都不可能。

没有皇帝，大不了重立一个。就这样，朱见深的二叔——郕王朱祁钰成了皇位的新主人，是为景泰皇帝。

新皇帝朱祁钰刚登基，也明白自己是作为藩王入继大统的，只是"代"皇帝，所以为了笼络人心，他宣布朱见深以往的待遇不变，仍是大明帝国的皇太子。这一年，虚龄3岁的朱见深遇到了他生命中最重要的女人——时年20岁的万贞儿。

万贞儿，山东诸城人，其父原为低级官员。因亲戚犯事，连累全家，年仅4岁的万贞儿被充入掖庭为奴，分配到太后身边当差。因其聪明伶俐，甚得太后欢心。

此时的老太后明白，虽说朱祁钰是"代"皇帝，但掌控了实权便是真皇帝了，一山尚且不能容二虎，更何况是统御天下的紫禁城。为防不测，老太后命万贞儿前去陪护皇太子朱见深。从此，两人结伴度过了一生。

02

一切正如太后所料。在于谦发动北京保卫战，成功把大明拖回正轨后，景泰皇帝朱祁钰虽然派人接回了大哥朱祁镇，尊其为太上皇，但对于金銮殿上那张闪闪发光的龙椅，他终归是不舍得。

于是，刚在草原上喝饱西北风的朱祁镇被"请"进了南宫。后来，朱祁钰又废除侄子朱见深的储君之位，让自己的儿子顶上。

此时，年仅5岁的朱见深还不明白二叔的决定对自己意味着什么。不过，从小在太后身边长大的万贞儿比谁都懂。

身份的高低落差，让万贞儿小小年纪便饱尝世态炎凉。在经受心理上痛楚挣扎的同时，她又目睹了后宫妃嫔内部的残酷斗争。因此，她过早地学会了如何利用错综复杂的人际关系，如何不择手段地达到目的，并由此逐渐萌生出奋发图强向上爬以改变自己命运的欲望。

看着原先与自己一同服侍太子朱见深的奴仆纷纷被遣散，或许是出于遵从太后懿旨的考虑，又或许是出于想豪赌一把的心理，万贞儿选择与朱见深一起共渡难关。

离开东宫后的朱见深迎来了生命中最昏暗的时期。在他身边，除了万贞儿，到处都充斥着二叔朱祁钰精心安排的耳目。这种每天都可能是人生中最后一天的日子，整整折磨了朱见深5年。

在这段岁月里，万贞儿承担起母亲的责任，给了年幼的朱见深无微不至的关怀。只是，作为一个远离世界万千美好的年轻宫女，在全心全意陪伴太子度过困难时期的同时，她也无形中将生活里的空虚寂寞以及自己对未来身份地位的美好愿景通通倾注在了这个小她17岁的废太子身上。

根据弗洛伊德的心理学，3—6岁是一个极易形成恋母情结的关键时期。在令人窒息的环境中，朱见深的恋母情结逐渐萌芽。对他而言，贞儿姐姐早已不是当初那个奉命伺候自己饮食起居的小小宫婢，她更像是给自己提供亲情温暖的母亲，是卑微且无助的自己心中的那道白月光。

5年后，朱见深11岁，他的父亲朱祁镇借助夺门之变复位成功。随后，朱见深在群臣的簇拥下重返东宫，跟着他一起回来的，还有万贞儿。

那年，万贞儿28岁。

03

看着儿子如此依恋一个跟自己年龄差不多的"老宫女"，明英宗朱祁镇心里相当不爽。而当朱见深提出希望立万贞儿为太子妃时，朱祁镇估计想杀她的心都有了。

因此，在太子达到适婚年龄后，朱祁镇便赶紧为太子选妃。不过在这一切还没来得及完成时，朱祁镇便带着遗憾离开了人世。临终前，他要求皇后和太子生母周贵妃从速为太子完婚。

天顺八年（1464）七月二十二日，明英宗朱祁镇驾崩半年后，在先前选秀中摘得"桂冠"的吴氏少女披上了凤冠霞帔，成为明宪宗朱见深的第一任皇后。然而，吴氏得到的仅仅是一份皇后的尊荣。作为明宪宗朱见深的结发妻子，她没能得到丈夫的半点儿真心。

对于自己丈夫喜欢"老宫女"这件事，独守空房多时的吴皇后怎么也不能理解。她实在看不惯这段"畸形恋"，遂将万贞儿召来，让对方结实地挨了顿板子。在等级森严的封建时代，皇后杖打宫女本来不是什么大事，可偏偏这个被打的宫女是皇帝最为珍惜的"心头肉"，后果可想而知。

当万贞儿向朱见深哭诉被打惨状时，朱见深第一时间便想到了废后。按他的意思，当年的选妃仪式上存在作弊行为，这才让吴氏成了皇后，真正的人选应该是与吴氏一起参加选秀的另一名女子——王氏。

依着皇帝所言，这场宫斗闹剧过后，吴皇后被废入冷宫，王氏成了新的皇后，想要借故册立万贞儿为皇后的朱见深吃了哑巴亏。

对朱见深而言，既然无法正当册立万贞儿为后，那就给她足够的宠爱。因此，当万贞儿以37岁高龄诞下皇长子后，朱见深大喜，立即下诏册封万贞儿为皇贵妃，并许诺要立这个幸运的孩子为太子。

好景不长。这个孩子还没活过周岁就夭折了，连名字都没有。更令朱见深心碎的是，他的贞儿姐姐从此再未有孕。

作为后宫固宠的手段之一，母凭子贵是历朝历代妃嫔们百试不爽的好法子，但这一次，老天残忍地掐灭了万贞儿最后一丝希望。或许是担心自己年老色衰无法永葆圣宠，又或许是受孩子去世的打击过大，那个曾经对朱见深关怀备至的万贞儿，如今的万贵妃，逐渐变成了让后宫谈之色变的"婴儿杀手"。

出于对大明江山传承的考虑，朱见深被迫宠幸了其他妃嫔。不过，一旦有人怀上龙种，在皇帝身边的万贵妃的耳目就会将消息传给自己的主人。于是，一个个还未成形的胎儿就这样被一碗碗堕胎药剥夺了长大的可能。

04

对于此等性质极其恶劣的事件，朱见深明知是万贵妃一手策划，却也是听之任之。这似乎有些不可理喻，但现代心理学家弗洛伊德曾说，人的潜意识中对某种独一无二、不能替代的东西的热恋，会表现为一种永无休止的追寻活动。

由于对万贵妃的爱到了无以复加的地步，当冲突出现时，朱见深便会像一个勇士那样与万贵妃站在同一条战线上，共同面对困难，正如过去的万贞儿不顾一切地保护他一样。

在这场没有硝烟的后宫争斗中，凭着皇帝对自己的绝对信任，万贞儿赢了。

万贵妃终于可以在后宫中一手遮天。但相较于大明其他后妃而言，她不是良家子出身，只是让人瞧不起的小宫女。也正因如此，一群宵小之徒瞄上了这美妙的"裙带关系"。前有首辅万安与万贵妃续谱认宗，后有外戚万通与内侍梁芳相互勾结，进献魅惑之术。总之，凭着这条利益纽带，万贵妃的权势逐渐延伸到朝堂之上。

05

尽管后宫一塌糊涂，但作为大明的中兴之主，明宪宗朱见深还是做了些事情的。上任之初，他便下诏蠲免当年全国三分之一的赋税，严禁贵族世家倚仗权势欺压百姓、强占农田，还起用李贤、商辂等名臣，严明刑法，整顿吏治，然后颁旨要求全国军队精兵简政，加强京师防卫力量，开武举选拔军事人才，并规定武举为日后选拔军事人才的唯一途径。

仅仅完成这些还不够。

朱见深登基时，其父明英宗朱祁镇借助复位的那场夺门之变留给大明文武百官和天下百姓的巨大阴霾还未散去。为了缓和朝堂内部矛盾，也为了不让忠臣蒙冤而使天下人寒心，朱见深明白，平反冤假错案刻不容缓。

首先，朱见深决定给当年坚决不同意向瓦剌人交赎金，拼命保护朱家基业的好臣子于谦平反。尽管于谦当年在朱祁钰废自己太子之位的决议上投了弃权票，但他毕竟一生都在为朱家的江山出生入死，居功甚伟。在给于谦平反的诏书上，朱见深提道："卿以俊伟之器，经济之才，历事先朝，茂著劳绩……先帝已知其枉，而朕心实怜其忠。"（《明宪宗实录》）这些话的意思是，我父亲在位时就知道于谦是被冤枉的，本来想给他恢复名誉，但还没做成我父亲就去见祖宗了，所以这事就落在了我头上，我知道于谦是忠臣！

而对于自己的二叔朱祁钰，曾经的景泰皇帝，朱见深可谓又爱又恨。二叔是废他太子之位的元凶，但不可否认，他在位时也为国家作了很多贡献。如果不是他，搞不好大明早就亡了。

成化十一年（1475），朱见深最终还是决定公正地还给二叔"皇帝"的身份，追谥其为"恭仁康定景皇帝"。对于二叔过去所做的一切，朱见深表示理解，不介意二叔以前的过分要求和极端做法。

至此，大明帝国终于对18年前的夺门之变盖棺论定。朝廷上下为之惊叹，一代明君由此诞生。

06

相较于父皇明英宗朱祁镇御驾亲征时的丢盔弃甲，朱见深似乎没有受到父亲的影响。不管对内还是对外，他都表现得英武果决，始终秉承一寸山河一寸血的精神，坚决维护大明的领土完整。

成化元年（1465），刚登基的朱见深就迎来了执政以来的第一个大挑战——荆襄流民起义。暴乱来势汹汹，同时得到了附近邓州、汉中等地农民的支持，声势越来越大，严重影响了帝国的稳定。

长久以来，荆襄流民一直是困扰朝廷的一个大难题，自元代起，他们就集中活动在今天的湖北郧阳地区。该地万山环绕，又处于湖广、陕西、河南三省交界处，属于典型的"三不管"地带。因此，每当遭遇灾荒、战乱，这一带就要聚集起近百万的流民。

在形势日益紧张的情况下，朱见深果断派出右副都御史项忠到河南、湖广等地经略巡查，了解民意，普查人口。一到当地，项忠立即下令将原籍不属于这里的流民全部驱逐出境，如果遇到不肯走的就直接杀掉。这显然违背了圣旨的本意，而这样一刀切的遣返效果也不是很显著。

当收到有司弹劾项忠曲解圣意、胡乱杀人的奏折时，朱见深并没有怪罪项忠，而是在仔细阅读项忠提交的各项提议后重新选派大臣原杰到当地安抚流民，并设置郧阳府与湖广行都司，由都御史吴道宏抚治郧阳、襄阳、荆州、南阳、西安、汉中六府。

从此，这批新入籍的流民在当地垦辟老林，从事农作，开发药材、竹木、铁、炭等资源，荆襄山区逐渐变得民户稠密，商旅不绝。

除此之外，朱见深还对广西、蒙古、东北等地用了兵，不仅一雪积压多年的土木堡之耻，还借机收复了河套地区，使明军劲旅重振声威。虽然比不得先祖朱元璋、朱棣在战场上的声名，但对付那些企图扰乱大明帝国秩序的部落，朱见深已经表现得足够果断睿智。

当时，建州女真部落首领爱新觉罗·董山——就是日后后金首领努尔哈赤的老祖宗——出门不看黄历，带着小弟到大明边境做抢劫生意，不慎遇到大明正规军。董山一点儿也不含糊，不仅照抢不误，还顺带把明军统帅的首级给收进囊中了。

消息传来，与父皇当年对瓦剌扰边的反应一样，朱见深也是勃然大怒，发誓不讨平女真决不罢休。但朱见深没有像他爸那样冲动亲征，而是召来了曾经参加过北京保卫战的赵辅，让他组织精兵捣毁建州女真的老巢，并下了明确的"绝杀令"。同时，以大明帝国的名义，朱见深发布联合出兵公告，号召邻国一起去董山家开"篝火晚会"。与大明素来交好的朝鲜王朝第一个表示支持，随即派出大将康纯、南怡领着大军充当先头部队，响应明军的号召。

由于各方面准备工作做得周到，当大部队抵达建州女真辖地时，女真人还来不及做出合适的反应，只能匆匆组织战斗。此战，明军俘虏了董山部落600多人，另外斩杀了600多人。

匪首董山自然是要被杀掉的，但是要怎么处理董山的族人？

朱见深犯难了。董山固然罪无可恕，可是他手底下的小弟都是听命令干活的，顶多算从犯。在朱见深看来，既然董山已经伏法了，应该也不会再有人敢随随便便来挑衅大明，所以他干脆将董山的族人全部移送到福建、广东沿海充军，为增强大明帝国的海防作贡献。

数年后，建州女真族人又怀念起当初跟老大一起到大明打劫的岁月。这次没了老大指挥，他们只能互相凑一凑，竟然真的拉起一支素质参差不齐的"摸金联军"，又请蒙古的朵颜三卫帮忙压阵，再次到大明边境"发家致富"。

据史载，自成化八年（1472）起，这股"摸金联军"就时不时越界骚扰。今天牵你几头牛，明天杀你几只羊。你派兵来追赶，人家就发挥游击战术精髓，抛下猎物掉头就跑，保存有生力量。

不仅如此，这伙"摸金联军"还摸到了朝鲜王朝的地盘上烧杀抢掠。由于朝鲜王朝实力比较弱，没有能力自保，还长期充当大明帝国的附属国，因此赶紧向大明帝国汇报国内混乱的情形。

朱见深看着如雪片般飞来的朝鲜求助奏折，或许也深悔上次出兵并没有根除祸患。

一个再征女真的计划启动了，这次大战的目标总结起来就四个字：斩草除根！

或许是出于对万贵妃的信任，又或许是想增强西厂的对外影响力，朱见深决定起用万贵妃身边的亲信太监——西厂厂公汪直，再配合帝国名将朱永，两人一起领军进剿辽东。虽说朱永是这次战斗的总指挥，但实际运筹帷幄的却是汪直。

经过一番筹谋及协商，大明与朝鲜达成共识，决定从五个不同的方向对女真老巢发起总攻，务必做到不留一个人，不留一棵草。

战斗打响了，大明和朝鲜的联军冲进去一顿砍杀，与上次结局基本相同，那支临时拼凑的"摸金联军"毫无还手之力，一打就趴下了。

不过与上次不同的是，大明联军在收割人头、烧毁房子的同时，连他们吃饭的家伙什儿也收走了。从此，女真部落百年间再也没有尝试去抢掠大明的财物。

07

情深不寿，慧极必伤，可叹朱见深两样占全了。在后宫，即便万贵妃再怎样胡作非为，朱见深始终初心不变，不可谓情不深；而从平定内乱和出兵征伐时表现出的英武来看，朱见深又可谓极具慧眼，悟性非凡。

不过，人无完人，朱见深也并非处处可让人称道：他突发奇想，在原先锦衣卫、东厂监察百官的基础上新成立西厂，打破了锦衣卫和东厂常年保持的某种平衡，造成帝国监察机关三权分立的局面，吓破了大明官员的胆；在严禁皇亲国戚强占田地的同时，他划定了皇庄的界线，为自己强占田地提供合法性；更不可思议的是，聪明的他钻了科举的空子，公然开启大明官场"走后门"之风，设立传奉官，随心所欲地任用宠臣。这些弊政成了后世对他口诛笔伐的由来。

成化二十三年（1487）正月，万贵妃去世，时年58岁。

朱见深听到自己的精神支柱万贵妃去世的噩耗，便知道自己也坚持不了多久了。悲痛欲绝的他哀叹道："贞儿不在人世，我亦命不久矣。"

七个月后，朱见深在一片哀思中无疾而终，年仅41岁。

此时，那个逃过万贵妃迫害幸存下来的名叫朱祐樘的皇太子已经18岁，他将接过父亲与时代赋予他的使命，开创一个被称为"弘治中兴"的治世。

这算是明宪宗朱见深留给大明的最后且最让人称道的"遗产"了，毕竟，这可是一个有口皆碑的接班人。

朱祐樘：明朝口碑最好的皇帝是怎样炼成的？

01

明朝有16个皇帝，但正正经经打好皇帝这份工的，一只手就能数过来。绝大部分，尤其是明朝中后期的那些当家人，基本都是不务正业的奇葩。比如明武宗朱厚照，十足一个叛逆玩家，自封大将军，玩得不亦乐乎，连皇位都差点儿让给太监刘瑾了。还有"天下第一匠人"明熹宗朱由校，他的木工做得很棒，发明了折叠床，设计了运动馆，技术好得能让皇宫内的能工巧匠全都下岗，然而就是皇帝当不好。

获得后世点赞的明朝皇帝，除了明太祖朱元璋、明成祖朱棣这两位"祖"字辈的之外，也就三个：明仁宗朱高炽、明宣宗朱瞻基以及明孝宗朱祐樘。

这三人之中，朱祐樘最不容易。

为什么这么说？好比炒股，朱高炽、朱瞻基接盘的时候大盘看涨，不用费力就祖国山河一片红；到了朱祐樘，大盘已从6000多点腰斩，相当于接了个烂摊子。形势比人强，他想稳住大盘，减缓下跌速度，需要付出十倍于上上上一任的努力。

朱祐樘死死护住大盘，取得了"弘治中兴"的政绩。他个人修养不错，恭俭有制，勤政爱民，没有常年躲起来修道炼丹，也没有长期沉迷于研究龙椅的榫卯结构，而是带头践行了一夫一妻制，废除了三宫六院，因此更赢得了后人的极大好感。

用现在的话来说，他就是明朝中后期皇帝中的一股清流。天启年间首辅大臣朱国祯称："三代以下，称贤主者，汉文帝、宋仁宗与我明之孝宗皇帝。"评价相当高。

02

朱祐樘知道，自己能来到这个世界已属不易，更别说坐上皇位了。所以，在他短短36年的生命旅程中，他倍加珍惜"为百姓服务"的机会，并时时保持感恩和宽容之心。

他爹是明宪宗朱见深。朱见深最著名的事迹是专宠他的奶妈万贵妃，说晚上听不到万贵妃的鼾声就睡不安稳，有严重的恋母癖。

父子两人的第一次见面，发生在朱祐樘6岁的时候。

当时，朱见深已年过30岁。一天，太监张敏为他梳头，他敏感地看到了白头发，于是哀叹自己一把年纪了还没儿子，以后这大好江山怎么传下去呢？张敏听了伏地叩头，说："皇上有子。"

然后，一个6岁的孩子神奇地出现在朱见深面前。几个月后，这个被赐名朱祐樘的孩子成了皇太子。

几年前，被俘入宫的一个瑶族土官女儿纪氏偶遇朱见深，遂被临幸，怀上龙胎。万贵妃知道后千方百计加害纪氏，所幸纪氏人缘好，得到层层保护，历经九九八十一难，终于生下了朱祐樘。因为有毒妇人万贵妃在，朱祐樘虽生在帝王家，却吃着百家饭长大，他的童年实在是凄惨。

成为太子后，噩运也没放过朱祐樘。不久，他的母亲纪氏以及保护过他的太监张敏都离奇地自杀了。当时，宫中传言四起，条条证据都指向万贵妃，除了她自己不承认，连国际友人——来自朝鲜的使节都知道这些事，回国后一五一十地八卦给了他们的国王听。

朱祐樘小小年纪已饱尝宫斗的险恶，知道韬光养晦、低调做人才能健康成长，才不会丢了性命。在他18岁那年，万贵妃死了，几个月后，他爹也跟着去了。

属于朱祐樘的时代到来了。

有冤报冤，有仇报仇。大臣们纷纷上书，要求将万家满门抄斩，万贵妃的弟弟万喜也早早写好了遗书，等着上路。然而，他们都错判了形势。朱祐樘有一千个杀万家人复仇的理由，但也有一个不杀的理由：杀了，自己不就变成了曾经最憎恶的那种人，变成了另一个万贵妃？

他选择了宽容。

03

越是大权在握，越要谨慎使用权力；越是有能力任性，越不能由着性子来。克制内敛，这一儒家所推崇的品性已内化为朱祐樘人格的一部分。

到18岁即位，朱祐樘整整接受了9年儒学教育。就皇位继承人而言，越晚接受教育，可塑性越差。朱祐樘的几个后辈，像明穆宗朱载垕、明光宗朱常洛、明熹宗朱由校都是年过二八才上学，又都不肯坚持学习，自身文化素质跟不上，统治才能都没眼看。

东宫授课老师（讲读官）都是学养深粹之人。比如，朱祐樘的老师之一程敏政10岁就以神童之名被荐入翰林院读书，当时还有"学问渊博程敏政，文章最好李东阳"之说。

朱祐樘学习的课程非常丰富，从孔孟诸儒的论述到历代帝王治国的善政良策，再到明朝各帝的戒饬垂训，凡是有利于太子人格养成和执政能力培养的内容，都在他的课表上。

朱祐樘学习刻苦，是个懂规矩、有纪律的好学生。据说每次写完毛笔字，他都要把笔墨纸砚收拾得整整齐齐。他也不搞特殊，甚至有突发事件也不停课，不像历史上有些太子，心情好就上两天学，心情不好就罢两个月。

朱祐樘宽容、不记仇的品格，在老师讲孔子的恕道时就埋下了种子。而他即位后的很多做法，比如从善如流、任用贤人等，肯定也是从小时候学的历史课上得到的启示。随着年龄的增长，在日复一日的学习中，他的心中也肯定有了对标的明君形象，那个人或许是汉文帝，或许是宋仁宗。

04

朱祐樘的明君形象在他即位那一年就获得了国际社会的认可。

1488年，出使明朝的朝鲜使臣回国后对他们的国王说个不停，一会儿说朱祐樘不像他爹任人唯亲，而是秉持公道；一会儿说朱祐樘很勤勉，刮风下雪都照常上朝；一会儿又说朱祐樘节俭得很，举行国宴都不奏乐。《朝鲜实录》记载，朱祐樘把"先皇帝弊政一切更张矣"。

有意思的是，朱家的孩子艺术细胞发达，又很有创新精神，常常搞点儿发明。朱祐樘喜欢写诗，爱好绘画和弹琴。而世界上第一把牙刷据说是他于1498年发明的，方法是把短硬的猪鬃插进一支骨制手把上。

比起后辈在宫中公然做木匠或者扮演商人做买卖，朱祐樘没有把个人爱好坦然地摆到明面上。但他内心深处并不认同做这些事有悖帝业，所以虽然时常觉得做这些事有些不务正业，也还是要偷偷摸摸地做。

有一次，朱祐樘赐给画师吴伟几匹彩缎，但害怕大臣们知道后议论，就对吴伟说："赶紧拿去，别让那些酸腐的书生们知道。"

面对言官不要耽于声色的劝谏，朱祐樘表面上接受，私下里却对侍奉在旁的太监说："弹琴与政务有什么冲突呢？要他们多嘴！"

终其一生，朱祐樘都在与内心蠢蠢欲动、不务正业的念头做斗争。不知他每天要如何鞭策自己，才能一直安安静静地做个好皇帝。

05

朱祐樘他爹留给他的大明帝国，在时人看来就是一个烂摊子。

比如，为朱祐樘起草登基诏书的内阁首辅万安在朱见深时代就口碑极差，却仍能凭着万贵妃的裙带关系，再加上为朱见深配置春药的交情，一步步爬上高位。朱祐樘登基后，万安故技重施，上了一箩筐奏疏，内容都是讲房中术的，意在谄媚。朱祐樘看到后觉得机会来了，怒斥万安："这难道是一个大臣应该干的事吗？"随即让万安卷铺盖走人。

他爹在位时，宫中养了大批僧道，堪称"真人遍地走，国师多如狗"。朱祐樘即位后，光罢遣的禅师、国师、真人就有1000余人。

这一系列动作犹如一股冲刷污垢的疾风暴雨，将"先朝妖佞之臣，放斥殆尽"。

好景不长。在做了七八年明君之后，朱祐樘慢慢变成了他爹的样子：宠信宦官，偏好佛道……大太监李广捕捉到了朱祐樘内心的细微变化，把那些善于炼丹、斋醮的僧道重新引入宫中，皇宫又一次变成了寺庙与道观。

正直的大臣们感到失望，纷纷上疏弹劾李广，要求赶走他。朱祐樘嘴上说好，内心却一万个不愿意，仍对李广宠信不疑。

弘治十一年（1498），李广劝朱祐樘在万岁山建一座毓秀亭，说此亭一建成，所有灾异都会不见。然而实际是，此亭一建成就成功"引来"了灾异。先是太康公主突然早夭，接着太皇太后周氏居住的清宁宫遭遇火灾。周氏大怒，责骂李广。此刻，李广的内心是崩溃的，他也知道自己闯祸了，生怕遭到皇家的惩罚，干脆自己喝下了毒酒。

朱祐樘伤心于自己在灵魂修炼上的引路人竟然先升天了，派人到李广家中搜查，希望找到"教主真人修炼速成指南"之类的秘籍。谁承想秘籍没有，倒是发现了李广的收账本，上面记录着文武官员馈送黄米、白米各千百石。

天真的朱祐樘问："我去过李广家，他的仓库不大，装不了这么多粮食呀！"左右告诉他，这黄米、白米说的不是粮食，而是在暗指金银。

朱祐樘暴怒，感觉受了羞辱，自己的信仰和爱好竟给李广受贿和百官行贿提供了机会。

就像做了个噩梦，一夜觉醒，朱祐樘幡然悔悟，他在成为明君与成为昏君之间再次选择了前者。但是对于享年36岁的朱祐樘来说，留给他的时间已经不多了。

06

蛇不知道自己有毒，人不知道自己有错。很多帝王至死都不知道自己有错，朱祐樘是个例外，这是他了不起的地方。

弘治十五年（1502）之后，也就是生命的最后3年，朱祐樘重新倚重贤臣，尤其是将刘大夏和戴珊两位名臣看作自己的左膀右臂，欲实现圣贤帝王的夙愿。

没有这段知错就改的经历，朱祐樘顶多就是一个由明君沦为昏君的反面人物，让人觉得可惜。但有了这段经历铺底，朱祐樘就成了历史上的"中兴令主"。

除了政绩，朱祐樘最为人津津乐道的是他的私生活。他一生只娶了一个张皇后，不纳宫女民女，也不封贵妃美人，每天只与皇后同起同居。据晚明学者黄景昉说："时张后爱最笃，同上起居，如民间伉俪然。"

皇帝有一夫一妻觉悟的并不多，还能身体力行的就更稀缺了。有些人因此开玩笑似的说，朱祐樘可能是受过现代文明熏陶的穿越者。

其实，朱祐樘的所有经历都说明，他是一个极其爱惜羽毛的人。

明朝有言官制度，而且言官往往不惜死谏，用生命来说服皇帝走大道，别抄小路。遇到由着性子来的皇帝，言官们就算死一百次也不足以改变皇帝已经选定的路线，但要是万一遇到了爱惜羽毛的皇帝，结局就会不一样。

朱祐樘就是爱惜羽毛的一位，他知道怎样才能在当时以及历史上留个好名声，所以特别克制自己的行为，即使一时行差踏错，也会掉头转向，与昨日之非我决裂，做一个言官和史家喜欢的英明的皇帝。朱祐樘曾说："吾不自治，谁能治吾？"

百官会被监察，会被考核，皇帝却没人监管，所以大多数情况下都只能自己监督自己。但只要这个皇帝还有追求"三不朽"（立德、立言、立功）的念头，言官和史笔就能对他产生一定的震慑和引导作用。

李宗仁批评胡适，说他"爱惜羽毛"。言下之意，爱惜羽毛、顾虑名声，做事就必然畏首畏尾，成不了大政治家。但对皇帝而言，爱惜羽毛却不是一个负面评价。皇帝拥有无上权力，不爱惜羽毛就毫无畏惧，做事就任性没有下限。古往今来，多少身败名裂的君主已经证明了这一点。

一个皇帝只要不胡来，懂得克制，稍微规矩一点儿，尊重读书人和臣下，对子民宽容——总之，只要他达到一个正常人的道德水准，那么，即使没有大作为，功绩不及秦皇汉武的零头，他在历史上也必定能够获得一个明君的称号，而且绝对会比建立了大功绩的"秦皇汉武"们少很多争议。

"克制"二字，任何一个城市中产者都不难做到，因为权财有限，能够调动的资源有限，即便想乱来，客观条件也逼着你必须克制。但有权或有钱者不一样，他们面对的诱惑更多更大，并且也清楚只要自己愿意就能让欲望轻易兑现。这时候，他们的克制就全然来自内心的道德力量了。

对一国之君而言更是如此。朱祐樘可以选择逃课，可以选择诛杀万家，可以选择奢靡生活，可以选择不听劝谏，可以选择公然地玩物丧志，可以选择数月数年不理政事，可以选择后宫三千……但他通通选择了另一面。他确实爱惜羽毛，克制而不任性。就凭这点，朱祐樘也理应获得高度评价。

克制而不折腾，让子民安居乐业，就是最大的德政。

朱厚照：将荒唐进行到底

明孝宗朱祐樘的克制给大明带来了中兴，可他的儿子朱厚照继位后却没有承继这一点，反而多有放纵，刚有好转的王朝前景再度变得渺茫。

01

正德十四年（1519），明武宗朱厚照亲自下旨，让奉天威武征讨大将军、镇国公朱寿统率军队南下，去平定宁王朱宸濠的叛乱。

南征队伍刚离开北京，捷报就已经送来了：宁王朱宸濠之乱在汀赣巡抚王守仁的围剿下，仅持续43天即宣告失败，宁王本人也成了王守仁的俘虏。

镇国公朱寿把捷报压了下来，一行人继续南下。

到南京后，跟随镇国公朱寿南下的锦衣卫指挥使江彬赶紧找来王守仁，让对方"识趣"些，把朱宸濠放了，等镇国公朱寿大军抵达后再行俘虏。

碍于镇国公朱寿的"神威"，王守仁只能无奈将擒获的宁王朱宸濠以"献俘"的形式押送南京，让朱寿重新体验一把抓宁王的乐趣。随后，在朱寿及其部将的"围攻"下，宁王朱宸濠二度成为俘虏，论罪伏诛，废除封国。

奉天威武征讨大将军朱寿到底官居几品？整个大明王朝的官员们听到这个问题都会摇头，表示不清楚。虽然如此，对于朱寿这个人，官员们却无不五体投地，表示臣服。

因为，朱寿就是明武宗朱厚照本人。

明武宗朱厚照在历史上历来颇有争议。有人说他绝顶聪明，通晓多国语言，是一代明君；也有人认为其强抢民女，放荡不羁，沉溺玩乐，是个不折不扣的昏君。有争议就有创作空间，大概也是因此，在现代的小说、戏剧和影视作品中，他是个被疯炒的热门人物。

不过，关于朱厚照"好命"这一点，所有人都表示一致认同。作为大明王朝成立以来的第十位皇帝，朱厚照打小就是父皇认定的皇位继承人，并且没有任何竞争对手与之抗衡。

他的父亲明孝宗朱祐樘从出生开始就经历着后宫的腥风血雨，直到其父明宪宗驾崩之后才得到安宁。或许是童年的磨难让明孝宗重新审视了皇帝与后宫妃子的关系，在明孝宗的"爱情观"中，有一人相伴即可。因此，明孝宗也成了中国历史上罕见的奉行"一生一代一双人"的皇帝。

在这种情况下，子嗣自然不会很多。明孝宗与皇后一生只养育了两个皇子，其中一子早夭，如此，朱厚照就成了明孝宗遗留下来的唯一成年皇子，自然也就是皇位的唯一继承人。

有如此的好运，他能不浪吗？

作为大明第一家族，父母对独苗苗朱厚照的溺爱可想而知。在皇帝老爸的安排下，朱厚照2岁就被立为太子。4岁开始，他在父亲的亲自调教和引导下，一步步规范言行举止，学习经史子集。

为了避免爱子受宫廷奢靡享乐之风的影响，明孝宗在尚书马文升的提议下，杜绝太子朱厚照参与一切宴乐活动，宫宴、曲戏、元宵烟火等都在此范畴。

明孝宗简直是从一点一滴开始塑造儿子，而上面这些，对于在太子身上寄予莫大期望的明孝宗来说还远远不够。于是，在朱厚照9岁那年，明孝宗又给他找来了杨廷和、吴宽、费宏等当世名家讲学。这群讲官中，杨廷和少年成才，曾参与编撰《明宪宗实录》，吴宽、费宏都是殿试状元出身，经史子集烂熟于胸。

正所谓名师出高徒，在这群讲官和父亲的悉心教导下，朱厚照少时即喜读书，且善作诗，按《国榷》的说法是"挥笔辄就，曾不构思"，即他下笔成章，思维敏捷。

朱厚照本人生性好动，喜骑射。对于这一点，虽然能看出一些顽劣的苗头，但出于要将儿子培养成朱元璋、朱棣等雄主的美好愿景，明孝宗并未过分限制。

照理，像朱厚照这种经名师调教、能文能武的太子，稍加些时日必大有可为，但是事情发生了转变。

根据史书记载，身为太子的朱厚照自从出阁读书起，每日都是重复做着研读"四书""五经"、祖训遗言的工作。长期做着同一件事情，任何人都会感到单调，产生厌恶情绪，可身为太子的他不仅不能停下来，甚至连厌恶都不能表露出来。在老师们的敦促下，他必须做出"色容庄谨"的姿态。每次授课完成，还得按照礼仪起身作揖，答谢讲师。

长期的束缚与规训在朱厚照的潜意识中种下了一颗种子。他将对那些重视礼教的官员的憎恨乃至报复的心理深深埋藏，只等日后发芽。

02

弘治十八年（1505），36岁的明孝宗积劳成疾，英年早逝。皇位理所当然由皇太子朱厚照继承，是为明武宗。

当年，明武宗朱厚照仅有15岁。按照古代男子20岁加冠才算成年的规矩，他登基时还是"小孩子"。

年龄虽小，皇帝的权力却是至高无上的。为防止刚即位的明武宗在兴头上做出什么出格的事情，明孝宗临终前特别安排了大学士刘健等人辅政，并叮嘱他们："东宫年幼，好逸乐，卿等当教之读书，辅导成德。"

知子莫若父！果然，没了父亲约束的明武宗一登基就有些飘了。从前，在明孝宗及东宫诸位老师的约束下，宫廷里奢靡享乐之风的影响还很有限；如今身为天子，他拥有了绝对权力，一切都由他说了算，想玩、想搞事的心就一刻也按捺不下来了！

对于新主子的心思，自明武宗为太子时即在身边侍奉的太监们又怎会不知？当时，以刘瑾为首的八大太监（时称"八虎"）最是了解新皇帝想放飞自我的心理。在他们的"苦心"安排下，明武宗终于可以摆脱束缚了。他扮演除皇帝以外的其他身份，或为小贩，或为平民，带领小太监穿街走巷，观奇赏异，充分满足自己内心缺失了10多年的对大明社会的好奇。

不过，在封建君主专制时代，尽管皇帝拥有至高无上的权力，也不可以随心所欲。在日渐成熟的行政生态系统中，皇帝更多时候是充当调解各方矛盾的最高仲裁。何况，"代天巡狩"历来都是对中国帝王最基础的要求。代替神仙掌管人间，这本来就需要营造一种神秘感，如今皇帝在太监的唆使下公然自贬身份，甘于平凡，那群受命辅佐明武宗的大臣又岂能袖手旁观？

于是，从六科给事中、通政司到六部、内阁，满朝的文官纷纷指责皇帝的不当言行，同时对于"八虎"的曲意迎合、阿谀奉承嗤之以鼻，要求皇帝罢黜他们。

平衡各方势力是身为皇帝的明武宗必做的事情，但如果应允了朝中那群顾命老臣的意见，势必会让自己再度陷入讨厌的礼教束缚中；而如果偏袒身边宦官，虽有昏君之嫌，却能让自己握有与大臣抗衡的力量，使朝中态势不致影响君权。打着这样的小算盘，明武宗对忧国忠君者的肺腑之言充耳不闻，反而任凭宦官把持朝政，对抗强势的文官集团。

当时，在明孝宗遗留下来的内阁中，除李东阳一人仍忍辱负重在朝中独立支撑外，刘健、谢迁都因屡遭诬陷、处处受明武宗冷落而被迫辞官。当年建议明孝宗让朱厚照出阁读书的吏部尚书马文升也因在例行裁汰官吏时开罪了"八虎"，被勒令退休。而德高望重的兵部尚书刘大夏下场更是悲惨，性格耿直的他因历数宦官罪恶，年逾古稀仍被判处流放充军。

总之，在明武宗正德初年的这场政治风波中，因皇帝本人想要加强皇权，曾经辅佐明孝宗开创"弘治中兴"的那群老臣通通被清除了。取而代之的，是明武宗本人信任的宦官和武将。

即便做了这么多，紫禁城对明武宗来说仍是个叫人憋闷的"牢笼"。要想彻底摆脱宫廷对自己的束缚，要么退位让贤，要么就是利用手中的权力给自己行方便。

明武宗选择了后者。他开始在皇宫之外的豹房单独居住，并要求将各级官吏的奏折全部送往豹房。

关于豹房的作用和具体方位，历史上众说纷纭。有人认为这是明武宗设立的专供打仗使用的"总参谋部"，也有人认为这是明武宗找个借口继续享乐的地方。但可以肯定的是，这个用来豢养老虎、狮子的皇家动物园，在明武宗的安排下暂时代替了紫禁城，成为天子日常起居的住所。

03

由于明武宗的放任，皇帝身边的"八虎"权势熏天。"八虎"中，宦官马永成主持东厂，谷大用控制西厂，全面掌控帝国内最具实权和监督权的要害部门。当时京城甚至流传着一句歌谣："大臣赶着内官拜，厂里校尉系銮带。"

为了规劝皇帝早日走回正道，科道言官从未放弃上奏弹劾"八虎"专权。然而明武宗对此置之不理，任由事态继续发展。

"八虎"的猖狂尤以刘瑾为甚。在明武宗的默许下，刘瑾开始插手国库赋税收缴。他委派自己的亲信到各地去直接收取商税，并给每个亲信都安排了额度任务。在他的亲自监督下，各级官吏在商税领域上吃亏空的现象大幅减少，这令各级官吏气得牙痒痒。

刘瑾发现，在京城周边，有不少百姓因为农田被官僚地主侵占而被迫沦为农奴，生不如死。经他的建议，明武宗决定从官员手中强行夺过土地，纳入皇庄，此举使京城土地兼并之风戛然而止。

为了加大对帝国官员的监察，获得皇权特许的刘瑾又在锦衣卫和东、西两厂之外再设第四个特务机构——内行厂。这个机构只听命于明武宗一人，其职责除了监督官吏外，还凌驾于东、西两厂以及锦衣卫之上，负责监察他们。

但即便到了这种地步，刘瑾仍不放心。他要求所有言官每天去衙门上班前必须先到他指定的亲信处报到，否则一律以缺勤之名罢官免职。

就这样，刘瑾不仅彻底得罪了文官集团，也动了"八虎"中其他成员的蛋糕，引得大家对他咬牙切齿。恰在此时，一个大明郡王发动叛乱，刘瑾被送上了死路。

正德五年（1510），明太祖朱元璋第十六子朱栴的后裔、安化王朱寘镭在自己的封地安化（今甘肃庆阳）打出"诛刘瑾"的旗号造反了。本来，有明一代藩王造反也不是什么新鲜事，明武宗的直系祖先燕王朱棣就是个通过造反篡夺皇位的君王。但自朱棣以后，明代藩王实力被削弱，郡王在亲王的管束下更是只有吃皇粮的命，如今其中竟然出了个胆敢造反的人，此事非同小可。

尽管明武宗贪玩不爱打理朝政，时常放任"八虎"胡作非为，但此次矛头直指刘瑾的藩王叛乱还是引起了他的重视。他紧急下令，命泾阳伯神英、游击将军仇钺等会同都御史杨一清一起，率领京营官兵以及陕西等地的明军共讨叛军，并加派"八虎"之一的权宦张永前往甘肃督战。

安化王没有当年燕王的神威，他的军队还没获得什么特别的战绩就彻底败亡了，前后历时仅18天。

事后，经查，此次叛乱与刘瑾奉旨查勘屯田、编审屯粮有关。负责此事的巡抚安惟学为了讨好刘瑾，在编审屯田时做了手脚，大肆搜刮银两供刘瑾挥霍，最终导致士兵哗变，并被安化王加以利用。

对于朝臣的奏报，明武宗将信将疑。不过，被明武宗派去甘肃的宦官张永回来后也坐实了刘瑾的犯罪事实。

当初张永离京，明武宗曾着戎装亲自相送，这一幕恰巧被同受皇命赴甘肃平叛的文官代表杨一清看见。刘瑾的崛起早就让"八虎"内部变得不那么和谐，杨一清于是趁机做起了张永的思想工作。

杨一清对张永说："公亦上信臣，今讨贼不付他人而付公，意可知。藩宗乱易除，国家内乱不可测，奈何！"言外之意，皇帝是肯定相信你的，安化王叛乱本身也不是什么大事，但你想想刘瑾的所作所为，居然能够让一个混吃等死的郡王都恨到要起来造反，可见是多大的祸害！

听懂了杨一清言外之意的张永知道该怎么做了。从甘肃回京后，在明武宗召见时，他趁机将刘瑾做过的坏事捅了出来。当晚，刘瑾即成阶下囚。

即便如此，在杀不杀刘瑾的问题上，明武宗还是犯了难，因为他始终不愿意相信刘瑾真的有篡位之心。为了说服自己，他亲自率人去查抄刘瑾家。谁知，一查吓一跳，在刘瑾的私库中不仅发现了大量的金银珠宝，还发现了龙袍玉带、盔甲武器。罪名坐实，刘瑾最终被判处极刑，西厂、内行厂相继被废除。

04

百官原以为，杨一清计杀刘瑾一事可以引起明武宗的注意，让他重新回归朝政，好好打理祖宗留下的江山。但对于明武宗而言，刘瑾虽然借着他的权势将朝廷上下搞得乌烟瘴气，但好歹也帮他抵挡了很大一部分来自文官集团的口诛笔伐，所以内心虽气刘瑾辜负自己的信任，但或多或少对他还是有一点儿怀念。

没了刘瑾，江彬、张永等人又成了明武宗身边的新贵。

江彬，宣府（今河北宣化）人，原为大同游击将军，史书记载他"魁硕有力，善骑射"。正德六年（1511），刘六、刘七因不满明武宗统治，在京城附近发动起义。明武宗调边军勤王，江彬亦在此列。因作战勇猛，他得到明武宗赏识，被收为义子，入值豹房。

在江彬等人的怂恿下，从正德九年（1514）起，看厌了京师风景的明武宗开始筹谋逃离京师的计划。

正德十二年（1517）七月，明武宗决定微服"巡视"居庸关，准备到北京近郊的长城一线领略边塞风光。此举遭到了负责镇守居庸关的御史张钦的极力反对。无他，皇帝万金之躯，宗庙安危系于一身，万一出事，自己纵然有十个脑袋也赔不起。但明武宗并未搭理他。张钦只能紧锁城门，想以此逼退明武宗。

半个月后，听闻张御史不在居庸关，明武宗再度驾临，并由此走向宣府、大同等长城一线，张钦得知时率人追赶已是不及。事后，明武宗没有罪责于他，反而关心起他的近况。

明武宗去往宣府、大同的微服巡视或许并不是游玩这么简单。15世纪末，蒙古的达延汗与满都鲁汗的遗孀满都海成亲，继承了满都鲁的领地，并以此为基地发展实力，剪除其他势力，再度整合了蒙古草原上的各部落，实力大增。他同时联络亲明的朵颜三卫，并派兵多次骚扰大明边境，一切似乎有如当年也先南侵。从这个预兆看，明武宗抛下政务巡边，亦有未雨绸缪的意思。

到了宣府的明武宗发现，普通士兵都对将军比较忠诚。为了跟士兵们增进感情，拉近彼此的关系，明武宗给自己加了个好玩的头衔：总督军务威武大将军总兵官。他也要听士兵们尊敬地称呼他为将军，好好地过一把从军的瘾。

明武宗没想到，更"过瘾"的还在后头。

就在明武宗巡边期间，蒙古鞑靼部的小王子居然亲率5万（号称）大军攻打应州。闻讯，明武宗率大军驰援。此战被称作应州大捷，在《明实录》和《明史》中皆有记载。《明史》称："冬十月癸卯，驻跸顺圣川。甲辰，小王子犯阳和，掠应州。丁未，亲督诸军御之，战五日。辛亥，寇引去，驻跸大同。"而据《明实录》记载，"是役也，斩虏首十六级，我军死亡五十二人，重伤五百六十三人，乘舆几陷"——打了五天的明军不但没捞着什么好处，反而折进去了几百号人，就连明武宗也差点儿步了明英宗朱祁镇的后尘。此战前前后后开打近五天，投入兵力数万，双方伤亡人数却甚少，着实诡异。这个说法是否有造假的嫌疑呢？

可以肯定的是，应州战役确实存在，而且从结果上来讲是一场胜利。因为在明武宗去世后，大臣给他写的《尊谥议》中有这样一句话："自丁丑迄于庚辰，属边境之不宁，致皇舆之远狩，天戈至止，月捷频闻。"即便有吹捧皇帝的嫌疑，但在最后的盖棺论定上，大臣们还是认可了他的战绩。

既然如此，那为何《明实录》还造假？这大概跟文官集团与明武宗之间的直接矛盾有关。

数十年前，当时在位的是明武宗的曾祖父明英宗朱祁镇，他也是个贪玩的家伙，御驾亲征不但把明成祖朱棣时期留下的大明精锐尽数断送，自己也到蒙古部落中做了俘虏。而今，明武宗再度"发扬"明英宗的亲征精神，将明朝拉入了一个让文官们觉得相当危险的境地。除此之外，明武宗的父亲明孝宗朱祐樘可是最让明代文官集团满意的皇帝。就像天启朝内阁首辅朱国祯所说："三代以下，称贤主者，汉文帝、宋仁宗与我明之孝宗皇帝。"明武宗好歹从小由圣君明主以及文官大儒教导，在文官们心中，做儿子的就应该向老子看齐。但明武宗在位这些年的所作所为实在让人大跌眼镜，为了守护大明江山，他们没办法明着限制君主的行动，就只能在史书上留下几笔不满的言语了。

如果将一场大捷改为一场败仗载入史册，是不是就能起到警醒后世大明皇帝的作用呢？

05

应州大捷之后，正德十三年（1518），明武宗下诏加封自己为奉天征讨大将军、镇国公，赐名朱寿，并赐予丹书铁券，追封三代。对于如此荒唐的行径，大学士梁储、毛纪等人以"贬损陛下祖宗"之言极力劝说，却不见效果。

不久，明武宗玩性再起，这次他决定南巡。

自即位起，明武宗始终不临朝理政，如今又要南巡，大臣们对此怒不可遏，大学士杨廷和甚至直接要求明武宗昭告天下："自今以后，不复巡游。"并警告明武宗，做皇帝要有皇帝的样子，别老想着出去玩。

为了阻止皇帝南巡，大臣们也是拼了，金吾卫指挥使张英甚至"肉袒挟两囊土数升，当跸道哭谏"。眼看大臣们态度变强硬了，明武宗也不甘示弱。秉着"朕就是要南巡"的无赖态度，他将带头"闹事"的官员全部下了诏狱，被罚跪、被廷杖者更是数不胜数。但大臣们这次是不达目的不罢休，甚至秉持了死谏的态度，即便受到皇帝的惩处，上书劝谏者仍有增无减。见状，明武宗只能妥协。

事情挺巧，恰在此时，宁王朱宸濠在封地江西南昌起兵谋反，一举攻下九江，包围安庆，给了明武宗一个实打实的南巡理由。于是，在江彬等人的陪同下，明武宗挂起威武大将军的名号，率军南征。

可惜的是，宁王叛乱与安化王叛乱的结局基本相同，明武宗都没有机会上场一试身手。但既然是打着剿灭宁王的旗号南征，如果未有斩获却匆匆还朝，无疑就失去了南巡的机会，这才有了本文开头宁王第二次被抓的安排。

为了让自己南征的日子变得更加充实，明武宗决定绕道而行，多看几处风光。不料，在一次泛舟钓鱼时明武宗船翻落水，小命就此不保。

正德十六年（1521）三月，在南巡返京三个月后，明武宗病死豹房，年仅31岁。

临终前，明武宗传旨，令边兵全部回到原镇，加强边防，并照会身边大臣："前事皆由朕误，非汝曹所能预也。"意思是说，朕之前做的那些事都是朕的错，与你们无关。只不过你们的那些劝谏，说实话，对我一点儿用处也没有。

明武宗去世后，皇位由其堂弟兴王世子朱厚熜继承。

明武宗的离世标志着一个时代的落幕，但明朝皇帝与文官集团的冲突却未就此停歇。在下一个即将来临的时代里，皇帝将变成道士与大臣们斗智斗勇。只是不知那个时候，是否还有人会想起褒贬不一的前朝皇帝明武宗。

乱象初现：帝王术救不了大明

朱厚熜：帝王术第一高手

正德十五年（1520）九月，南下擒拿宁王朱宸濠的明武宗朱厚照病了，原因是在"胜利还师"途中独自于清江浦上驾船捞鱼时不慎落水。自小生活在北京紫禁城中的皇帝没学过游泳，一下便溺了水，着了凉。

按理说，像明武宗这种到处游玩的皇帝什么大风大浪没见过，一次溺水，顶多咳嗽两天，吃点儿太医们开的灵丹妙药，再在床上躺两天，应该就能好得差不多了，可是这次不同以往。

大部队回京之后，明武宗的病愣是没好。他先是在第二年（1521）正月主持南郊祭祀时当着大臣们的面口吐鲜血，接着又告诉身边的太监："朕疾不可为矣。"让太监向众臣及自己的母后传达圣意，让他们随即准备接受皇帝驾崩的噩耗。

短短数月间，一场溺水要了这名年轻皇帝的生命。由于明武宗无子，因此"下届皇帝由谁当"一度成为萦绕在太后及朝廷重臣脑海中的主要问题。

按说，想找个人继承皇位也不难。早在明朝成立之初，明太祖便颁下了《皇明祖训》，列明皇位继承要遵循"父死子继，兄终弟及"原则。虽然明武宗朱厚照是他爸明孝宗朱祐樘唯一长大成人的皇子，但好在他的祖父明宪宗朱见深虽然独宠万贵妃，却还是挺能生的——除了明孝宗朱祐樘外，明宪宗朱见深至少还有10个皇子，比明孝宗略小、符合"兄终弟及"原则的便是排行老四的兴王朱祐杬。

但此时，兴王朱祐杬也作了古，他的王位留给了次子朱厚熜。如此一来，朱厚熜就成为唯一一位获得律法认可的大明皇位继承人。

京城里关于皇位人选的议论，当时受封于湖广安陆州（今湖北钟祥）的兴王朱厚熜是一无所知的。就在明武宗去世前五天，他刚刚接到来自京城的圣旨，准允他提前除服，接替已在两年前去世的父亲坐镇安陆州，成为新一代的兴王。

按照大明祖制，像兴王这种世袭的藩王，他们终生唯一能做也是该做的事情，就是好好吃饭，多生孩子，维系好宗藩内人员关系。只要不闯祸，这辈子就是功德圆满了。

可是，老天却偏偏看上了这个年仅15岁的孩子，让他刚刚正经当了五天王爷就升了职，成为大明王朝新的九五之尊。

仅有五天藩王经历的朱厚熜不是个"烂泥扶不上墙"的主儿。实际上，两年前父亲去世后，他已经在王府中以兴王世子的身份实习工作了一段时间。所以，当朝廷派出使者迎接他进京称帝时，这位少年很快就进入了角色。

按照明武宗生母慈寿皇太后和内阁首辅杨廷和先前拟定的计划，朱厚熜进入北京城后应先从东华门入宫，在文华殿起居，另选吉日，由文武百官劝进，再以皇太子的身份登基。这样一来，即便朱厚熜不是皇太后的亲儿子，从名义上讲，他也是在事实上默认了自己已经从兴王一脉过继给明孝宗当儿子。如此，即便换皇帝了，慈寿皇太后也依然是皇帝的母亲，也依然可以享受原来的待遇。

此时，还未抵京的朱厚熜展现出了聪慧的一面。

对于朝廷的安排，朱厚熜全盘否定。他先给了素未谋面的大明群臣一个下马威，随即又拿出当初杨廷和亲笔起草的诏书，大抠字眼。他称："遗诏以我嗣皇帝位，非皇子也。"你们商议的结果是让本王进京当皇帝，怎么现在又改成做皇太子，岂非言而无信？

尽管朱厚熜对杨廷和这种"脱裤子放屁"的登基安排嗤之以鼻，但已历仕四朝、得明武宗遗命摄理朝政的杨廷和也不是个胆小的。他很清楚只要朱厚熜一天没坐到龙椅上，就还只是藩王，即便以后做了皇帝，也不过是个十几岁的小孩子，在朝中形单影只，孤立无援，无法跟他这种混迹朝堂几十年、拥有盘根错节人脉关系的"老油条"对抗。因此，杨廷和坚决要求礼部按照既定的仪式来。

朱厚熜见状，下令车驾就地驻跸，不走了。

这是一场较量，虽然双方未曾谋面，但朱厚熜相当明白，自己既然占了未来大明天子的名头，如果杨廷和非得跟自己较劲，那么最终吃亏的还得是他姓杨的。因为国不可一日无君，他朱厚熜大不了哪来的回哪去，继续去做安乐的王爷，但这些忧国忧民的大臣如果选不出比他更合适的新皇帝，罪过可就大了去了。

僵持了一些时日后，慈寿皇太后的一道懿旨打破了僵局。她要求双方搁置争议，让未来的皇帝先进京再说。

02

正德十六年（1521）四月二十一日，朱厚熜在群臣劝进下由紫禁城正门大明门进入皇城，在奉天殿（即太和殿）登基，定年号"嘉靖"，是为明世宗，历史上人们也称他为嘉靖皇帝。

这套礼节规程完全是按照一位皇太子登基称帝的流程走的，故而，杨廷和等人虽然仍存不满，但也不好明说什么。

嘉靖皇帝登基了，这场围绕"兄终弟及，父死子继"展开的争论却并未结束，相反还越闹越大，成了满朝争论不休的"大礼议"事件。

所谓"大礼议"，就是嘉靖皇帝登基后各项礼仪制度的大讨论。这当中除了皇帝的年号等基本的礼仪章程外，究竟谁才是嘉靖皇帝的父母，才是个令人头大的问题。

初登皇位的嘉靖皇帝始终坚持自己来自兴王藩，兴王朱祐杬是自己的父亲，兴王妃是自己的母亲。但正如即位前，朝廷要求当时还是王爷的嘉靖皇帝由东华门进宫，以皇太子身份登基那样，以首辅杨廷和为首的大臣们始终认为，要当皇帝就得遵循"大宗不可绝"的观念。也就是说，原来明朝皇位是怎么传承的，现在还继续怎么传承。明孝宗朱祐樘传给儿子明武宗朱厚照，明武宗没有儿子，传给了嘉靖皇帝，那么嘉靖皇帝就得继承明孝宗的衣钵，认明孝宗做爹，保证持有皇帝身份的朱家大宗子孙不断绝。

杨廷和这么做不只是为了维护礼法，也有想要维护文官集团利益的考虑。毕竟，在明孝宗时期，文官们的地位大幅提升，君臣相处和睦，以至于孝宗皇帝去世后，文官们纷纷表示他是他们仅见的大明"圣君"。而明孝宗的继承人明武宗，不但不像他爸一样对文官们信任，还处处跟他们作对，各种挑战礼法的方式通通用上，搞得文臣们灰头土脸。

杨廷和的坚持显然违背了基本的人情。随便一个人，昨天还好端端地当着这家的儿子，今天突然告诉他，他管自己的爹叫爹不合理，因为他现在是大伯家的孩子，所以得管他爹叫叔、称他妈为婶，是个人都会觉得浑身不自在的。

嘉靖皇帝同样接受不了改口。与宋英宗从小被过继，由帝后抚育于宫中不同，他的前15年人生可都是在地方当王爷世子的！

但是以杨廷和为首的大臣们可不管这些。在杨廷和的支持下，礼部尚书毛澄等60多位文武大臣联名上书要求皇帝尽快改口，并称"有异议者即奸邪，当斩"。一时间，刚登基的嘉靖皇帝承受了极大的压力。

难道，这道"要命"的问题真的无人可解吗？不，由杨廷和起草的明武宗遗诏给了嘉靖皇帝"一线生机"。

遗诏尽管不是明武宗口述，但它白纸黑字写明了"遵奉祖训兄终弟及之文告于宗庙"。这可是个严肃的事。遗诏所说的祖训，指的是朱元璋亲笔拟定的《皇明祖训》，里边确实有提到兄终弟及一说。除此之外，此事在遗诏里说明已告于宗庙，相当于不仅文武百官晓得，在朱家的宗庙里立着牌位的祖宗们也都知道了。事情已经是板上钉钉，不论是从宗族礼法、从国家制度还是从法律的角度上讲，这份遗诏就算不是明武宗本人的意思，也都具备不可更改的效力了。

正因此，刚进入仕途，还在礼部实习的张璁①才敢当廷顶撞首辅杨廷和，称"初未尝明著为孝宗后，比之预立为嗣，养之宫中者，较然不同"。言外之意就是，首辅杨大人当初起草诏书的时候不严谨，现在想推倒重来，哪有那么容易？

听闻张璁此言的嘉靖皇帝大喜，称"此论出，吾父子可获全矣"。而已经退休

① 后因避皇帝讳，改名张孚敬。

了的前任大学士杨一清也说，张璁这话即便圣人在世也找不出破绽。

最终，讨论了三年的"大礼议"问题按嘉靖皇帝的意思执行，他尊兴王朱祐杬为"本生皇考恭穆献皇帝"①，称明孝宗为"皇伯考"，慈寿皇太后改称昭圣皇太后，尊为"皇伯母"，兴王妃称章圣皇太后，尊为"圣母"。

事后，一直以来支持杨廷和的官员们要么被贬，要么下诏狱遭拷讯，甚至还有16人因触怒皇帝而被施以廷杖，被活活打死了。

对于杨廷和本人，嘉靖皇帝到底还是给了他三分薄面，允许其自动请辞。自此，杨廷和到死也没能回归朝堂。

通过跟大臣们"斗法"，毫无势力可依靠的朱厚熜总算逐渐在朝堂中站稳脚跟，真正成为大明之主了。

03

"嘉靖皇帝"的名号在后世很响亮，人人皆知他因信道多年罢朝，但他并非一开始便是个只知尊崇道教、追求长生不老的昏君。刚从藩王入继大统的时候他还不敢胡来，尤其是当时除了皇权交替引起的朝局动荡之外，各地还有水旱灾情频频发生，假若处理稍有不当，大明王朝随时有可能完蛋。

在危机四伏的局面下，嘉靖皇帝授意当时的内阁首辅杨廷和起草的即位诏书也与明朝其他皇帝多有不同。太平盛世之下，一般守成之君的即位诏书都是走个过场，意思意思，但嘉靖皇帝的即位诏书按皇帝本人的意思洋洋洒洒写了7000多字，几乎囊括大明帝国的方方面面，总结起来就是"兹欲兴道致治，必当革故鼎新"——朕登基之后要革除弊政，中兴大明！

嘉靖皇帝没说谎，在真正掌握大权之后的一段时间里，他一直保持着勤政的姿态，一反明武宗在位期间恣意玩耍的散漫态度。即位前期，嘉靖皇帝每天四更就要起床办公，天不亮就喊众臣早朝。有时候因为太早工作，大殿内光线太暗，还不得不"设烛以登座"。他还命人恢复明孝宗时期的"午朝"制度，想尽一切办法拉近

----

① 由此，后世也称朱厚熜的父亲朱祐杬为兴献王、兴献皇帝。

与大臣间的距离，多听两次汇报，了解国家大事。

为了让言官们多说、敢说，嘉靖皇帝宣布："给事中、御史职当言路，今后凡朝廷政务得失、天下军民利病许直言无隐。"在这种情况下，"帝初践阼，言路大开，进言者或过于切直，帝亦优容之"，一度让大臣们以为这个新上位的皇帝肯定是明孝宗第二了。

对文官们来说，即便目前嘉靖皇帝在某些方面可能还有待提高，但总体也比他的前任明武宗要好得多。但对于年纪轻轻的嘉靖皇帝而言，这只是他从藩王转变为帝王的过程中必走的道路。

在嘉靖皇帝以前，大明由藩王入继大统的只有明景帝朱祁钰。朱祁钰登基之时，他还有个哥哥明英宗朱祁镇正在蒙古人那儿当俘虏。从本质上说，朱祁钰的登基与嘉靖皇帝的这次登基，都属于临危受命。

虽然嘉靖皇帝的皇位不会有第二个人来抢夺，但与服务于前朝皇帝的旧臣不熟却是他的"硬伤"。因此，多上两次朝、广开言路成了他与众臣混熟的方式，虽然不敢说能拉拢旧臣，但多少还是能给自己加点儿印象分的。

04

在此基础上，嘉靖皇帝开始着手处理文官与宦官之间的关系问题了，满朝文武特别是内阁重臣给予了大力支持。

为了让皇帝在废除宰相制度后不至于被烦琐的国家事务累倒，内阁逐渐成为帮助明朝皇帝管理国家的"利器"。而从太监们拥有口衔圣旨、命令内阁的权力之时起，太监与文臣之间的矛盾就产生了。

在当时，明朝的宦官是可以到地方上任职的，谓之"镇守太监"。镇守太监的职权原先仅限于监督军事主官，防止官员兵权过重，但从明英宗朝起，镇守太监逐渐开始插手地方事务，他们扰乱社会治安，危害极大。明武宗在位期间利用大宦官刘瑾对抗朝中大臣，当这种风气传到了地方上，那些镇守太监一个个都成了当地的"土皇帝"。

嘉靖皇帝还在当藩王世子时就对这些情况非常清楚，之所以即位后不立即处理，是因为根基不稳。皇位一旦坐稳，这群地方上的蠹虫立即成了他对付的首要目标。

知悉嘉靖皇帝心意的张璁借着日常召对的机会给皇帝提建议，可以裁撤各地镇守太监。而嘉靖皇帝的另一位心腹桂萼亦明确指出，镇守太监制度并非明太祖建国之初设立的祖制，可以废除。于是，再无后顾之忧的嘉靖皇帝于嘉靖八年（1529）果断下旨，废除了太监镇守地方的定例。

对待朝中宦官权势过大的问题，嘉靖皇帝也采取极为严厉的处置办法。史载，嘉靖皇帝即位后对前朝留下的宫中太监管束甚严，为了达到杀一儆百的效果，他时常命令将有罪的宦官打死，然后挂在城墙上示众。如此一来，那些在前朝耀武扬威的太监见到新皇，也不得不夹起尾巴做人了。

但嘉靖皇帝并非绝情之人。从兴王世子时代便开始照顾其起居生活的那群太监，如黄锦等，他也视之为亲信，委以重任。这一群人在日后成了嘉靖皇帝20多年不上朝时期的政令传声筒。

05

经过嘉靖皇帝的治理，明朝上下焕然一新。民间社会生活平稳，手工业和商品经济达到繁荣的程度，小说、话本连同纸张生产、印刷产业等文化教育市场也蓬勃发展。

在骨子里，嘉靖皇帝朱厚熜还保留着对道教的崇拜和对长生不老的追求，而这促使他在彻底掌权并看到一定的政绩后开始精神松懈了。

在儒、道、佛三教中，嘉靖皇帝独爱道教，这与他小时候的生活经历有关。众所周知，道教起源于荆楚一带，在长江中游地区拥有广泛的信众。嘉靖皇帝自小生活的安陆州隶属湖广，正在这一范围内。

根据《钟祥县志》记载，正德年间有一故事："纯一道人居玄庙观，道行甚高，兴王尝与之游。一日假寐，见纯一入宫中，及觉，问左右曰：'纯一来此乎？'俄报宫中生世子矣！"这个故事或许有后人的牵强附会，意在神化嘉靖皇帝的降生，但从中不难看出，兴王朱祐杬在世时是喜欢跟道士们混在一起，追求长生不老的。

当年，嘉靖皇帝从千里之外的湖广安陆州只身入京称帝，虽然高居至尊之位，但是刚登基就遭遇大臣的威胁，还有灾情等棘手问题频发，初来乍到之下，他不得不如履薄冰。在这种情况下，孤寂、思乡、忆亲常常萦绕在他的心头似乎也在情理之中。朱厚熜重拾道教信仰，当有情感寄托之意。另外，道教中涉及的长生不老秘术，即便英明如秦皇汉武也照样趋之若鹜，从小就体弱多病的嘉靖皇帝喜欢道教当也有这方面的考虑。

早年刚当上皇帝时，嘉靖皇帝便时常在宫中设置斋坛，每日焚香祷告。只因明武宗着迷于佛教，所以在嘉靖皇帝做法事期间常有大臣劝阻，让小皇帝不要学坏。

等到坐稳了大明帝位，为了证明自己一心向道，嘉靖皇帝几乎把自己能想到、做到的事情都往道教上面靠了。他下诏广泛招募地方上那些道行颇深的道长进宫讲学，如"祈雨有功"的江西道士邵元节、陶仲文等。随后，他鼓励大臣们回家多写些祝祷上天用的青词，谁写得好就升谁的官。

资料显示，嘉靖皇帝在位期间，14任内阁首辅中就有9人是靠写青词发家，最后获得"一人之下，万人之上"的地位，其中包括大奸臣严嵩以及名臣夏言、徐阶、高拱等。

为了让自己的身份更符合道教的要求，嘉靖皇帝不惜化身为"道长"，赐予自己法号"太上大罗天仙紫极长生圣智昭灵统元证应玉虚总掌五雷大真人玄都境万寿帝君"。

令人诧异的是，嘉靖皇帝为了长生，居然真的听信了当时一个进宫讲学的道长蓝道行的话。蓝道长告诉他，想要长寿，就得以"静摄"的方式养生。比如，每天早起一定要一边欣赏着日出一边喝下宫女们采集回来的朝露，因为朝露汲取了日月之精华，具有长生不老、延年益寿的功效。嘉靖皇帝遵从蓝道行的嘱咐，养成了每日早起赏日喝露水的习惯。

这些还远远不够。道士陶仲文献策，嘉靖皇帝决定开炉炼丹。为了能够炼出至纯至阳的大补丹，他还三次下诏，让宫里甄选正值青春期的少女，不为别的，就只取她们生理期时的那点儿经血。

桩桩件件，让宫女们苦不堪言。于是嘉靖二十一年（1542）十月，中国历史上首场宫女起义爆发于嘉靖皇帝的寝宫之中。

当天，两个不堪忍受皇帝折磨的宫女召唤身边相熟的十几名闺蜜，趁着皇帝熟睡爬上龙床，将事先准备好的黄绫布拧成绳索状套在嘉靖皇帝的脖子上，企图勒死他。

或许因事先没有排练，技法不娴熟，在操作过程中宫女不慎把活扣打成了死扣，无论如何也拉不紧，结果折腾一番，愣是没把皇帝弄死。事情败露，其中一名宫女见状跑去告诉了皇后，嘉靖皇帝才得救。

06

死里逃生的嘉靖皇帝并未因此而警醒。经过多年的"修炼"，他认为自己似乎已经与道教合二为一，彼此不容分离了。为了逃离可怕的紫禁城，他干脆也学他的堂兄明武宗，以"静摄"为由搬到西苑（即今北京中南海）居住。

面对执政前期一直兢兢业业，还造就了大明中兴的皇帝，朝堂上的大臣又怎么甘心就此任其堕落呢？因此，遵照朱厚熜在位前期颁发的圣旨，监察御史杨爵等人以"左道惑众，圣王必诛"为由请求驱逐宫内的道士，企图唤醒朱厚熜那颗曾经勤政的心。

然而如今的嘉靖皇帝早已不是当年战战兢兢的小皇帝，大权在握给了他任性的底气。他不能容忍有人将道教斥为旁门左道，杨爵等人是逃不掉下诏狱挨打了。后来，修筑于嘉靖二十一年（1542）的大高玄殿发生火灾。这是专门用于供奉道教尊神的地方，大火之中，嘉靖皇帝居然听到有神仙大呼杨爵是忠臣，给他吓得不轻，立即下旨释放了杨爵等人。

人是放了，问题没有解决，大臣们依旧天天劝谏。如此一来，原来与大臣们关系还算和谐的嘉靖皇帝干脆选择不上朝——不想听唠叨，躲开总行了吧？不过，躲大臣并不意味着他完全不召见大臣，不理朝政。嘉靖皇帝即便住到了西苑，大臣们仍需每天以书面形式呈列奏章，向其汇报工作，而他也会就大臣们的请示重点批复。

除了接收有关日常事务的奏疏外，嘉靖皇帝还特别在朝中遴选了16名大臣作为他与朝堂间的纽带。这些人可以获得他颁赐的特权，随时收集大臣们的意见编制成密奏，呈送皇帝案头。而作为皇帝了解帝国上下的"眼睛"，锦衣卫的指挥使则由嘉靖皇帝的"发小"陆炳出任。

在这种内紧外松的状态下，即便嘉靖皇帝每天在宫中嗑药炼丹，朝臣们的一举一动也仍然逃不过他的眼睛。

07

可是，耗费了半生时间想要炼就绝世仙丹的嘉靖皇帝，到头来也没能逃过生老病死的自然规律。嘉靖四十五年十二月，也就是公元1567年1月，一辈子信道、半生"静摄"的朱厚熜驾崩于西苑。在最后的遗言中，他用了如堂兄明武宗朱厚照那般自我反省的语气，称"只缘多病，过求长生，遂致奸人诳惑"。

似乎在人生最后的时刻，嘉靖皇帝终于意识到，即便作为个人追求长生没有过错，但作为一个皇帝，将自己的喜好过分袒露于外，就一定会有有心之人故意附和，到最后，受害的是整个国家。然而，他的醒悟为时已晚。

嘉靖皇帝在位整整45年，被他浪费的时间过多，大明这艘巨轮已无法挽救，正在缓缓下沉。

陆炳：三百年间最强锦衣卫

自从亲生母亲蒋太后驾崩之后，孝子嘉靖皇帝朱厚熜无时无刻不在想着怎样将生父兴献皇帝与生母蒋太后合葬于地下。这日，他召来了身边最信任的内阁首辅夏言，说自己计划迁移兴献皇帝的遗骨入京与蒋太后合葬。没想到，一直大力支持他各项政策的夏言此时却极力反对。

夏言称："兴献皇帝的体魄已经埋葬很久了，如果贸然打开陵墓，怕是会泄了皇帝的灵气。恐怕兴献皇帝也不愿这样。"

在修仙上颇有心得的嘉靖皇帝一听，觉得似乎挺有道理，迁移皇陵的计划只能作罢。但思父已久，他极想回自己的"龙兴之地"去看看，慰问一下父老乡亲。于是，多年未踏出过紫禁城一步的嘉靖皇帝打起了南巡的主意。

然而，嘉靖皇帝此行诸事不顺，所到之处常发火灾。借用受皇帝宠信的道士陶仲文的讲法就是："火终不免，可谨护圣躬耳。"

圣驾驻跸河南卫辉，半夜，行宫走水。风助火势，刹那间，行宫内火光冲天。众人惊慌失措，四散逃命，没人想起行宫寝殿内还困着皇帝。好在，一切正如陶仲文预料的一样有惊无险。紧急关头，一个身着飞鱼服的锦衣卫奋不顾身冲入火场，推开寝宫大门，将还未清醒的嘉靖皇帝背出了火海。自此，凭借救驾之功，这名锦衣卫得到了别人几辈子都修不来的帝宠和福报。

救回嘉靖皇帝后不久，这名锦衣卫被提升为锦衣卫都指挥同知，掌本卫事，成了名副其实的锦衣卫"一哥"。

这个人叫陆炳，字文孚（一说字文明或子孚）。除了"御前救火英雄"的头衔外，他还是嘉靖皇帝的"发小"，仅比嘉靖小3岁。

陆炳的祖父陆墀早年入了军籍，隶属锦衣卫，在明孝宗朱祐樘给诸兄弟封藩赐府时，陆墀被选派到兴王朱祐杬手底下当差，为兴王府仪卫司总旗，充当兴王朱祐杬的出行门面。

在兴王就藩湖北安陆州（今湖北钟祥）期间，陆家繁衍出三代。陆墀的儿子陆松，也就是陆炳的父亲，在兴王府当差期间与兴王世子朱厚熜的乳母范氏喜结连理，组建家庭，生下陆炳、陆炜两兄弟。正是有了这层关系，陆炳成了朱厚熜儿时最好的玩伴。

正德十六年（1521），刚承袭了兴王爵位的朱厚熜接到了一则重磅消息：他那从未谋面的堂兄正德皇帝朱厚照在游湖时落水，因惊吓过度驾崩了！

由于朱厚照没有儿子，根据"兄终弟及"的程序，大明最高决策机构内阁在商议后，决定以正德皇帝生母张太后的名义下诏，让兴王朱厚熜到北京来继承皇位。作为兴王藩府侍卫的老班底，包括陆炳一家在内的原兴王府扈从军户一律重新编入大明锦衣卫，跟着朱厚熜到北京安家。

这一年，陆炳只有12岁。年纪虽小，可史书记载"炳武健沉鸷，长身火色，行步类鹤"——已经有了鹤立鸡群的身姿。

进京之后，朱厚熜继位登基，改年号为嘉靖。在分封兴王府旧人时，他直接将当时还是半大小孩的陆炳封作锦衣卫舍人，让他负责本卫事务中的抄写文书工作，算是给了自己的"好兄弟"一个读书成才的机会。就这样，在皇帝"发小"的照料下，陆炳养成了"以官舍知书，颇览文籍"的好习惯，这为其日后的飞黄腾达打下了良好的基础。

嘉靖皇帝是外藩入京继承皇位的，在京城内根基不深，所以相较于前任皇帝们留下来的锦衣卫班底，他内心更看重那群在藩邸内整日尽职尽责的"老人"。像陆炳的父亲陆松这种有兴王府任职履历的官员，自然更受他的青睐。

除了陆氏父子，兴王府的旧人王佐、陈寅等也颇受信任，他们先后出任锦衣卫都指挥使，子孙也都在锦衣卫中供职。而身为锦衣卫指挥使的王佐、陈寅等人对陆炳也格外关照。

02

王佐曾对陆炳说，要当锦衣卫老大，就一定要读书识字，精于公文，不能只是一介粗鄙武夫。嘉靖十一年（1532），23岁的陆炳不负众望，一举考中了武进士。

明朝科举中的武举上承唐宋，本质上都是以收揽民间遗才为基础，"延揽英雄，广储将帅"。依照惯例，所有的武科举子在考取武进士后都得到边疆去实习、观摩，以便适应战场环境，在未来的军职岗位上发挥重要作用。当国家需要的时候，这些被选拔出来的人才就可以内平祸乱、外定江山。但实际上，从明朝建立之日起，这种选拔将帅之才的工作就没有认真实施过。一来，从明初开始，大明军队的指挥权就归属于勋贵功臣，而勋贵功臣有爵位有权力，这两者皆可世袭，代代相传，所以他们无须走武举之路；二来，作为国家军事机构，军队将帅的兵权过大必然影响皇帝的统治，所以皇帝从骨子里也不希望武强于文。因此，即便考取了武进士，获得了实习观摩的机会，参加武举的人才们多半也只是以"赞画"的身份来到边疆，帮助修修城墙，写写文书，做点儿作战参谋之类的工作，不大可能有上战场冲杀的机会。

不过，陆炳的运气就是好。当他们这届武进士以"赞画"的身份到大明军事重镇蓟州（今河北遵化至迁西之间）实习时，边境爆发了战事。

当时，明朝的北方是成吉思汗的子孙统治下的蒙古大草原。因实力和土地分配不均，蒙古各部曾长期处于各自为政、四处混战的局面。在成吉思汗的这群子孙中，达延汗的孙子俺答汗后来居上，不断兼并草原各部族，终于成为蒙古大草原上实力最强的部落首领。

嘉靖十三年（1534），俺答汗为了逼迫明朝通贡互市，派兵南下骚扰，蒙古铁骑兵临蓟州，两军展开战斗。陆炳抓住了可能是唯一一次的立功机会，斩杀了一名敌人，赢得了来之不易的战功。战后，朝廷论功行赏，陆炳以功受封锦衣卫副千户，成为从五品官员。

在战场上立功回京两年后，陆炳的父亲陆松病逝。根据以往的规定，明朝的文、武大臣若立重大军功，可荫其子为卫所武官，若带"世袭"字样者俱准袭。于是在嘉靖十五年（1536）九月，陆炳正式以陆松嫡长子的身份向朝廷提出申请，要求世袭其父生前在锦衣卫遗留下来的军职。

然而，此时的制度已经发生了改变。

随着明代军户人口的不断增多，再加上朱元璋规定的武官犯罪"罚弗及嗣"原则，卫所内的世袭军官越来越多。这些世袭军官并非真正在实战中握有兵权的人，更多的是只领俸禄不干活的闲人。为解决这个问题，裁撤冗员，嘉靖皇帝在数年前特别下旨，日后但凡无军功者想凭技艺、勤劳乞求世袭武职，虽有"世袭"字样，也应审查取消。

正是这道圣旨差点儿绝了陆炳的晋升通道。负责世袭军官铨叙的兵部死活不同意让陆炳世袭其父军职，还上书要求皇帝照章办事，维护帝王权威。不料，嘉靖皇帝这时却站了出来，不顾自个儿打脸也要给陆炳开绿灯。最终，他以陆炳之父陆松生前能干、勤劳、于国有功为由，特命陆炳袭职锦衣卫指挥佥事。随后，又升陆炳为署理锦衣卫指挥使，执掌南镇抚司。

锦衣卫下设南、北两大镇抚司。北镇抚司主管诏狱，只对皇帝负责，所理案件无须经过刑部，连锦衣卫指挥使也无权过问，可谓权力通天。而南镇抚司则负责内部军匠的管理和纪律考核。问题是，锦衣卫的各位头头脑脑要么是勋贵功臣子弟，要么是皇帝的亲信，所以南镇抚司的权力虽重，却历来都吃力不讨好。陆炳到此就任，明眼人都能看出来，这就是嘉靖皇帝释放的晋升信号——署理锦衣卫指挥使不过是一个他为"发小"定制的过渡职位罢了。

果不其然，自从执掌南镇抚司以后，陆炳就如坐了火箭一样，仕途通顺得很。短短数年，凭借卫辉行宫救火、协助皇后平定壬寅宫变等数件大功，陆炳越来越受嘉靖皇帝宠信，得到特旨掌锦衣卫大印，成为当时锦衣卫的"二号人物"。

嘉靖二十四年（1545）闰正月，陆炳正式以后军都督府都督同知（从一品）的身份执掌锦衣卫。

从此，大明锦衣卫进入陆炳时代。

03

尽管锦衣卫老大的身份和权力足以让朝野上下闻风丧胆，但通常情况下，执掌锦衣卫的官员都身家性命难保，没什么好下场。

在陆炳上任前，明朝历任锦衣卫头子除了袁彬、哈铭、牟斌等少数几人外，基本都死于皇帝的卸磨杀驴。即便是袁彬这种与明英宗朱祁镇有同甘共苦经历的锦衣卫头子，之后仍然被时任锦衣卫指挥使门达投入诏狱，差点儿丢了小命。所以，想在锦衣卫老大的位置上做得长久并安全着陆，当真不容易。

锦衣卫自诞生之日起，就是一个完全听命于皇帝本人的"私人武装"。在皇帝的特旨授权下，这支私人武装不仅负责皇帝日常起居的护卫工作，还可以口衔圣旨，凌驾于明朝最高司法机构刑部之上，越权办事。如此特例，当然会引起一众尊崇儒家礼法的文官的抵制，遭受群臣非议，而为了压制文官，锦衣卫行事越发暴力。如此，锦衣卫就成了历史上所描绘的肮脏黑暗、阻碍朝政推行的"毒瘤"。

除此之外，因为多在皇帝的指令下执行秘密抓捕任务，锦衣卫难免会成为大臣与皇帝博弈的棋子，进而被迫充当皇帝的"挡箭牌"。所以，锦衣卫头子替君王"背锅"也属常事。而作为皇帝的亲信，锦衣卫头子还是名义上的御前头等带刀侍卫，需时常伴君出行。常言"伴君如伴虎"，稍有不慎，可能只是说错一句话，他们的脑袋就会掉到地上。

不过，凭着陆炳与嘉靖皇帝过硬的"发小"关系，此时的他还不至于有生命危险。

由于嘉靖皇帝之前的明朝皇帝多利用宦官对抗朝中的文臣势力，因此，宦官掌控下的东、西两厂实际上长时间代替了锦衣卫越权办事的职能。曾经叱咤风云的锦衣卫到了嘉靖一朝，只能沦为东、西两厂秘密行动中的"打手"。

嘉靖皇帝是由皇族旁系入继大统的，对他而言，不管是东、西两厂的宦官还是满朝的文武，抑或是明武宗的亲眷，都是与他夺权的外人。换句话说，他与这个陌生朝堂之间彼此并不信任。

对此，陆炳明白，干好锦衣卫的本职工作，就是支持嘉靖皇帝执政。上任后不久，陆炳即下令扩编锦衣卫，在京城各大豪门中挑选宗族子弟充当锦衣卫校尉；又向嘉靖皇帝请旨，将早已荒废掉的庆寿寺遗址划归锦衣卫，作为锦衣卫缇骑的训练场所。

在陆炳的悉心调教下，锦衣卫扩编的1万多人个个威风凛凛，出可为探子，到各地或朝臣家里刺探情报，入可为嘉靖皇帝扈从，提升皇家仪仗队实力。也正因此，嘉靖二十九年（1550），在大明帝国遭遇庚戌之变时，这支锦衣卫才能在蒙古俺答汗发兵进抵京畿的关键时刻维护住京城的治安，并且密切关注战争动向，避免朝廷再度陷入土木堡之变后的慌张与尴尬。

只不过，陆炳的动作并不得朝臣之心。

若按明初规定，锦衣卫核定兵员应为5000人左右，而陆炳的疯狂扩编导致锦衣卫队伍严重超标，实际也加重了朝廷的军费开支。有官员在朝上直言："锦衣初额官二百五员，今至千七百员，殆增八倍。"

对于朝臣弹劾陆炳的奏章，嘉靖皇帝并未搭理，反倒借机擢升了陆炳的官职，慰劳这名亲信兼"发小"的亲君之心。

在陆炳执掌锦衣卫期间，嘉靖皇帝已然开始试行其第一阶段的不上朝计划。如果没有陆炳及其手底下这群锦衣卫亲信的协助，他其实很难把控好朝政方向，安心在后宫炼丹。所以对陆炳的所作所为，嘉靖皇帝内心是满意的。

04

在陆炳的领导下，嘉靖时代的锦衣卫职权要高于同时期的东厂。凭借着皇帝的宠信和锦衣卫的至高权柄，陆炳的声望和势力也水涨船高。

常言道，树大招风，骤然显贵难免招来祸患。所以，陆炳在忠君的前提下，也给自己谋划好了后路。

嘉靖朝中后期，皇帝喜炼丹，也喜大臣写青词。夏言、严嵩等人当上内阁首辅，一定程度上是因青词写得好，受到皇帝的另眼看待。面对这些手握实权的大臣，陆炳深知，自己明面上绝对不能与他们有密切来往的迹象，否则聪明且多疑的嘉靖皇帝一定不会放过自己，是"发小"也没用。

可是，这些大臣往往能左右国家的大政，若不跟他们交好，他们很有可能会不厌其烦地向皇帝弹劾锦衣卫，这样一来，陆炳恐怕只能落得与他的前任们一样的下场。

陆炳左思右想，想出一个主意来：既然不能私相授受，那结为亲家之后的人情往来，是否不算在内呢？

陆炳做出了尝试。在他的儿女亲家中，不乏吏部尚书吴鹏、后来的内阁首辅严嵩、成国公朱希忠等朝中重臣及勋贵世家。这些人有助于提升陆炳的政治地位，同时也成了陆炳的政治同盟。在他们的帮助下，陆炳一次次躲过了朝堂上的明枪暗箭。

仅靠联姻还不够，若要使关系长久，还得多参与同盟的"内部游戏"。故而，在嘉靖皇帝的姑丈——京山侯崔元提出要在京中增加盐税、设立"中钱"时，陆炳给予了权限范围内的协助。

祸患就此埋下了。

言官们要坐实陆炳图谋不轨、扰乱京师经济秩序的罪名，将此事上报给当时的内阁首辅夏言。当陆炳预备好金钱礼品登门拜访时，夏言表示自己一定会秉公执法，治陆炳的罪。最终，看到陆炳下跪哀求，夏言才放过了他，只不过两人之间的和平关系也就到此为止了。

在这件事情上，陆炳的确有僭越甚至乱政的嫌疑，但往深了想，此事或许恰是陆炳有意为之。那个时候，嘉靖皇帝本人在言官中的风评就很一般，如果陆炳的风评比嘉靖皇帝要好，岂不是无形之中就被名誉裹挟了？陆炳是个聪明人，宁可给自己制造污点，也不想被嘉靖皇帝扣上沽名钓誉的帽子，与嘉靖皇帝离了心。

这场风波的最终，嘉靖皇帝出面保住了陆炳，对言官们的弹劾留中不发。

05

嘉靖二十七年（1548），严嵩终于取代夏言，成为大明帝国新一任的内阁首辅。比起前任，严嵩为人更圆滑，而为了擅权，他又不惜用手段残害官员，排除异己，可以说各方面均不如夏言。但在掌权期间，无论是严嵩还是其子严世蕃，都不敢随意得罪陆炳——他们都知道陆炳与嘉靖皇帝的关系非常亲密。更何况，当初严嵩扳倒夏言，陆炳也是出了力的。

为了巴结陆炳，严嵩授予陆炳铨选文武官员的权力，希望陆炳在皇帝面前替自己多加美言。严嵩之子严世蕃也对陆炳评价颇高，称他为"天下三大才子之一"。但陆炳明白自己只是嘉靖皇帝手中的剑，剑柄握在皇帝手里，故对严嵩父子的讨好不为所动，对他们都是敷衍了事。

陆炳自始至终都谨记他的效忠对象是嘉靖皇帝，他就像是嘉靖皇帝安插在朝中的眼睛，密切注视着严家父子二人的一举一动。

随着嘉靖皇帝把"甩手掌柜"的角色演得越来越娴熟，严嵩父子的胆子也越来越大，他们在朝中肆意妄为，要贿鬻官、沽恩结客、嫉贤妒能、阴制谏官，无所不用其极。他们还利用嘉靖皇帝对大臣的猜忌心理，让所有弹劾他们父子的官员都付出了惨痛的代价，诸如杨继盛、何维柏、沈炼等人，要么下狱遭囚禁，要么受廷杖致死。

这个时候，陆炳的正义感被激发了出来。

每当有朝臣因弹劾严嵩而被治罪时，只要不触及皇帝的底线，陆炳都是能救就救。他营救过名将俞大猷、兵部尚书聂豹、礼部尚书徐阶等人，即便如沈炼这种拼死也要参倒严嵩、触及了嘉靖皇帝心里底线的官员，他也看在曾经在锦衣卫共过事的情分上，亲自为被贬流放的沈炼送行，并在很长一段时间内与沈炼保持书信往来，给予对方精神支持。

06

嘉靖三十九年（1560）十二月，陆炳在任上猝死，享年51岁。

关于陆炳的死因，明末史家沈德符所著的《万历野获编》中保留了两种说法：一种称陆炳晚年失宠，严嵩父子在嘉靖皇帝的授意下下毒杀了他；另一种说法则称，陆炳在少保杨博家饮宴，酒醉暴卒。

嘉靖皇帝在陆炳去世后非常悲痛，对着陆炳的画像哭泣。他要求成国公朱希忠兄弟妥善照顾陆炳家小，并追赠陆炳"忠诚伯"的爵位，赐谥"武惠"。由此可见，沈德符的第一种说法并不成立。

至于称陆炳喝酒过量而亡的说法，除了沈德符所言外，谈迁的《国榷》中也有记载。奇怪的是，这些信息在《明世宗实录》及《明史》中均没有出现。因此，唯一可以肯定的是，陆炳不是被人害死的，他是善终。

尽管陆炳生前一直在文官集团与嘉靖皇帝之间找平衡，并让嘉靖皇帝万般留恋，但其身后依旧难逃历任锦衣卫头子被清算的"魔咒"——在嘉靖皇帝之后的隆庆朝，他被彻底否定了功绩。

隆庆朝的内阁首辅高拱与重臣徐阶之间存在不可调和的政治矛盾，为了扳倒徐阶，高拱将矛头对准徐阶的好友——已故的忠诚伯陆炳。在高拱的授意下，御史张守约向隆庆皇帝实名揭发陆炳，称其在嘉靖年间结纳严世蕃，图谋不轨，杀人越货，蒙蔽圣听，贪赃枉法，无恶不作。出于政治需要，隆庆皇帝最终以贪污渎职罪查抄了陆氏一门，并计划对陆炳开棺戮尸。

隆庆皇帝和高拱此举引发满朝士人的强烈不满，他们纷纷上书求情，这是大明建国以来第一次文官集体上书替前锦衣卫指挥使求情。

在这群求情的官员中，时为湖广按察使司副使的徐学谟给予了陆炳极为中肯的评价。他说，仅凭陆炳在卫辉行宫的救驾之功，就足以免其一死。况且当初陆炳执掌锦衣卫时曾多番搭救上书弹劾的言官，这些都有明确记载。如今呈奏新帝要求对陆炳开棺戮尸，这群人到底安的什么心？

可惜，隆庆皇帝不为所动。

隆庆皇帝驾崩之后，万历皇帝即位，在曾受陆炳提携大恩的新任内阁首辅张居正的支持下，陆氏一门才得以洗刷冤屈，恢复往日荣耀。陆炳第三子陆绎获袭父职，授锦衣卫指挥使。

遥想陆炳在世时，他权势在握却不曾构陷一人，坚持正义，救助敢言之士，而今也算施惠有报了。

历史对他和他的家族终归是公平的。

夏言：明朝唯一被公开处决的首辅

嘉靖二十七年（1548）正月，内阁首辅夏言终于败了。

心念旧情的嘉靖皇帝起初对夏言还是保有温情的。在勒令夏言退出朝堂的同时，嘉靖皇帝加恩给了他礼部尚书的退休待遇，让他回家安心养老。夏言也很识趣，赶紧收拾行李，拖家带口地离开了京师。

夏言是江西人，从京师回老家得经京杭大运河，坐船走水路。这一路舟车劳顿，再加上一把年纪了，所以他走得极慢。夏言没想到，就在他优哉游哉地踏上返乡之路的时候，朝堂上再次风起云涌。

这次的朝堂争斗，起因是夏言被迫退休之前曾支持陕西总督曾铣收复河套地区。

河套是块兵家必争之地，但明廷多少有点儿鞭长莫及，加上当时财政赤字加剧，所以嘉靖皇帝并没有同意曾铣这个主动挑起战事的烧钱方案。然而，作为辅弼皇帝的大学士，夏言却始终对这个方案颇有兴趣，而这给了有心人可乘之机。

在大学士严嵩等人的密谋和挑唆下，一纸揭露前首辅夏言贪污受贿、勾结边将、离职前怨怼皇帝的诉状，被递交到嘉靖皇帝面前。

嘉靖皇帝读完诉状，大怒，马上命令锦衣卫追缉夏言。

走在返乡路上的夏言对于这一切变化还毫不知情，因此，当锦衣卫缇骑来到他身边宣读圣旨时，他还以为自己尚有活路。利用被押解回京的空当，夏言连续发了两道奏疏上京，声称自己是被人诬告，请求皇帝彻查。谁知，此举竟成了他的"催命符"。

被押解进京后半年，时年67岁的夏言被弃斩西市，成为大明开国以来第一个也是唯一一个被公开斩首的内阁首辅。

01

夏言（1482—1548）出身军籍家庭，这个出身使他比平头百姓家的孩子更渴望通过科举出人头地。

为了防止军队中生出兵痞、兵匪，自明初开始，皇帝们就设置了各种条条框框来限制军士的自由。史载，早在明初，朱元璋就曾下旨严禁军官士兵在京城从事文娱活动，如有违背，轻则割舌头断手，重则卸了腿发配边疆。而且按照规定，军籍家庭的子弟终生隶属部队，战时当兵，闲时耕田。在这样严酷的制度的压榨下，普通百姓大多不愿与军籍子弟联姻。军籍出身的夏言若不想尽法子脱离军籍，很可能将来惨过乞丐。

幸好，法理不外乎人情，仍有一种摆脱军籍的可能：通过科举入仕，达到位高权重或者博得皇帝喜爱，那么，脱离军籍就只是皇帝一句话的事。

在夏言以前，通过这种方式获得特恩赦免军籍的就有曾做过内阁首辅的万安、李东阳等人。于是，从小想着光宗耀祖的夏言逼自己养成了酷爱读书的习性。经过多年的精心准备，经历了数次科考失利，36岁那年，夏言终于跻身进士之列，入朝为官。

正德十五年（1520）十月，夏言奉命考察完湖广、云贵地区返回京城，之后被任命为都察院兵科给事中，承负建言进谏之责。那时，贪玩的正德皇帝朱厚照刚刚病逝，继任的正是此后与夏言有着千丝万缕联系的嘉靖皇帝朱厚熜。

作为正德皇帝的堂弟，即位之前的朱厚熜一直生活在父亲的藩国湖北安陆州（今湖北钟祥），做着逍遥的兴王。正德皇帝临终前的一道遗旨彻底改变了他的命运，也间接促使大明的国运朝着另一个方向发展。

嘉靖皇帝进京之后，摆在他面前的是一道选择题——到底尊奉谁为父皇。因这件"小事"，朝堂上掀起了一场名为"大礼议"的争论，大部分中央官员都或多或少地参与其中，发表意见。

朝廷因这场争论分裂成两派：一派以正德时代的内阁首辅杨廷和为首，硬逼嘉靖皇帝尊奉伯父明孝宗朱祐樘为父皇，行人子之礼，兼祧社稷；另一派则以新科进士张璁为首，他们坚决站在嘉靖皇帝一边，要求保全皇帝与生父之间的父子关系。

在旷日持久的大辩论中，无数反对嘉靖皇帝尊奉生父的官员饱尝了政治斗争的恶果，而初入官场的夏言面对这场轰轰烈烈的"大礼议"事件却显得相当谨慎。在局势未明的前提下，他只知"忠勤王事"，每日只在都察院兢兢业业上班，于是始终安然无恙。

在自己的岗位上，夏言直言上疏弹劾兵部尚书王琼、王宪交结内侍，弹劾当朝国舅张延龄欺压百姓、侵吞田产，还给了皇帝一份详细的条陈，请求嘉靖皇帝革除正德时代的弊政，开创新朝新气象。

夏言站在有利于大明王朝发展的角度，替嘉靖皇帝扫清了执政障碍。从皇帝的角度来看，默默付出的夏言成了众多党争大臣之外的"清流"。所以，当夏言因母逝回乡丁忧之时，嘉靖皇帝直接给了他一个莫大的恩赐——豁免军籍。

02

嘉靖七年（1528），"大礼议"事件以嘉靖皇帝的胜利而告终，阔别京师数载的夏言也返回了朝堂。此时的朝局已与之前尖锐的两派分立局面有了很大的不同，年轻的嘉靖皇帝在支持自己的班底辅佐下，牢牢掌控着大明帝国的无上皇权。

回到朝堂的夏言起初并未引起嘉靖皇帝的注意。按例，他返回了原来的岗位，做着诤谏工作。

"大礼议"事件之后，颇能搞事的嘉靖皇帝又在宫中搞起了大型问道、论道运动，让好不容易安静下来的朝堂再度风起云涌。这次，靠着老天爷给机会，已经在朝廷默默付出良久的夏言终于等来了咸鱼翻身的机会。

皇帝信道本无甚大碍，毕竟历史上多得是明君信奉"长生不老"；可嘉靖皇帝不仅崇道，还对道学中的祭祀礼法有着自己独到的见解。他认为，古人长期主张的日月合祀违背道教礼法，如要表达对上天的敬意，则应各建天、地二坛，分祭天、地。

嘉靖皇帝没想到，他的这个提议居然会遭到此前坚定支持他的张孚敬的反对。张孚敬认为，祖宗之法不可违，既然大明王朝从太祖爷那辈开始就有天地日月合祭的规矩，那就该遵守下去，无论嘉靖皇帝说得再有理，都不能变更。

凭借在"大礼议"事件中的拥戴之功，张孚敬此时已是内阁首辅、文臣之首，权势如日中天。他的否决让嘉靖皇帝也不得不忌惮，准备重新考虑建坛之事。

就在嘉靖皇帝心中郁闷，以为事情要黄了的时候，一直勤恳静默的夏言突然站出来大力支持皇帝的决定。他指出，嘉靖皇帝要施行的天、地分祭并非完全违背祖宗礼法。老祖宗朱元璋即位之初，国家实行的就是南郊祭天、北郊祭地的分祀方式，如今，嘉靖皇帝只是恢复此项制度，严格来讲并无不妥。

夏言的"仗义执言"让嘉靖皇帝瞬间信心倍增。他一意孤行，推行天、地分祭。此次改变，影响了后世数百年的帝王祭祀仪式。

作为推行这项制度的最大功臣，夏言理所当然得到了嘉靖皇帝的青睐。继张孚敬之后，夏言也如同坐上了火箭，不出三年时间，就从小小的给事中变成了正二品的礼部尚书，获得了入阁参政的"门票"。

03

眼见嘉靖皇帝又有了一个宠臣，比夏言多了几年身居高位经验的张孚敬立马意识到自己的地位可能不保，不待夏言反应，他开始组织党羽恶意攻击夏言。

在张孚敬的授意下，朝堂上掀起一波针对夏言的人身攻击。在这些人的话语中，夏言成了一个不堪大用的大臣，谁若是用了他，保不齐就会误国误民。张孚敬相信，凭着自己的首辅地位，只要皇帝不插手，搞死夏言亦无不可。

然而，张孚敬还是棋差一着。他忘记了，在夏言的身后，嘉靖皇帝始终未放松对朝堂的管控。

"大礼议"事件胜利后，嘉靖皇帝已经意识到不能让群臣结盟，否则他这个皇帝会很难当。如今，站在背后看戏的嘉靖皇帝看到大臣们在朝堂上指桑骂槐，心里很不是滋味。于是，在皇帝的安排下，夏言便和张孚敬"开战"了。

夏言不是个软柿子，可以被人随便揉捏。面对来自政敌的挑衅，他展现出一贯工文善书的本领，迅速上奏章对他们的污蔑进行控诉。为了增加自己的胜算，夏言在驳斥朝臣之余，还专门投嘉靖皇帝所好撰写了许多青词。这种文章为嘉靖皇帝提供了与天"对话"的方式，满足了他的喜好，无形中也给夏言搭建了一条上达天听的通途。

有了嘉靖皇帝的偏帮，这场政治争斗被判了个一比一平手。最终，张孚敬告老还乡，夏言始入内阁。

04

嘉靖十五年（1536），皇次子朱载壑出生。这是皇长子朱载基早夭3年后，皇室迎来的第一位皇子。

进入内阁后的夏言始终坚持给皇帝写青词，嘉靖皇帝因此认为，在皇子降生这件事上夏言当居首功。故而在皇宫众人陷入一片喜庆之时，嘉靖皇帝也没忘了夏言，让他正式兼任大学士，辅佐内阁首辅处理政务。

当时，内阁首辅是三朝元老李时，可凭借"佐命殊功"，初入内阁的夏言还是迅速成了真正的大明内阁话事人。在内阁次辅的位置上"实习"了两年后，李时病逝，按照嘉靖皇帝的安排，夏言顺利地坐上了内阁首辅的宝座。

然而，从夏言执阁开始，他的结局就注定要和张孚敬类似。

大明首辅的主要工作不在于写青词。内阁每天繁杂的公务让夏言焦头烂额，他也逐渐丧失了过去为皇帝写青词以谋求更大权力的热情。在夏言逐渐淡出嘉靖皇帝的视线时，一批善写青词的大臣，如严嵩、袁炜等，相继成了皇帝的新宠。而与此同时，因为升迁速度过快，夏言不仅没有看到危机，反而整个人都飘了。

因为手中的权力，夏言逐渐堕落，私德有失。据史料记载，在任内阁首辅期间，夏言家里的房子屡次翻修，平日里的粗茶淡饭也换成了锦衣玉食。更严重的是，有官员到夏言家饮宴，发现夏大人在家享受着帝王般的待遇，颇为自在。僭越之事历来为皇帝所忌，刚刚捧了夏言上位的嘉靖皇帝心中由此生出几分猜疑。

这还不算完，手握大权对夏言的另一个直接影响就是，他的孤傲之心变得更重。他既看不惯那些与他意见不合的大臣，也看不上他从前和皇帝探讨过的青词。更有甚者，在日常伴驾时，他也不像从前那么唯皇帝是从。

夏言的种种表现，更加深了嘉靖皇帝的猜忌，他甚至怀疑，自己是不是又识人有误，找了个"权贪"来分割自己的皇权。出于小惩薄戒之心，嘉靖皇帝将从前恩赏给夏言的财物全部收回，想看看这位宠臣是否能意识到自己的错误。谁知，在夏言上疏请罪的折子中，他将这次被皇帝处罚归罪于"一志孤立，为众所忌"，意思是他本人没错，只因鹤立鸡群，才招致所有人的不满。

所有人，岂不包括了嘉靖皇帝自己？一读到这封折子，嘉靖皇帝马上意识到，夏言这哪是认错的态度，分明就是挑事！

嘉靖十八年（1539），嘉靖皇帝罢免夏言的一切官职，让他回家养老。不过不久之后，嘉靖皇帝又后悔了，令夏言官复原职——夏言虽傲，但嘉靖皇帝终归舍不得他。

05

重新回归朝堂的夏言没有吸取教训，没多久再度因孤傲惹恼了嘉靖皇帝。

或许是深感自己复朝无望，在第二次被罢后，夏言给嘉靖皇帝上了一道《御边十四策》。看来，这位身处政斗旋涡之中的内阁首辅也不完全是个吃干饭的。

作为一位成功脱离了军籍束缚的大明官员，夏言对大明、对天下的军户还是有一些贡献的。在《御边十四策》中，他直言北方边境九镇对大明的重要性，并请求嘉靖皇帝在备边御敌上要"慎选将臣"，切勿使用老爷兵、少爷兵。针对北方九镇因战事侵扰等因素造成的民生凋敝，他也提出了解决方案：朝廷必须定时定量给宣府、大同等地的边镇官兵准备充足的钱粮，以使其保有战斗力。此外，对于大明军队的战马管理以及冒领粮饷人员的惩处，夏言在奏疏中也有详细的对策建言。可以看出，即便政斗再激烈，夏言最放心不下的还是大明的安危。

或许正是因为这份初心，夏言在二次被罢免后不久又得到了新的起复。只不过，这次回来跟此前不一样了：嘉靖皇帝在他身边安排了一个人——严嵩。

夏言与严嵩都是江西人。当初，夏言在刚执掌内阁时，就曾向嘉靖皇帝推荐严嵩为新任礼部尚书的人选,可以说两人交情匪浅。

作为一个比夏言多十几年官场经验的"老狐狸",严嵩深谙为官之道。早在夏言官运亨通之时,他就以其门客自居,对夏言十分恭谨。知道夏言不喜欢下臣表面的阿谀奉承,严嵩甚至一再纡尊降贵,想尽办法在夏言面前露出自己诚恳的一面。

严嵩做那么多,不过是希望夏言能在皇帝面前替自己美言几句,好让自己他日也能飞黄腾达。可是,当夏言察觉到严嵩的用意时,心中却生出了一丝鄙夷。他非但没有替严嵩安排前程,反而故意在外人面前奚落、摆布严嵩。为了自己的前程,严嵩始终隐忍,即便后来已经与夏言平起平坐,他也始终在众人面前摆出一副甘愿低于夏言的姿态。

这样的态度让夏言看走了眼。由于严嵩刻意装出来的恭谨,夏言以为,严嵩自始至终都难及自己万一,自己才是嘉靖皇帝心中最重要的人。

随着夏言再度执掌内阁,一批他从前就看不过眼的官员纷纷遭了殃,这其中就有严嵩的亲信、时任右副都御史的何鳌等人。尽管遭夏言弹劾的官员大多数是与严嵩朋比为奸的佞臣,但这中间也有部分忠直之臣,比如唐龙等,他们或因政见不合,或因政绩不佳,这次都遭到了贬斥。

夏言第三次执掌内阁时的"一刀切",为他此后走上人生不归路埋下了伏笔。

06

嘉靖二十五年(1546),时任陕西三边总督的曾铣在打退蒙古俺答汗的又一次入侵之后,向朝廷递交了一份《请复河套疏》。

按照曾铣的说法,蒙古人南下侵扰大明,只要出河套地区就可以直接攻打宣府、大同等北方重镇,如果这些关口都被拿下了,大明就可能不幸重演"土木堡之变"。但蒙古人是游牧民族,战力最强当数夏、秋天气晴好之际,而到了冬春时分,大草原上"冬深水枯,马无宿草,春寒阴雨,壤无燥土",蒙古骑兵人困马乏,根本不具威胁。所以,要治蒙古骑兵,就得趁他病要他命。这一切的前提,就是收复河套地区。

曾铣所说的河套地区,大致相当于今天内蒙古的鄂尔多斯地区,再往北就是俺答汗的靼鞑大本营。为了抵抗蒙古人的南侵，明武宗朱厚照还曾御驾亲征于此，与俺答汗他爹——蒙古小王子决战。

曾铣的提议与此前夏言加强大同、宣府防卫的主张不谋而合。

对于夏言来说，曾铣的提案来得太是时候了：如能促成大明收复河套，不仅能为国再立一件新功，还可以在群臣乃至皇帝面前刷新一下他们对自己的印象。对于嘉靖皇帝而言，曾铣的提议也是相当不错的：万一自己在位期间收复了河套，后世史书上就可能会将他这个"道士皇帝"改写成明成祖朱棣那样的千古明君。

可根据曾铣的谋划，收复河套不仅耗资巨大，还要分三年完成，花十年完善。这对于此时的大明国库来说，简直是能压死骆驼的重负——从嘉靖十五年开始，大明王朝就始终保持每年白银百万两上下的财政赤字。打仗就是烧钱，更何况曾铣还详细列明了整个收复河套过程中需花费的钱财——足足2240万两！

一看到这个数字，嘉靖皇帝就知道这事没可能了，他可没有这么大的本事变出钱来。可身为皇帝，富有四海，他不能直接言明自己没钱玩不起，于是他玩了个套路，对大臣们表示：如此贸然收复河套地区恐师出无名，既然内阁的官员如此有才学，不如拟个条陈出来，看看这个事情有没有商榷的余地。

接了烫手山芋的夏言打算硬挺曾铣，可内阁首辅也不能只手遮天。当嘉靖皇帝给出这么个态度时，老谋深算的严嵩瞬间就明白了，皇帝不想打，只要乖乖听皇帝的话，接下来利用这件事扳倒夏言就绝对不成问题。所以，在夏言公开支持曾铣的时候，严嵩开始撕下从前伪善的面目，到处收集证据，准备整倒夏言。

一开始，严嵩将矛头指向曾铣。当时，陕西渭南突发山崩，利用皇帝迷信的心理，严嵩声称这是上天因曾铣挑起战祸而降下的警示。然后，严嵩又安排言官们一拨一拨地给皇帝进谏，并开始弹劾夏言失职。

同时，利用边将仇鸾与曾铣的矛盾，严嵩在朝中掀起了一场指控曾铣贪赃枉法、克扣军饷的政辩，将其彻底拉下马。随着曾铣的失势，夏言一下子被舆论推到了风口浪尖，群臣纷纷指责他德才不配位，要求嘉靖皇帝尽早法办了他。

不过，严嵩相当清楚夏言在嘉靖皇帝心中的分量，百官的弹劾很可能只会让夏言短暂退出朝堂，只要他不死，仅仅是被罢官回家，那么下一次起复就指日可待。

于是，趁夏言顺势辞官之际，严嵩联合尚在狱中的仇鸾给皇帝捏造了一份证据，称曾铣曾通过其子秘密联系夏言的亲属，向夏言贿赂银两，以通过收复河套之议。

其实，这样的指控在嘉靖皇帝内心造成的波澜并不大，毕竟，备受他宠信的锦衣卫都指挥使陆炳在朝臣眼中也是个贪赃枉法之辈。真正令嘉靖皇帝无法接受的是，在严嵩递交的"证据"中，还有一份夏言被罢官后大骂皇帝的内容。于是，无论之后夏言如何申辩自己是被冤枉的，对于曾经无比信任他的嘉靖皇帝来说，那都是垂死之人最后的狡辩。

07

嘉靖二十七年（1548）十月二日，求生无望的夏言被斩首于西市。

夏言至死都未曾想到，自己为谋权奋斗了一生，最后却成了大明最悲催的"宰相"，死无全尸。

或许是因果报应，在夏言被斩杀后不到四年，他的仇人仇鸾因背部生疮暴卒。仇鸾病逝后，还被揭发犯有谋反罪，遭开棺戮尸。而作为这场政斗的大赢家，严嵩也没能熬到嘉靖皇帝过世。在其子严世蕃被指图谋颠覆大明之时，这个年过八旬的老头活活饿死在墓舍。

有意思的是，一手促成严嵩败局的徐阶，正是当年少有的获得夏言青睐之人。但这些，夏言都看不到了。

更为可笑的是，若干年后，徐阶也位列内阁首辅。而他在致仕前后获得的"荣誉"，便是满朝文武皆称其为"权奸"。

在皇权笼罩下的政斗权力场中，无论夏言、严嵩还是徐阶，都只是一枚枚棋子而已。

严嵩：大明第一权奸

任谁也没想到，严嵩最后的败亡竟源自其妻！

嘉靖四十一年（1562），严嵩的原配欧阳氏病逝。作为严家的"定海神针"，史载欧阳氏"甚贤，治家有法，驭世蕃尤严"。欧阳氏的去世，开启了严氏父子败亡的潘多拉盒子。

先是严嵩办事能力下降，为嘉靖皇帝所厌，被迫致仕归乡。随后，严世蕃贪赃枉法东窗事发，被发配雷州卫（今广东雷州）充军。但严世蕃偷偷逃回老家，仍然作威作福、鱼肉百姓，最后遭到官员揭发，以谋反罪抄家论处。

权倾朝野20多年的严嵩，在耄耋之年轰然倒台，之后悄然死去，其结局令人唏嘘，亦让人深思。

01

严嵩的下场固然可耻可悲，但冰冻三尺非一日之寒，很多事情的结局，从一开始就注定了。

严家世居的江西，文化氛围尤为浓烈，历史上从政为宦者不在少数，在明初便有"朝士半江西"之说。在这赫赫有名的江西朝士群体中，严嵩的高祖严孟衡值得一提，他为官30余载，清正廉洁，人送外号"严青菜"。

严孟衡死后，严家家道中落。从严嵩曾祖一辈开始，近百年时间里，严氏世代布衣，甚至"家无余蓄"，需靠母系亲戚接济。为了改善家庭环境，严嵩的父亲严淮多年来只有一个梦想：好好读书，奋发向上，争取早日考中进士，光宗耀祖。

奈何，时不我与。无论严淮多努力，每科放榜时，金榜上总不见他的名字。至严嵩降生，严父依旧执着读书，渴望出人头地，甚至把这份渴望投注到儿子身上。

在对下一代的教育上，严淮尤为重视，坚持"日授诗书，严加督促，不分寒暑"。好在严嵩自幼博闻强识，懂事较早。家中清贫的环境，再加上父祖几代人对仕途的重视，潜移默化之下他内心也逐渐充满了对官位、权力无法抗拒的欲望。瞧着严家这个"好宗孙"有望光耀门楣，严家不惜花重金请来名师，精心教导。由此，严嵩小小年纪便出落得风流倜傥，能诗善文。

可惜对于严嵩的进步，他的父亲无缘得见。在儿子16岁那年，严淮撒手人寰，给负债累累的严家又添了一重压力。临终前，严淮特地给儿子留下遗言："若能获成吾志，吾死亦瞑目。"

父亲的话回荡在严嵩的耳边，可那时的他想要蟾宫折桂一举登科，简直如痴人说梦。

有学者统计，明代儿童一般8岁入学，平均33岁中进士。也就是说，如果严嵩要靠老实读书得到晋升，恐怕至少还得再花十几年的时间。普通人家，顶梁柱十几年不干活，铁定会穷困潦倒，过不下去。严嵩若十几年都去苦读书，估计全家都得去喝西北风。

所幸，明朝的地方官员大部分都热衷于捞政绩，像严嵩这种政界"明日之星"，他们当然十分乐意帮忙。有了当地官员的资助，严嵩更加奋发图强，终在25岁那年提前完成了家族重任，中了进士，步入仕途。

02

众所周知，严嵩日后得以发迹，其中一个因素便是善写青词。有趣的是，与严嵩同科的弘治十八年（1505）状元顾鼎臣，便是日后"青词宰相"的鼻祖。

虽然文笔可圈可点，但刚入仕途的严嵩还没能力改变家族的贫困境况。用他自己的话说，就是"一官系籍逢多病，数口携家食旧贫"。不过，他的科举成绩十分亮眼，位列全国第五，赐二甲第二名进士出身，被选为翰林院庶吉士。从明朝中叶起，"非进士不入翰林，非翰林不入内阁"已成惯例。严嵩初入仕途即任职翰林院，政治前途可谓一片光明。

正当严嵩在官场兢兢业业奋斗之时，家乡却相继传来了祖父去世、母亲病重的消息。他只得交出官印，回家守制。在家守孝的日子自然是清苦的，但比起在官场上丢命，他已经算是十分幸运了。

彼时，明孝宗朱祐樘已去世，继位的是历史上著名的玩乐皇帝明武宗朱厚照。由于明武宗的放任，皇帝身边的太监"八虎"仗势欺人。这八个人里边，尤以刘瑾为甚，他要求文武百官每天到衙门上班前必须到他指定的亲信处报到，否则一律以缺勤罢官免职。众臣多次反抗不成，死在刘瑾刀下的大明忠直之臣不计其数。而严嵩因为回家守制，冥冥中躲过了一劫。

按照规定，守制期满，官员需尽快回京述职，但严嵩并没有这么做。他找了个理由，声称自己病了，需在家静养，转头便在家乡钤山寻一处僻静之所，关起门来韬光养晦。

严嵩这么做无非是为了躲避政治纷争，静待日后东山再起之机，但此举却给世人留下淡泊名利、潜心修学的印象。当时，严嵩家乡的官员打算修撰府志，他二话不说挑起重担，历时三年编出了《正德袁州府志》。因这一年为甲戌年，故当地人亦称此书为《甲戌志》。

关起门来忍饥挨饿的日子，严嵩过了整整8年。直到正德十一年（1516），他感觉了无牵挂，才启程回京述职。

严嵩离开朝堂许久，又无根基，回来当然只能从零开始，继续担任翰林院编修。不过，经刘瑾等人的打压，正德年间在野苦心攻读、韫椟藏珠的臣僚不在少数。所以，在民间赚足了声望后，回朝的严嵩很快得到朝廷的重用。

正德十三年（1518）七月，作为第七任靖江王朱经扶的册封副使，严嵩首次持节南下。当他完成册封从桂林启程返京时，身在江西的宁王朱宸濠却突起叛乱，挡住了严嵩一行复命的道路。此次叛乱宁王蓄谋已久，所以刚起之时，整个长江以南地区都陷入兵荒马乱，人心惶惶。好在，这场叛乱很快即被王守仁剿灭。

平叛之后，明武宗又是下江南，又是将宁王放了再抓，种种迹象表明，这个皇帝耽于玩乐，不够务实。严嵩为人是谨慎的，面对这样的君主，他无法确认自己日后的仕途是否可以通达，自己能否光宗耀祖，于是他又玩起了老伎俩——归隐。

03

要不是明武宗朱厚照突发意外驾崩，估计严嵩这辈子都很难迎来命运的逆转。继承皇位的是旁支藩王朱厚熜，史称明世宗，也就是嘉靖皇帝。

与明武宗的好动不同，嘉靖皇帝是出了名的喜静。在位45年，他专注炼丹修道30年。唯一可与堂哥明武宗相匹敌的是，他在搞事情上不逊色于前者。

刚一即位，嘉靖皇帝就发起了一次"大礼议"运动，要求百官支持他尊奉生父为父，兼祧伯父明孝宗，而不是以明孝宗嗣子的身份入继大统。

那群世受明孝宗、武宗皇恩的大臣哪能由着这位新皇帝胡来？时任内阁首辅的杨廷和率先带着百官和皇帝杠上了。但嘉靖皇帝的孝心打动了新科观政进士张璁（张孚敬），在他的帮助下，嘉靖皇帝顺利执掌朝政，赶走了杨廷和等人。在这个过程中，严嵩未在史书中显现身影。不过，在嘉靖皇帝胜利追尊其父为帝的第二年，严嵩即升任京师国子监祭酒。

要知道，国子监祭酒官虽不大，却是名义上全体国学生的校长，算得上桃李满天下。历史上，韩愈等文坛领袖都当过此官。反观严嵩，十数年来默默无闻，突然荣获京官，想必在幕后他也是极力支持嘉靖皇帝的，这才有此回报。

或许正因为这份"赤诚"，严嵩此后官运亨通，步步高升。到了嘉靖十五年（1536），严嵩位列大明六部长官，为礼部尚书。这一年，他已57岁。

在明朝官场中，像严嵩这种几十年来默默无闻的官员，走到这里已经算是仕途顶点了。可对于半生蛰伏、一心想光耀门楣的他来说，游戏才刚刚开始。

这时，在皇帝身边最受宠的官员当数刚刚入阁的大学士夏言。在很多人眼中，严嵩与夏言是天生的仇敌。但鲜有人知的是，二人在反目之前私交甚好。

夏言与严嵩皆是江西人，同朝为官的契机，更增进了同乡的情谊。所以早在嘉靖八年（1529），先于夏言入朝为官的严嵩就与前者结交。作为嘉靖皇帝的"拥趸"，二人还曾合力主持了明显陵[1]的首次祭告仪式。

———————————
[1] 嘉靖皇帝父母的合葬墓。

那时，他们一个是礼部侍郎，一个仅为六部给事中。官位的悬殊未让严嵩与夏言内心产生隔阂，他们私下里多有诗赋往来，相交甚欢，甚至在夏言得蒙圣恩一步登天，做了严嵩的顶头上司后，他们也仍认为彼此是自己人。

当得知自己的江西小老弟得到高升，严嵩还曾不惜笔墨为其赋诗一首：

> 赐犀新宠冠朝行，飞白宸奎照玉堂。
>
> 霄汉渥恩承湛露，琐闱清论满朝阳。
>
> 君臣合契同鱼水，廊庙抡材有栋梁。
>
> 留与词林传盛事，要知明主重惟良。

总之，那时在外人看来，只要夏言有饭吃，严嵩就饿不死。

04

可这一切从严嵩接了夏言的班当上礼部尚书开始就变了。

在明代，内阁成员一般兼任六部尚书。能当上六部尚书，离一人之下万人之上也就不远了。

明朝官员的俸禄是出了名的低，甚至按照《中国俸禄制度史》的说法，"除特殊情况外，明朝官员致仕没有俸禄"，这一点也为当下研究明史的专家所认可。因此，年纪不小的严嵩不得不为自己接下来的退休生活做谋划。虽然他身处的礼部，在嘉靖一朝颇受重视，但说白了，那里还是个"清水衙门"。

本着混迹官场多年摸索出来的生存技巧，严嵩很快找到了晋升的门道。他发现，自己的"老板"嘉靖皇帝有两大心病：担心皇权旁落，担心短命夭寿。而针对这两项难题，严嵩总结出一套应对法子。他相信，只要把皇帝伺候舒坦了，俸禄什么的都不是事！

嘉靖皇帝为追求长生不老，除了宠信道士外，还特别喜欢让大臣写青词做祭祀。谁写得好，升官加薪都是小事。作为"同道中人"，他还会给这些"自己人"赐法号，好让他们天人感应，位列仙班。

有此机会，严嵩便开始卖力地"表演"了。嘉靖皇帝离开紫禁城躲到西苑修道，他就屁颠屁颠地跟过去。因皇帝自己崇信道教，不戴翼善冠，他就紧跟皇帝步伐，全面换装。

当时，嘉靖皇帝为表示对亲信大臣的重视，特地给包括严嵩、夏言在内的五人颁发了用沉香木做的帽子，让他们戴上随侍帝侧。夏言向来认为大臣不按礼法办事即有失人臣之礼，所以对皇帝赏给自己的"最高荣誉"置之不理，甚至还具本上奏，要求嘉靖皇帝更正错误。眼看自己热脸贴了冷屁股，嘉靖皇帝自然龙颜大怒。

反观人精严嵩，他在拿到这顶帽子时就反复擦拭，将它供奉起来，等到要觐见皇帝时再戴上帽子，以薄纱罩住，谨守人臣之礼。严嵩的表现令皇帝十分满意，因此，当夏言失势后，嘉靖皇帝首先便想起了严嵩的名字。

嘉靖二十一年（1542）八月，首辅夏言再度激怒皇帝，被罚辞官归乡，顶替他入阁的正是为此奋斗了数十年的严嵩。自入阁之日起，严嵩就主动向嘉靖皇帝提出，想要放弃参赞机务的大权，专心陪皇帝修道。能"主动交出"权力的除了他严嵩，满朝文武再无一人！可想而知，他的假意换来了嘉靖皇帝的几分真心。

除了这些，严嵩的表演还下了许多真功夫。史载，时逾花甲的他为了拍好皇帝的马屁，"朝夕直西苑板房，未尝一归洗沐"——一年365天、一天24小时都在皇帝面前勤奋工作。嘉靖皇帝见了，自然夸他是劳模。在嘉靖皇帝眼中，放眼朝廷，除了锦衣卫都指挥使陆炳，还有谁能如此"忠勤敏达"？严嵩的地位就此水涨船高。

渐渐地，"讦嵩似污帝"（反对严嵩就是反对皇帝）的局面形成了。

05

严嵩入阁的第二年，时任山东巡按御史的叶经一纸诉状递到了朝堂。经叶御史调查，严嵩早在当礼部尚书时，就曾与秦王府、晋王府的宗室子弟暗通款曲，收受二府的贿赂。此事一出，满堂哗然，就连严嵩自己也表现出一副十分畏惧的姿态。

可没过多久，事情发生了急剧反转。由嘉靖皇帝出面，锦衣卫亲赴山东，将叶经捉拿归案，廷杖八十，活活打死。已经60多岁的严嵩毕竟有些老朽了，思维上无法快速跟上皇帝的战略重点。眼看皇帝居然不分青红皂白给自己撑腰，严嵩内心只有欣喜，行事越发无忌。

为了维护自身已有的地位，严嵩经常在上班期间召儿子严世蕃前来帮忙。仗着老爹的权势，严世蕃未经科举即入仕途，先在国子监镀金深造，随后官至工部侍郎。

据说，严世蕃身材短小粗胖，声洪而尖，还瞎了只眼，与严嵩的瘦高形象大相径庭，更加符合民间百姓心目中的奸臣形象，有些学者因此认为他并非严嵩亲生。不过，虽然貌丑，严世蕃的脑子却很好使。揣测人心，通晓时务，奸猾机辩，严世蕃在这些方面才能突出，堪称嘉靖朝第一鬼才。

与严嵩多年谨小慎微的行事风格不同，严世蕃做事决绝，天不怕地不怕。他知道，父亲一大把年纪了，想要维持大权在握，肯定离不开年轻力壮的自己，而长时间以来父亲一直受宠于嘉靖皇帝，这也说明自己的"读心术"还是非常成功的。故而在严嵩授权之余，严世蕃也在朝中大肆培植自己的势力。朝中与地方重要官员的升迁贬谪，他都要插手。

眼见严嵩对其子如此放任，大部分朝臣却敢怒不敢言，这导致了严氏父子势力的暴涨。

严家势力最盛时，严嵩的孙女嫁到山东去，做了孔子第六十四代裔孙衍圣公孔尚贤的夫人。严家在京城中的府第也大肆扩张，强占了闹市区三四个街区，亭台楼阁极尽奢华，古玩字画不计其数。

这些巨大的变化，是从小穷怕了的严嵩所不敢想象的。对于儿子的擅权，他不可能不知道，可每一次人员调度升迁背后都是一笔看不见的财富，正所谓"肥水不流外人田"，这笔钱不拿白不拿。于是，在皇帝睁一只眼闭一只眼的情况下，严嵩逐渐权倾朝野。

06

封建时代讲究"人治"，皇帝制胜的法宝便是拥有支配一切的权威，令臣下心生畏惧。一旦臣权大于君权，皇帝便会内心不安。嘉靖皇帝深谙如何维持君权与臣权的平衡，当他看到严嵩父子的"吃相"日渐不堪，心中不免也会想起当年宁折不弯、为人相对清正的夏言。

嘉靖二十四年（1545），嘉靖皇帝突然复召夏言回朝，命其空降内阁，荣任首辅，位在严嵩之上。

一时间，严嵩大惧。他怕的不是夏言夺宠，而是对方为人傲气，又知道太多自己行贿受贿的秘密。

果不其然，刚一回来，夏言就对严嵩指手画脚。他大刀阔斧地剪除了严嵩的一众党羽，甚至在人前故意奚落严嵩，威胁他要据实奏报皇帝，严惩严世蕃一党。夏言认为，这样做或许能激发严嵩内心仅剩的良知，让其记起从前作为寒门庶子的辛酸。可他不明白，严嵩走到今日的地步，已经无法回头了。

一看对方不留余地，严嵩哪里还顾得上过去的情谊？每逢嘉靖皇帝派小太监来慰问，他就会给来人准备丰厚的财物，以收拢人心，想尽一切办法诬告夏言。

严嵩知道皇帝喜欢窥探大臣的私生活，于是故意每夜挑灯撰写青词，表达忠诚。而夏言年迈体弱，这种吃力不讨好的活儿当然就交给后辈代办了。相比之下，严嵩在嘉靖皇帝心中的分量又变得重了。

为了立功立名，夏言将赌注压在三边总督曾铣身上，支持收复河套，打残鞑靼。但曾铣的提案开支巨大，极不符合国情，不为嘉靖皇帝所喜。借此机会，严嵩开始谋划怎么抓住把柄，踩死两人。

严嵩向嘉靖皇帝进言，鞑靼人进犯本就是由曾铣开边导致的，而且其人在戍卫边境时贪赃枉法，结党营私，甚至还私下勾结夏言，贿赂夏言的岳父，以求通过自己收复河套的提案。

首辅与大将结党，有了这件事，不管真与假，嘉靖皇帝都不会放过夏言了。不过念及旧情，嘉靖皇帝并没有对这位老臣下死手。反而是严嵩不依不饶，面对这位挡着自己发财的故交好友，他打算让党羽罗列罪名，送对方最后一程。最终，夏言被斩首弃市。

夏言死后，无人敢重提收复河套之事。终大明一朝，鞑靼始终是边疆祸患。

07

由于严嵩"卖国"害死夏言的行径，他从前竭力打造的好人设塌得粉碎。朝中上下，但凡有点儿良知的大臣都上书要求严惩恶贼。

兵部员外郎杨继盛不顾官微言轻，毅然上书，罗列严嵩"五奸十大罪"，要求嘉靖皇帝杀贼正法，却不慎触怒龙威，被记一百廷杖，下狱冤死。作为杨继盛的好友，新科进士王世贞也因与严嵩作对，落得个家破人亡。锦衣卫经历沈炼在乡间扎了三个稻草人，比作严嵩、秦桧、李林甫，日日练习射箭。最终，他被严嵩党羽密报"谋反"，下狱受死。

这一切只因严嵩已然摸透了嘉靖皇帝的性格特点，他知道自己的反对者上告时无论如何小心措辞，总要扯上皇帝，但自古皇帝皆无错，嘉靖皇帝若惩罚了他，无形中也相当于打了自己的耳光，于是越发张狂。由此，严氏父子高枕无忧了20多年。

然而，像严嵩父子这种烂透了的权奸，想要将其拉下马的大有人在，徐阶就是其中最积极的一个。

这位自称夏言弟子的内阁次辅自入阁之日起，便始终居于严氏父子之下。起初，他根本不愿依附严嵩，可越是这样，严氏父子越是向皇帝诬告他才不配位。徐阶只能改变策略，主动迎合严嵩。为了搞倒这个"奸臣"，徐阶特地与陆炳交好，通过对方的关系，勾搭上严世蕃。随后，他又将自己的孙女嫁给严世蕃的儿子做小妾，以此来自贬身份，尊奉严嵩。

当人获得无限尊崇与吹捧时，难免会陷入自我陶醉中。所以，严嵩下意识以为徐阶所做的一切皆因对方学会了官场的规矩，并没有起疑。可正如他当初对待夏言不择手段那般，徐阶在替老师报仇这件事上也是誓不罢休。

徐阶深知嘉靖皇帝酷爱迷信，便投其所好，举荐蓝道行入宫侍奉。这个在朝野间号称"蓝神仙"的道士为人颇为正直，又能预卜祸福，所以很快就得到了嘉靖皇帝的青睐。

按照徐阶的安排，蓝道行时不时以神谕的形式向皇帝灌输严氏父子祸国殃民的罪行。据说某次在扶乩时，蓝道行借神仙之语称"今日有奸臣奏事"，刚巧严嵩有事奏报皇帝，嘉靖皇帝遂对此深信不疑。随后，徐阶又给御史邹应龙提供材料，让后者检举揭发严世蕃奸贪不法的行径。

双管齐下，严氏父子终于倒台。

08

嘉靖四十一年（1562），年逾耄耋的严嵩终于被迫下台，引咎致仕，严世蕃则被革职拿问，发配充军。到了这个份上，嘉靖皇帝却依旧没有想对严嵩父子痛下杀手。他犹如过去罢黜夏言那样，心中摇摆不定，反复无常，不多时竟又想召复严嵩父子。

或许是看出了皇帝的心思，或许是肆意妄为惯了，总之，严世蕃竟然在流放途中悄然返乡，静待皇帝的二次起复。但正如严嵩一样，一步步从底层爬上来的徐阶也十分明白一个道理：斩草不除根，春风吹又生。既然现在有了这个把柄，岂有不下死手之理？

嘉靖四十三年（1564），巡江御史林润上报，严世蕃在流放途中私自逃回家乡，"乘轩衣蟒，有负险不臣之心，日夜与（罗）龙文诽谤朝政，蛊惑人心"。很明显，这次揭发，背后少不了徐阶的运作。

对于嘉靖皇帝而言，这次揭发戳中了他的隐忧：严氏父子犯众怒已久，严嵩行将老死，倒无须担心，但严世蕃年轻力壮，若真有谋反之心，自己防不胜防。最终，嘉靖皇帝下旨将严世蕃押解进京，抄家斩首。结果这一抄家，居然从严世蕃家中搜出黄金3万余两，白银300万两，各类奇珍异宝不计其数。见此情形，嘉靖皇帝决定不再留情，严嵩被没收家产，削官还乡，无家可归。

两年后，明世宗嘉靖皇帝驾崩。

再次年，即隆庆元年（1567），曾经叱咤风云20多年的严嵩走到了生命的尽头。据说死前，他寄食于墓舍，既无棺木下葬，更没有人前去吊唁。

都说伴君如伴虎，可严嵩能陪嘉靖皇帝走完一生还未曾伤及自身分毫，可谓深谙官场生存之道，知冷知热。只可惜，这样的人精并没有将精力放在做正确的事情上，一错再错，终成让人唾弃的明朝第一权奸。

不过，后人读史亦应铭记：每一个奸臣的背后都站着一个昏君。若论祸国殃民的首犯，严嵩恐怕也只是一个"背锅侠"罢了！

帝国海疆危机："嘉靖大倭寇"始末

嘉靖三十六年（1557），徽州老乡汪直带领3000名倭寇抵达杭州湾之后，胡宗宪面临着空前的压力。

本来，这是胡宗宪的招抚计谋取得了成效，但慑于倭寇给官民留下的惨痛的记忆，谣言还是传开了。朝廷和民间都在说，总督胡宗宪收了汪直几十万两金银，所以不仅放任倭寇上岸，还上奏替汪直求情。

胡宗宪确实已经派人将奏疏送往帝都，在奏疏里面，他请求嘉靖皇帝免汪直一死，让其充当沿海防卫，平息倭患，将功赎罪。所以在收受汪直巨额贿赂的谣言传开后，他赶紧派人追回那封奏疏，重新发了一封。

在新的奏疏里，胡宗宪措辞严厉，说汪直是帝国东南沿海局势紧张的罪魁祸首，罪不可赦。那一刻，"倭寇头目"汪直的生命就注定要走向终结了。

人言可畏，不仅是胡宗宪，大明王朝所有干事业的英雄们都无法挣脱这个魔咒。

01

倭寇问题的产生跟明朝立国几乎是同步的。

最早，张士诚、方国珍等原本占据江南的抗元力量被朱元璋打败后，残余势力逃亡海上。这些人与日本列岛上的浪人和武士相勾结，骚扰山东沿海州县，导致明初海疆不靖。

对此，明太祖朱元璋很恼怒。他多次遣使去往日本，要求日本南朝征西将军良怀取缔倭寇，却遭到良怀拒绝。此后倭寇还从山东一路向南，骚扰和掠夺浙江、福建沿海。

在与日本的国书往来过程中，由于良怀的言辞不逊，朱元璋感觉受到了冒犯，一度表态要出兵远征日本。但是，鉴于元朝远征日本失败的历史教训，朱元璋最终还是放弃了这一计划，并将日本列入"不征之国"，写进《皇明祖训》中，要求子孙恪守。对于日本而言，朱元璋的绥靖政策助长了他们的气焰，劫掠起来越发肆无忌惮。此后，倭寇侵扰有增无减。

无奈之下，朱元璋只能下令加强海防建设，在沿海构筑了75座城池，设置要塞和哨所，部署兵力达10万左右，对倭寇采取了防御姿态。与此同时，他实行严厉的海禁政策，规定"片板不许下海"。

直到明朝立国大约24年后，即1392年，日本室町幕府第三任将军足利义满统一了日本，为了同明朝进行通商，足利义满才对倭寇采取了严厉的取缔政策，为祸甚深的倭寇团伙开始走向衰亡。随后，足利义满遣使赴明朝，在国书中奉明朝为正朔，并称臣纳贡。

明成祖朱棣上位后，同意与日本确立勘合贸易关系，明确今后只有持有明朝发给的官方凭证（即勘合）的船只才能得到明朝的承认并进行朝贡贸易。这种贸易关系后来持续了一个半世纪。

跟良怀的倨傲不同，足利义满以卑微的姿态取得了明朝的认可，他也因此在与明朝的朝贡贸易中获得丰厚的利润，这支撑其度过了统一日本南北朝后面临的财政危机。所以，取缔倭寇对于陷入财政困境的足利义满来说，显然是一笔划算的买卖。

这是一次双赢。大部分倭寇消失后，明朝的海疆也在勘合贸易体系确立后获得了相对的安宁。在东亚历史学家的论述中，贯穿朱元璋统治时期的倭寇被称为"前期倭寇"，以区别100多年后嘉靖时期的倭患。

从嘉靖皇帝在位的16世纪初期开始，倭寇卷土重来，祸害中国东南海疆，这些人被称为"后期倭寇"，亦称"嘉靖大倭寇"。胡宗宪和他的前任们经历的抗倭时代，便在此时拉开了序幕。

02

1523年，嘉靖皇帝朱厚熜刚继位两年，三艘来自日本的朝贡船只驶入了宁波港。

按照明朝的规定，掌管朝贡贸易的机构是市舶司，全国共设浙江（在宁波）、福建（在泉州）、广东（在广州）三个市舶司，其中负责对日贸易的是浙江市舶司。

明朝对朝贡贸易有一系列的程序要求，简单来说，日本的朝贡船进入宁波港后，入明使者必须交验明朝先前颁发的勘合，经核对无误后才允许登陆，并需要在接待站内等待北京下发进京许可。获得进京许可后，他们才能带上国书、贡品和货物，在明朝人员的护送下进京。这套流程走下来，日本一趟朝贡贸易经常要花去三四年时间。

当时，日本幕府已经势衰，与明朝进行勘合贸易的权力掌握在细川和大内两氏手中。两家都不愿放弃勘合贸易的肥肉，于是上演了一场争夺战。

就在大内氏派遣的三条船抵达宁波港的几天后，由细川氏派出的一条船也到了宁波。细川氏派出的人员中有一名副使宋素卿是宁波人，熟悉明朝内情，一上岸就立即去贿赂市舶司太监赖恩。一番操作之后，细川氏的船虽然比大内氏来得晚，持的勘合也是过期的，但还是得到了更好的接待。在宴席上，细川氏的正使鸾冈瑞佐还被安排在大内氏的正使宗设谦道的上座。

宗设谦道非常恼火，当即率领部下发动袭击，杀死鸾冈瑞佐等10多人，放火烧掉了细川氏的船，并追杀宋素卿，从宁波一直追到了绍兴府城，最终宋素卿还是跑掉了。宗设谦道一行杀红了眼，在折回宁波的路上随意杀掠明朝子民，然后夺了明朝的船只，逃回了日本。

这起由日使争贡事件引发的血案影响十分恶劣，明朝方面随后处置了赖恩，逮捕了宋素卿。宋素卿被判死刑后，死于狱中。

而更深刻的影响是，明朝官民对日本的信任感急剧下降。事件发生几年后，1529年，浙江市舶司被废除。日本与明朝的勘合贸易因此一度受挫，一些利益受损的日本商人、武士和豪强转而做起了走私贸易，并逐渐演变成海寇。

巧合的是，这一时期，日本发现了产量巨大的银矿，原本在贸易链条中对中国毫无吸引力的日本因此成为浙江、福建、广东沿海商船争相前往的目的地。当时，700文一等成色的铜钱就可以换一两白银，而在日本，换一两白银仅需同样成色的铜钱250文，中间存在两到三倍的套利空间，更何况，明朝的丝、绸、棉、瓷等商品转销日本的利润也非常大。有了巨大经济利益的驱动，两国的走私者不断冒死进行交易。

在浙江市舶司废除后的10多年，以双屿岛（今属浙江舟山）为重要据点的走私贸易圈趋于鼎盛。这个走私贸易圈由海寇、葡萄牙商人、日本商人、明朝沿海大族及沿海走私商人等多种势力构成，错综复杂，彼此纠缠。

对明朝的税源和政治控制力而言，走私是一个不能容忍的威胁。在这些风起于青蘋之末的征兆发生之时，日后的抗倭名臣胡宗宪还只是一个在仕途流转中锻炼能力、积累资格的官员，但另一个年长胡宗宪18岁的抗倭名臣朱纨，此时已经被顶在了时代的风口浪尖上。

03

嘉靖二十六年（1547），朱纨被派到抗倭第一线，由此达到个人仕途的新高峰。他的职位是提督浙、闽海防军务，巡抚浙江。这是明朝应对东南沿海新形势而设立的职位，朱纨是首任巡抚，掌管两省军务。

苏州人朱纨是明朝罕见的贤臣，集清廉、能干于一身。据说他是在狱中出生的，从小生活贫困，20多岁考中进士后，为官一直颇有口碑。在他负责抗倭之事前，以双屿岛为核心的走私贸易圈已经"繁荣发展"了近20年。由于有利可图，海寇、走私者与沿海大族及其在朝廷中的利益代言人结成了相对牢靠的利益同盟，只要朝廷有风吹草动，双屿岛的走私团伙总能第一时间获悉，并安全躲避任何一次检查。

朱纨的到来，第一次打破了官匪勾结的局面。

当时，大明朝廷围绕着明太祖朱元璋以来的海禁政策展开了存与废的争论。利益决定立场，总体上，闽、浙等沿海出身的官员多主张废除海禁，而未能从海洋贸易中分一杯羹的内陆省份出身的官员则普遍主张严厉执行海禁政策。不过，沿海省份出身的朱纨，所持立场却与那些利益先行者相反。

到任后，朱纨坚持正统的立场，采取前所未有的强硬手段，誓要整顿海防，清剿倭寇与通倭奸民。他指派都司卢镗率兵攻克双屿岛，活捉了岛上几乎所有的海盗头目，其中有中国人，也有日本人和葡萄牙人。一个叫汪直的人侥幸逃脱，后来去了日本平户。

双屿岛被捣毁后，闽、浙沿海的豪族先不干了。史载，"城中有力之家素得通番之利，一闻剿寇之捷，如失所恃，众口沸腾，危言相恐"，于是朱纨遭到了浙、闽籍在朝官员的弹劾。

1549年，朱纨当众诛杀了海盗头目许栋、李光头等96人，有御史据此上奏弹劾，称朱纨不等朝廷批示，擅自杀戮。朝廷停了朱纨的官职，并派人前往浙江、福建进行调查。

朱纨知道消息后痛哭流涕："吾贫且病，又负气，不任对簿。纵天子不欲死我，闽、浙人必杀我。吾死，自决之，不须人也。"他给自己写了一通墓志铭，写得极为悲怆："纠邪定乱，不负天子。功成身退，不负君子。吉凶祸福，命而已矣。命如之何，丹心青史。一家非之，一国非之。人孰无死，维成吾是。"

写完，朱纨喝下毒药自杀了。

荒唐的是，朱纨自杀半年多后，嘉靖二十九年（1550）七月，朝廷竟然还下令要逮捕朱纨至京审讯。

朱纨的悲惨结局使得此后很长时间内帝国官员无人敢再提海禁之事，倭寇、巨商、豪族勾连在一起，进入了疯狂的收割期。史载，"海寇大作，毒东南者十余年"。

04

当朱纨愤而自杀的时候，38岁的胡宗宪正处在事业的上升期。他刚刚在帝国北疆平息了两起士兵哗变事件，展示了个人的手腕与能力。

胡宗宪出身徽州绩溪县龙川胡氏，父亲是当地饱学之士，家境殷实。他的父母从小便注重孩子的教育，为胡宗宪重金聘请名师，让他接受精良的塾馆教育。胡宗宪也很自觉，"经史过目成诵"，成绩稍有落后便"终日涕泣不食"。但他不单单是个书生，他膂力过人，喜欢骑射，还爱好钻研军事书籍，很有军事才能。

嘉靖十七年（1538），26岁的胡宗宪中了进士后步入仕途，当了两地的知县，官声很好，有口皆碑。史书说他"倜傥不羁，严信赏罚，民咸服之"。

不像一般的清流士大夫总是背负着沉重的道德感，胡宗宪没有这方面的压力。他很懂得变通，擅长权术，但他为官有一条准则，就是"敛不及民"。

举个例子。明朝规定有官员路过某地，该地就要负责其吃喝拉撒睡，还要出民力供其差遣，地方百姓深受其苦。胡宗宪当知县期间做了一项改革，将当地税粮的超额部分储存起来，以备各种迎来送往的开支，从此无须给百姓增加额外的负担，故"民服之"。

胡宗宪真正从地方官员转变为帝国的边疆大吏，是在嘉靖二十八年（1549）出任宣（府）大（同）巡按御史。上任后，他不仅担着风险顺利解决了因兵部尚书兼宣大总督翁万达处置不当引发的士兵哗变事件，还基于现实需要，提出重赏间谍以获得可靠军事情报的主张。这种不按常理出牌的军事理念，在日后的抗倭战争中得到了充分而有效的运用。

朱纨自杀之后，帝国东南海疆军备松懈，倭寇横行，沿海官民畏倭如虎。嘉靖三十一年（1552），大规模的倭寇在浙东沿海诸城劫掠。翌年（1553），倭寇开始深入到浙西抢掠，并蔓延到江苏，沿海数千里同时告警。到了嘉靖三十四年（1555），一股72人的倭寇团伙在浙江登陆，自西向东，纵横严州、衢州、饶州、徽州等地，历时80余日，"经行数千里，杀伤几四千人"。根据明朝戏曲理论家、松江华亭（今上海奉贤区柘林镇）人何良俊的记载，这一小股倭寇兜了一圈，来到陪都南京，南京守军与之对战，结果守军死了八九百人，而倭寇"不折一人而去"。

倭寇登陆入境的记载，在嘉靖中后期十分常见，而明朝军队往往"望风奔溃"。同样在嘉靖三十四年，一小股倭寇来到溧水县，溧水县丞赵珠臣直接"弃城走"，任由这群倭寇在城内百姓家吃住了两天后才离去。

这时候，在东南抗倭的主将是张经和李天宠。作为东南五省的最高军事指挥官，张经总督抗倭事宜，职权极大，而浙江巡抚李天宠负责配合张经。李天宠知道沿海的士兵不可恃，故请求调任西南五千狼兵入浙。

在这期间，李天宠手下参将俞大猷等人曾取得擒杀倭寇300多人的战绩，但随后，李天宠接连遭遇两场败仗。督师浙江的工部右侍郎赵文华借机弹劾，称李天宠"嗜酒废事"，朝廷便罢黜了李天宠。

与此同时，张经命卢镗、俞大猷、汤克宽等抗倭名将率军，连同西南狼兵一起，水陆并进，在浙江嘉兴王江泾围剿倭寇。这一仗歼灭倭寇1900多人，是东南抗倭以来的最大胜利。

王江泾大捷传来，张经却同样遭到了赵文华的弹劾，说他"畏贼失机"。嘉靖皇帝看到弹劾张经、李天宠的奏疏，大怒，下诏逮捕二人下狱。

没多久，嘉靖皇帝接到了王江泾大捷的奏报。他问严嵩："怎么回事儿，不是说张经畏贼失机吗？怎么还打了胜仗了？"严嵩说，王江泾大捷实乃赵文华与浙江巡按御史胡宗宪的功劳。

原来，这件事的背后是残酷的政治斗争。

赵文华是内阁首辅严嵩的手下，而张经、李天宠为人正直，不肯屈服于赵，赵遂寻找机会陷害二人，这才发生了颠倒黑白的一幕——就在王江泾大捷的五个月后，即嘉靖三十四年（1555）十月，张经、李天宠遭斩首，同日被冤杀的还有敢于直言的兵部员外郎杨继盛。朝廷一日杀了三名贤臣，"天下冤之"。

05

严嵩一党除去张经、李天宠，是在为自己人铺路。李天宠被杀后，赵文华便上奏朝廷举荐胡宗宪担任浙江巡抚，而在张经之后，东南五省总督的两任继任者也先后遭到赵文华弹劾，最终同样以胡宗宪代之。此后，一直到嘉靖四十一年（1562）年底，胡宗宪除总督一职之外，还兼任浙江巡抚，在职长达6年。

跟张经等人的正直与骨鲠不同，胡宗宪很识时务。当初一到浙江，他就通过献金融入了赵文华及严氏父子的政治圈子，从而迎来了个人的快速升迁。不仅如此，他还拼命讨皇帝的欢心。嘉靖皇帝崇尚道教，喜欢青词与祥瑞，这在当时几乎人所共知。胡宗宪投其所好，向皇帝进献白龟、白鹿、五色灵芝等象征祥瑞之物。寻找这些稀罕之物恐怕费了他不少心思。他的幕府还网罗了徐渭、唐顺之、田汝成等当世大才子，这群人的主要工作就是替胡宗宪为皇帝撰写青词以及报捷献瑞时揣测帝意、写表献文。

这些做法成了严党倒台后胡宗宪遭清算的原因，也是他在后世口碑不算太好的根源。

不过公平地说，在皇权专制体制下，皇帝和他的代理人是一体的。嘉靖皇帝信任"驭君有术"的严嵩，任由其把持朝政20多年，在这种情况下，一个官员想要得到晋升，势必要采取讨好其代理人的姿态，否则，要么没命，要么没机会出头。胡宗宪的前任们就是活生生的案例。

所以，在一个所谓奸臣当道的时代，问题的关键恐怕不在于借谄媚上位者的道德，而在于借谄媚上位者的作为——用不道德的手段上位后，这个人究竟想干什么，实际又干了什么，这才最重要。

成为东南抗倭的"一把手"后，胡宗宪首先在倭患最严重的台州、温州和宁波等地考察。他发现各地武备松弛，"闻警辄逃，全不足恃，以致群盗鼓行而入，攻毁县治，若蹈无人境耳"。而入境倭寇不仅皆提倭刀，勇猛善战，且"进退纵横，皆按兵法"，一看就是训练有素，这幕后一定有组织者。

衡量了双方的战斗力之后，胡宗宪认为要消灭倭寇和海盗并不现实，遂定下了诱降为主、剿抚并举的策略，即"攻谋为上，角力为下"。

正如朱纨当年的发现一样，倭寇的最大头目其实都出自本朝。李光头、许栋被朱纨杀死后，新一代的倭寇头目长成，此人正是当年从双屿岛逃脱的汪直。

汪直是徽州盐商出身，后来为日本人当牙侩（相当于经纪人）。由于从事海上走私风险大，为了家属的安全考虑，他隐瞒真姓，自称"王直"。

朱纨自杀那一年，蒙古俺答汗兵临北京，明朝出现了北虏南倭的双重危机。朝廷的选择很明确，防务重心立马转向了北方，对于东部沿海的倭寇则采取"以寇制寇"的绥靖策略。由于汪直的性格比较内敛谨慎，不像其他海寇头目那么跋扈，因此也逐渐取得了官府的信任，再加上浙江地方豪强的帮助，他在数年间便吞并整合了卢七、沈九、陈思泮等数支海寇势力。

等到官府反应过来，已是"海上无二贼"，汪直集团一家独大的局面已经形成。

嘉靖三十二年（1553），名将俞大猷等统兵进击汪直驻扎的烈港（在今浙江舟山定海区金塘岛西北隅），最后被其突围，遁逃至日本平户。此后，以汪直为首的海寇势力凭据日本平户为基地，连年勾结倭寇，劫掠中国滨海。最鼎盛时，汪直拥众10万余，大小船只无数，自称"徽王"，过往的船只都要打着"五峰"（汪直号五峰）的旗号方能通行。

胡宗宪决定诱捕汪直。

胡宗宪与汪直是徽州老乡，利用这层关系，他将被关在金华监狱中的汪直母亲、妻子释放，为她们提供衣服、食物和住所。随后，他派遣蒋洲、陈可愿出使日本。在汪直养子汪滶（原名毛海峰）的引荐下，两人在日本见到了汪直。蒋洲把胡宗宪善待汪直母亲、妻子的做法告诉汪直，并劝说汪直立功自赎，归顺朝廷。汪直听完有些心动，但他说，日本现在割据政权林立，他需要时间逐个去宣谕禁止倭寇。

于是，蒋洲被留在日本，而作为交换，汪滶随陈可愿返回浙江面见胡宗宪。胡宗宪重赏了汪滶，汪滶随即将另一名倭寇头目徐海打算入侵的消息告诉了胡宗宪。

徐海也是徽州人，原为汪直旧部，后独立组建了一支数万人的海寇队伍，势力仅次于汪直。他曾多次率领倭寇入侵长三角。

嘉靖三十五年（1556）四月，徐海果然率陈东、叶明和辛五郎等日本大隅、萨摩两岛的倭寇进犯浙江沿海，人数达万余，来势凶猛。胡宗宪一开始主张武力抗衡，但展开激战后发现倭寇实力强劲，于是转而采取离间计。他派人拿着汪滶的劝降书去招抚徐海，同时挑拨离间另外两名倭寇头目陈东、叶明与徐海的关系。

徐海听到汪直已投降，陈东又反叛了他，大惊失色。不久，他把弟弟徐洪送来作为人质，并抓了叶明和陈东献给胡宗宪。为了表示归顺的诚意，后来他又亲自带领数百名倭寇至平湖城（今浙江嘉兴平湖）请降。

经过谈判，徐海被安排驻军于平湖城外的东沈庄。与此同时，胡宗宪悄悄释放了陈东和叶明，写信命他们驻在西沈庄，伺机进攻徐海，立功自赎。

胡宗宪故意将书信内容泄露给徐海，至此，离间之计已成，两伙人隔河相望，互相猜忌，指责对方，随后展开火拼。第二天，早已布置好的明朝官兵才出场收拾残局，包围了这两支互相残杀的倭寇。

没有退路的徐海最后投水自杀，徐洪、陈东、叶明、辛五郎等人则被活捉，押送京师，其余逃往舟山的倭寇残余力量遭到俞大猷的阻击。在这之后，两浙地区的倭患逐渐平息下来。

现在，只剩下摇摆不定的汪直了。

06

注重军事谋略的胡宗宪其实也不怕死战。在领导抗倭战争的七八年间，"大小数十百战"，他始终坚持在第一线，"自临阵，戎服立矢石间督战"。

有一年，由于倭寇入侵，乡村民众坚壁清野，明军所至之处往往缺乏饮食。胡宗宪率军四处觅食，来到了一个小道观。道士听说胡宗宪是来抗倭的，连忙拿出仅有的一点儿食物招待他，恰在此时，他培养的间谍回来报告倭寇内情。

胡宗宪听说这名间谍已经饿了两天，赶紧把自己的食物给了他。道士提醒胡宗宪说，道观里只有这点儿食物了，你自己留点儿吧。胡宗宪说："吾宁忍饥以食有功。"越是珍贵，越应该给有功劳的人吃。

正是受胡宗宪的诚意感召，当时东南地区一批文韬武略的能人才会云集在他的麾下。人称"俞龙戚虎"的帝国两大抗倭名将俞大猷和戚继光，都曾在胡宗宪的手下抗倭，大展身手。

嘉靖三十五年（1556），戚继光调往浙江抗倭的第二年，胡宗宪推荐他任参将，将他放在抗倭第一线，负责镇守倭患最严重的宁波、绍兴、台州三府。当时，戚继光还不到30岁。

胡宗宪大力支持戚继光训练浙兵，实现其以"浙人守浙土"的主张。两三年后，胡宗宪听说义乌的乡民在与处州（今浙江丽水）的矿工争夺采矿权的械斗中取得大胜，认为义乌乡民凶悍可用，于是又命令戚继光裁汰老弱残兵，去义乌招募三千兵丁。不久，戚继光创立战斗阵法"鸳鸯阵"，胡宗宪观摩后高兴地说："得之矣，自后义乌兵遂以劲名天下。"这就是后来威震天下的戚家军。

徐海集团被剿灭一年后，嘉靖三十六年（1557）八月，被汪直留作人质的蒋洲从日本回到了浙江，这意味着胡宗宪招抚汪直的计划有了新进展。但俞大猷对招抚汪直的做法表示坚决反对，虽然胡宗宪此时仍容许不同意见存在，但后来到了紧要关头，二人的矛盾便越发突出了。

三个月后，汪直亲自率领日本的领主特使40余人以及3000名全副武装的倭寇登陆浙江岑港（位于舟山），他的养子汪滶上岸，负责与胡宗宪交涉受抚事宜。

汪直率领倭寇抵达浙江的消息传开后，沿海官民惊慌失措，都担心汪直集团随时激变，连北京也是"朝议哄然，谓（胡）宗宪且酿东南大祸"。胡宗宪为此承受了巨大的压力，但他仍然力主抚议，避免与汪直产生正面冲突。

为了让汪直尽快归顺，胡宗宪又使出了他十分擅长的权谋手段。他故意将机密文件放在案头，随后出去饮酒，大醉后邀请汪滶入内密谈。没一会儿，因为酒劲太大，胡宗宪已经熟睡打鼾了，汪滶很容易就看到了总督大人的机密文件，这些文件包含了胡宗宪本人起草的请求朝廷宽恕汪直的奏疏，以及被胡宗宪扣留下来的手下将领的请战书。汪滶连夜抄录后假睡，次日一早就起身告辞，把情报报告给了汪直。

汪直感受到胡宗宪的诚意，放下了戒备，仅带领数名亲信进入浙直总督府拜谒胡宗宪。这时候的胡宗宪确实是真心想招抚汪直的，于是对汪直承诺将开放海禁，并说服汪直去拜访浙江巡按御史王本固。

然而，汪直随后在游览西湖的过程中被王本固派人逮捕入狱。此时，外面已经流言四起，朝廷和民间都在说，总督胡宗宪收了汪直几十万两金银，所以放任倭寇上岸。胡宗宪听了心里一惊，生怕自己难以洗刷清白，这才赶紧派人追回了他此前奏请朝廷宽恕汪直的奏疏，改发了另一封要求严惩汪直的奏疏。

汪直被捕的消息传回岑港，汪滶大怒，将胡宗宪派去做人质的通事夏正肢解了。随后他阻断岑港，占据舟山，向明军发起进攻。

胡宗宪派俞大猷和戚继光合兵一处包围汪滶，从四面展开进攻。岑港地势较高，俞、戚采取仰攻姿势，打得颇为艰难，将士死伤惨重，却仍未能攻下。此战打到第二年，也就是嘉靖三十七年（1558），倭寇才在"俞龙戚虎"的猛烈夹攻下逃离岑港。

眼看倭寇往南逃窜到闽、粤一带，俞大猷主张乘胜追击，而胡宗宪认为此轮强攻已经损失太大，故不督兵追击。这时，福建籍御史李瑚上疏弹劾胡宗宪，指责其放纵海寇酿成祸端。因为俞大猷和李瑚都是福建人，胡宗宪据此怀疑这起针对自己的弹劾是俞、李二人共谋，遂先下手为强，把责任全部推给俞大猷。他指控俞大猷违抗军令，纵容倭寇逃窜，俞大猷因此被逮捕下诏狱。后来，俞大猷的好友、锦衣卫首领陆炳贿赂了严嵩的儿子严世蕃，俞大猷才被释放，到了大同巡抚李文进手下立功赎罪。

胡宗宪为了自保污蔑俞大猷导致其下狱，这再次证明胡宗宪是能臣，但绝对不是传统意义上的贤臣。他在道德上有不少饱受争议的污点。

嘉靖三十八年（1559），汪直被拉到杭州的一个港口处死。同年，在东北，一个叫努尔哈赤的人降生了。在欧洲，伊丽莎白一世加冕为英国女王，因为纵容和扶持海盗集团的扩张，她后来被称为"海盗女王"。

第二年，胡宗宪迎来了他个人仕途的顶峰——他被擢升为兵部尚书，兼都察院右都御史。一年后，他又被晋加少保之衔，并节制江西等七省总兵，权势盛极一时。

07

凭借抗倭军功平步青云的胡宗宪，此时并未意识到高处不胜寒。史书上说，胡宗宪是因为握权太重，所以"才得展而祸机亦萌矣"——他凭借权术赢得做事的舞台，也终将因为权术招来祸端。

胡宗宪晋封少保仅仅一年后，即嘉靖四十一年（1562），大明内阁首辅之争进入最后的阶段：隐忍多年的徐阶将山东道士蓝道行介绍给嘉靖皇帝，蓝道行在为皇帝扶乩时看到严嵩进来，遂借"附体"之神灵的口称"今日有奸臣奏事"。早已厌烦了严嵩的嘉靖皇帝一听，怒上心头。御史邹应龙认为揭发严嵩父子的时机到了，在徐阶的暗中支持下上疏弹劾。随着第一张多米诺骨牌倒下，年迈的严嵩被罢官，其子严世蕃被逮捕。

受严氏父子倒台的牵连，朝廷言官以贪污军饷、党庇严嵩等十大罪名弹劾胡宗宪，他的处境变得岌岌可危。很快，胡宗宪也被逮到北京受审。

这时，真正的权术高手嘉靖皇帝突然降旨，说："胡宗宪不是严嵩一党，这八九年来都是朕在提拔他。朕当初因胡宗宪捕获汪直而封赏他，现在如果加罪，今后谁为我做事呢？让他回籍闲住就好了。"

皇帝发话，胡宗宪总算免于牢狱之灾，但他被剥夺了一切权力，仕途到此为止。

嘉靖四十四年（1565），胡宗宪已经回徽州老家闲住了快两年，帝国的政争再次波及他。这一年，严世蕃被告勾结倭寇图谋叛逆，遭斩首，严氏父子及其主要幕僚均被抄家。

在查抄严世蕃的幕僚罗龙文的家产时，御史发现了一封胡宗宪被弹劾后自拟的圣旨草稿。严嵩当权时，严世蕃长期非法值宿内阁，并代其父撰写圣旨草稿，这为当时的帝国政界人士所共知，所以胡宗宪私下草拟了圣旨，托罗龙文转交严世蕃，希望后者利用其权力使自己免于被弹劾。只不过事有偏差，罗龙文还未来得及将这封圣旨草稿交给严世蕃，严氏父子就已经倒台了。这封未被及时销毁、一直藏在罗家的圣旨草稿给了向来做事不拘泥于规矩的胡宗宪致命一击。

"妄撰圣旨"这种事，历史上还没有哪个皇帝能忍得了。于是，54岁的胡宗宪再次被押至北京。在狱中，胡宗宪递上万言书《辩诬疏》，结果石沉大海，没有回音。他自知这次难免一死，写下绝命诗后自杀了，诗云：

> 宝剑埋冤狱，忠魂绕白云。

当时人都传说，胡宗宪贪污了巨额军饷，家里有金山银山，但据明朝官员萧彦后来回忆，胡宗宪死时，"其家也几乎壁立"。可这并不能阻止严党的对手、新任内阁首辅徐阶将那些莫须有的针对胡宗宪的指控写到朝廷实录里面。可怜一代封疆大吏，至死都背负着罪名和骂名。

胡宗宪被罢官革职之后，戚继光还在继续追剿南下闽粤的倭寇，最终完成了胡宗宪未竟的抗倭事业。到胡宗宪自杀之时，骚扰帝国长达三四十年的嘉靖大倭寇终于被平定。明末清初史学家谈迁说，此后东南数百年免倭患，皆胡宗宪再造之功也。

遭遇两极化的评价，胡宗宪生前死后皆如此。这是混乱年代里任何一个希望有作为的官员都需要面对的两难处境：是像张经、杨继盛一样，不惜以生命献祭，对抗权臣，还是像胡宗宪一样，蹚入浑水，委曲求全，赢得做事的空间？

这两种人都是国家需要的栋梁。我们需要彪炳千秋的道德脊梁，也需要支撑危局、解决实际问题的实干家。

随着时间推移，死去的胡宗宪慢慢获得了同情与理解。杭州和嘉兴为了纪念这名抗倭英雄，为他修建了祠堂。明末史学家何乔远也说，世人骂胡宗宪"内结严嵩，外比赵文华以自固"，殊不知他死了那么多年，浙江人还是忘不了他的功业。

"自古未有权臣在内而大将能立功于外者，道在委蛇矣。"胡宗宪讨好严党，不是为了鱼肉百姓，而是为了建立功业。明白这一点，他的虚与委蛇和一腔苦衷就值得尊敬。

1567年，嘉靖皇帝驾崩后，他的儿子朱载垕继位，是为隆庆皇帝。根据福建巡抚涂泽民的奏章，隆庆皇帝放弃了明朝开国以来实行了200年的海禁政策，开始准许民众到海外进行贸易。虽然由于倭人入寇的惨痛记忆，日本仍在禁止之列，但胡宗宪以招抚为主、追剿为辅的思想终于有了正面的回响。

胡宗宪死后7年，也就是1572年，朝廷为胡宗宪平反。

1596年，胡宗宪冤死31年后，御史朱凤翔将胡宗宪和于谦并列为明代"功勋最著者二臣"，请万历皇帝予以表彰。万历皇帝采纳了这一建议，追赐胡宗宪以"襄懋"的谥号。

时至今日，我们记得住抗倭民族英雄俞大猷和戚继光，也请记住他们的上司胡宗宪，尽管他并不完美。他的功绩让我们敬佩，而他的道德瑕疵也应该让我们时刻记住一个道理：

历史中每一个干大事的人都活得很不容易，我们要指摘的是那个时代，而不是在时代中浮沉的人。

海上悍匪：明清帝国"大贼窝"

自称"净海王"的大海盗汪直被处死之后，嘉靖皇帝以为，帝国的海疆终于可以安宁了。

这是嘉靖三十八年，公元1559年。在此前的30多年里，这位以擅长权力制衡出名的皇帝厉行了明朝最严酷的海禁政策，由此导致东南沿海倭患不断。

汪直是继许栋、李光头之后垄断帝国东南沿海与东南亚、日本走私贸易的大海盗，他的大本营设在双屿岛，鼎盛时拥众10万余，大小船只无数，过往的商船都要打着"五峰"的旗号方能通行。不过，在明朝官方看来，他们都是帝国"倭患"的根源。

为了抗倭，浙直总督胡宗宪与汪直的海盗集团斗智斗勇多年，最终将汪直诱骗入杭州，并进行抓捕。汪直被朝廷处死后，双屿岛作为官方认定的"大贼窝"也被捣毁了。

然而，出乎明朝君臣意料的是，一个新的"双屿岛"迅速形成。被朝廷军队击散的倭寇和海盗沿着海岸线南下，一直到了闽粤交界的海面上。在那里，一个"三不管"的小海岛以及本土的海盗团伙接纳了逃窜的海上力量，随后快速成长，很快就发展成让帝国官员头疼不已的海盗巢穴。

这就是南澳岛（今广东汕头南澳县），面积仅为110平方公里，大小约等于三个半澳门。

此后的100多年时间里，明、清两朝都在与以南澳岛为中心的海盗势力进行博弈，深刻改变了闽、粤两省乃至整个中国的历史走向。

01

准确地说，在汪直集团被摧毁之前，在闽粤交界的潮州府，包括南澳岛一带，海盗势力已经颇有声势，只是尚未引起官方的重点关注。

这一整片地方在今天被统称为潮汕地区，涵盖潮州、汕头、揭阳三市。前些年以盛产全国首富出名，近些年以"美食孤岛"之名被全国人民记住。但在传统帝制时代，这片地方属于典型的省尾国角，长期以来，中原王化和统治触角难以抵达。尤其是南澳岛，孤悬大海之中，千百年来"无所系属"，是一个"三不管"的海岛。

在现在能看到的历史记载中，南澳岛早在南宋时期就成了海盗巢穴。史载，宋孝宗淳熙七年（1180），一个名为沈师的大海盗"啸聚甚众，犯南澳，岭东震动三月"。时任广东常平提举杨万里集合数郡兵力，总算平定了沈师之乱，沈师因此在史书中被称为"海上剧寇"。到了明朝开国后，南澳岛上原有民户居住，但在朱元璋洪武年间，出于海禁的基本国策，官方担心岛民作乱，便将他们迁往大陆，"遂虚其地，粮因空悬"。

在朝廷看来，一座无人荒岛是最安全的，但在另外一些人眼里，这就是"啸聚"的天然据点。

嘉靖时，陈天资在《东里志》中记载："（南澳岛）惟深澳内宽外险，有腊屿、青屿环抱于外，仅一门可入，而中可容千艘。番舶、海寇之舟，多泊于此，以肆抢掠……长沙尾，西跨南洋，近于莱芜澳，为船艘往来门户，海寇亦常泊焉。"

也就是说，在嘉靖时期，南澳岛上的深澳、长沙尾等港湾早已成为海盗聚众泊船的据点，当时活跃于漳州、潮州地区的重要海盗集团几乎都在南澳岛有根据地。日本商人也循声而来，每年五月定期在岛上搭棚贸易，当时人说"刀枪之类，悉在舟中"，看得一清二楚，然而贸易各方都习以为常。

双屿岛被摧毁后，海上武装势力盘踞的南澳岛才彻底暴露在朝廷的视野之内。

02

提到南澳岛最早崛起的大海盗，许朝光和吴平必须有名字。

许朝光是广东饶平人，本姓谢。传说他幼年时父亲被大海盗许栋掳杀，母亲则被许栋霸占，因许栋无子，遂收其为子，并改姓。在传说中，许朝光长大后听其母讲述身世，怒不可遏，趁许栋从日本贸易返回南澳岛的途中，设伏兵刺杀了纵横四海的养父。

不过在历史记载中，许栋死于嘉靖"禁海名臣"朱纨之手。

1550年左右，包括许栋、李光头在内的96名倭寇和海盗被朱纨下令处死（一说许栋成功逃逸，不知所终）。朱纨同时指责闽、浙两省的豪族勾结倭寇，这引起了两省豪族的恐慌，他们纷纷动用关系，找人弹劾朱纨越权擅杀。在巨大的压力下，朱纨最终喝下毒药自杀。临死前，他颇为无奈地说："纵天子不欲死我，闽浙人必杀我。"

这么看，许栋死于养子许朝光的刺杀说，或许只是许朝光发迹前后为了自我宣传而虚构的。但因为这个故事颠覆了既有的伦理关系，崇尚复仇至上与胜者为王，所以在海盗群体中和潮汕民间得到了广泛传播。

可以确定的是，许朝光崛起后自立为"澳长"。他将今南澳岛后宅镇一带作为根据地，在那里修宫室、建敌楼、筑城寨，同时将势力扩张到牛田洋、鲘浦诸海口。

史载，在许朝光控制的海港，但凡商贾往来都要交保护费买平安，名曰"买水"。这种开创性做法很快被其他海盗帮派学去，此后，与官府争夺商税成为各大海盗集团的稳定收入来源。

嘉靖四十年（1561）前后，许朝光多次联合倭寇劫掠潮汕沿海村寨，引起很大的震动。地方官府兵力松散，防备吃力，只得对许朝光采取招安政策。许朝光同意招安，但提出了一系列苛刻的要求："本人入城招安，入城后不能关闭城门，不能斥去左右随从，不能解除随从所持兵器。各城门都要兼备本人手下人员守护。入城时应当用特殊礼节宴请，县佐首领官必陪在身旁，宴毕后必立即出城，不能命令我等拜见府道大人。"

官府无奈，最终只能任凭许朝光的大队人马进城。名为招安，实际上朝廷对其毫无约束力。乾隆《潮州府志》记载，"（许）朝光居大舶中，击断自恣，或严兵设卫，出入城市，忘其为盗也"。

许朝光后来被手下头目莫应夫刺杀。他死之时已是嘉靖朝的最后一年——1566年，此时，朝廷针对潮州府海盗的剿杀也进入了尾声。

03

许朝光曾经的对手、闽粤海盗巨魁吴平，因为势力太大震动朝廷，最终引发闽、粤两省对海寇的联合剿杀。

吴平是福建诏安人，自幼聪慧好兵，曾在有钱人家做家奴，遭到女主人虐待，遂逃去入山为寇，后又出海为盗。传言吴平得势后掳掠了原先虐待他的女主人进行报复。

史载，吴平颇有谋略，抗倭名将戚继光"犹惮（吴）平，平所设奇，皆与相当，号为劲敌"。这个有头脑的大海盗因此得到同时期海盗头目如许朝光、林道乾、曾一本等人的推崇，吴平也当仁不让，以闽粤海盗的总首领自居。

当时，活跃于南澳岛海域的大海盗之间有一张错综复杂的关系网，不过，海盗往往只有利益，没有情义。

吴平在南澳岛东北角筑寨之时，手下"战舰数百，聚众万余"。许朝光担心吴平会蚕食自己的势力，设计挑拨吴平父子关系。吴平中计，在醉酒之后怒杀了自己的儿子，待到酒醒，后悔莫及，举兵与许朝光火拼。双方大战于南澳岛中部的牛头岭，战斗激烈，人头滚地，迄今牛头岭仍有"人头岭"的别称。最终许朝光战败，退回自己的据点，而吴平海盗霸主的地位则进一步得到巩固。

但吴平的风光持续不了多久了，南澳岛一带的海上巨寇已经引起了大明朝廷的重视。

潮汕地区人多地少，民众大多以海为生，即便是在明朝的海禁国策下，潮汕人也未停止与东南亚、日本等地的海外贸易。嘉靖后期执行了明朝最严厉的海禁政策，潮汕人为了生存，只能游走在亦商亦盗的边缘，身份模糊。

时任潮州知府的江西人郭春震指出，潮州海患严重的主要原因是本土海盗具有广泛的"群众基础"，当地人驾船挟货，往来东西洋，将"通番"贸易视为家常便饭，而这么做的初衷都是为了生计。但嘉靖皇帝却不认为是自己的海禁政策催生了海盗集团，他认为是地方官府的纵容私通、武力不济养成了一个个海上大盗。

嘉靖四十二年（1563），潮州府增设澄海县，与南澳岛隔海相望，以加强对地方的行政控制。新设的县取名"澄海"，恰恰表明那里海宇未靖，朝廷希望此后能够剿灭海寇，"澄清海宇"。在此前后，潮州府下饶平、惠来、普宁等县的设置也大致出于同样的原因，县名均取同样的寓意。

当吴平的声名传到帝都，朝廷将他视为"广东巨寇"的时候，嘉靖皇帝震怒了。他要求闽、粤两省"严督兵将，协心夹剿，以靖地方"。于是，两广提督吴桂芳与福建巡抚汪道昆协同部署，督令总兵俞大猷、戚继光率军水陆并进，直取南澳岛。

经过数场恶战，嘉靖四十四年（1565），吴平的海盗集团在福建海域被戚继光部击沉战船百余艘，之后退据南澳岛，筑土堡木城，准备做最后的反抗。与此同时，戚继光的军队登上南澳岛，而俞大猷则统率300余艘战船与戚继光会师。在人称"俞龙戚虎"的帝国两大抗倭名将发动最后的总攻之前，朝廷的战船已将整个南澳岛团团围住。

此战，吴平的海盗集团被杀、被擒1500余人，烧死、淹死5000余人，主力被消灭殆尽。尽管如此，在明军水陆兵的强大攻势下，吴平还是率残部逃出了包围圈。

史载，吴平辗转逃到了安南（今越南）万桥山。嘉靖四十五年（1566）四月，俞大猷的部将汤克宽在万桥山之战中才最终剿灭了吴平的残余势力。这一战中，吴平投水身死，一代海上巨盗的传奇人生落幕了。

04

吴平不是明朝盘踞南澳岛的最后一代"海贼王"，但他的死预示着潮州海盗的鼎盛时期正在逐渐成为过去式。"俞龙戚虎"在南澳岛的胜利，成为明朝平定潮州海患的一个转折点。

隆庆元年（1567），新继位的隆庆皇帝朱载垕听从福建巡抚涂泽民的建议，有限度地开放海禁，一时间"寇转为商"，"漳潮之间，旋即晏然"。

万历三年（1575）起，大明朝廷在南澳岛设副总兵，以水兵3000人专守此地。尽管南澳的官方守备很快就松懈下来，但这一标志性事件还是表明一直处于权力真空状态的南澳岛被纳入了军事管理，这个嘉靖后期海盗集团的孕育之地从此相对平静了数十年。

吴平死后，林凤、林道乾等常年活动于南澳岛的潮州海盗集团纷纷起兵攻打沿海城镇，寻求新的据点。在朝廷的军事镇压下，这些大海盗战败，率船队和人员流散于东南亚，有的还在东南亚建立了自己的政权。东南亚因此成了潮州海盗最后的退身之地，而这群人则转变为潮汕人移居海外的先驱，也为海外潮商的出现奠定了基础。这或许就是历史的奇诡之处。

明末，福建南安人郑芝龙的海盗集团崛起，整个闽粤海域，但凡是涵盖东南亚、日本的航线，基本都属于他的势力范围。他拥有无可匹敌的制海权，仿照许朝光收取"买水"钱的做法给过往商船发通行证，获得了巨额的财富。

崇祯元年（1628），在击溃了福建的官军之后，郑芝龙却令人意外地选择投入朝廷的怀抱，出任一个名为"防海游击"的低级职位。事后的结果证明，郑芝龙做出这一选择是相当精明的。他虽然投靠朝廷，却依然拥有自己的船队与地盘，不仅自身利益丝毫未受损，还可以打着官方的名号去剿杀其他海盗集团，扩大郑氏集团的势力。

5年后，明朝水师与荷兰东印度公司的舰队在金门岛附近的料罗湾展开海战，这是中国与欧洲列强在海上的一次重要较量。结果，明朝取得了这次海战的胜利。鲜为人知的是，明朝的主力舰队其实都是郑芝龙的船队，这可算是28年后其子郑成功击溃荷兰人、收复台湾的一次预演。料罗湾海战后，明朝在福建和广东东部的海防力量都被郑氏集团控制了。

崇祯十三年（1640），郑芝龙就任南澳副总兵。尽管他在4年后就升任福建都督，离开了南澳，但此后的三四十年，虽然明清朝代更替，南澳却一直是郑氏集团军事与贸易的重要基地，完全脱离中央王朝的控制。

大清顺治三年（1646），郑芝龙降清，但其子郑成功"止南澳，招兵制械，得数千人"，扛起了反清复明的旗帜。

康熙元年（1662），由于郑氏集团内部矛盾，时任南澳副总兵的陈豹降清。同年，清廷在潮州沿海实行大规模的迁海政策，南澳岛和大陆沿海数十里的居民全部内迁，民不聊生，哀鸿遍野，南澳岛这个维持了200余年的海盗巢穴又回到明初的蛮荒状态。

<h2 style="text-align:center">05</h2>

邱辉是潮州最后一个有影响力的大海盗，他是今汕头达濠人，有个绰号叫"臭红肉"。如今誉满天下的达濠鱼丸，相传就是邱辉为孝敬母亲而创造出来的。

邱辉活跃的时候，清朝已实行迁海政策。南澳岛荒蛮，所以他的据点建在了南澳岛西南方向的达濠半岛上。他在达濠建寨固守，控制粤东沿海的盐业和渔业，成为当时潮州沿海唯一驻守"界外"的海盗头目。

当时，退守台湾的郑氏集团已经传到第三代郑经的手上。邱辉奉郑经为正统，支持其反清复明的大业，因此被封为"忠勇伯"。连横在《台湾通史》中称，邱辉"踞达濠……布帛无缺，凡货入界者以价购之，妇孺无欺。自是内外相安，转运毋遏，物价愈平"，颇有义盗之风。

邱辉占据达濠10多年，并在达濠设置"大明潮州府"，其战船经常在沿海出没，"清兵莫能御"。康熙八年（1669），潮州各地"复界"，但慑于邱辉的势力，清廷特别规定达濠仍为"界外"。

清廷平定三藩之乱后移师南澳，准备收拾邱辉。在清军水陆并进的攻势下，邱辉的达濠寨被攻破，他本人撤退到台湾。后来，邱辉在清军发起的收复台湾的海战中战败，引爆火药桶自杀。邱辉之死，宣告潮州最后一段海盗传奇的落幕。

康熙二十三年（1684），清廷统一台湾后宣布取消海禁，潮州沿海的海盗活动终于告一段落。只是，南澳岛的过往"污点"依然让清廷忧心忡忡。为了防止这个海岛上再次出现割据势力，清廷在设置总兵的同时，分别指派广东、福建各出一营军队驻扎该岛，由此形成了两省分治共管的局面。时人蓝鼎元鉴于明朝晚期以来南澳海盗集团创造的风起云涌的历史，特别提出："南澳一镇为天南第一重地，是闽、粤两省门户也，镇南之法以搜捕贼艘为先。"他希望清廷务必不要放过任何一艘海盗船，以免南澳岛再次发展为大贼窝。

有意思的是，当乾隆年间东南沿海的缺粮问题越来越严重时，朝廷最终允许潮汕海商从暹罗（今泰国）进口大米，这样，曾经流落东南亚的潮州海盗后代纷纷以商人的身份率领船队回来贸易。所有人似乎都忘记了，仅仅半个世纪以前，他们的先辈还是帝国的敌人，是朝廷欲除之而后快的海贼。

海盗与海商的身份转换，完全取决于帝国的对外政策调整，这是多么怪异的事情。

一直到今天，受明清官方意识形态反复多变的影响，潮汕人对于历史上喧嚣一时的本土海盗传奇人物的印象，亦处于一种矛盾的心态之中。

一方面，海盗大帮的血腥劫掠深刻影响了潮汕历史，是催生数百年间潮汕乡村军事化、宗族抱团、械斗等地域文化的原因；另一方面，海盗集团织就的海上贸易网络也深刻影响了潮汕经济的结构，是潮汕本土藏富于民、海湾港口繁荣发展、潮汕商帮称雄海内外的原动力。

当年的海盗巢穴南澳岛，现在成了一个热门的旅游岛，人们奔涌到岛上看海、吃海鲜，偶尔去寻访岛上海盗风云的遗迹。

从岛上最热门的青澳湾出发，北行四五公里，就能到达一个叫金银岛的地方。相传，这里便是明朝大海盗吴平战败前埋藏金银财宝之处。当地流传吴平的藏宝诀："吾道向南北，东西藏地壳，水涨淹不着，水涸淹三尺。"据说能破解者，即能找到巨额财富的确切埋藏点，只是至今无人能解。金银岛附近，有一个名为"吴平寨"的村庄，是中国唯一以海盗的名字命名的村落。

种种迹象表明，潮汕人对过往的海盗历史感情颇为复杂。历史无声，只是静默烙印于相关族群的集体记忆之中，抹都抹不掉。

文化盛世：
人才与思想的『大爆炸』

沈周：二十八岁"躺平"，晚年被封神

当政治秩序乱象初显的时候，明朝在思想文化上却迎来了黄金时代。无论是绘画、书法、戏剧、小说，还是心学、佛学、科学，明朝中晚期人才辈出，各领域蓬勃发展，孕育出一批超越时代的伟大人物和经典作品，一直到明亡，这股文化思潮仍未断层，且影响深远。

01

"吾先生非人间人也，神仙人也。"文徵明口中的"神仙人"，正是他的老师、"明四家"之首——沈周。而在历史学家眼中，沈周是中国15世纪一个伟大的名字。

在古代，世俗意义上的成功大约逃不过中举之后在官场扶摇直上，有钱有权。但是，总有人选择少有人走的路，甚至有人是从通往"成功"的康庄大道上跳车，闯入隔壁的迷雾森林。

沈周便是如此。

沈周的另类人生，从一则卦象开始。

苏州知府汪浒早就听闻长洲县的沈周才华过人，景泰五年（1454），他向沈周抛出橄榄枝，希望举荐他为官。收到消息后的沈周并未感到高兴，而是拿出《周易》给自己算了一卦。卦象显示："嘉遁贞吉。"这是告诉他，跑路为上策。

看到这个结果，沈周笑逐颜开，留下一句"吾其遁哉"后，不但推辞了这份差事，还频繁出入山野，开启自己一辈子的"事业"——隐逸。

这一年，沈周才28岁。

在注重功名利禄、倡导入仕为官的时代，沈周的做法就像是年纪轻轻却选择了"躺平"。多少读书人梦寐以求的功名利禄，于沈周而言却是避之唯恐不及的累赘。人到中年时，他写下一句诗："功名大欲渊，取之无一足。"这也许可以解释他为什么会做出异于常人的选择。

元朝末年，沈周的曾祖父沈良因战火失了家业，入赘苏州相城名门徐家。所幸，沈良是个有本事的人，又有贤妻的辅佐，很快，沈家门户变大，家财逐渐雄厚。由于沈良"资质丰伟，立身端谨"，从这时起，沈家就颇受乡邻敬重，吴中一带的文人也属意与其交往。当时的著名画家王蒙就与沈良交好，还曾作画相赠。

沈家的文士之风由此兴起。

随后，沈家家业交到了"性嗜诗酒，以诗名江南"的祖父沈澄手里，一跃成为江南最火的文士名家。其时，沈宅坐落在相城西庄。在沈澄的组织下，无数文人雅士在西庄觥筹交错，吟诗作对，好一幅热闹的文人雅集图景。当时，人们都将沈澄与元代文人集会的领头羊顾瑛相比。

像沈澄这样才华出众的人当然不免受到朝廷赏识，举贤为官。只是，喧嚣的官场怎么能留得住沈澄那颗自由烂漫的心呢？永乐初年，赴京没多久，沈澄便称病归家，转而继续沉醉在喝酒吟诗的快活之中。相城沈家从此多了一个传统：不乐仕进。

不管是父亲沈恒还是沈周自己，都是在这样的家庭氛围里长大。在沈周的脑海里，还存着当年在西庄秋轩里各位文士名流为祖父举杯祝寿的场景。世代影响之下，读书而不入仕这个原则已深入骨髓，所以，当沈周收到举荐的消息时，他大概只有惊而无喜。

从世俗眼光来看，沈周不做官是有些可惜了。15岁那年，他因为一篇当场写下的命题作文《凤凰台歌》被户部主事崔恭大加赞赏。崔恭将他比为王勃，可见其文才天赋之高，同时代应该没有多少人能比得上。

家中富裕，名声籍甚，若再出个高官，家族岂不是更盛？但沈周即便在最年轻气盛的时候也没有受到世俗名利的诱惑。他一心读书，不爱功名。这么看来，为卦象而逃遁不过是借口罢了。

02

拒绝入仕以后，沈周便开始了他的隐逸生活。他的隐逸与传统的隐士相比极为不同。很多人说，沈周笔下的山水比起前人总是少了几分清高孤傲，多了几分平易近人，这都是源于他那颗"市隐"之心。

沈周的心安，是从现实生活中汲取的，而非一入山林后便两耳不闻窗外事。他一生隐逸的底色是耕作。在《耕乐》中，他说："良家无外慕，躬耕修隐德。"他一生与农田相伴，在他眼里，农作并非苦事，反而有助于修身养性，是生活中不可缺失的一部分。

沈周的诗画中涉及田园生活的作品十分丰富，从中能看出他对农事的关注。于沈周而言，田园生活是"和风拂田稚，蕊蕊行复粒。儿孙候归来，竹户灯火夕"（《耕乐》）的模样。一边是辛勤劳作的结果，一边是灯火下的天伦之乐，如此和美，不禁让人神往。

如果遇上天灾，沈周也会诉苦："我家低田水没肚，五男割稻冻慄股。劳劳似共雨争夺，稻芽渐向镰头吐。"（《割稻》）他的忧心并不局限于自家田地，他能听见隔壁邻居甚至是远方的哭声："小家伶仃止夫妇，稻烂水深无力取……老翁坐对沈龟哭，婆亦号咷向空釜。"（《割稻》）

沈周隐逸，却未曾忘却自己仍身处"人间"。虽不为官，但天下忧乐于他而言仍十分重要，此所谓"人在乡下，心怀天下"。

沈周的烟火气，还体现在他鲜为人知的生活智慧上。

人人都知道沈周擅长写诗作画，却不知道他还懂得酿醋、造酒、炒肠、煮鸡。他的《石田杂记》便记录了日常碰见的种种琐碎：

炒猪肠。用荸荠如药饮片，切了晒干为末，临炒时，撒末子在内，不要盖锅。待熟，倾白酒些少，则脆美。

煮老鸡鹅。凡杀过置在净处，待其肉冷，然后燖毛煮之，易烂如嫩者。

如此一看，沈周的隐逸又让人感觉多了几分亲近。他曾写诗："莫言嘉遁独终南，即此城中住亦甘。浩荡开门心自静，滑稽玩世估仍堪。"（《市隐》）

有时候，仙气和烟火气并不冲突。

03

一个人能名满天下，获得"万千宠爱"，是有原因的。在沈周生活的时代，内自京师，外至闽、浙、川、广一带，无人不知他的名字，无人不想得到他的画作以作珍藏。

中年以后，沈周在祖宅西庄不远处营建了有竹居。这里作为沈周隐逸的大本营，却常年"客似云来"。按照王鏊为沈周所作墓志铭的记载，每至黎明时分，沈周的有竹居大门还没开，旁边登岸的港口就已塞满访客们的舟船了。

面对如此"盛况"，沈周是如何应对的呢？

"所至宾客墙进，先生对客挥洒不休。所作多自题其上，顷刻数百言，莫不妙丽可诵。下至舆皂贱夫，有求辄应。"在沈周那儿，不论是高官名士，还是平头百姓，都会得到竭尽所能的接待。于他而言，络绎不绝的求画之请也会让他感到疲累，但由于他"不忍人疾苦"，所以能应的多数都应了。前有贩夫牧竖拿着白纸前来索画，沈周无有为难，人人满意而归；后有拮据书生拿着自作赝品索求题字，沈周乐然应之，化假为真。

沈周曾作《南乡子》一词，其中说道："天地一痴仙，写画题诗不换钱。画债诗逋忙到老，堪怜，白作人情白结缘。"虽称种种所求为"画债"，但也在调侃中吐露了心中所想：他不过是天地间喜欢画画写诗的痴人罢了，作品都没拿来换钱。

如此平易近人的"吴中第一高士"，世间只有一个。沈周有求必应，待人和颜悦色，来自他对自己极高的道德要求。

沈周一生中留有好几幅自画像，其中一幅名为《白石翁小影轴》的画像绘于其74岁时，补题于80岁：

似不似，真不真。纸上影，身外人。死生一梦，天地一尘，浮浮休休，吾怀自春。

人谓眼差小，又说颐太窄，但恐有失德。我自不能知，亦不知其失。面目何足较，但恐有失德。苟且八十年，今与死隔壁。

一句"恐有失德"，便能看出他一生的追求。他还作过一首《雅士吟》：

> 雅士居乡党，平易以为德。
> 口惟无妄语，貌有和乐色。
> 温恭一座上，四隅皆敬饬。
> 他日偶虚位，嚣嚣众狂忒。
> 如冠在人首，寒煖初何益。
> 便去若无妨，但觉仪观失。
> 君子无异人，无之无以式。

诗中温俭恭让的翩翩雅士，也许就是他理想中的自己。

04

也许人类的悲欢并不相通，但焦虑的情绪世人皆有。别人眼中的洒脱文士沈周，暗地里也有着自己的困惑。

很多人看沈周出身名门，尤其是文徵明等人留下的记载中说他"佳时胜日，必具酒肴，合近局，从容谈笑。出所蓄古图书器物，相与抚玩品题以为乐。晚岁名益盛，客至亦益多，户屦常满……风流文物，照映一时。百年来东南文物之盛，盖莫有过之者"，故认为沈周始终过着富裕的生活，然而事实并非如此。

沈周早年的富裕不假，但后来的困顿也是真的。一切要从朱元璋建立的"粮长"制度说起。

明朝建立初期，为了巩固政府的赋税收入，避免地方官员侵吞税收，朱元璋便让地方里田多的大户去担任粮长，完成当地税粮的征收和解运。经济恢复上升之时，这确实是一桩美差，干得好的人还可以被举荐为官。可随着朝廷税收日益繁重，逃税的百姓日渐增多，如此一来，粮长便收不齐税。朝廷精明得很，规定租税不够，粮长必须掏钱代偿，这也是最初要"选择"大户来担任这一职务的原因。于是，粮长补税补到破产的事屡有发生。

沈周家便是摊上粮长一职的倒霉蛋。

起初，沈周的父亲担任粮长，由于粮长实行"永充制"，沈周在29岁的时候便被迫接替出任。随后数年，他一直饱受该职困扰。不但曾因代偿税粮让妻子变卖饰物，窘迫的时候还因拖欠官府500石而被羁押入狱，靠好友郭琮代偿才得以脱身。

成化十四年（1478），51岁的沈周在端午节写道："亲淹阶上殡，食仰水中田。借贷烦亲戚，饥寒罪岁年。"（《端午漫书》）可见，沈周不再担任粮长后，也没有回到从前的优渥生活，还要问亲戚借钱。

从35岁起，许是为家业忧愁，沈周已长出了白发。他对此十分重视。有学者统计，沈周存世2000多首诗词中，涉及白发相关意象的就接近300首。对于自己的衰老，沈周同普通人一般，或多或少都感到了焦虑：

不堪青镜里，已有白头悲。（《白发》）

面皮半褶须半白，老岂不来来太早。（《览镜辞》）

霜毛随叶落，搔首忽心惊。（《立秋夜坐》）

沈周的白发除了来自时有饥贫的生活，还来自亲友的接连离世。他活到83岁时才去世，可谓长寿，但此间，他却送走了父亲母亲、兄弟姐妹、妻子长子，还有挚友史鉴等人。每一次生死离别，对他都是沉重的打击。

面对亲友的相继离世和容颜的日渐衰老，沈周对时光的流逝深有体会：

初谓人送岁，终反被岁送。人于一岁间，过眼几悲痛。送岁人不知，处岁若处梦。（《送岁词》）

沈周有位道士好友，名方志清，两人十分投契，常常相聚，写诗相赠。沈周夸赞方道士"一片闲心如太古，何曾染着世间愁"，肯定其高逸境界。而方道士也很热心，多次诚邀老友跟他一同学道，以此与天相通，长生不老。

但不论方道士如何发出学道邀约，沈周都十分清醒："欲学知不易，衰颜无故红。"（《方水云过竹居》）他婉拒了。

后来，方道士走了，年近70岁的沈周为他写下长长的挽诗，说："皮囊败坏秋草里，青山剑穴从谁爬。碧云黄鹤渺何许，矫首西睇令人嗟。我今随生亦随死，努力加饭辞餐霞。"（《挽方水云道士用东坡先生清虚堂韵》）

面对生命的流逝，焦虑乃人之常情，只是，有多少人最后能真正欣然地接受自然规律，活在当下？其实，乐观豁达才是延缓衰老的"自然道法"。当曾经让沈周惊惶的白发也要消失，他已经不再焦虑了：

青草年年多，白发日日少。青草催白发，似恐人不老。发落白有尽，草生青不了。我是乐天人，梳头对青草。（《青草吟》）

晚年，沈周作了一本名为《卧游》的画册，从跋文上看，是要模仿宗炳以四壁作山水的"澄怀观道，卧以游之"，并且还要超越："此册方可尺许，可以仰眠匡床，一手执之，一手徐徐翻阅，殊得少文之趣。倦则掩之，不亦便乎？"

虽说读万卷书，行万里路，但即便一生未出江浙，在小小一方天地之间，也足以让他看透世间万物的根本。

一棵白菜，有人说是"传家青白凛寒冰"，而沈周说是"南畦多雨露，绿甲已抽新。切玉烂蒸去，自然便老人"。有人吟咏它，有人只是爱它最真切的模样，因为那就是活生生的生活。

嘉靖二十六年：明朝人才"大爆炸"

23岁那年，举人张居正赴京参加科举会试。对于此次考试，他信心满满。

张居正从小便有"神童"之称，早在12岁那年就在家乡湖广荆州府参加了童试，一鸣惊人，16岁又通过乡试，成了一名少年举人。尽管三年前考进士落榜，但这件事并没有在心高气傲的张居正内心留下丝毫阴影。再次跟天下学子同台竞技，他满怀胜算。

果不其然，这次科举考试张居正名列前茅，中了二甲第九名进士。

这一年是嘉靖二十六年（1547），一个与宋仁宗嘉祐二年（1057）齐名的科举"当打之年"。

从当年二月开始，来自天下的4300多名顶尖学子齐聚京师，参加会试。直到三月，经过残酷的殿试选拔后，共有大约300人脱颖而出。接下来的数十年间，这300人中走出了一群经国大才，他们在政治、经济和文化上塑造了大明社会的面貌，从而成就了嘉靖二十六年的进士榜神话。

在这群人中，一甲三名分别是状元李春芳、榜眼张春、探花胡正蒙。位列状元的李春芳便是日后曾与张居正一起组阁的大明首辅，人送外号"太平宰相"。而同榜出身的进士中，影响历史走向的名人还有：大明第一硬汉杨继盛、大明"后七子"领袖王世贞、抗倭名将汪道昆、一代帝师殷士儋……

可以说，嘉靖二十六年是明朝人才"大爆炸"的一年。

01

如今，人们关注嘉靖二十六年的龙虎榜，大抵是因为张居正，但在当时，最早闻名天下的却是杨继盛。中进士那年，32岁的杨继盛打定主意要竭力报国。他疾恶如仇，期望朝堂清明，于是在职业生涯的巅峰，这位忠臣开启了"怒骂严嵩"模式。

那是中进士的6年后，也就是嘉靖三十二年（1553），杨继盛刚从狄道（今甘肃临洮）被召还回京。此前，身为兵部员外郎的他因反对大将军仇鸾开马市的提议而被对方打击报复，褫夺官职，发配边疆为吏。不久，仇鸾相继开罪了权倾朝野的陆炳和严嵩，在政斗之中黯然丧命，弹劾有功的杨继盛得以借机起复。

在一切准备就绪后，还京的杨继盛特地沐浴斋戒了三天。经过反复权衡利弊，他向嘉靖皇帝进呈了《请诛贼臣疏》。这是一份措辞激烈的奏疏，杨继盛在其中历数严嵩的"五奸十大罪"，请求皇帝从重处罚此等奸贼。

按杨继盛的说法，严嵩在朝数十载，除逼死前任内阁首辅夏言外，还在皇帝四周安插了自己的眼线。本着为国家、为皇帝负责的态度，他杨继盛愿做大明烈士，只求皇帝英明，能听从下臣之谏。

杨继盛骂得痛快，却也不小心得罪了包括嘉靖皇帝在内的满朝君臣。在嘉靖皇帝眼中，这份《请诛贼臣疏》骂的不是严嵩，而是他本人，因为只有昏君的身边才会全是奸佞小人。看完杨继盛洋洋洒洒5000多字的长文，嘉靖皇帝的怒火已直冲脑门，未等严嵩动手，他就下令将杨继盛投入诏狱，重杖一百。

面对皇帝不分青红皂白的重责，朝堂上下一片哗然。锦衣卫陆炳也在杨继盛列举的"奸佞"名单中，但在行刑前，陆炳却交代下属务必保住杨大人一命。

当时，杨继盛的友人寻来了一副蚺蛇胆，据说吃了能胆气倍增，扛过这顿要命的毒打。可杨继盛一口回绝了，说："椒山（杨继盛自号椒山）自有胆，何必蚺蛇哉？"

史载，一百棍过后，杨继盛"两腿肿粗，相摩若一，不能前后；肿硬若木，不能屈伸。止手扶两人，用力努挣，足不覆地而行入狱"。在狱中，他创伤发作，疼得半夜惊醒，之后他竟然摔碎瓷碗，用手拿碎片割去腐肉。肉被割尽，筋挂膜，他又用手截去。在一旁监视他的狱卒早已被吓得魂飞魄散，杨继盛却意气自如。

02

就算这样，严嵩仍不愿放过杨继盛。在严嵩的干涉下，刑部侍郎王学益打算用绞刑尽快处理掉杨继盛，但终因证据不足，未能得逞。

杨继盛下狱期间，他的故旧、同僚等均未放弃对他的营救，其中出力最大者，当数与杨继盛同科中举的王世贞。

在嘉靖二十六年的那批进士里，22岁的王世贞年纪最小，家境最好。他出身江南世家名门太仓王氏，其祖王倬、其父王忬皆是一代名臣，有大功于国。王氏父子看到杨继盛因弹劾严嵩而遭遇重罚，内心难掩愤恨与悲痛，于是在杨继盛身陷囹圄之际，王世贞伸出了援手——他是同科进士中唯一一个替杨继盛奔走呼救的。

可王世贞的申冤不仅没能救得好友性命，自家甚至还因此付出了代价。

严嵩父子一手遮天，即便有陆炳力保，杨继盛依旧难逃死劫。临刑前，在身边陪伴他的除了妻子张氏外，就是好友王世贞了。为了抚慰王世贞，杨继盛最后给他留了句遗言："元美（王世贞字元美）不必如此。死得其所，死又何惧？"说完，杨继盛引颈就戮，终年40岁，时为嘉靖三十四年（1555）。

好友的离去让王世贞一时难以释怀，然而，更大的悲痛还在后面。由于擅杀杨继盛招致群臣不满，严嵩也不敢再对书生意气的王世贞下手，便转头盯住了在朝中督办边境军务的王世贞之父王忬，指使党羽构陷其防卫失职。

恰逢鞑靼部再越长城威胁京师，得知消息的嘉靖皇帝直接赐给王忬一道圣旨："诸将皆斩，主军令者顾得附轻典耶？"

为了救父亲一命，王世贞只能上书辞官，带着弟弟王世懋跪伏在严府门前，祈求阁老开恩。然而，墙内的严氏父子充耳不闻，甚至见到王世贞昏倒在自家门前时，"小阁老"严世蕃还特命家丁将王氏兄弟二人撵走，以免扰了府上清净。

痛失救父之机的王氏兄弟最终只等来了父亲王忬的遗骨。王世贞怒不可遏，他发誓，穷此余生也要与严氏父子抗争到底。

03

官场失意的王世贞带着满身疲惫转战文坛。作为从科举中脱颖而出的有才之士，王世贞的文名极盛。早在父亲出事以前，他就与李攀龙、吴国伦、谢榛、徐中行、梁有誉、宗臣等六人在京师结成诗社，倡导文化复古运动，被后人称为大明文坛"后七子"。他们在文化复古方面追求明确，极力反对"台阁体"。

王世贞提出了要把才思结合起来创作的方法论。他认为，"思即才之用，调即思之境，格即调之界"。他还主张，才思相结合之法要落在通篇的结构句式、文采修辞之上，使作品展现人性的灵动光辉。

不过，王世贞初时与"后七子"中的其余六人并不相熟，亦无来往。他们的结缘，始于一位叫李先芳的诗坛魁首。有趣的是，与状元李春芳仅一字之差的李先芳也是嘉靖二十六年的进士，且两人年纪相仿，中举时都是三十七八岁。

中举前，李先芳已浸淫诗坛多年。有说法称，他16岁便能赋诗，"未第时，诗名籍甚齐鲁间，先于李于鳞（李攀龙）"。中举后，在京师等待吏部任命期间，李先芳与李攀龙等人"结社赋咏，相推第也"。

据王世贞回忆，早在举进士时，他就知道同科之中有一个来自山东的"李子"（李先芳），写诗冠绝天下。于是在中举之后，他便多方打听，得与李先芳结交从游。也正因此，王世贞最终与李攀龙走到了一起，达成了"文自西京以下，诗自天宝以下不齿"的共识。后来，随着李先芳南下任职新喻（今江西新余）知县，"七子派"的召集人也就慢慢变成了王世贞。从此，在这个位置上，他一枝独秀了20余载。

但名望不能熄灭王世贞对严氏父子的仇怨。在以创作诗赋为主的"后七子"中，王世贞格外不同，无论是创作诗赋、戏曲、小说还是史传，他都会将仇家拎出来鞭笞，以泄心头之恨。

后世常有人拿《金瓶梅》的作者兰陵笑笑生硬附王世贞，因为严世蕃小字"东楼"，而《金瓶梅》里身兼官僚、恶霸、富商三重身份的大官人名叫西门庆——东楼对西门，何其工整。只不过，这样的争论至今仍无答案。有关兰陵笑笑生真实身份的记录，也仅有一位叫"廿公"之人在给《金瓶梅》写的跋中有过透露：此作"为世庙（嘉靖）时一巨公寓言"。

尽管《金瓶梅》的创作与王世贞的关系一时理不清，但另一部名叫《鸣凤记》的传统昆曲剧目却与他脱不了干系。这部大剧不仅将10位大力反对严嵩的大臣称为"双忠八义"，还大量照搬夏言、徐阶、杨继盛、邹应龙、赵文华等嘉靖朝局中的关键人物的事迹，以政斗事件串线，揭露严嵩等嘉靖朝奸党的丑恶嘴脸。

《鸣凤记》成书于嘉靖之后的隆庆年间（1567—1572），放眼天下，若非王世贞或其门人，又有谁胆敢为前朝旧事翻案，毫不避讳地进行创作呢？

04

说到文学创作，若论及嘉靖二十六年进士中谁最懂浅斟低唱，估计王世贞也会说：那个出身徽商世家的汪道昆认第二，无人敢争第一。

就在"后七子"引领文学复古时，汪道昆在家乡发起号召，成立了新安诗派。

当时，在汪道昆的家乡徽州，人们多以外出经商为主要谋生手段。伴随着资本主义萌芽，徽商们在外赚得盆满钵满。"商翁大半学诗翁"，商人与文人的唱和潮流让这些徽商世家学诗论诗之风盛行起来。除了少部分附庸风雅者，大部分徽商都想通过这种途径使自己的家族摆脱阶层末流的形象，以期后代科举中第，光耀门楣。所以，当"科举骄子"汪道昆振臂一呼，家族中通晓文墨的汪道会、汪道贯等人便欣然应允，与之交论诗篇。

为了给好友兼同僚汪道昆捧场，王世贞还特地以文魁之名召集三吴两浙间的文人雅士，集体去徽州讨教交流。在自己的地盘上，汪道昆则召集了乡间有名的才子前来对擂。双方互有输赢，却也取长补短，传为一时佳话。

汪道昆既负文名，曲艺创作也同样出彩。

自宋徽宗时兴起的南戏延续到明代已是历经沧桑，经由"曲圣"魏良辅的技艺改进，逐渐发展成杂剧主流的戏曲风格——昆腔。在明初以来的文化高压下，杂剧的创作普遍以"神仙""孝子""节妇"三大题材为主，少有关注当下的作品。汪道昆突破常规，从古代失意贵族及高阶文化人士入手，围绕这些人物书写故事，或展开"流云缥缈，朝来几度明灭"的神话梦境，或展示"无端惹得，惹得风流况"的宫廷官场。

在《五湖游》中，汪道昆写春秋时期范蠡辅佐越王勾践灭吴，之后功成身退，偕西施泛舟归隐；在《洛水悲》中，他又记曹植被逐归封地，偶遇洛神，怅然若失。如此种种，皆是在讲述他自己进入官场，感受到世态炎凉后的心境顿悟，是寻求本真所显。

或许对汪道昆而言，科举带给他的身份变化不过是《五湖游》中范蠡的"都来大梦"，历经一世的烟云后，终将化为乌有。

05

建功立业是汪道昆走向范蠡之路的第一步。在写诗作剧的身份之外，他也是赫赫有名的一代将才。

汪道昆生活的嘉靖、隆庆、万历三朝，正是倭寇海盗集团侵扰东南沿海的高峰时期，百姓饱受其苦。任义乌县令期间，汪道昆着手为抗倭名将戚继光招募了一批当地乡兵，组织团练，出海御敌。这支王牌部队后来在戚继光的编练下成了大名鼎鼎的"义乌兵"，在嘉靖抗倭、万历援朝战争中都发挥了重要作用。

凭借义乌兵的组建，汪道昆也与戚继光结下深厚的友谊。戚继光比他小3岁，两人一生中有近四分之一的时间同生共死。

嘉靖四十一年（1562），汪道昆已升任福建兵备道。他的治下遭遇倭寇入侵，宁德、福清等地告急。值此危急时刻，戚继光率8000名兵士火速来援，随后，戚继光主战，汪道昆为其参谋调度，二人在战场上配合得天衣无缝。

开战前，心领神会的两人特地抽出佩剑，折断二分，以此发誓不负福建军民。3年后，平倭战斗胜利。汪道昆十分高兴，一口气给戚继光写了10首《戚将军入闽破贼绝句》，其中一首写道：

> 秦川负固拥千群，汉节征师下七闽。
>
> 西去不须司马檄，南来知是伏波军。

凭借南征北战的军功，汪道昆在嘉靖后期进入帝国中央，坐堂兵部。此时，随着严嵩的倒台，大明政局正在发生翻天覆地的变化。

与汪道昆同科的张居正搭上了内阁首辅徐阶的关系，平步青云。在徐阶的举荐下，张居正进入裕王府，成了未来大明天子的侍读学士。当时，进入裕王府给裕王朱载垕上课的还有张居正的同科殷士儋，但比起前者只是准备以此为跳板升官，殷士儋可要敬业多了。

来自齐鲁大地的殷士儋刚正秉直，在给裕王上课期间，即便众人对待裕王皆唯唯诺诺，他也不讲情面，甚至在皇家规定的寒暑假期也要裕王"四时无辍"。但在严苛的教育要求背后，殷士儋也对长期受困于"二龙不可相见"矛盾的裕王关怀备至。提起这些，多年后已经成为皇帝的朱载垕仍旧颇为感激。

06

嘉靖四十五年十二月（1567年1月），在持续服用大量丹药后，嘉靖皇帝驾崩。三皇子裕王朱载垕被众卿推举为大明新君，是为隆庆皇帝。

嘉靖皇帝驾崩后，尚在裕王府的张居正被"伯乐"徐阶紧急叫去起草遗诏。随后，凭借曾为裕王旧臣的身份，张居正得以入阁，进入大明决策层。而徐阶则因新帝对其一向无好感，在隆庆皇帝上台后不久即遭罢阁，退休回家。

徐阶走后，内阁首辅之位空了出来。隆庆皇帝亲自点名，嘉靖二十六年的状元李春芳得以出人头地，当起了内阁老大。

在隆庆皇帝登基以前，李春芳即以状元的身份长期备策于嘉靖皇帝身边。嘉靖皇帝喜好修道，大臣替皇帝写青词祭天成了升官的必备技能。李春芳身为状元自然文采出众，写得一手好青词。据说，嘉靖皇帝为自己取法号"天池钓叟"时，他就曾送皇帝两句赞美诗："拱极众星为玉饵，悬空新月作银钩。"

李春芳不愧是高才，寥寥数字便营造出众星捧月的氛围，嘉靖皇帝对此十分满意。这句诗换来的是李春芳"自学士至柄政，凡六迁，未尝一由廷推"。他备受嘉靖皇帝宠信，官位噌噌直升。

可到了隆庆时代，李春芳这个内阁老大当得可就不再顺利了。

内阁中的张居正和高拱虽然水火不容，但对待李春芳，他们二人的立场却出奇的一致：此人不适合当首辅。看在同榜进士的情谊上，张居正直接找到李春芳，劝他见好就收：一大把年纪了，占着最重要的朝廷官职却不干实事，只会写写青词，脸面何在？还不如将辅政大权交给干实事的人！

张居正说的"干实事的人"，指的是他自己。

李春芳也明白自己的尴尬境地，想到徐阶遭弹劾下台的惨淡结局，他选择了主动挂冠而去。

李春芳走了，张居正却依旧没能坐上梦寐以求的内阁首辅之位，坐上这个位置的是他的死对头高拱。在高拱的辅佐下，隆庆皇帝放开海禁，让数量巨大的白银通过海上贸易回流大明国库，实现了"隆庆新政"。

尽管高拱对张居正多有掣肘，但站在国家层面上考虑，张居正知道不能一心陷入内斗，自己还有更重要的事情要做。

隆庆四年（1570），鞑靼部俺答汗再度兵犯大同，企图登基称帝。值此紧要关头，张居正得知，俺答汗的孙子把汉那吉与爷爷同时喜欢蒙古的传奇女性"三娘子"。在爷爷俺答汗的逼迫下，把汉那吉败走大明，准备内附。

张居正得到消息，赶忙写信给时任山西总督的王崇古，要其暂时把这伙蒙古人截留下来，以便作为筹码与俺答汗谈判。

在张居正的力劝下，隆庆皇帝将把汉那吉一伙交予俺答汗，并赐封俺答汗为顺义王，准许其迎娶三娘子；作为交换条件，俺答汗要放弃称帝。如此血赚的买卖，俺答汗一口应承。至此，大明北方边境稍安。

随着蒙古人撤军，隆庆皇帝的身体却每况愈下，两年后，他因纵欲过度，早早驾崩。

此后，张居正迎来了人生中的巅峰时刻。凭借着继位的万历皇帝生母李太后的宠信，张居正一把拉下了占据首辅之位长达5年的高拱，自己坐了上去，终成一代名相。

鉴于明朝国库自正德（1505—1521）以来持续亏空，张居正一上台就给全国丈量土地，重新编制土地鱼鳞图册。经过张居正的整顿，到万历八年（1580），全国田地共有700多万顷，足足比隆庆五年（1571）时增加了近三倍。这背后，是张居正大力打击土豪劣绅偷税漏税、吞并耕地的结果。

尽管这些改革措施遭到了众多大臣的反对，但从为国理财的角度上讲，张居正算是理清了帝国的一笔糊涂账。之后，面对日益剧烈的朝堂争斗，张居正还搞了一套吏治考成法，以"尊主权，课吏职，信赏罚"为目标，专门解决朝廷官员争权夺势、贪赃枉法的行径。

可在严格要求别人的同时，张居正却在独自贪欢。当时，朝中众人皆知，张居正有两大军事护法，一为抗倭戚继光，一为守边李成梁。为了让朝廷放心，这两位名将没少给张首辅送礼，甚至在戚继光给张居正的书信中，还能看到一代名将卑称自己为"门下走狗小的戚某"，与大众印象里光辉的英雄形象判若两人。

这样风光的日子，张居正却没有福气享受太久。万历十年（1582），他劳瘁而死，终年仅58岁。

07

随着张居正的去世，他曾经的过失被万历皇帝扒了出来。去世不久，张居正就被皇帝下令抄家，尽削官秩，生前受赐的玺书、四代诰命也被夺，全以罪状示天下。

一时间，谩骂张居正的唾沫星子满天飞。最终，还是同科的王世贞不计前嫌，站出来替张居正说了句公道话："有臣以来，尽瘁代终；以逸归君，孰如我公？公秉化枢，垂及一纪；尽扫骸骸，与民更始。"

这一年，王世贞57岁。

经历嘉靖政难后，王世贞曾两度回朝，并在张居正的关照下督抚郧阳，但两人毕竟不是同道中人。一次，王世贞目睹了张居正家人欺负江陵知县，遂给张居正去信要求其秉公执法，然而张居正却选择了偏私，两人自此决裂。往后余生，在张居正的打压下，王世贞过得异常艰辛。

但这些随着张居正的倒台都变得不重要了。因为就在同一年，王世贞还收到了一个消息：他的幼子王士骐考中了应天乡试第一名解元。

王家在仕途传承上后继有人了！

对于此事，到底该喜该悲，王世贞并不知道。科举出身的他在官场修炼了一辈子，到头来还是只适应读书修身，对尔虞我诈的权斗看不透，亦无兴趣。至于儿子的路，还是要他自己去走。

万历十八年（1590），随着王世贞病逝，嘉靖二十六年进士榜上的帝国大才们造就的时代悄然落下了帷幕。

王阳明和他的心学：投向大明的一枚思想炸弹

从广西返乡的路上，王阳明的病情日渐加重。一天，他从梦中醒来，问随行弟子："到哪里了？"

弟子回答："青龙铺。"

"船好像停了？"

"在章江河畔。"

王阳明笑了一下："到南康还有多远？"

弟子说："还有一大段距离。"

王阳明又是一笑，说："恐怕来不及了。"言罢，他让人帮他更换了衣冠，倚着一个侍从坐正了，就那样坐了一夜。

次日凌晨，王阳明把弟子周积叫进来。周积跑进来的时候王阳明已倒了下去，很久才睁开眼。他看向周积，说："我走了。"

周积无声落泪，问："老师有何遗言？"

王阳明用尽最后一点儿力气，向周积笑了一下，说："此心光明，亦复何言？"

嘉靖七年十一月二十九日，即公元1529年1月9日，王阳明病逝于舟中，享年57岁。此时他的船位于江西南安地界。

生前，王阳明创立的心学流派随着他的建功立业而得以流播，同时又饱受敌视、嫉妒与压迫。他死后，这种局面随着政治的深度介入，从未消解。

但是，就在这样的思想拉锯中，王阳明和他的心学，已经深刻影响并重塑了整个中晚明社会的方方面面。

01

成化八年（1472），王阳明出生于浙江绍兴府余姚县一个富裕家庭。9岁时，他的父亲王华一举考中状元，王家迎来高光时刻。

相较于父亲目标明确的人生道路，30岁之前，王阳明的人生充满了各种不确定性——他根本不知道自己想做什么。

少年时，王阳明喜欢习武，不肯专心读书，总是偷偷溜出去做孩子王，左右调度小伙伴们，如战场上排兵布阵一般。父亲见了很生气，斥责他："我家世代以读书显贵，用得着这个吗？"他反问："读书有什么用？"一句话把父亲气得够呛。

后来，王阳明一度喜欢诗文，打算做一个才子文学家。不过，这个兴趣很快就又转淡了。他的文友们颇感惋惜，他却笑着说："即便学如韩愈、柳宗元，不过为文人；辞如李白、杜甫，不过为诗人，都不是第一等德业。"口气很大，然而什么是"第一等德业"，这时候的他心里其实也没谱。

不过有一点是明确的：王阳明对当时流行的程朱理学很不满意。他一度想用实践去验证这些大学问，结果一无所得。在北京，父亲的官署里种有很多竹子，王阳明便遵循程朱理学中"今日格一物，明日格一物，必有豁然贯通处"的教诲，和一位姓钱的朋友相约"格竹"。他们从早到晚默默对着竹子，比着看谁能更早透过这些竹子格出天理。三天后，他的朋友坚持不住了，中途退出。七天后，他自己也出现幻觉，对竹格理之事以一场大病告终。

此后，王阳明转而学道。新婚之日，他遇见个道士，两人畅聊养生成仙之道，不觉间便聊到了天亮。老丈人派人找了一夜，新娘子急得以为新郎连夜逃婚了。

王阳明还曾在九华山寻访著名的仙家，好不容易找到两个奇人，便一心想跟着人家学习。结果，这两位奇人一个说他"官气未散"，另一个则对他说了句"周濂溪、程明道是儒家两个好秀才"的玄语，都不肯收他，此事也就没了下文。

好友湛若水后来回顾说，王阳明早年有过"五溺"："初溺于任侠之习，再溺于骑射之习，三溺于辞章之习，四溺于神仙之习，五溺于佛氏之习。"

史学大师钱穆说，王阳明是一个有多方面趣味的人，在他的内心充满一种不可言喻的热烈的追求，让他丝毫不放松地往前赶着。他像有一种不可抑遏的自我扩张的理想憧憬在他的内心深处，隐隐地驱策他奋发努力。他似乎是精力过剩，而一时没找到发泄的出路。他一方面极为执着，事不成不罢休；另一方面思维又极跳脱，沉迷于"五溺"。

这是王阳明早年的生活状态。一直到30岁之后，他才感到自己沉溺过的东西都不太靠谱。

醒悟的原因很简单：这年八月，王阳明在山中修炼，据说状态很好，但他忽然很想念祖母和父亲，便觉得自己尘缘未断，于是果断放弃了这条路。

陈来在《有无之境——王阳明哲学的精神》一书中总结道："30岁到34岁，是王阳明思想从泛滥各家到归本圣学的转折期。"

02

从道家与佛教的出世虚无中摆脱出来，王阳明开始以自己的经历和正在建构中的新思想去开导别人，颇有几分人生导师的意思。

他在杭州西湖边的寺院里看到一个枯坐的和尚，听别人说这和尚不视不言静坐了3年，他遂绕着和尚走了几圈，突然站定，大喝一声："这和尚终日口巴巴说什么，终日眼睁睁看什么！"

和尚猛地惊起。

他盯紧和尚，问其家人。

和尚答："有老母在。"

又问："想念否？"

答说："不能不想。"

他告诉和尚，要听从内心良知的召唤，好好生活。第二天，和尚打包离开寺院，重返红尘。

度人者不度己，王阳明迎来了自己人生的转折与苦难。

正德元年（1506）的冬天，34岁的王阳明仗义执言，上疏请求释放因弹劾大太监刘瑾而遭逮捕的言官，由此触怒了权势滔天的刘瑾，结果被廷杖四十，下了诏狱，后被谪贬至贵州龙场驿当驿丞——一个遥远的未开化之地的卑微小官。

即便如此，刘瑾也未放过王阳明，而是一路派锦衣卫跟踪，欲加谋害。在后来的历史记载中，王阳明逃离锦衣卫暗杀的事迹被传奇化：两个锦衣卫追着他到了江边，他意识到自己难以脱身，急中生智，脱下鞋子摆在岸边，并将头上的斗笠扔到江里，伪造了一个跳江自杀的现场，而他本人则登上一艘船，向着舟山逃去。

祸不单行，王阳明乘坐的商船在海上遇到台风，几度命悬一线。此时的王阳明有过隐遁不仕的打算，但担心连累父亲，便遵从内心的良知，去了龙场驿赴任。他带去的仆人都病倒了，他便自己干起了仆人的工作，种菜、砍柴、取水，为仆人们做饭、洗衣、熬药，直到他们痊愈。大家对当地闭塞艰苦的环境叫苦连天，他遂充当一名诙谐的说书人，时时活跃气氛。

人生无法选择顺境或逆境，但可以选择对待顺境或逆境的态度。熬过百死千难，王阳明即将等来思想上的回馈。

正德三年（1508），一天深夜，王阳明忽然大彻大悟，想明白了格物致知。他不觉欢跃而起，若痴若狂，随从们都被他惊醒了。

王阳明以前通过外物去寻求天理，对着竹子格了七天七夜，现在他终于明白，这条路大错特错。"天下之物本无可格"，"格物之功，只在身心上做"。圣人之道不应向外在事理求之，而是向内在求之，"心即理也"。这一石破天惊的顿悟，后来被称为"龙场悟道"。

在此基础上，王阳明创立了"致良知"的体系，认为人的感知能力和能量很大，而且每个人都有能力和能量，应该努力去开发它。一年后，他又提出"知行合一"。在当时的官学程朱理学中，知识和实践是割裂的，而王阳明将二者统一起来。

王阳明的这些思想，就像在大明王朝投放了一颗重磅炸弹。以前人们独尊孔子，后来又迷信朱熹，但如今王阳明登高一呼："夫道，天下之公道也；学，天下之公学也。非朱子可得而私也，非孔子可得而私也。"他说，每个人都有主观能动性，不必靠一个人的智慧过日子，人人心中都有一个"圣人"，如果努力去争取，那么人人可为尧舜。

对于强调秩序、统一和标准答案的明朝思想界，这个说法给了苦闷的读书人极大的震撼，同时也将王阳明推入了隐隐的危险境地。

03

结束了3年的龙场贬谪，王阳明回归正常的官场仕途，并在刘瑾死后获得升迁。正德九年（1514），他升任南京鸿胪寺卿。

王阳明到哪都不忘讲学，想要把自己的发现告诉更多人。信服他学说的人越来越多，以他的学说为"异端"的人同样越来越多。但王阳明并不在意周遭的声音，他只砥砺自己做一个知行合一的人。

王阳明晚年回顾自己的心路历程时对弟子们说："我在南都（南京）以前，尚有些子乡愿意思在。在今信得这良知真是真非，信手行去，更不着些覆藏。我今才做得个狂者的胸次，使天下之人都说我行不掩言也罢。"

在儒家传统里，自孔子以来就对"乡愿"深恶痛绝，因为这种人看上去忠诚老实，其实不过是随波逐流罢了。王阳明说得很清楚，此种人的"忠信廉洁"是为了"媚君子"，"同流合污"是为了"媚小人"。说白了，"乡愿"就是没有本心。王阳明反思自己，觉得自己43岁以前也有"乡愿"的毛病，但此后就不管流俗的看法了，逐渐拥有了"狂者"的境界。

何谓狂者？狂和狷在儒家经典里经常同时出现，相较于被否定的"乡愿"，这是两种被肯定的人格。狷者的精神在于知耻不为，坚守善道，洁身自好；狂者的精神在于志向远大，勇于进取，光明磊落。用王阳明的话说："狂者志存古人，一切纷嚣俗染，举不足以累其心，真有凤凰翔于千仞之意，一克念即圣人矣。"可见，狂者虽然还不是圣人，但一念之间就可以实现精神的自我超越，由狂入圣。

正德十四年（1519）六月十四日，宁王朱宸濠以自己的生日为名宴客，胁迫江西官员跟他一起起兵造反，史称"宁王之乱"。

王阳明时任右副都御史，巡抚南（昌）、赣（州）、汀（州）、漳（州），正奉命前往福建处理一起卫所军人作乱事件。听闻朱宸濠叛乱的消息，他立刻易服潜返吉安，一方面与吉安知府伍文定调集兵粮、船只，另一方面发出征讨令，呼吁各地起兵抗击宁王。

王阳明分析说："贼若出长江顺流东下，则南都（南京）不可保。"所以他运用了一系列兵不厌诈的谋略，对朱宸濠实施缓兵之计，拖延其攻打南京的时间。他伪造朱宸濠的亲信谋士李士实、刘养正的投降密状，四处散布，并专门写"回信"，感谢他们的"精忠报国之心"，由此引发朱宸濠集团内部的相互猜忌。当李士实建议朱宸濠尽快出兵夺取南京即大位时，朱宸濠出于猜忌之心，对这个建议迟迟不做回应。等到朱宸濠意识到自己中了王阳明的缓兵之计，开始发兵攻打南京时，王阳明已经直取其老巢南昌，迫使朱宸濠带兵回援。

一切尽在王阳明的掌握之中。南昌被打下来了，朱宸濠也在回援的过程中被生擒，这场藩王内乱在第43天戛然而止。

朱宸濠被王阳明生擒时，远在北京的正德皇帝朱厚照还在忙着为"御驾亲征"做各种准备。当荒诞的朱厚照自封大将军出发南征时，王阳明的捷报已送到，但他装作没看见，继续南下，一路游玩，用了四个月时间，终于抵达南京。

如此，凭借杰出的军事才能为明王朝平定藩乱的王阳明不仅没成功臣，反而因为"破坏"了皇帝本人的南征行动，阻碍了皇帝身边的佞臣们"建功立业"，处境变得十分微妙。朱厚照身边的佞臣诬陷王阳明曾与朱宸濠通谋，后来觉得反叛之事不成才选择反水。他们还暗示王阳明将朱宸濠释放，然后再由朱厚照亲自将其擒获，以满足皇帝的虚荣心。

面对如此荒诞之事，王阳明决定急流勇退。他将朱宸濠交付给当时尚属正直的太监张永，然后称病，避免卷入更多的政治事端中。

荒诞的朱厚照在南京一个教场里亲手"擒获"了朱宸濠，然后打着南征大胜的旗号返回北京。结果，朱厚照在途中游船时落水生病，于正德十六年（1521）三月驾崩。

王阳明终正德一朝都未受到朝廷表彰。这种诡异的状态一直持续到嘉靖皇帝朱厚熜继位。

嘉靖皇帝继位半年后，朝廷才对平乱有功的官员们进行封赏，王阳明被封为新建伯，原吉安知府伍文定升为左副都御史，其他有功官员升一至三级不等。

然而，王阳明的艰难遭遇并没有到此为止，以圆满结局收场。一场更大的打击靠近了他。

04

嘉靖初年的"大礼议"事件成为新皇帝掌控权力的转折点，那些追随王阳明的平叛功臣们陆续成为政斗的牺牲品，一个个遭到弹劾或罢黜。

紧接着，朝堂上有人弹劾王阳明，而且很有针对性，目标直指他的学说："近有聪明才智足以号召天下者，倡异学之说；而士之好高务名者，靡然宗之。大率取陆九渊之简便，惮朱熹为支离，及为文辞，务从艰险。"当王阳明的心学理论日渐对程朱理学产生威胁时，来自朝廷的思想统一的阴影便笼罩在这位心学宗师的头上。

因父亲王华去世，此时的王阳明正在家乡守制。一直到嘉靖六年（1527）赴广西平叛之前，遭受政治打压的王阳明获得了宝贵的6年时间，他集中精力讲学，创办书院，调教弟子，这使他的心学有了越压制越顽强的传播状态。他的人格魅力和思想学说吸引了众多门徒，"致仕县丞、捕盗老人、报效生员、儒士、义官、义民、杀手、打手，皆在笼络奔走中"。

史载，当时王阳明在绍兴讲学，全国各地的学子不远千里慕名而来，远近寺刹都住满了，甚至到了"夜无卧处，更相就席"，即大家轮流睡床的地步。浙东由此成为心学传播的大本营。

嘉靖二年（1523），王阳明门下最特立独行的弟子王艮穿奇装异服、坐"招摇车"（蒲轮）北上入京，沿途讲学，传播心学，轰动一时。王阳明闻讯大怒，设法把王艮召回来"痛加制裁"，但他的学术思想已流传四方。

王艮原名王银，出身贫苦的灶户，家中世代以制盐为生。19岁时，他为了生计贩卖私盐，用10年时间实现了财富自由。王艮没受过系统的教育，但悟性极高，又好读书，后到江西拜入王阳明门下。有次王艮出游归来，王阳明问他："都看到了什么？"王艮答："我看到满大街都是圣人。"王阳明听出他的话外音，跟他说：

"你看到满大街都是圣人，满大街的人看你也是圣人。"

王阳明知道这个弟子"意气太高，行事太奇，欲稍抑之"，于是将其原名"银"字去金，变成"艮"，并赐字"汝止"，希望王艮行止得当，动静适时。但王艮仍保持其高调的行事风格和出格的思想言论，并以此赢得了世人的关注。王阳明去世后，他创立的泰州学派成为阳明心学最活跃、影响最大的门派。

嘉靖六年（1527），王阳明提出著名的"四句教"："无善无恶心之体，有善有恶意之动，知善知恶是良知，为善去恶是格物。"这时，他门下弟子们出现了理解上的分歧。

同年，广西思恩、田州二府发生叛乱，两广都御史根本搞不定，朝廷又想起了军事奇才王阳明，让他尽快前往平叛。九月，在王阳明启程的前一晚，他的两大弟子钱德洪与王畿前来讨教。

大体而言，针对老师的"四句教"，钱德洪认为要下功夫去修炼，王畿则给心灵赋予全部合理性。这就像禅宗南北两派，钱德洪主张渐悟，王畿主张顿悟。

对两位弟子的分歧，王阳明进行了调和："二君之见相资为用，不可各执一边。汝中（王畿）之见是为利根之人用，一悟本体即工夫；德洪之见是为其次之人用，本体受蔽，要实落意念上的为善去恶。汝中需用德洪工夫，德洪须透汝中本体。"他的意思是，要根据不同人而定。有利根的人，就像王畿说的那样做，至于大多数的普通人，则要像钱德洪说的那样做。王阳明之前也强调，致良知要一天一天渐进，就好像种树一样，"树有这些萌芽，只把这些水去灌溉，萌芽再长便再加水，自拱把以至合抱"。如果一下子转向，就像"有一桶水在，尽要浇上，便浸坏他了"。

这个被称为"天泉证道"的晚上，两位弟子都有所省悟，这也预示着阳明心学将会走上分歧迭出的道路。

嘉靖七年（1528）七月，王阳明平定了广西的叛乱。十月，嘉靖皇帝朱厚熜读到他上奏的捷报后却大发雷霆，说王阳明的捷报"近于夸诈，有失信义，恩威倒置，恐伤大体"。他怀疑王阳明夸大战功。

此时王阳明已经病重，所以不等朝廷同意就率性踏上了返程。朱厚熜并不体谅这些，说他无诏行动，目无皇帝。那些惯于诋毁的朝臣也都出来添油加醋，说王阳明是"病狂丧心之人"。

王阳明已经不想也没办法应对周遭的诋毁了。漫长的归途只走了一半，他就病逝于江西南安的一条小船上，留下"此心光明，亦复何言"的遗言。

05

嘉靖皇帝对王阳明的刻薄寡恩，其根源很快就暴露出来。

嘉靖八年（1529），王阳明死后没多久，嘉靖皇帝发布谕旨称，"守仁（王阳明）放言自肆，诋毁先儒，号召门徒，声附虚和，用诈任情，坏人心术"。原来，王阳明的心学所蕴含的是人性解放、独立思考、怀疑一切、众生平等的理念，这些都冲击到了皇权的权威。因此，阳明心学才被官方认定为"伪学"。

但政治的打压、宗师本人的去世，都阻挡不了阳明心学在中晚明社会的蓬勃发展。

王阳明去世后，他的两大弟子钱德洪和王畿讣告同门，强调要统一意识。但是，一个学派在宗师死后出现派别分化显然是不可避免的，更何况钱德洪和王畿二人早已存在理念分野。这并不是一件坏事，或许正是因为门派的分化，阳明心学才迎来了新的生命力。

根据黄宗羲《明儒学案》，阳明学派可按地域分成七大门派，可谓"门徒遍天下，流传逾百年"。阳明心学的影响力实在太大，以至于嘉靖、隆庆以后，大明已经没有几个人对程朱理学笃信不疑了。

按照"天泉证道"时体现出来的理念差异，阳明心学被分成"现成"与"工夫"两大系统。王畿的虚无派和王艮的日用派均属于现成派，而聂豹和罗洪先的主静派、邹守益的主敬派、钱德洪的主事派，则都属于工夫派。

中国历史上，在阳明心学之前，从来没有一种学说能够如此肯定个体价值。难怪后来的东林党领袖顾宪成说："当士人桎梏于训诂辞章间，骤而闻良知之说，一时心目俱醒，恍如拨云雾而见白日，岂不大快！"

历史学家余英时评价阳明心学为"一场伟大的社会运动"。他说，王阳明是要通过唤醒每一个人的"良知"的方式，来达成"治天下"的目的。这可以说是儒家政治观念上一个划时代的转变，我们不妨称之为"觉民行道"。与2000年来"得君行道"的方向恰恰相反，王阳明的眼光不再投向上面的皇帝和朝廷，而是转向下面的社会和平民，这是2000年来儒者所未到之境。

随着思想的推进，王艮的泰州学派（日用派）更加注重对底层人民的教育，主张君子平民化，从而形成较为彻底的平民儒学。泰州学派门下相继涌现出徐樾、颜钧、罗汝芳、何心隐、李贽等"能以赤手搏龙蛇""非复名教之所能羁络"（黄宗羲言）的杰出人物。他们推崇自然人性，冲决一切网罗，其影响不再局限于思想界，还扩展到文学艺术等泛文化领域。

一时间，重情主义、自然主义、自由主义、个人主义等社会思潮纷纷涌现，伴随晚明的市民经济，构成了一个相互促进、相互发展的闭环。

晚明出现了包括"四大奇书"在内的世俗小说以及冯梦龙、凌濛初等人的通俗小说，出现这种情况，除了有刻书、印刷、交通、识字率等因素的促成外，本质上还是受阳明心学的影响。

信奉心学的士人以"人人皆可成圣人"为精神信条，所以他们通过通俗小说、戏曲等"愚夫愚妇"容易接受的艺术形式来达成心学的传播，而这也是王阳明本人所坚持的"亲民论"的具体体现。王阳明生前曾批评弟子以高姿态去教人，结果把人都吓跑了："你们拿一个圣人去与人讲学，人见圣人来，都怕走了，如何讲得行。须做得个愚夫愚妇，方可与人讲学。"

在吴承恩的《西游记》中，到处可见"心"字。如第一回，孙悟空寻访到须菩提祖师住处"灵台方寸山"时，李贽就在批注中指出："灵台方寸，心也。""一部《西游》，此是宗旨。"在"斜月三星洞"后，李贽又批道："斜月象一勾，三星象三点，也是心。言学仙不必在远，只在此心。"而书中的孙悟空热爱自由、睥睨权威、敢作敢为，在中国古典小说史中也属于横空出世的艺术形象。这些无疑都是心学理念的折射。

王阳明生前曾说，他的良知之说是从百死千难中得来的。也正因如此，才越发彰显他学说的生命力。一直到明末，阳明心学塑造了整整一个时代。

06

与在民间的蓬勃发展截然不同，阳明心学自从被嘉靖皇帝定为"伪学"之后，在官方层面就始终处于被压抑的状态。直到嘉靖三十一年（1552），信奉心学的徐阶以礼部尚书兼东阁大学士的身份参与机务，也就是入阁，局面才慢慢开始解冻。

朝廷官员各有出身，各有思想，他们并非铁板一块。王阳明在世时虽被皇帝打压，但他的事功和思想仍潜移默化地影响了许多在朝为官的同僚。这些人随着自身权势的上升，为阳明心学的正式解禁作出了贡献。

另一方面，嘉靖以后，随着市民社会的发展，官方的控制力越来越松弛。城市、商业、交通以及印刷技术的发展，使知识的获取和传播更加方便，并越来越超出官方意识形态所设定的边界。士绅和商人有了财富积累，他们对思想的表达和知识的诉求也更加强烈，这与阳明心学的理念一拍即合，心学理论由此更获传播。

两者合力之下，无论是被程朱理学过分约束心灵的士人，还是被官方制度过分约束生活的市民，都相当欢迎阳明心学简洁明快的理想主义表述和对旧学说的激烈批判。

用一种活泼的思想去改变当下的世界，这是中晚明社会的期许，也是王阳明曾经的自我期许。他创立心学不仅是为了安顿内心，最主要是为了拯救时局。他一辈子多次被派往各地镇压此起彼伏的叛乱与起义，在这个过程中深刻感受到明朝中期的统治危机。正如他所说的，"破山中贼易，破心中贼难"——要打垮山里面的叛乱者是不难的，难的是怎么破除和消解人民对现状的反抗，如何重新整肃人心。

因为是拯救时局，体现在政治上，就出现了路线的分歧：有人认同，有人反对。

历史学家韦庆远认为，明朝隆庆年间，朝廷上形成了尊奉陆王心学的徐阶、李春芳、赵贞吉与实际上信奉法家学说的高拱、张居正之间的路线冲突。在这种冲突中，内阁首辅由徐阶、李春芳、高拱、张居正等人先后担任，最终高拱与张居正胜出，以致形成了对阳明心学发展不利的政治态势。

张居正担任首辅的10年间，阳明心学的传播遭受重创。张居正早年也迷恋过心学，但出任朝廷要职之后，对于如何挽救时局，他得出了与王阳明截然不同的答案。王阳明给出的药方是拯救"人心"，张居正则认为要自上而下进行政治经济改革，而推行政治经济的全面改革应该加强集权、统一思想，在此维度上，阳明心学所引起的思想自由反倒成了改革的障碍，必须予以清除。

万历七年（1579），张居正下令关闭天下书院，禁毁私学，并申言对违反者"许各抚按衙门访拿解发"，全国60多家书院就此关门大吉。但阳明心学泰州学派弟子何心隐对此毫不理会，他在京城、湖北等地继续创建会馆讲学，还要求朝廷放开私学，否则他就要入京驱逐张居正。

两个月后，为了邀功的新任湖广巡抚王之垣在徽州缉拿了何心隐。审问时，何心隐拒不下跪，并高声抗辩。王之垣命衙役踢折他的双腿，痛笞百余杖。何心隐强忍着剧痛怒吼道："公安敢杀我？亦安能杀我？杀我者，张某（张居正）也！"说完，气竭而尽，死于狱中。

何心隐之死是心学传播受挫的一个标志性事件。

朝廷对心学的态度是随着政治斗争的进行而随时调整的。张居正去世两年后，也就是万历十二年（1584），万历皇帝朱翊钧听从申时行等人的意见，决定让王阳明、陈白沙、胡居仁一并从祀孔庙，享受儒者的最高待遇。由于朝廷态度的骤然转变，从此时起，撕下"伪学"标签的阳明心学便在整个社会中风靡开来。

07

18年后，又一起转折性事件发生。

万历三十年（1602），泰州学派传人李贽以"邪说惑众"被捕入狱。

不久前，万历皇帝下诏严词批判心学，称："近来学者不但非毁宋儒，渐至诋讥孔子，扫灭是非，荡弃行简，复安得忠孝节义之士为朝廷用？"对朝廷来说，心学塑造出来的思想解放与个人主义并不利于统治，所以还是要弹压，尤其是要解决极端、影响大的人，杀鸡儆猴。

李贽是王艮之子王襞的弟子，以思想深刻、崇尚个性、行为大胆出名。他否定孔子、孟子的圣人地位，认为孔孟非圣人，也和常人一样，大家没有高低之分，所以人人皆可成圣，没有必要以孔孟的是非观作为自己的标准。这些激烈的言论让他被朝廷盯上，继而被捕。

一天，一名侍者在狱中为李贽剃头。趁侍者离开的间隙，李贽拿起剃刀朝自己的脖子割了下去，顿时鲜血淋漓。

侍者大急，问他："和尚痛否？"

李贽已不能出声，用手指在侍者掌心写字作答："不痛。"

侍者又问："和尚为何自割？"

李贽写道："七十老翁何所求！"

根据袁中道的记载，李贽在两天后才死去，永远告别这个"世不我知，时不我容"的世界，而阳明心学的黄金时代也跟着李贽的死一起终结了。曾经为了救世而创立的学说，在现实的压制下慢慢蜕变成士人们自我生命安顿的学说。心学仅止于内心，脱实入虚，便式微了。

又40余年后，清军入关，新王朝崇尚儒术，提倡程朱理学，实学思潮兴起，阳明心学的地位更是一落千丈。梁启超说，阳明心学是一剂"兴奋剂"，如今强劲的药效退去，衰疲的副作用来了。

所有的这一切兴衰荣辱，王阳明本人是否预见到了呢？

曾经，有个叫徐樾的弟子虔敬地希望和王阳明见上一面，王阳明答应了。见面后，徐樾确信自己得到了心学的真谛，王阳明便让他举例说明。徐樾兴奋地举起例子来，但他举一个，王阳明就否定一个，徐樾举了十几个都被否定了。他已无例可举，相当沮丧。

王阳明指着船里蜡烛的光说："这是光。"

在空中画了个圈说："这也是光。"

又指向船外被烛光照耀的湖面说："这也是光。"

再指向目力所及处："这还是光。"

徐樾听了，这才重燃兴奋之情。

王阳明说："不要执着，光不仅在烛上。记住这点。"

回望阳明心学在明朝的起起落落，这句话听起来像极了一个生动的隐喻。

《金瓶梅》的真相：一部明朝时代剧

北宋宣和年间（1119—1125），在阳谷县卖了多年炊饼的武大突发恶疾，死了。这可急坏了三个人：武松、潘金莲和西门庆。

一听说哥哥出事，"打虎英雄"武松立即丢下手中所有公务，回家料理后事。而武大的妻子，貌美如花的潘金莲，着急的却不是如何安葬先夫。她早已与县里开生药铺子的大官人西门庆"有了一腿"。武大也正是因撞破二人的丑事而被他们挟私报复，鸩杀丧命的。

武大一咽气，潘金莲就对西门庆说："我的武大今日已死，我只靠着你做主！"话一说出口，她又担心自己以后没了地位，随即补充一句："你若负了心，怎的说？"

在这杀人的当口，西门庆哪里有闲心谈情说爱？说实话，鸩杀武大也是他头一遭杀人。杀人不是杀鸡，他哪会不紧张？但潘金莲的话已出口，他只能赶紧回应。

于是，便有了这句话："我若负了心，就是武大一般！"

01

以上情节，出自被称为明代"四大奇书"之一的《金瓶梅》。谈及此书，人们总会被其中的色欲所"迷惑"，很少有人知道，这本书是影射一个时代的"照妖镜"。

书的开篇便塑造了一个经典人物——西门庆。与《水浒传》中的西门庆形象差不多，《金瓶梅》里的西门庆也是吃喝嫖赌样样精通。自从继承了他爹留下的生药铺子，西门大官人就时常在外眠花宿柳，拈花惹草，结交的朋友亦多是"帮闲抹嘴，不守本分"的人。但闯荡江湖许久，他练就些许拳脚功夫，倒也在十里八乡闯出些许威名。

一开始，只有一家生药铺子的西门庆家产并不十分富裕。但凭着走南闯北的胆识和广泛结交的人脉，开药铺之外，他在县里"与人说事，交通官吏"。自从有了"保护伞"，阳谷县里"举放私债"的好事全都归了他。

随着财富的增长与地位的提升，西门庆不仅将大女儿西门大姐嫁给了八十万禁军杨提督的亲家陈洪的儿子陈敬济，搭上了上层的关系，还新娶了本县左卫吴千户的女儿吴月娘做填房，人生好不快活。

有意思的是，实际上，在《金瓶梅》故事发生的宋朝并不存在"提督""卫所千户"等官职，这些都是明朝才出现的职位。难道该书的作者连这点儿历史常识都不具备？不是的。对于《金瓶梅》来说，宋朝的社会背景只是一个盒子，里面装的全是明朝的东西。

在续娶了吴月娘之后，西门庆又相继纳了富孀孟玉楼、太监侄媳李瓶儿两个小妾，她们的到来又为他带来了新的巨额财产。

西门庆的这种生活意识，与明朝资本主义萌芽时期的社会观念几乎完全相同。据史料记载，终明一代，上层对下层的剥削发展至顶峰。从明宪宗朱见深时代开始，无论君主还是普通贵族，都将家族的财富看得比国库更为重要。为了尽可能多地聚敛钱财，"私铸银钱""开设皇庄"都是家常便饭。

不过，西门庆的财色双收之路倒也不是一帆风顺。

受利益链条的牵连，西门庆努力攀上的"大树"杨提督被宇文虚中一夕参倒后，他自己也顺带着被绊倒了。对此，一向处于社会末流的西门庆未免有些心慌。但他最擅长"与人说事"，说白了就是牵线搭桥，上下拿钱。在他的"职业生涯"中，扬州盐商王四峰通过他搭上了位高权重的奸臣蔡京。最后，在蔡太师的襄助下，王四峰免于受罚，并附赠了2000两银子酬谢。西门庆转手就将银子一分为二，一份归了自己，一份孝敬蔡太师。

如今，自己出了事，西门庆故技重施。他找来经常替自己往京城送礼的来保，让其先备一份厚礼送往蔡京府上打探消息。从蔡府公子蔡攸的口中，来保等人得到了一个重要信息：昨天三法司会审，主审的是右相李邦彦。蔡京树大招风，如今也牵扯在杨提督一事中，不适合发声。不过，杨提督的事上头已有定论，问题不大，只是会牵扯到几个手下，为今之计，还是去李大人那里探探口风。

就这样，西门庆通过来保再向右相李邦彦进贡。当来保等人把礼物呈上时，李邦彦早已等不及，一面说："你蔡大爷份上，又是你杨老爷亲，我怎好受此礼物？"另一面又补充："科道参言甚重，一定要问发几个。"说完，命人取来准备发落的犯人名单，西门庆的名字赫然在列。来保见了主子的名字，吓得魂飞魄散，赶紧递给李邦彦500两银子，请求对方法外开恩。

《金瓶梅》接着写道："（李）邦彦见五百两金银，只买一个名字，如何不做分上？即令左右抬书案过来，取笔将文卷上西门庆名字改作贾廉，一面收上礼物去。"

能用钱解决的，那都不是个事儿。

西门庆算是躲过一劫，但《金瓶梅》作者借"贾廉"之名讽刺李邦彦假清廉的用意，也是十分露骨了。

02

在真实的历史中，宋代高官根本不会见钱眼开，为了500两银子做出枉法的事来。宋代官员的年薪是历朝历代中最高的。拿大家熟知的包拯包青天举个例，根据宋仁宗嘉祐年间颁布的《嘉祐禄令》规定，包拯作为龙图阁直学士兼知开封府，一年至少有1656贯的俸禄。

在宋代，官方通常将一贯钱与一两银子的价值画等号。相信身为右相的李邦彦，年俸绝对不会比包拯低，换句话说，来保所送的500两银子实不足以让他垂涎三尺。

但这情况到了明代就大为不同了。乞丐出身的明太祖朱元璋最恨贪官污吏，他认为，以往各朝出现大面积的贪官污吏不是因为官吏缺钱，而恰恰是因为他们太有钱了。若想让大明王朝官员保持廉洁，就必须降低他们的俸禄水平，甚至是发实物，不发钱。朱元璋还将各级官员的俸禄都限定死了，只要天下还是大明的天下，什么级别的官员拿什么工资都得遵循他的规定。

只能说，朱元璋这种异于常人的思维，在明初百废待兴之际具有一定的正向作用。那时，明朝各项规章制度都执行得比较彻底，钱还挺值钱的。就像嘉靖年间的名臣王琼后来说的："国初定制，百官俸给皆支本色米石，如知县月支米七石，岁支米八十四石，足勾养廉用度。"

可日子越往后，问题就越大。

首先是社会底层商人。这一群体在帝制时代一直得不到重视，但他们却是整个社会中最懂如何将财富最大化的人。

在强大的利益驱动下，人对财富的追求与取舍开始陷入迷茫。正所谓"有钱能使鬼推磨"，只要能谋得暴利，谁还管它合不合法？如此一来，到了中晚明，商人根本不管朱元璋那套"寸板不得下海"的政策了，放开胆子与日本、葡萄牙等外国人通商，以物易银，谋得暴利。

根据历史学者估算，从嘉靖年间到明朝灭亡的百余年间，平均每年约有75吨的白银从日本流入中国。另外，大量低成本的美洲白银也通过葡萄牙的全球贸易从海上进入中国。数据显示，明朝晚期，包括日本、美洲在内的世界白银产量约有三分之一至二分之一最终流入中国。

钱多不一定是好事，大量白银流入，自然会导致市场上的钱贬值。这个道理大家都懂，可不知道为何明朝的君主们一个个在捞钱时都犯了傻。在他们设置的金融体系中，居然没有提前设置"准备金"，海外白银一到，明朝原先自给自足的那套宝钞直接"扑街"了。大明宝钞贬值后，官方只能加速印钱，这成了大明王朝一个无解的金融黑洞。

此举可把那些拿着死工资的官员给害惨了。没钱买米，日子没法过，故而，卖官受贿几乎成了晚明官员心照不宣的一种财富来源。这也就是为什么《金瓶梅》中的右相李邦彦竟会为500两银子而折腰——《金瓶梅》表面是一部宋朝历史剧，实际是一部明朝时代剧。

03

与《水浒传》的讲述不同，《金瓶梅》中，武松回家后并没有遇上寡嫂潘金莲和仇人西门庆。

武大郎死后，潘金莲与西门庆草草将其火化，之后大肆狂欢。潘金莲嫁与西门庆为第五房姿室，人称"潘五娘"。至于他们俩的丑事，街坊邻居们都晓得，但碍于西门大官人的权势，大家也不敢多嘴，只编了四句打油诗，算是嘲讽西门庆："堪笑西门不识羞，先奸后娶丑名留。轿内坐着浪淫妇，后边跟着老牵头。"

比较讽刺的是，西门庆并不十分清楚潘金莲的过去。

在嫁给武大郎以前，潘金莲已被亲生母亲先后贩卖给了两任主人——王招宣和张大户。这俩老头均是老来纵欲的人士，在他们的家中，原为良家子的潘金莲被调教得琴棋书画样样精通，再加上"天生丽质，脸衬桃花"的优势，她很快在张大户家崭露头角。之后，为了改变命运，潘金莲接受了命运的安排，将自己的全部奉献出去，以换取金钱、地位和自由。

可见，潘金莲虽是世间少有的荡妇，却也是个极可怜的人。

不凑巧的是，张大户是个"妻管严"。张大户的妻子得知了丈夫的出轨行径，将一腔怒火全都发泄到潘金莲的身上，认为其是红颜祸水，对其"甚是苦打"。而张大户所能做的，就是将潘金莲发卖给样貌丑陋的武大郎为妻。张大户看中的，正是这个男人"不行"。

三次被卖，潘金莲并没有反抗，也不想反抗。原生家庭的不幸加上长年在男人堆里鬼混，她已经学会了如何精致利己。

张大户将潘金莲发卖，只是为了使自己能顺利躲过老婆的目光，继续与她厮混。哪料纵欲伤身，武大郎讨得潘金莲后不久，张大户就"弹尽粮绝"了。之后，在武大郎家，潘金莲的心情跌落谷底，直到一日开窗，不慎砸中了西门庆的头。

潘金莲的遭遇，与现实中的明朝妇女颇有几分相似之处。

受程朱理学影响，明朝肇建伊始，朱元璋就定下规矩："凡民间寡妇，三十以前，夫亡守制，五十以后，不改节者，旌表门闾，除免本家差役。"

帝制时代，徭役是历代王朝赖以生存的经济基础。而明代初期政权不稳，战争不断，农业发展受困，赋税徭役只能不断地加重摊派。这带来了恶劣影响，永乐年间的唐赛儿叛乱即可为证。由此可知，在当时，寡妇不改节就能免除本家徭役的福利，诱惑力该有多大。

然而，人的思想是社会的产物，是会随着社会的发展而改变的。

进入明代中叶，商品经济兴起，人们的消费欲望被进一步刺激了，奢靡之风自上而下地充斥着整个社会。人们突然意识到，过上好日子绝非要靠遵守伦理纲常、"存天理，灭人欲"，而是别有门道。一些掌握着儒家话语权的有识之士也开始抨击原来那套束缚人性与正常生活需要的社会系统。

在这种社会氛围中，压制女性社会地位的"夫为妻纲"自然成了众矢之的。为了自己的自由，妇女们要与从前的旧制度抗争到底。于是，在明代史料中便时常出现某位官员置备了许多貌美妾媵，但是"妻严酷不敢近"的惧内画面。

可笑的是，在这场"妇女解放运动"中，婢女并没有资格参与其中。在商品经济逐渐发展的明朝中晚期，婢女被定义为主人家的私有财产。也就是说，不管社会怎么解放思想，都跟她们没有关系。

不过，中国家庭向来以父权家长制占主导地位，故而，没有什么社会地位的婢女有时也会应主人的需求扮演不同的角色，从而变相获得社会地位的提升。

说到这一点，就不得不提《金瓶梅》中西门庆家的另一个小妾庞春梅。她原先不过是西门庆正牌老婆吴月娘身边的丫鬟，自从被西门庆收用后，她就成了府中少有的尊贵"主儿"。从前跟西门庆要求这要求那的潘金莲见了她也不敢粗使，只叫她在房中铺床叠被，递茶倒水，衣服首饰拣心爱的给她，丝毫不敢怠慢。而没啥眼力见儿的孙雪娥仗着四奶奶的身份对庞春梅颐指气使，最终吃尽了苦头。

自从这股开放的社会风气得到释放后，明代中晚期的小说纷纷对传统的禁欲主义发起史无前例的挑战，除了《金瓶梅》外，还有《浪史》《痴婆子传》《绣榻野史》等。

04

到底是哪位仁兄写就了《金瓶梅》这部奇书？历史上众说纷纭。

关于《金瓶梅》的作者，明人沈德符在其著作《万历野获编》中留下了线索，称作者为"嘉靖间大名士"。可能囿于当时的环境，他并没有对这位大名士展开详细描述。

在迄今为止发现的最早的《金瓶梅》万历刻本中，有一篇署名"欣欣子"的序，第一句话就说："窃谓兰陵笑笑生作《金瓶梅传》。"指明书的作者为兰陵笑笑生。"兰陵"是郡望，"笑笑生"是作者。所以该序最后一句话是："吾故曰：笑笑生作此传者，盖有所谓也。"

紧接着，在《金瓶梅词话》中，《廿公跋》又留下了重要线索，其中称："《金瓶梅传》为世庙一巨公寓言，盖有所刺也。"巨公即大官，世庙代指庙号为明世宗的嘉靖皇帝朱厚熜，所列信息与沈德符所言相合。

现在我们可以根据这有限的历史信息，对《金瓶梅》的作者做一番考究和推测。

兰陵郡，在历史上曾辖过今天的山东省和江苏省的部分地区。也就是说，该书的作者当为山东人或江苏人。

书中西门庆、潘金莲等人的故事多发生在阳谷县和清河县，在书中的前八十回，被作者明确归属于东平府，与阳谷县、清河县并称为"一府二县"。从古至今，阳谷县一直隶属于山东，现为山东省聊城市下辖县。书中所介绍的东平府，历史上的府治即今山东东平县州城镇。在宋代，这里大部分时间叫郓州。

故而，早在明代，兰陵笑笑生的真实身份就已被认定是嘉靖时代与山东有关的大名士、大官僚。纵观嘉靖时代的文坛，才子文人各竞风流，会写小说、戏曲的文化名人数不胜数，其中与山东有关的，就包括从嘉靖二十六年那场科举中脱颖而出的李先芳、李开先、王世贞等数人。

另外，根据《金瓶梅》刻本的最早流传轨迹，史学界还给出了多达60多人的可能作者名单。唐寅、沈德符、李攀龙、谢榛、汪道昆等中晚明文坛上的名人皆位列其中。

根据《金瓶梅》所描绘的内容，明人沈德符直接拆穿了作者用意。他告诉后人，《金瓶梅》中蔡京父子影射的是严嵩父子，林灵素影射陶仲文，朱勔影射陆炳。此四人皆是嘉靖时代的权佞。借古讽今，针砭时弊，《金瓶梅》中的宋徽宗隐喻了谁，不言而喻。

那嘉靖一朝，谁跟这三人苦大仇深呢？无疑是王世贞。

当年，杨继盛弹劾严嵩父子祸国殃民而遭到严嵩迫害时，掌管锦衣卫的指挥使陆炳尽管同情杨继盛，却未出全力为其脱困。杨继盛入狱后，仅有王忬、王世贞父子为其奔走呼救。杨继盛的慷慨就义，令天下士人悲愤不已，人们纷纷谴责严嵩父子一手遮天。也正是在这种情形下，严嵩将仇恨的矛头对准了王世贞，准备着手对付他的父亲王忬。

那时的王忬在辽东战场上意气风发，被嘉靖皇帝调派到长城一线防御鞑靼。谁料，就在王忬到任后不久，鞑靼就越过长城威胁京师。得知消息的嘉靖皇帝龙颜大怒，随即起了杀心。

为了救父一命，王世贞携其弟跪在严嵩家门外三天，滴水未进，却被严世蕃以扰其清闲为由撵走，最后只能眼睁睁地看着父亲人头落地。

有了这份仇，世间便有了王世贞撰写《金瓶梅》，用西门庆影射严世蕃，并在出书之日，在每页中涂上毒药赠予严世蕃阅览，后者因此被毒死的传说。

众所周知，严世蕃最终的结局是被嘉靖皇帝砍了头，但《金瓶梅》作者是王世贞一说却从未消失。从明清时代开始，诸多流传后世的资料纷纷指出《金瓶梅》的作者就是王世贞，这一度成了"铁案"。毕竟，王世贞曾官至南京兵部侍郎，又是嘉靖时代文坛"后七子"中的领袖人物，引领嘉靖文坛20多年的文风走向。区区一本《金瓶梅》，他是有这样的水平和能力撰写的。

05

然而，《金瓶梅》作者为王世贞一说到了近代却被文史圈中的四位大佬一力否决。他们分别是：鲁迅、郑振铎、吴晗、茅盾。

鲁迅给出的依据是，《金瓶梅》这类小说在晚明时代相当常见，不能因为王世贞在嘉靖文坛久负盛名，就认为该书是他所作，即便王世贞曾有在山东任职的经历。他认为，《金瓶梅词话》被发现于北平（即北京），为通行至今的同书的祖本，文章虽比现行本粗率，对话却全用山东的方言所写，这绝非江苏太仓人士王世贞所能驾驭。

由鲁迅发起的这次质疑，改变了对《金瓶梅》作者一贯的定论，学者们纷纷对原有的证据进行推理分析，最后又得出了许多猜测。其中角度最为新颖的，当数"徐渭说"。

学者全亮认为，在《金瓶梅》第十七回，兵部王尚书不发兵马，致使朝中杨提督被宇文虚中弹劾的那段故事，与现实中王世贞的父亲王忬的经历很像，很有可能作者就是为了影射当年王忬拒不出兵，致使鞑靼越过长城的事实。如此一来，王世贞若为《金瓶梅》作者，则未免太"不孝"，不合常理。因此，《金瓶梅》的作者当另有其人，比较可信的猜测就是王世贞的仇人为了恶搞他整出来了一部小说。

历史上，与王世贞有仇的文人除了徐渭，还有谢榛。但全亮以为，谢榛和王世贞同属"后七子"之列，两人身边共同好友不少，谢榛不具备不计后果与王世贞撕破脸皮的条件。徐渭就不同了，此人对王世贞的厌恶是全方位的，不止一次在自己的文章中公开嘲讽王世贞，这件事已是尽人皆知。而现实版的文人徐渭也是足够"丧心病狂"的，他不仅因为妻子张氏对其不贞，在癫狂状态下把人杀了，还曾几次试图自我了断，一次比一次疯狂，结果却都没死成。全亮等人因此认为，徐渭一生处于复杂的家庭矛盾中，这些家庭矛盾促使他晚年创作了《金瓶梅》。《金瓶梅》是用血泪浸染的教训，是用生命谱写的华章，是徐渭一生跌宕起伏、冲突矛盾的大总结。

只要《金瓶梅》的历史与文学魅力一日不消减，关于它的作者的争论也就一日不会停歇。到现在，唯一可以确定的是，这部包裹着色欲的奇书正是明朝中晚期社会万象的一叠实录、一次揭发、一个隐喻。

《金瓶梅》中的众人在一片盛世繁华落幕后死的死走的走，像极了经历过商品经济与思想解放盛世的大明王朝，它在日渐奢靡的风尚中走向了末路，走进了历史的深处。

三

第三个百年：
从隆庆新政到南明灭亡

朱载垕（1567年登基）—朱由榔（1662年驾崩）

危机四伏：内有权斗，外有强敌

纠缠的巨龙：隆庆朝内阁三巨头权斗

与恶龙缠斗过久，自身亦成为恶龙；凝视深渊过久，深渊将回以凝视。

01

1380年，朱元璋建立大明王朝的第十三个年头，左丞相胡惟庸被诛杀，朱元璋亲自给他定下罪名：谋逆，私通蒙古和日本。但朱元璋没说出来的"罪名"，是丞相这个职位对皇权构成了钳制，让他这个皇帝当得不得劲儿。杀完胡惟庸，朱元璋顺势废除了行政中枢机构——中书省，中书省的长官左右丞相自然也就消失了。

朱元璋在《皇明祖训》中明令，以后子孙做皇帝不许立丞相，如有臣下胆敢奏请立相，立即凌迟，全家处死。不仅如此，朱元璋还规定宫中太监不得读书识字，因为他认为文盲无法干政。

在朱元璋的设想中，天下是朱家的天下，是皇帝一人的天下。历朝历代对皇权威胁最大的无外乎权臣和权阉，他想一举把这两种潜在的势力收拾掉，一劳永逸，确保大明千秋万代。

然而，独裁的欲望是无穷的，独裁的精力却是有限的。

废除丞相职位后，朱元璋被朝廷内外的日常事务彻底淹没。连他这么一个打了鸡血一样的人都顶不住，只好设置四辅官来协助自己处理政事，那么他的后代就更会吃力了。

成祖朱棣在位时设置了内阁，到仁宗朱高炽、宣宗朱瞻基两朝，"三杨"（杨士奇、杨荣、杨溥）入阁辅政，虽无丞相之名，但权力已经很大。从英宗朱祁镇到武宗朱厚照时期，宦官势力抬头，出现了好几个大权阉。此后，权阉与权臣始终处在权力天平的两端，此起彼伏。朱元璋的制度设计算是完全"破功"了。

不过，在皇帝、内阁、太监三种势力中，皇权终归是最后的赢家，也将是最后的输家。

02

经过多年的隐忍，徐阶终于在1562年扳倒了严嵩，成为嘉靖时期最后一任内阁首辅。

继任首辅后，徐阶采取了一些柔性措施，标榜"以威福还主上，以政务还诸司，以用舍刑赏还公论"。实际上，这是对夏言、严嵩以来内阁首辅专权独断的自我革命，把首辅摆在一个让皇帝和朝廷百官都放心的位子上。此外，他还主动召集内阁同事一起拟诏旨。内阁的权力来源，其实是通过"票拟"（替皇帝拟定诏旨）获得部分皇权的让渡，徐阶能主动与同僚共享"票拟权"，着实不容易，难怪当时的人在他任首辅后都称赞他为"名相"。

这些举措很符合徐阶的个性。

徐阶这个人有江南人的特性，擅长以柔克刚，以柔取胜。当初他与严嵩共事多年，始终隐忍、迎合，朝廷言官骂他与虎谋皮，他都忍着，没有绝对的胜算就绝不出手。嘉靖皇帝晚年向他请教该如何分清好人坏人，徐阶毅然答道："大奸似忠，大诈似信。"说的大概是他的切身体会。

嘉靖四十五年（1566），徐阶推荐国子监祭酒高拱、吏部尚书郭朴进入内阁。在徐阶看来，河南新郑人高拱为政干练，又是储君朱载垕府上的讲官，入阁是迟早之事，自己何不做个顺水人情？但事后复盘时人们才发现，高拱对徐阶的笼络并不领情，两人的交锋反而因此提前了。

嘉靖皇帝去世时，内阁辅臣中仅徐阶一人在场，高拱、郭朴等都不在。草拟遗诏时，徐阶竟然还绕开了其他内阁成员，把自己素来看重的门生、翰林学士张居正拉了进来。皇帝的遗诏发布时，皇帝本人已经升天了，遗诏的内容究竟代表的是皇帝最后的意志还是草拟者的意志，也只有天知道了。

嘉靖皇帝的遗诏对自己统治数十年的弊政进行了深刻的反省，废止了皇宫内一切道教活动，重新起用了一批此前被罢黜的官员。读过遗诏的人都不会认为这是一辈子任性的嘉靖皇帝临终醒悟，反而可以百分百认定，这是徐阶借嘉靖皇帝之口对多年的朝政进行了清算。朝廷百官对这些新政纷纷叫好，一时间，内阁首辅徐阶大得人心。

高拱、郭朴等内阁同僚则对徐阶越发怨恨：草拟遗诏这么大的事，你徐阶竟然绕开同僚，只拉来一个门生参与，这意思还不够明显吗？

隆庆元年（1567），新皇帝朱载垕继位后，内阁一下子扩充到六个人的规模：徐阶、李春芳、高拱、郭朴、陈以勤、张居正。

张居正在参与草拟遗诏后很快入阁，史家认为，这是因为张居正跟高拱一样，是朱载垕府邸的讲官，但更关键的是，他有首辅徐阶的举荐。

六人中，徐阶与高拱互相不对付，两人的争斗开始了。

最早是吏科给事中胡应嘉检举，高拱在嘉靖皇帝病重期间竟然偷偷溜回家，有失职守。因为胡应嘉与徐阶是同乡，高拱认定，这起针对自己的举报是来自徐阶的指使。高拱随后在另一起事件中抓住胡应嘉的把柄，要求对胡应嘉革职处理。结果一公布，在京言官皆认为高拱是在挟私报复，把他比作北宋权臣蔡京。

深陷舆论风暴中的高拱唆使言官弹劾徐阶，试图转移舆论焦点，罪名是徐阶纵容儿子横行乡里。很快，言官之间开始进行一轮轮的弹劾与反弹劾，朝廷乱成了一锅粥。

明朝的言官作为一个群体，是很多重大政治事件的参与者，在高层权斗中，亦是不可或缺的政治打手。从制度设计的角度看，这是以小官钳制大官的一个"机关"，因为言官一旦对某个官员发起弹劾，无论这个官员的职位多高，都必须第一时间提出辞职，至于是否慰留，决定权在皇帝手里。

在这场言官大混战中，高拱、郭朴、徐阶三个阁员先后去职，争斗的双方两败俱伤。

新皇帝没有按照惯例对徐阶的辞职表示挽留，而是顺水推舟批准了他的辞官申请，这表明，新皇帝并不需要他这个前朝首辅在朝中"倚老卖老"。直到这一刻，徐阶才明白无误地确认，自己的政治生命算是彻底终结了。离开京城前，徐阶向张居正做了最后的托付。张居正后来在给徐阶的信中说起此次别离，形容自己"泪簌簌而不能止"，又说"大丈夫既以身许国家，许知己，惟鞠躬尽瘁而已，他复何言"。

徐阶确实永远离开了政治中心，但高拱却在两年后卷土重来。跟徐阶这一仗，他赢得着实艰难。

隆庆三年（1569）年底，高拱出人意料地重返内阁。据《明史》记载，是张居正与司礼监太监李芳联手策划了高拱的复职，目的是抑制新入阁的赵贞吉。赵贞吉在十几年前曾被严嵩驱逐出京，此次虽是新入阁，但资格比谁都老，因而举止傲慢。张居正或许自认资历尚浅，无法与之抗衡，所以才再次引入强势的前同事、恩师徐阶的劲敌高拱，作为对抗赵贞吉的"利器"。

高拱回来后，内阁果然掀起新一轮争斗。

在商业中，行业老大和行业老二"打架"，最后受伤的往往是行业老三。政治也一样，高拱和赵贞吉杠上了，第一个退出内阁的却是中立派陈以勤——既然谁都得罪不起，那就只好得罪自己，走人算了。后来，好好先生李春芳也选择一走了之。

仿佛当初高拱、徐阶权斗的重演，高拱、赵贞吉再次分别调动自己的言官资源，互相弹劾攻击对方。赵贞吉落败，离京前愤恨不已，说高拱的蛮横真是谁也比不了。

到隆庆五年（1571）年底，内阁已走掉四人，仅剩高拱和张居正了。

高拱感觉，自己的时代终于来了，但他却忽略了一直蛰伏在身边的危险。

03

当帝国行政中枢剩下二人相对时，张居正敏感地体会到被权力挤压的窘迫，而心高气傲的高拱还在回味、享受胜利的滋味。

史书对高拱的评价是有才干无度量。他重掌内阁后，犹记恨当年徐阶对自己的打压，特别是对徐阶不让自己参与嘉靖皇帝遗诏一事耿耿于怀，所以，他不分青红皂白把徐阶的政策全部推翻，甚至宣布嘉靖皇帝遗诏是"议事之臣假托诏旨"，全然不顾张居正也是嘉靖皇帝遗诏的参与者。张居正只能默默忍着，他当下的处境和心境，颇像严嵩当政时的徐阶。

早年的张居正曾因看不惯恩师徐阶的无所作为和对严氏父子的隐忍退让，愤而写信骂徐阶是固位希宠的和事佬，随后他告病假回了江陵老家，借以表达对朝政的不满。但3年后，当张居正重返京城，他似乎变了一个人。他已经意识到，和徐阶的政治智慧比起来，自己3年前简直冲动得像个没头没脑的愣头青。

为了做成大事，首先必须舍弃名声，不怕人言。宋儒朱熹说过："真正大英雄者，却从战战兢兢、临深履薄处作将出来，若是气血豪忿，却一点使不着也。"张居正有权力欲，但他更想在得到权位后做救世大英雄。为了达成目标，此时他必须忍受来自高拱的压制，把自己的姿态放得很低很低，尽管他与高拱是渊源颇深的故交。

高、张二人有着几乎相同的政治履历，曾一起在国子监共事多年，后又一起担任裕王府讲官。高拱年长张居正12岁，一直算是张居正的顶头上司。他们曾一起爬山，约定他日若有机会入阁拜相，必当同心勠力、扶危济乱。

对高拱，张居正的感情十分复杂。他相当钦佩高拱的能力，所以在高拱去职后仍然愿意策划助其复职。即便后来他们之间的裂痕清晰可见，但对高拱提出的政策，张居正也能以大局为重，予以支持。正是因此，在高拱的主导下，大明出现了史称"隆庆新政"的改革局面，而张居正在万历初年掌权后推行的改革，也大多以高拱的政策为蓝本。

权力是一切斗争的目的，也是不能说出来的目的。更何况，内阁权斗始终在皇权的俯视下进行，谁暴露出对权力的觊觎，谁就会死得很难看。所以，内阁权斗都是在看得见摸得着的人事纠纷或政见分歧中进行。

高拱与张居正之间权斗的特别之处在于，二人政见一致，理念相同，均是"忠于谋国"的政治家，他们能够摆上台面的分歧或许就只有对待前首辅徐阶的态度了。

徐阶返乡后，高拱意欲发动清算。后借着海瑞整顿江南富户兼并土地之机，让徐阶的两个儿子充了军，而徐阶本人在张居正等人的多方回护下终于免受追责。对此，高拱对张居正颇起疑心。一次，他直接逼问张居正，说："外界传言你收了徐阶的儿子3万两银子，到底有没有这回事儿？"见张居正指天赌咒，高拱才说这是一个误会。此后，张居正迫于高拱的压力，不敢再与徐阶公开来往。

隆庆六年（1572），隆庆皇帝朱载垕突然病逝。临终前，他急召内阁大学士高拱、张居正以及入阁不久的高仪入宫，留下遗言，要三人尽心辅佐年仅10岁的皇太子朱翊钧。三大臣许诺，愿同心辅佐幼主，共渡难关。这里的"同心"，不仅是在告慰先帝，也是文官集团对抗宦官集团的惯例。

在新登基的万历皇帝朱翊钧即位的半个月内，司礼监的人事发生了重大变动：原先一直受到高拱压制的司礼监秉笔太监冯保突然升任掌印太监，成为宫中太监的一把手。

明朝以往的历史上，内阁与太监之间始终维持着一种微妙的对抗关系。内阁强，则太监弱；太监强，则内阁弱。眼见司礼监的人事安排超出自己的控制，高拱很自然就把个人的不满上升为整个内阁的意志。他愤怒地指出，内侍的人事变动是有人欺负朱翊钧年纪小不懂事，是在乱来。他把自己与冯保的斗争当作内阁与司礼监的斗争，声称要为内阁扩权而努力。

内阁三人中，高仪明哲保身，不表态；张居正则在接到高拱的通报后表态支持。高拱信心满满，发动言官集体攻击冯保，其中最重要的一条指控是：每次新皇帝视朝时，冯保都站在他旁边，这个时候文武百官到底拜的是皇帝，还是一个阉人呢？

风暴来临前，张居正以视察隆庆皇帝的陵寝为由离开了京城。回到京城后，他仍以生病为由在家"养病"，实际上并没有参与轰轰烈烈的"倒冯运动"。

事件到了了断之时，万历皇帝召集百官。随着皇帝升驾，众人抬眼望去，只见小皇帝的身边依然站着冯保。那一刻高拱浑身战栗，他知道，这次是自己输了。

冯保当众宣读了万历的诏书，厉声呵斥高拱"揽权擅政，威福自专"。高拱当场被褫夺一切官职，勒令即日离京，遣返原籍。《明史》记载，高拱"伏地不能起"，张居正"掖之出"。

随后，张居正与高仪联名为高拱求情。精明的高拱这才反应过来，他最终是败在这个搀扶着他出宫，还假装为他求情的人手里。

张居正自始至终都对高拱的离去表现出无限的惋惜和同情，但他在背后联手冯保搞垮高拱的阴谋却未能逃过高拱的眼睛。只是他俩在世时，谁也没有捅破这层纸。后来，抵达权力巅峰的张居正还顺道到高拱的老家看望过他，两人感慨时光，动情处还互相擦了眼泪。然而在政治家眼里，情绪的调动与展示不过都是手腕罢了。

张居正早已修炼成为一个典型的马基雅维利主义者，为了达到一个高尚的目的，不惜使用一切卑鄙的手段。高拱去职后，张居正再度联合冯保，想通过制造一起雇凶谋刺皇帝的冤案置其于死地，只是后来没成功，贫病中的高拱得以捡回一条命。

作为一名老政治家，高拱也是老狐狸。在失势的日子里，他深深懂得配合政治表演的必要性。而实际上，他至死未曾原谅张居正。

临终前，高拱留了一手。他仔细回忆，把自己参与的政事都写成《病榻遗言》，其中对张居正的人品、阴谋多有指摘。这部回忆录在张居正死后适时地出版了，成了万历皇帝决心清算张居正的导火索。

到1582年去世为止，张居正在万历朝的最初10年到达个人权力的巅峰。他担任内阁首辅的10年间，创造了明朝历史上最繁盛的时期，而他这个首辅，也是明朝历史上权势最大的一任。

只不过，历史上的权臣，无论忠奸善恶通通没有好下场，张居正的结局此时其实也已经写好了。

04

张居正死后，已经成年的万历皇帝朱翊钧发动了针对张居正的总清算。

高拱此时已死去四五年，但他的回忆录不早不晚恰在此时出版了，成为皇帝下定决心剥夺张氏家族权势的催化剂。谁也不曾想到，高拱竟以这种形式完成了他的复仇。

如同高拱当年被定下的罪名一样，张居正最大的罪名归结起来也就一条：威权震主。也只有这一条，才能戳到皇权的核心，戳到皇帝的痛处。

尽管张居正得意之时不忘小心谨慎，但他终未做到在生前坚持去位、还政万历皇帝，以致酿成身后的恶果。可见，权力的迷人处，也正是它的凶险处。

正如黄仁宇所说，整件事的悲剧在于，"张居正的不在人间，使我们这个庞大的帝国失去重心，步伐不稳，最终失足而坠入深渊"。张居正当国10年攒下的家底，只够万历皇帝及其继任者糟蹋半个世纪。到崇祯十三年（1640），也就是明亡的前四年，张居正家族获得全面平反，但这个时候已是江河日下，势难再返。崇祯皇帝无限感慨："得庸相百，不若得救时之相一也。"

从徐阶到高拱再到张居正，尽管权斗无情，但他们都有一条底线：做官是为了做事。而到了崇祯朝，17年间出现了50位阁臣，皇帝多疑的本性未变，内阁辅国的性质却全变了：做官就是为了做官，仅此而已。比如崇祯朝的首辅周延儒，在国乱如麻的时候竟然忽悠崇祯皇帝：我们又打胜仗了。当内阁中充斥着周延儒一样的人物时，明朝一败涂地的结局就已经确定了。

放眼望去，朝中尽是输家。

从此君王不上朝：万历皇帝的最后三十年

或许从帝师张居正去世的那一刻开始，20岁的万历皇帝便决定退居深宫，隐于幕后，操控朝堂。而他真正实施这一"计划"，是在4年后——从万历十四年（1586）九月起，他便以各种理由推托，拒绝上朝面见臣工。

这本来也没多大事，皇帝嘛，一国的统治者，九五至尊，大权在握，在哪儿"上班"其实都不重要，只要不误事儿就行。就像万历皇帝的爷爷嘉靖皇帝一样，虽也曾多年不上朝，在后宫吃斋信道，但大明最高权力始终牢牢把握在自己手里。

不过，对于那些一心希望将万历皇帝匡扶回他们认为的"理想明君"轨道上的大臣们来说，嘉靖皇帝虽未丢权，却严重误国。他们可不想自己辅佐的皇帝跟着他的爷爷"学坏"。于是，看不过眼的大理寺评事雒于仁通过内阁向万历皇帝递交了一份《酒色财气疏》。

在这份奏折中，雒于仁不仅数落了万历皇帝在纵酒、好色、贪财、尚气上的诸多不该，还写道："皇上诚嗜酒矣，何以禁臣下之宴会？皇上诚恋色矣，何以禁臣下之淫荡？皇上诚贪财矣，何以惩臣下之饕餮？皇上诚尚气矣，何以劝臣下之和衷？"言外之意，凭啥只有皇帝你可以"放火"，却对我们这群臣子诸多要求，不许我们"点灯"？

雒于仁这份奏疏的杀伤力不亚于当年海瑞骂嘉靖皇帝"家家穷尽"。但万历皇帝毕竟不是自己爷爷，被雒于仁这么一通骂之后，又"病倒"了。

从此，大臣们再想见皇帝一面，可就更难了。

雒于仁等大臣之所以觉得万历皇帝的"病"还有救，那是因为至少在万历十四年以前，皇帝还是一个每天勤于政务、兢兢业业的"圣君坯子"。但对万历皇帝而言，那些年为人中规中矩，谨言慎行，是在老师张居正及母后李太后等人的高压教育下被迫做出来的样子，而非自己的天性。

问题的根源，还得回归至万历皇帝10岁那年。

隆庆六年（1572），时年36岁的隆庆皇帝病危，临终前指定第三子（前两子已早夭）朱翊钧继承皇位，并命内阁大学士高拱、高仪及朱翊钧的老师张居正等人辅佐新天子。自此，年仅10岁的朱翊钧成了新任皇帝，历史上称其为明神宗，也就是万历皇帝。

不过，万历皇帝登基后不久，原定的辅政大臣、内阁首辅高拱便被张居正联合李太后身边的亲信、万历皇帝的"大伴"、司礼监太监冯保赶出朝廷，张居正由此成了身兼帝师的内阁首辅。

在万历皇帝生母李太后的支持下，张居正成为万历皇帝执政的"引路人"和朝政的"代言人"。在张居正的教导下，万历皇帝也显现出聪颖天资，乖巧懂事。

李太后是宫女出身，身份地位不及隆庆皇帝的正妻陈皇后。万历当了皇帝之后，对长辈并没有丝毫懈怠，仍旧每天早晨起床后先到陈皇后宫中请安，再去拜见自己的生母。而万历皇帝表现出来的这种传统孝道伦常，也是中国历朝历代所推崇的治国根本。

对于老师张居正，万历皇帝同样毕恭毕敬，人前人后尊称其"张先生"，极尽尊师之礼。甚至，为了表示褒奖，小皇帝还手书"弼予一人，永保天命"八字赐予张居正。这本是好心，但对于皇帝的赐字，张居正不仅没有感谢，或是加以正面引导，反而"一棍子打死"，以陈后主、李后主、宋徽宗等反面教材类比万历皇帝所为，吓得小皇帝连连表示从此再也不敢随便写字赠人了。

万历皇帝登基之时毕竟年仅10岁，小孩子犯错是人之常情，但皇帝犯错是不被允许的，因为在张居正乃至万历皇帝的生母李太后眼中，皇帝一言九鼎，金口玉言，年龄再小也没用。小小的万历皇帝备受约束，需时时提防着身边人将自己的"过错"呈报给太后及老师。

张居正还要求皇帝注重节俭，严禁铺张浪费，并利用自己的职权要求宫中减少皇帝的日常花销，搞得万历皇帝即便想耍耍皇帝威风也没机会。但同时，对万历皇帝要求尽一切可能节俭的张居正，自己却不能以身作则。

尽管张居正本人并不算贪腐，甚至多次出手阻止家人公器私用，但他擅权。为了让万历皇帝全身心投入学习，张居正不惜停止了皇帝理政的惯例——召对，让大臣的奏疏仅上达内阁这一层，不必上达天听，这样一来就架空了万历皇帝的权力。

对张居正而言，有了人人生畏的权力，他就可以大力打击贪腐，解决明代文官集团的内部问题；也可以借着权力打压异己，树立威望。总之，权力越大，越可随心所欲。

然而随着时间流逝，万历皇帝也逐渐懂得了权力的重要性。历来与皇权多有冲突的就是功高震主的臣子，很明显，这个时候的张居正正是这样一个人，由此看来，清算张居正只是时间问题。

不过，还没走到那一步，这名殚精竭虑的大明"救世良臣"就在万历十年（1582）病逝了。

02

万历皇帝开始亲政后，再有大臣控告张居正"不法"，他就不再留分毫的情面了。

张居正死后不久，万历皇帝便按部就班地对他展开抄家，随后又将当初曾襄助张居正夺权的大太监冯保一并发落了。

"墙倒众人推"，曾经颇有政绩的一代名臣就这样成了人人喊打的乱政大奸臣。张居正有这样的结局，显然超出了万历皇帝本人的预想。尽管皇权与相权的斗争不可避免，但舆论将张居正羞辱得体无完肤，也着实让万历皇帝感觉到身边的文官特别是言官的可怕。

如今没了张居正和冯保，万历皇帝就需要自己一个人去面对百官了，而这正是万历皇帝的老祖宗明太祖朱元璋罢黜宰相制度的初衷。只不过，自明朝中后期以来，已经没有哪位皇帝有朱元璋那样的能力和精力，去事无巨细地处理朝廷事务。于是，内阁与宦官开始以亲信的身份获得授权，参与处理政务。

随着张居正、冯保相继倒台，他们身后所代表的内阁与宦官集团实力也大不如前。至少在言官们的清议下，张居正之后的历任内阁首辅，如张四维、申时行等全都倾向于"依阿自守，掩饰取名"，采取明哲保身的态度，尽量避免与言官集团产生直接的冲突。

即便如此，阁臣仍旧无法逃脱被言官弹劾指控的"悲剧"。毕竟，无论是内阁还是宦官势力，在大明最初的制度设计中都不存在，所以无论他们做什么，在恪守皇明教条的言官们看来都是有问题的。而这一切的对与错都需要一个人来做最后的裁决，他就是万历皇帝。

好端端的大明朝堂，最后几乎每天都在上演"泼妇骂街"的戏份，万历皇帝如何能不烦？烦不胜烦之后，唯有避之后宫，不见大臣了。

03

不见大臣并不代表万历皇帝不管事。

面对雒于仁上疏数落自己，万历皇帝采纳了时任内阁首辅申时行的意见，选择留中不发。所谓留中不发，就是皇帝收到大臣的奏疏后不做任何批复，让这份奏折石沉大海，杳无音信。但这或许给了满朝文武一个错觉，那就是皇帝不理政，不批阅奏章，消极怠政。但实际是，对万历皇帝而言，每天仅需面对内阁就已经足够处理日常政务了。

从他的爷爷嘉靖皇帝那会儿开始，内阁成员就多半兼任朝廷六部最高长官，而皇帝日常理政就是在跟六部打交道，通过六部将命令下发至全国执行。如果按照现代管理学普遍认为的，一个管理者最佳的管理幅度为同时管理3—6人，那么万历皇帝只面对内阁里少数的大臣，无疑算是最高效的管理手段。于是，在这种情况下，自万历二十年（1592）起，皇帝便久居深宫不出。

然而，就在万历皇帝决定"居家办公"的时候，西边的宁夏与东边的朝鲜同时传来了不利于明朝发展的消息。

彼时，世居宁夏的蒙古降将哱拜纠合其子哱承恩、义子哱云和土文秀等人突发叛乱，纵火焚公署，占地自立。而在东边，身处日本的丰臣秀吉刚刚统一全境，出任"关白"（类似于明朝内阁首辅）。为了提升自己的影响力，丰臣秀吉树立了一个宏愿：征服大明。

丰臣秀吉派小西行长、加藤清正等人率领20万大军攻打朝鲜，以期借助朝鲜这一"跳板"攻打大明。

作为大明世代藩属国之一的朝鲜，也有一位与万历皇帝一样深受文官势力影响的国君——朝鲜宣祖。与万历皇帝的处事方式相近，这位国君也不大热衷于搭理大臣，但朝鲜国力毕竟不如大明，丰臣秀吉的大军一到，朝鲜宣祖就只能一面派人向大明朝廷求援，一面丢下百姓跑路了。

是否要大举兴兵援朝，大明内部争论激烈。以兵部尚书石星为代表的主战派认为，"朝鲜倘险，整必中辽，则固我藩篱，壮彼声势，亦势不可已"。然而，此时的情况是西线针对哱拜的内乱平定工作刚刚开始，而东线丰臣秀吉是否进攻大明还未曾明朗，所以，言官们不约而同地选择了否决兵部尚书的观点。按给事中许弘纲的说法，朝鲜是大明的藩属国，类同藩王，明太祖设立藩王制度之初便是为了屏障皇室，如今让大明发兵救助藩王，岂不本末倒置？

对此，万历皇帝是什么态度呢？

尽管此时的万历皇帝已然对外宣布"不朝、不郊、不庙"，但对于这次朝鲜的求助，他还是极度关心的。

万历二十年（1592）五月上旬，当辽东巡抚郝杰的奏疏传至兵部时，万历皇帝当即做出批复："这倭报紧急，你部里即便马上差人，于辽东、山东沿海省直等处，着督抚镇道等官，严加操练，整饬防御，毋至疏虞。"这说明此时的万历皇帝心里也很清楚，疯狂的日本关白什么都有可能做得出来，自己需要尽快采取措施，以防事态进一步恶化。

对于朝鲜方面派出的求援使者，万历皇帝虽不欲接见——主要是不愿让那些想要嚼舌根子的大臣再度打扰自己的安静生活，但仍旧通过内阁做出了批示，要求兵部妥善安排、接纳朝鲜国王避难的请求。

尽管在万历皇帝的统筹协调下，大明军队顺利出兵，协助朝鲜击败了倾举国之兵妄图实现梦想的丰臣秀吉，但对援朝期间一直躲在平壤避难的朝鲜国王，万历皇帝多少有些看不起——虽然这俩人所处的时代和国内的政治环境类似，但不见大臣的万历皇帝至少还懂得事情的轻重缓急，在外交大事上处置得宜。

面对战争期间始终不见踪影的朝鲜国王，万历皇帝确实有些恼火。在致书朝鲜国王时，他写道："朕之视王，虽称外藩，然朝聘礼文之外，原无烦王一兵一役。今日之事，止于大义发愤，哀存式微，固非王之所当责德于朕也。大兵且撤，王今自还国而治之，尺寸之土，朕无与焉。"言外之意就是，朕帮你打敌人，你却好，两手一摊啥事儿不管，搞得朕好像欠了你一样！

04

纵然万历皇帝在对待日本侵略朝鲜的问题上很有主见，这是对国家有利的大事，但是，那群指着皇帝鼻子咒骂的言官并没有打算放过他，因为他还有一件大事一直没有着落。

万历二十一年（1593），皇长子朱常洛已年满12岁。要按照现代人的经验看，这个阶段大部分人都基本结束了小学课程，而古人上学应该更早，但实际上，这位皇长子却还没有开始读书。

本来赢得援朝战争的阶段性胜利，万历皇帝的心情大好，"病"也减轻了不少，甚至能撑起身子出席皇太后的万寿圣节（生日），接受百官的朝贺了。然而，难得见皇帝面的官员可不想维持皇帝的好心情，他们又一次提起了让万历烦不胜烦的话题：早立皇长子为太子。

对于皇太子的最佳人选，其实万历皇帝心中早有答案。相较于皇长子朱常洛，他更看好皇三子朱常洵——这个孩子的生母是万历皇帝最宠爱的女人郑皇贵妃，但这个人选并不能被遵守大明原始法规与制度的"迂腐"的朝臣们认同。

对于皇长子朱常洛，万历皇帝印象并不深，也谈不上厌恶。在万历皇帝的眼中，那只不过是自己早年一次意外临幸的结果。朱常洛的生母王恭妃原为太后身边的宫女，早年被正处于青春期的万历皇帝看中，发生了关系，之后便产下了皇长子朱常洛。

在万历皇帝常年所居的后宫中，身为中宫之主的皇后因不受宠仅诞下过一女，未有皇子，这就意味着万历皇帝登基20年来，没有嫡子可立为皇太子。若按朱元璋《皇明祖训》的要求，皇位继承人应以嫡以长优先，换句话说，没有嫡子的万历皇帝需要立皇长子朱常洛为太子，这是他所不愿的。

有朱元璋的《皇明祖训》在手，大臣们屡次"激将"万历皇帝，万历皇帝不敢随意对他们发难，却能避之不见。这种情形所酿造的苦果，便是皇帝与大臣老死不相往来。

万历二十四年（1596），隆庆皇帝的陈皇后去世。按照惯例，万历皇帝需亲自为嫡母陈太后主持丧仪等一切事宜，但他却选择照会礼部，称"朕自闰八月初旬，偶尔痰流注左足，动履不便"。此举自然遭到了群臣的抵制。

明朝到底是以孝治天下的国家，大臣们又怎能容忍皇帝称病不去履行职责？隶属吏部的言官戴士衡率先提出指责："母子至情，送终大事，稍知义理者尚思竭蹶踊哀送之情，以申无已之忧，矧孝思纯笃……奈何以内庭数步之地，顾靳一足之劳！"

05

诚然戴士衡的批评在情在理，但万历皇帝一向对陈太后恭谨备至，无往日恩怨，想来能说出"动履不便"这话，应该是真病了。

但万历皇帝手底下的那帮大臣才懒得管他是真病还是假病。他们需要皇帝立皇长子为太子，皇帝就必须得听他们的。皇帝不听，那就集体跪谏。

万历二十六年（1598）三月二十七日，这群大臣真就这么干了。为了逼迫万历皇帝早做决断，都察院、六部给事中等"各具疏诣文华门，恭进候旨，必得命乃敢退"。多么恐怖，这简直是"逼宫"！

最终，由万历皇帝的生母李太后出面协调，事情才得以妥善解决。而在此之后，皇长子朱常洛的太子之位总算是没太大问题了。可是经过这番对峙后，万历皇帝也真的对这群致力于跟自己唱"对台戏"的大臣深恶痛绝。

为了消弭文官集团带来的麻烦，万历皇帝决定采取更为极端的手段——缺官不补。于是到了万历二十九年（1601），按《明史》的记述，"时两京缺尚书三、侍郎十、科道九十四，天下缺巡抚三、布按监司六十六、知府二十五"。由上至下，明朝整个行政系统中都存在着缺官现象。

缺官不补的"抗争"或许达到了万历皇帝预期的目标，但"一个萝卜一个坑"，缺官也就意味着文官集团的工作压力变得越来越大。身为文官集团的领袖，内阁首辅沈一贯很快就受不了了，他在给万历皇帝的奏疏中说："皇上居深宫之中，不见群臣百姓，似谓可塞耳掩目，置人言于弗理。臣等日出入长安门，势不能避。儿童走卒，无非鞭策臣等之言；流离琐尾，无非感悟臣等之状。"

的确，国家治理不好，皇帝又不出来主持公道，备受指责的当然就是大臣了。万历皇帝即便知道缺官不好，但为了维护自己的尊严，面对步步紧逼的大臣，他也只能将错就错，用其手上仅有的筹码做无声的抵抗，毕竟他才是大明的皇上，是这个国家的主人。

这种道理，饱读诗书的文官、言官们又怎会不明白？但儒家思想教育他们"食君之禄，担君之忧"。对于言官们来说，做一名不怕死的"喷子"，才是他们最基础的职责。因此，皇权与臣权之间的斗争变成了一个死循环，无人能解。

06

这种情况下，受到最大影响的必然是整个大明帝国。

在万历皇帝执政后期，远在东北的努尔哈赤以"七大恨"告天，煽动军民的反明情绪举兵起义。

消息传来，万历皇帝一如当年对朝鲜问题的态度之果决，立即命兵部组织防剿事宜。然而，当时的代理兵部尚书薛三才没有立即执行皇帝的命令。早年出任兵科给事中的他开始按照过去一贯的行事步骤，向万历皇帝催发过去的欠饷——发兵一事不着急，什么时候皇帝发内库帑金了，再让辽东巡抚、总兵自己招募御敌就成。

万历皇帝显然对这种不合时宜的催账心有不满，他断然拒绝了薛三才的请求，并越过兵部，直接下令要求九卿科道讨论剿灭努尔哈赤的议题。然而终究还是晚了一些。在九卿科道的官员们还没讨论出个所以然的时候，万历四十六年（1618）四月，辽东总兵张承胤的援军被努尔哈赤的主力部队全歼，张承胤本人也力屈战死。自此，努尔哈赤渐成气候。

万历皇帝人生当中的最后两年，就在对东北战事的焦虑以及自己日益加重的病情煎熬中度过。

据史料记载，从万历四十六年以来，万历皇帝的身体始终不见好。在给大臣们的训示中，他也特别指出："朕自三月初一日以来，偶感微寒，头目眩疼，心腹烦懑，又且痰湿注足未愈，见今服药调摄。"意思是，朕这次的病不是装的，确实很重，请诸位臣工谅解。如果可以，他也愿意起身理政，从速补充内阁成员，处理辽东努尔哈赤起兵事宜。然而，久未见皇帝一面的大臣们终究还是误解了。一向明哲保身的内阁首辅方从哲到这个时候直截了当地启奏皇帝："辗转延误，日复一日，是皇上原无允补之意，不过借此以示羁縻耳。"这都火烧眉毛了，您老还在那儿装病，微臣我手底下人手不够，您到底什么时候让人补缺？我好开展工作呀。

或许是实在病得太重，直到万历四十八年（1620）的年初，万历皇帝给方从哲的批复仍是头晕脚痛，下不得床，并要求方从哲抓紧时间回内阁上班，不要再等皇帝的下一步旨意，不要渎职懈怠。

可以想象，方从哲拿到万历皇帝的批复后必然相当恼火。既然皇帝诈病，那我也称病好了！如此，方从哲愤然上疏，以病乞休。

此时的万历皇帝可是真的病了，他急需一位臣工帮忙处理政务，满朝文武却都当他是在"烽火戏诸侯"。于是，万历皇帝除了下旨安慰方从哲之外，还第一次允准方从哲进入寝宫探视自己的病情。自此，方从哲方知万历皇帝没有骗人。

由于辽东的紧要军务、政务仍需人来处理，方从哲并没有放弃这次探视机会，寒暄几句后就直接切入正题，问皇帝什么时候安排人手进入内阁协助自己工作。重病缠身的万历皇帝无力考虑，只能给方从哲一个敷衍的回答："待朕体稍安，即行。"

连万历皇帝自己都没想到，长久的头晕目眩、腹泻疲软居然会要了他的命。

在驾崩前四天，万历还下旨知会众臣："其紧要各项文书，俟朕疾稍瘳，即简发行。"这句话最终成了无法兑现的空话。

07

万历四十八年（1620）七月二十一日，近30年未上朝的万历皇帝驾崩，享年58岁。他到死都没有给方从哲、给他手中的这个国家拣选出合适的人才来补缺。

万历皇帝临死前对自己这一生作出了相对客观的自我评价。在遗诏中他说道："嗣服之初，兢兢化理，期无负先帝付托。比缘多病，静摄有年，郊庙弗躬，朝讲希御，封章多滞，寮寀半空……夙夜思维，不胜追悔。"或许在后世的学者看来，这不过是"鸟之将死，其鸣也哀"，但这当中多少都有其真心实意的无奈，以致让他思忆一生时追悔莫及。

为了补救，万历皇帝最后也提出了一些措施，如简拔阁臣，查补官缺；废弃矿税，节省内廷开支；发内库帑金，以充辽东军资……这些几乎与先前大臣们要求他做的事情一模一样。可见，万历皇帝本身也知道这些措施很重要，只不过，朝臣势力与皇权早已势同水火，他不愿意向臣子们示弱。

正如明史专家樊树志所说："帝制时代，皇帝大权独揽，一旦病倒，政府的运作便失灵。对于万历帝这个不肯大权旁落、事事独断的人而言，尤其如此。"故所谓"明之亡，实亡于神宗（万历皇帝）"的论调，实无偏差。

邓子龙：有缺点的英雄仍是英雄

万历十一年（1583）闰二月，在剿灭了缅甸土邦叛军之后，邓子龙升任云南副总兵，统管一省军务。那一年，他已56岁。

在明代，副总兵一般位于总兵之下，只分管部分兵力，但云南地区较为特殊。自明中后期以来，云南总兵长期由沐家世袭，因此邓子龙出任副总兵，实际上就是朝廷任命的云南地区最高军事长官。

升官是风光的事，但没多久，邓子龙就被撤职了。

当时，为应对缅甸入侵，朝廷在云南边境永昌（今云南保山）、腾冲二地大量征兵。邓子龙及另一位当世名将刘𬘩负责分管新兵。两人一向不和，分管新兵后多有掣肘，两营兵丁也时常私下聚众斗殴，军风被败坏殆尽。为了解决问题，朝廷将刘𬘩调走，由邓子龙负责训练全部新兵。

邓子龙差别对待两营新兵，对一直以来跟着他的士兵格外优待，不仅给予双倍军饷，哪怕有人违反军纪，他也是睁一只眼闭一只眼。"娇惯"之下，这群受到优待的士兵在某次要饷不成后直接哗变，一路烧杀抢掠，打到了省城。还好当时的云南巡抚调度有方，哗变的士兵才没有造成更大的祸端。事后，邓子龙被撤职查办，军事生涯一度中断。

老将迟暮，邓子龙心中未免感到些许憾恨。

01

人世间本就祸福难料，正如邓子龙年轻时从没想过自己要当将军一样。他出生于江西丰城一个堪舆世家，受家风熏陶，他十来岁时便开始走南闯北，为他人看风水，选阳宅、阴宅地基，逐渐在家乡丰城及赣西南一带混出了名声。

靠着给人看地择基，邓子龙收入十分可观，即便不出仕，用手中的钱在家乡购置一些田地，靠收租生活也会过得特别舒服。可邓子龙并不想就这么过一辈子，所以在给人看风水谋生的同时，他留心习文练武，希望改变命运。

前前后后6年时间，邓子龙虽文武大有长进，却始终找不到人生的方向。他回到家乡丰城的白云寺，准备在寺中住上一段时间，没想到进寺第一天，就与一名秀才打扮的中年男子起了争执。

为了一张凳子，邓子龙先对中年人发动了攻击。谁知中年男子并不示弱，出手还击，三下两下便把邓子龙放倒了，之后还不忘对倒地不起的邓子龙教育一番，提醒年轻人不可以貌取人。邓子龙这才意识到，自己遇见高人了。

在邓子龙的一再追问下，中年男子称："老夫乃当朝革职旧官罗洪先是也！"

邓子龙猛然反应过来，此人正是嘉靖八年（1529）的状元罗洪先！传闻，当年罗洪先曾拜在王阳明门下，跟随大师学习心学，对"致良知"学说有着深刻的研究。不仅精通心学，上自天文、阴阳、术数，下至地理、地图、堪舆，甚至排兵布阵、攻防水利，罗洪先均无不通。当时，他正因反对嘉靖皇帝信道而被罢官，借居寺中。

得遇高人，邓子龙也不顾颜面，"扑通"一下就跪倒在罗洪先面前，请求对方收自己为徒。

面对这个突如其来的徒弟，罗洪先还想测试一番，便告诉邓子龙，自己目下正在云游四方，白云寺只是其中一站，不日将离去，若有心学习，他大可跟着云游天下，增长见识。

02

第二天，为践行自己的求师之诺，邓子龙跟着罗洪先踏上了旅途。在路上，罗洪先着重以地理、地图学知识为徒弟讲解军事理论，同时借助走访名山大川的机会，让徒弟跟着自己吟诗作赋，向其灌输爱国思想。

在罗洪先的指导下，邓子龙逐渐对战场上的厮杀产生了浓厚的兴趣。在迷茫的人生中，他似乎看到了前进的方向。

3年后，邓子龙离开恩师。他要去参加武举，报效家国。

嘉靖三十七年（1558）十月，江西武科乡试举行，邓子龙踏上了赴考之路。临行前，他提笔写下《磨剑口占》：

> 磨就青霜胆气雄，神光长射斗牛中。
>
> 张华去后无消息，千百年来起卧龙。

短短四句诗，道明了他此行必胜的决心，也透露出潜藏他内心许久的济世情怀。

很快，邓子龙考中武举人，成了老邓家数代以来第一个朝廷官员。

按当时的制度，举人如不参加会试、殿试晋升身份，则无法获得更高级别的任命，只能从基层做起。邓子龙运气有点儿背。明朝科考虽名义上是文武并举，但武官职位可由后代世袭，久而久之，武举中更高阶的会试、殿试也就形同虚设了。到了邓子龙所处的明朝中晚期，普通人考到武举人，科考之路基本也就终结了。

但无论如何，邓子龙终究是可以凭着现有的功名到兵部排队等候任命了。

江西巡抚衙门很快伸出了橄榄枝。

原来，就在邓子龙考上武举人时，一伙强盗洗劫了江西樟树镇。因樟树镇离临江（今江西樟树）府衙仅20余里，临江知府大人担心贼兵势大，处理不慎不仅会被朝廷追责，还容易激化矛盾，危及自身安全，于是紧急向江西巡抚衙门发出求救信号。不久，巡抚衙门下令，让邓子龙率领一支抚台衙门直属部队全权负责剿匪工作。

作为自己军事生涯的首秀，邓子龙对此次任命颇为重视。当时，临江知府虽紧急向上级搬救兵，却从未对匪患势力进行侦察分析。直到邓子龙奉命报到时，临江知府还以一个数千人的虚报数据来恐吓邓子龙。

邓子龙没被吓住。经过一番实地调查，他发现所谓贼兵人数不过百，而且他们只抢劫财物，对杀人不感兴趣。于是，邓子龙点了一百人马，趁着夜色一举讨平了这伙令知府大人吓破胆的盗匪。

此战后，邓子龙在乡里军界名声大噪，地方志也迫不及待地将其姓名录于书中，以千古流芳。

03

与此同时，随着东南沿海的倭患愈演愈烈，刚刚完成剿匪大任的邓子龙接到了朝廷发出的征调客兵赴前线作战的命令。作为江西重点宣传的军界新人，邓子龙得到江西巡抚的授任，以"小旗"身份协同本省客兵到福建前线参与抗倭，以期再立新功。

接到命令当天，邓子龙就出发赴闽。与赴省城赶考时一样，他在行军途中题写了一首《提兵入闽》来抒发胸中的豪情壮志和抗倭决心：

> 旗节依依渡建溪，熟梅苔语路迟迟。
>
> 逾垠久已忘家念，指敌频歌许国诗。
>
> 号令迅传山海静，干戈不扰鸟猿啼。
>
> 直须捣洗黎民恨，挂剑功成一羽衣。

一到福建，江西客兵迅即加入战斗。

当时，倭寇主力的攻击重点是福建沿海的福州、泉州、漳州三府，由于这三府均为福建的经济命脉所在，所以福建兵力几乎全部调至这些地方防守，其余地区则交由各地前来的客兵代为防御。邓子龙及其所属的江西客兵防御压力巨大。

即便如此，在与敌人的首次交战中，邓子龙还是亲斩了倭寇两名，生擒一人，立下大功。按照明军的奖赏办法："斩倭首贼一级，升实授三秩，不愿者赏银百五十两。"

凭借内心保家卫国的热血与别人所不能及的英勇，不久后，邓子龙即升授把总（正七品），成为手下有400多人马的明军基层军官。新任福建巡抚谭纶在上奏朝廷的《官兵剿平流寇查参功罪人员以彰劝惩疏》中，特意提到了他："参将梁守愚，指挥刘伟、凌芝，千户马贵，武生邓子龙……均效驱驰之力，共收斩获之功。"这是邓子龙离开家乡后，首度在国家捷报中崭露头角。

此后，邓子龙多次参与剿匪缉盗工作，在战争历练中，一步步靠英勇杀敌积攒军功，成长为明代后期著名的军事将领之一。由于抵御海匪战功出色，万历六年（1578），51岁的邓子龙被调任浙江都司任佥事（正三品），代管嘉湖、宁绍二处参将巡海。

当时，侵扰东南沿海的倭寇势力已销声匿迹，驻扎浙江海防前线的邓子龙日子过得较为平静。借着定期回杭州汇报海防工作的机会，他抽空游览了这座号为"人间天堂"的城市。

在岳飞庙前，邓子龙无限感慨，提笔写下了"诸葛虽生蜀亦亡，将军不死宋还灭"的诗句。谁知，一不小心，这两句诗被人告发，被说成是妄议国事；再加上江西巡按陈世宝向朝廷报告，称邓子龙在江西任职期间有贪赃枉法的行为，数罪结合，万历皇帝亲自拍板："子龙既智勇可用，着纳赎还职，遇缺推用。"

04

被停职停薪几年后，心灰意冷的邓子龙才又得到朝廷的起用。

万历十一年（1583），缅甸东吁王朝侵犯云南。彼时，客居云南陇川的商人岳凤与缅甸王莽应里有私交。听闻好友在缅甸登基称王，岳凤便设计将陇川宣抚使多士宁杀害，随后举兵投靠莽应里，积极充任其攻打云南的先锋。

缅军在岳凤的前导下进攻，明廷在云南地区相继丢失了顺宁、施甸，军事重镇腾冲、永昌也岌岌可危。危难之际，万历皇帝下令，征调邻近各省"汉土军数万人"驰援云南。邓子龙当时正在湖南武靖参将任上，奉命率部疾驰云南，加入抗缅战争。

明朝立国200余年间，沐氏家族始终代管云南，故而朝廷长时间存在一种意识：云南蕞尔小地，无须劳师动众。加上云南地处西南边陲，地形复杂，中央军长途跋涉，水土不服，因此在前期开展的防御性战斗中，明军吃亏不少。

在这种形势下，缅军又攻下了大理、蒙化、景东等地，大有借云南为"跳板"北上入侵之势。作为全军先锋，邓子龙率部一到云南永昌，就积极组织人手筑城建哨。鉴于军队里普遍士气低落，他一边给援军做好战前动员，一边将此前带头违法乱纪的部分官兵斩首，严明军纪。

彼时，原木邦宣慰司首领罕进忠正在永昌，东吁王朝的莽氏与罕进忠有仇，为了讨好缅军，有将领建议邓子龙将罕进忠交由缅军方面处理，相信缅军在收到这份厚礼后，也会投桃报李，在明军面前识相撤退。但邓子龙断然拒绝了这个建议，这番强硬的态度，让驻守永昌的明军将士多了一份死战到底的决心。

邓子龙亲自带人勘察永昌周边地形，发现距永昌府百余里外的姚关是进出永昌的咽喉，地理位置十分重要，战争能否获胜，关键得看姚关攻坚战打得如何。因此，邓子龙决定，由裨将邓勇率军在正面佯攻驻守姚关的缅军，他自己则率精锐翻过险绝陡峭的山峰，绕后突袭。

万历十一年（1583）十一月，姚关之战打响。仗着自己有30万兵众，东吁王朝莽氏军队首先对明军发动了进攻。按照事先部署，邓子龙带着少数精兵强将埋伏在莽氏军队必经之路上。趁缅军防守松懈，邓子龙等人从天而降。

缅军此次攻城出动了精锐象兵，但在突如其来的战乱中，象兵根本无法发挥集群式作战优势，逐渐自乱阵脚，互相踩踏。在明军精锐的箭炮夹击下，缅军攻势持续受挫，大量的士兵死于自家大象脚下，"尸横满山，血流满涧"。

为了进一步扩大战果，邓子龙受命与赶来增援的名将刘綎一起清剿剩下的缅军。经过一番厮杀，刘、邓联军不仅大破进犯的缅军，还跟随缅军撤退的步伐，一路攻入缅甸境内，打下了当时缅甸的第二大城市阿瓦（今缅甸曼德勒）。

明缅战争的胜利，让邓子龙和刘綎一起升任副总兵衔。之后，二人共同管理滇军事务。

尽管刘綎作战勇冠三军，但其性骄恣也是军中出了名的。邓子龙不吃这一套，两人遇事常常硬碰硬，没多久，矛盾就爆发了。在多次内耗后，邓子龙与刘綎皆遭罢职。随后因兵变，邓子龙被投入监狱，接受刀笔吏的质询。

05

正当所有人以为一代老将即将重复李广的命运时，在日本海东边的关白丰臣秀吉"拉"了邓子龙一把。

当时的日本处于战国末期，随着室町幕府的消亡，各国（相当于郡县）大名纷纷加入争夺实权的战争中。实力最强的织田信长力压群雄迅速崛起，尾张、肥后、近畿等大名纷纷归附，日本新的将军幕府形态初现。然而，在之后的本能寺之变中，织田信长被家臣明智光秀逼杀，家族大权落入重臣羽柴秀吉手中。经过多番征战，羽柴秀吉完成老主人的心愿，短暂统一了日本，并获日本天皇赐姓"丰臣"，开启桃山时代。

与织田信长相比，丰臣秀吉对战争更加狂热。

当时，与日本邻近的国家除了明朝，还有李氏朝鲜。这个政权自建立之初即向明朝称臣，百十年来一直是明朝忠诚的藩属国。在明朝的庇护下，李氏朝鲜逐渐荒废了建立之初的尚武精神，朝中党争内斗不断，是个十足的弱国。丰臣秀吉于是制订了侵略朝鲜的计划，准备以朝鲜为"跳板"，进而吞下明朝。

万历二十年（1592），"万历三大征"中的朝鲜战争正式打响。

在朝鲜军民的配合下，明军相继收复了开城、汉阳等大部分朝鲜国土，日本侵略者也被迫退守釜山、蔚山一带。日本这边，丰臣秀吉以与明朝讲和为缓兵之计，接着倾全国之兵，发动了二次侵朝战争。

万历二十五年（1597）七月，日本战船越过朝鲜半岛进抵黄海、渤海，天津、蓬莱一带远处海面也可遥见日军战旗。

闻讯，万历皇帝震怒。除调北方水师守备天津、登州一带，朝廷也在抓紧募集南方水师，并令李如松、刘綎等大军先期入朝参战。鉴于此前邓子龙在抗倭、抗缅诸战中立有殊功，万历皇帝特命其恢复副总兵衔，以南方水师副将的身份，随名将陈璘赴朝参战。

这一年，邓子龙70岁。

尽管已过了在战场上挣命的年纪，邓子龙却仍如三国时代的赵子龙那般，"老骥伏枥，志在千里"。接到朝廷诏令后，邓子龙不敢迟疑，在南兵中精挑细选了数量庞大的浙江义乌兵——当年，义乌兵曾以助戚继光抗倭闻名天下。

为了尽早抵达朝鲜战场，邓子龙麾下的这群义乌水兵在战前几乎未受任何训练。不过，这并不影响他们之后在抗倭战争中有精彩的表现。

经过长途跋涉，东征水师在邓子龙的率领下按期抵达。很快，配合明军的陆上攻势，邓子龙的水师在海上与日本水师展开决战，大败敌军。

06

一心攻朝的丰臣秀吉此时突然病死，日军士气大挫。朝鲜水军统制李舜臣带领新式铁甲"龟船"加入战斗，群龙无首的日军只能秘密撤军。

三路日军中，小西行长的部队多部署于全罗南道的水面上，距离日本海较远，不利于撤返。为了逃命，他学起丰臣秀吉，派人与驻扎在海边的陈璘和陆上的刘綖谈判。在两军讨价还价的同时，小西行长向友军发出了求救信号。

为了让小西行长顺利撤出战争泥沼，萨摩藩主岛津义弘亲率藩下1万余人赶来救援。

由于岛津水师一时"弥满大海，海不见水"，负责海上防御的陈璘担心出事，便派老将邓子龙会同李舜臣设伏在日军必经的露梁海峡，防止日军发动第三次进攻。就这样，在双方的"误会"下，明、朝联军与想跑路的日军遭遇了。

作为接应水师首领，岛津义弘明白，如不尽全力突破明、朝联军，不仅救不出同伙，甚至还可能把自己搭进去。所以一开战，岛津就抱了必死之心，而朝鲜水师统制李舜臣与日军有不共戴天之心，这样的两支军队遭遇，当然要拼个你死我活。

不知是否心有所感，邓子龙在出发前特别交代随军的家丁说："吾只要冲锋杀贼，赤心报国，答谢圣恩。"

万历二十六年（1598）十一月十八日夜，露梁海战打响，邓子龙与李舜臣均遭遇了此生最后一战。

史料记载，明、朝联军在岛津部队与小西会合后，迅即"关门打狗"。一时间，明、朝水师"火炮呐喊，直驶向贼，诸船皆应之。贼知我来，一时鸟铳（火炮）齐发，声震海中，飞丸落于水中者如雨"。

危急时刻，邓子龙不顾高龄，亲率两百敢死队冲向敌军主力，与胶着的日军展开殊死搏斗。据事后侥幸回到大明的家丁回忆："老爷只管冲进，斩级不知多少，但见水赤。"由于场面混乱，在风与火的相互作用下，邓子龙的战船不慎与日军水师连成一片火海。日军合围，一代老将寡不敌众，殁于日军之手。而李舜臣为了救援邓子龙，在率军冲入日军阵中时不慎被流弹袭中，当场阵亡。

最终，在明、朝联军的殊死搏斗下，侵朝日军付出了几乎全军覆没的代价。

听闻朝鲜战场的惨烈战况后，万历皇帝在给朝鲜的国书中不忘再度告诫怕死的朝鲜国王："倭虽遁归，族类尚在，生心可逞，亦未可知……望王卧薪尝胆，勿忘前耻。"然而，大明皇帝的告诫已无法挽回老将邓子龙的生命。

战后，替邓子龙收殓的家丁发现老爷的首级不见了，随身携带的银花银牌及作战时使用的刀剑铠甲也被日军洗劫一空。最后，家丁只能以一段檀木精雕作其头，随老将埋于地下。

为表自己不忘国耻，朝鲜国王亲自穿上孝服，为阵亡的邓子龙和李舜臣举行了声势浩大的全民哀悼活动。此后，朝鲜历代国王均对邓子龙"再造藩邦"之功颇为感恩，曾建祠祭祀。

然而在将星如云的大明，邓子龙的死似乎"默默无闻"，万历皇帝也只是循例追赠其为正二品的都督佥事。

邓子龙一生南征北战，曾被弹劾，曾被停职，曾被下狱，但无论如何，他仍然是保家卫国的英雄。

努尔哈赤是如何崛起的？

自从努尔哈赤的外祖父王杲被杀后，辽东总兵李成梁就没睡过一个好觉。

王杲的儿子阿太（又称阿台）在父亲被杀之后，很快便返回了王杲的根据地古勒寨（今辽宁抚顺新宾满族自治县上夹河镇古楼村）主持大局。故而，李成梁说："阿太未擒，终为祸本。"他着手布局，准备从阿太的身边人开始，瓦解这股大明的敌对势力。

在李成梁的计划中，努尔哈赤一家与阿太的好朋友尼堪外兰，是他能否顺利从内部瓦解古勒寨势力的重要砝码。

前不久，古勒寨主阿太娶了努尔哈赤的姐姐，这样，阿太既是努尔哈赤的舅舅，也是他的姐夫，两人关系密切。然而谁也没想到，在努尔哈赤一家赶赴古勒寨劝降阿太时，阿太的好朋友尼堪外兰也看上了李成梁开出的丰厚条件，表示愿为向导，引明军攻打古勒寨。于是，毫无防备的努尔哈赤祖父觉昌安、父亲塔克世通通被误杀于战乱之中。

为了永绝后患，李成梁下令对古勒寨实施屠城，并纵火毁尸灭迹。

01

噩耗传来，努尔哈赤悲愤不已。他自幼丧母，与弟弟舒尔哈齐相依为命，如今父亲和祖父两位至亲又一并死于非命，他悲痛复杂的心情是可想而知的。

努尔哈赤出身于明朝建州左卫，那里由原来建州卫女真（即后来的满族）酋长猛哥帖木儿所部组成，猛哥帖木儿即努尔哈赤的六世祖。自明初以来，为了更好地管理边境地区的少数民族，朝廷往往会在当地设立卫所，并委任部族首领为卫所长官。

明朝设立建州卫的初衷，除了方便管理东北地区外，还有一个重要的因素是为了遏制藩属国朝鲜的势力发展，避免其侵犯我国的东北地区。因此，世代生活在东北地区的女真族人一下子便成了两方势力之间的"夹心饼干"。

当时，女真主要分成三大部：野人女真、海西女真和建州女真。其中，野人女真是尚未开化的女真族人。若明代《寰宇通志》的记载属实，野人女真当时的文明仍旧停留在"居草舍，捕鱼为食，不栉沐，着直筒衣，暑用鱼皮，寒用狗皮，不食五谷"的阶段，一副原始人的状态。

因野人女真"数与山寨仇杀，百十战不休"的侵扰，建州和海西女真的日子更是过得雪上加霜。为此，努尔哈赤的五世祖董山曾做出过努力，铤而走险，劫杀大明军队，试图引起大明朝廷的注意，以改变当时女真各部族的生存窘境。结果适得其反，主政的明宪宗朱见深搞了场"成化犁庭"，不仅董山自己落得个被杀的下场，连带他的族人也一并被发配充军，离开了世居的本土。自此之后，努尔哈赤的祖父觉昌安、父亲塔克世等世袭建州左卫的女真首领，全都成了拜伏于明朝的忠实臣子。

尽管古勒寨之战后，李成梁在递交给明朝皇帝的军报上承认觉昌安、塔克世之死为"误杀"，并尽全力寻找到塔克世的尸体（有说法指觉昌安尸骨无存）归还给努尔哈赤，但努尔哈赤无论如何都接受不了这样的结果。

努尔哈赤的父、祖二人均是李成梁发展出来的"劝降者"，与引领明军进城放火烧杀的尼堪外兰并无不同，但李成梁在对待这件事情上未免太轻描淡写了，所以，不忿的努尔哈赤再度向明朝上书，质问朝廷，称："我父、祖无罪，何故被杀？"

明朝政府也觉得应该给努尔哈赤一点儿补偿，于是便允许努尔哈赤继承其家族遗留的建州左卫都指挥使头衔，并赠予敕书30道、良马30匹，以慰努尔哈赤之心。但努尔哈赤并不满足，他自始至终只想要得到至亲之人被误杀的真正原因。

迫于无奈，努尔哈赤只能自己将这个事情查个水落石出了。在得知父、祖的死亡真相是李成梁背信弃义，城破后仍旧下令屠城时，他继续保持着当初的那份愤慨，向与之对接的明朝边镇官员提出同样的质问，希冀对方能够上书明廷，重审此案。

但这件事情，前次的赔偿早已代表了明朝的态度，因此，他们对努尔哈赤的请求未加理会。

努尔哈赤退了一步：既然已知女真族人尼堪外兰也参与了此事，那就交出尼堪外兰，以平息父、祖被杀的冤屈愤慨。这个请求似乎合情合理，然而明廷已经不想再在这件事情上多加纠缠，给到努尔哈赤的态度还是只有一个：断然拒绝。

不仅如此，论功行赏的尼堪外兰还在明廷的大力扶持下，作为大明王朝在建州女真部落中的代言人，成了所谓的"满洲之主"的候选人。

02

明朝对努尔哈赤的态度，实际也反映出明朝对女真部族的政策倾向。

众所周知，在明朝建立以前，由蒙古人建立的元朝曾短暂统治过中原。推翻了元朝统治的明朝从王朝建立的那天开始，对少数民族的统管就是着重防范和瓦解抑制的。从地理位置上看，女真部族世代所居之地均与蒙古人常年放牧的地区接壤，因此明廷一直担心女真族势力强大后与蒙古联盟威胁明朝统治。

有明廷"背书"的尼堪外兰，世袭建州左卫指挥使的努尔哈赤，他们二人实际上在部族内部就形成了两股敌对又相当的势力，这是明廷政策的一个体现。

要努尔哈赤向自己的"杀父仇人"低头绝不可能，而有了大明王朝做靠山的尼堪外兰也不惧努尔哈赤的反叛，毕竟他才是建州女真的"正主"，建州女真的部众归附他是理所应当。于是，即便是与尼堪外兰有血海深仇的努尔哈赤的亲戚们，为了自己的利益，也不惜与努尔哈赤反目，转投尼堪外兰，帮助自己家族的"仇人"对付自己的亲人。

面对生死攸关的威胁，努尔哈赤已经别无选择。

03

万历十一年（1583）五月，25岁的努尔哈赤决定带着父、祖遗留的13副铠甲起兵，公开对抗尼堪外兰。

不知是想坐山观虎斗，借努尔哈赤的力量削弱尼堪外兰不断膨胀带来的威胁，还是出于同情，感觉努尔哈赤凭13副铠甲翻不起什么大浪，总之，辽东总兵李成梁居然眼睁睁看着两方势力展开一轮殊死搏斗。

为了增加打赢尼堪外兰的筹码，努尔哈赤不仅发动了全部支持自己的部众，还对外联络了苏克苏浒河部萨尔浒城主诺米纳，约定与其共同起兵讨伐尼堪外兰。

诺米纳担心，凭借努尔哈赤那几十号人，他们得为此战搭进去不少部众。而且谁都知道，尼堪外兰背后是大明王朝，就算要帮助努尔哈赤，自己也犯不着得罪一个强大政权。因此，明面上答应努尔哈赤的诺米纳最终并没有按约定出兵协助努尔哈赤，反倒将努尔哈赤起兵的信息提前泄露给尼堪外兰。

尼堪外兰虽然十分善于经营与明朝之间的关系，但要他面对努尔哈赤这群不怕死的人，到底还是有些尿。刚得到消息，他立即脚底抹油，逃到了鄂勒珲城。

在努尔哈赤的进攻下，鄂勒珲城也很快被他收归囊中。原本拿得一手好牌的尼堪外兰因自己的一再退缩，最终把这副牌打得稀烂。

迫于无奈，被努尔哈赤等人追着打了几年的尼堪外兰最后逃到了明朝军队统辖的抚顺城内，希望向明廷方面申请政治避难。但无论是在辽东总兵李成梁还是其他明朝主政的文官眼中，尼堪外兰此时的作用已经不大。当初扶立尼堪外兰管理建州女真，就是看在他手底下有些人马，能够起到震慑女真各部族、稳定明朝在东北地区统治局面的作用。结果，尼堪外兰"烂泥扶不上墙"，丢下大部队，被小人物努尔哈赤追得满街跑，实在是丢脸。

面对尼堪外兰的求助，明朝官员就像当初拒绝弱势的努尔哈赤那样决绝地把他丢出去，任凭努尔哈赤处置。

万历十四年（1586），在凭着13副铠甲起兵后，努尔哈赤赢得了人生中的首场大胜利。

04

尼堪外兰被解决掉后，努尔哈赤实际上已取代他，真正开始统管建州女真。人生得意的努尔哈赤载着荣耀返回了建州左卫，而尼堪外兰的死却把明朝带入了一个比较尴尬的境地。

尽管尼堪外兰是明朝的"工具人"，但"用完就扔"也令其他有意投靠大明的女真实力集团不敢轻举妄动。两害相权取其轻，这群当初选择观望努尔哈赤"蚍蜉撼树"的人最终都依附在努尔哈赤的麾下。

就这样，努尔哈赤在族人们的拥戴下始定"国政"，自号"淑勤贝勒"（此时的贝勒有别于之后清朝宗室封爵，贝勒为满文音译，大致意思是部落酋长）。

经过一系列战斗的努尔哈赤早已不是当年的"愣头青"。特别是看到尼堪外兰没了利用价值后明朝对他的那种决绝的放弃态度以及早年间自己向朝廷求真相时明朝所表现出来的那种冷漠，努尔哈赤明白，自己一定要强大起来，以防哪天明朝统治集团再给自己来一次"卸磨杀驴"。自此，一项面对全女真族的统一计划在努尔哈赤心中油然而生。

从万历十九年（1591）正月开始，努尔哈赤挥师东向，以"保塞"为名攻取鸭绿江路，随后又打着替明朝"看门"的旗号，相继征服了野人女真、海西女真（除叶赫那拉部以外）。

努尔哈赤如果统一全女真族，则势必会彻底打破明朝现阶段通过扶持势力维稳东北的局面，遭到明朝的打击。为了避免来自明朝的威胁，在这个过程中，努尔哈赤采取了一个精明的策略。他知道，要统一女真全族，就坚决不能侵犯"天下宗主"大明的利益，不仅不可以，还得时时跟大明处好关系，以便在未来的某个阶段使其成为自己成功统一全族的助力。所以从努尔哈赤统一建州女真到统一全女真族的20多年时间中，朝贡大明一直是他不变的"重要国策"。

巧的是，在努尔哈赤实施统一全女真族计划的同时，大明的万历皇帝也开始了长达20多年的怠政。尽管在万历皇帝怠政期间大明也曾通过三场大战震慑诸国，继续保有天朝上国的威望，但万历皇帝怠政的影响还是很深远的。且不说一个皇帝隐于深宫后理政是否能及时，单就因为皇帝与文官集团"互相拆台"引发的一系列党争及"国本之争"，便足够大明王朝喝一壶的了。

更何况，在党争之外，为了宣示自己的绝对权力，万历皇帝还选择用裁汰官员的手段逼全体大臣就范，而这直接导致的一个结果就是明朝行政系统的瘫痪。

对于一心想要统一全女真族，为自己闯出一片天的努尔哈赤来说，这无疑是最为有利的"天时"。

在《明神宗实录》中，我们能够看到明朝"大忠臣"努尔哈赤的成长路线。从统一建州女真后的万历十八年（1590）起，到基本统一全女真族的万历四十三年（1615），努尔哈赤及其族人曾先后八次由关外进京，朝贡明朝。即便这些进贡工作多少都有努尔哈赤全身心演戏的成分，但朝贡从来都被视作少数民族臣服于天朝的一种表现，因此，每每积极朝贡的努尔哈赤总能得到大明朝廷的认可。

为了让明朝统治集团完全信服自己，努尔哈赤不仅勒令手下将女真族平常"打草谷"得来的汉族人口尽数奉还明朝，还服从明朝的指令，积极参与"保塞"工作，为明廷铲除一个个为害边境安宁的女真酋长，甚至在日本侵略朝鲜、万历皇帝准备东征时，还特别提出要派兵支援。

努尔哈赤的积极表现，虽引起部分明眼的明朝官员的警觉，但对于明朝抚化边境矛盾的整体战略来说，益处还是颇多的，至少明朝政府可以不费一兵一卒平缓东北地区少数民族的内外部矛盾。所以，对于努尔哈赤，明廷更多还是持支持态度。

万历二十三年（1595），努尔哈赤因"忠顺学好"且"看边效力"有功，被擢升为龙虎将军。虽然这项头衔有名无实，但好歹属于明朝武散官系列中最高阶的称号，足以给努尔哈赤的形象加分。

有了这层忠顺于大明的伪装，努尔哈赤可以安心实施自己的崛起计划了。

05

努尔哈赤发现，虽然女真人在日常生活中以狩猎为生，作战勇猛，但总体上，作战时仍旧处于一盘散沙的状态，水平不高。

另一方面，随着女真各部权贵的发展，族群内部实际上已经出现了"奴隶主"。除了各家祖传的包衣阿哈（家奴）之外，从明朝或朝鲜"打草谷"拉回来的边民并不属于他们传统的奴隶主与奴隶的关系。尽管这些边民在当年有着"伊尔根""诸申"等特别的划分，但整个女真社会的架构还处在极度混乱的状态。

为了方便管理，提高战斗力，努尔哈赤创立了八旗制度，将所有"伊尔根""诸申""包衣阿哈"之类通通编入旗籍，战时为兵，闲时耕猎。这个举措既保障了女真部落内部的安定，又为扩张提供了强有力的军事保障。

女真人长期以来没有语言和文字记录，为了促进女真社会的发展，努尔哈赤请来了当时整个女真部落中最有学问的额尔德尼和噶盖，发明了一种无圈点的草创女真文字，即后来的老满文。有了先进的社会制度和明确的语言文字，女真族人总算"进化"为"有思想的人群"。

凭借着多年的运筹帷幄，努尔哈赤终于撕下所有的伪装，露出真面目。

万历四十四年（1616），努尔哈赤自称"覆育列国英明汗"，建立金国政权，改元"天命"，史称后金。两年后，努尔哈赤打出"七大恨"的旗号，率军攻占抚顺、东州、马根单等大明城池，并乘胜全歼了前来支援边境战事的大明军队。

曾经无比忠心的努尔哈赤正式造反了，明朝官员瞠目结舌。

接到抚顺陷落信息的万历皇帝做出的第一个反应，便是下令兵部尽早拟定"犁庭扫穴"事宜。但大明王朝的官员与皇帝间的权力推诿已经达到顶峰，兵部尚书薛三才接到命令后，并没有立即按皇帝的旨令去执行，努尔哈赤等人趁着这个空当迅速壮大，直至一发不可收的地步。

直到万历四十七年（1619），大明朝廷才最终拟定由文官出身的杨镐为辽东经略，集合大明境内10万精锐以及朝鲜、海西女真叶赫那拉部的兵马，号称47万大军，兵分四路奔赴辽东。

杨镐因此前征讨日本时在朝鲜战场上先胜后败，颇受明朝武将们的诟病。为了防止下属不听调令，出发之前，万历皇帝赐予杨镐"尚方宝剑"，允许其先斩后奏，但东征大军将帅不和已成定局。为了能尽快抢到头功，由山海关总兵杜松率领的西路军竟不顾杨镐发出的"会二道关并进"的命令，在其他三路大军未抵达之际抢先出击，最终全军覆没。

反观另一边，努尔哈赤深知自己手中兵力有限，因此制定的策略是"凭尔几路来，我只一路去"的合兵突击战术，沉着应对，痛击明军主力部队。

因杜松的提前进攻打乱了杨镐原先制定的战略部署，再加上将帅间的不信任，三路大军最终没有在同一时间到达会合地点。这也就意味着，原先制定的四路围歼方针全盘失败，各路大军各自为政，排着队给努尔哈赤及其手底下的八旗精锐送人头、送战功。最终，这场历时一月余的围剿女真行动以明军惨败告终，史称"萨尔浒之战"。

此战后，大明与后金的战略形势发生了逆转。从此，明朝彻底失去了对东北地区女真势力的震慑和统管。更要命的是，随着努尔哈赤势力的继续壮大，开原、铁岭乃至辽阳、沈阳等大明军事重镇相继陷落，努尔哈赤离达成进军中原统一天下的梦想不远了。

06

万历四十八年（1620），一生有近30年时间不上朝的万历皇帝驾崩。皇帝死了，但贯穿他执政期间的党争活动却仍暗流涌动，而借着万历朝混乱政治生态崛起的努尔哈赤，在顺利报完父、祖之仇后已然成了时代的胜利者。

在努尔哈赤以"七大恨"起兵的第八个年头，即大明天启五年（1625），后金政权再度将都城迁移至战略地位更为重要的沈阳。同时，他们依明紫禁城例修筑宫殿，作为后金汗王的起居之所。

这一年，努尔哈赤已经67岁。

努尔哈赤说过："既征大明，岂容中止。"这句话表明了他愿与大明死战到底的决心，但同样也阐明了女真族的无奈——战争机器一旦启动，就不能说停就停了。

在日常与明军作战之余，联络周边的蒙古部族，与其和亲联姻、定盟约，组成新的利益共同体，成为努尔哈赤晚年最重要的"功课"。但无论努尔哈赤做多少努力，上天都没打算让他兵越山海关，成就如蒙古成吉思汗般的辉煌伟业。

大明天启六年（1626），努尔哈赤再度兴兵攻打大明的军事重镇宁远。此时，袁崇焕刚刚上任。与之前的杨镐不同，这位万历四十七年（1619）的进士多了几分战场上的果决。面对骑射俱佳的八旗部队，袁崇焕采取"以铳护城，以城护民"的方式，凭借从盘踞澳门的葡萄牙人手中购得的12门红夷大炮，令努尔哈赤等战场宿将大吃苦头。

尽管八旗军队的攻势未曾减弱，但这种向下兼容的长距离大口径重型火力不是八旗将士手中的弓箭可以比拟的。看到自己手下的八旗将士在"电光石火之间人仰马翻，火星所及，无不糜烂"，估计努尔哈赤的心都要碎了。

最终，在承受心理、身体的多重打击之后，久经沙场的努尔哈赤抵挡不过命运的安排，于这一年八月在沈阳去世，时年68岁。

虽然努尔哈赤看不到大明王朝的末日，但他的儿孙们很快就看到了。他死后不到20年，他的第十四子多尔衮率领八旗军队打入北京，完成了老父亲的夙愿。中国历史就此进入了一个新的朝代。

萨尔浒之战：大明与后金的权势转捩点

万历四十六年（1618）四月十三日，紫禁城一如既往的宁静。

万历皇帝仍旧宣称身体不便，继续久居深宫，百官与皇帝之间的权力争斗也依然水深火热。为了尽可能攫取大臣手中的权力，万历皇帝不惜在帝国四方裁减官员，此举让百官惶恐不安。整个大明帝国陷入无声的危机之中。

此时虽已是初夏时节，暖意却未曾降临寒冷的关外，那里依旧寒风呼啸，滴水成冰。在赫图阿拉城（今辽宁抚顺新宾满族自治县老城），一身戎装的努尔哈赤等来了复仇的最佳时机。在他身后，八旗部队热情高涨，跃跃欲试。

努尔哈赤当着大家的面宣布了所谓的"七大恨"，正式向关内的大明宣战。后金与大明这对生死冤家的决战时刻终于到了。

次日，这股士兵趁着抚顺集市开集之际，乔装成赶集的商贩混入人声鼎沸的抚顺城中，发动了叛乱。由于事发突然，未及准备的守城部队一击即溃，抚顺守将李永芳等人被俘后投降。

大明的军事重镇抚顺城陷落，努尔哈赤首战告捷。

01

三天后，消息传入紫禁城。万历皇帝看完战报登时反应过来，要求兵部与地方一线官员磋商，尽早拿出围剿方案。为给百官做出表率，一向身体欠佳的万历皇帝强撑精神，一改多年来不理朝政的生活方式，忙得热火朝天。

按说，如果连万历这种出了名的不上朝的皇帝也认真起来的话，想要解决由努尔哈赤造反引发的辽东困局估计也不是太大的难事。但接到皇帝命令的代理兵部尚书薛三才却没有立即执行皇帝的命令，而是向皇帝大倒苦水，称户部过去欠发的辽东军队兵饷已拖了三年，而自己坐镇兵部以来，答应给辽东士兵的粮饷也还欠缺十几万两。总之，对于出兵辽东一事，薛三才是十万个不愿意。

按照薛三才的意思，朝廷根本不需要专门出兵辽东，只要皇帝拨钱让他去安抚驻扎在辽东的将士，就能妥妥地打赢努尔哈赤。

薛三才的"底气"来自百余年前那场被称为"成化犁庭"的关外重大胜利，更来自万历二十年（1592）到万历二十八年（1600）间明军相继发动的三次大规模军事行动——在朝鲜战场，不可一世的日本关白丰臣秀吉被明军打得满地找牙，含恨而终；在西北宁夏和西南播州，无论是总兵哱拜还是盘踞播州多年的土司杨应龙皆没获得好下场，兵败身死。而且，从万历皇帝亲政以来，大明军队在国际战场上还有明缅战役这种"练手"机会。似乎不管从哪个方面看，小小的后金都不是值得让大明帝国正面重视的对手。

可惜薛三才不明白，星星之火也可燎原。

拿下抚顺后，努尔哈赤前进的脚步并未停止，反而比原先速度更快。在他的统筹下，另外四座拱卫抚顺主城的军事要塞也相继被攻陷，军民死伤惨重，人畜被掳掠者超30万。

辽东战局瞬息万变，蓟辽总督汪可受已经不能再等了。拱卫大明、镇守辽东防线本就是他的职责所在，如今丢了抚顺，且不管朝廷未来是否会怪罪自己，就看努尔哈赤大军这样凶神恶煞地到处掠杀，自己恐怕就已在劫难逃。于是，在未得到朝廷下一步具体指示的时候，汪可受命令广宁总兵张承荫发兵进攻努尔哈赤大军。

在造反的道路上，老天爷没有给努尔哈赤及其背后的八旗劲旅留下一丝退路。他们要么成功，要么成仁，必须一路朝前，直至打下大明江山，才能主宰自己的命运。

缺少这股破釜沉舟气势的张承荫一行，虽有万余部队，也不过就是去送死，压根没有胜算。

02

努尔哈赤公开宣战七天后，四月二十一日，大明帝国地方上组织的第一场反击打响了。但这场反击没有结果，很快哑火——张承荫的援军在半道上遭遇八旗埋伏，全军覆没。

远在北京兵部衙门办公的薛三才接到战报后，总算明白自己低估了关外那群"饿狼"。在向皇帝上奏承认自己的过失后，薛三才提出了四点建议：第一，征调真顺、保河等地壮士，可得3万人；第二，各边废弁家丁，皆许效用军前，可得数千人；第三，山海关为蓟辽门户，须任命一员大将提兵弹压，兼为辽东声援；第四，起用原任总兵杜松驻守山海关，总兵王宣驻守关内。

对于薛三才的建议，万历皇帝一切照准，立即下令让名将杜松星夜兼程赶往山海关坐镇指挥。但对于薛三才挤牙膏一样挤出的这么点兵力，万历皇帝多少有些心存不甘。要知道，在此时的帝国卫所中可还有挂名士兵200多万呢，不管怎么看，大明都不像到了无兵可调的境地。

可大明的军队体系就是如此奇葩。在沿用了200多年的军队卫所制中，士兵的身份是世袭的，只要祖上被列为军户，子子孙孙就都得当兵，免费替大明朝卖力拼命，保土守疆。如此庞大的人群战时为兵，闲时种田，以军事屯田的方式养活自己，然后继续为朝廷卖命。

这种世兵制固然有减少国家开支的优势，在明朝初年人丁凋敝、百废待兴的情况下也曾起到过积极的作用，但与此前所有实行世兵制的朝代一样，随着时间推进，明朝也深受世兵制的掣肘：一方面，按照世兵制"十五岁袭职，六十岁退役"的规定，新兵和兵油子混在一块儿，战斗力良莠不齐；另一方面，军队内部的自给制让军户与普通百姓完全脱节，为了过上好日子，那些世袭军官的子弟自然想尽办法压榨底层的军户。当兵本来就苦，再受到盘剥压榨，军户逃亡就成了必然现象。

因此，当国家真的有难之时，万历皇帝即便在紫禁城里喊破喉咙，能召集到的士兵也寥寥无几，且多为无用之兵，于当时的辽东战事其实并无裨益。

面对国土沦陷，作为帝国最大的"地主"，万历皇帝当然还是希望延续了200

多年的卫所制度能发挥该有的作用。他下旨,要求辽东"各处城堡都要用心防守,遇有虏警,并力截杀,务挫狂锋",同时还要求在辽东一线的督抚们应靠前指挥,用心调度,"随宜战守,务在万全"。

对于刚遭遇张承荫战败的蓟辽总督汪可受而言,率兵出关直面努尔哈赤大概是他接到的最坏的命令了。一到山海关,汪可受就踌躇不前了,他开始在上呈万历皇帝的奏折中哭惨:第一,我军战斗力不足,还是想先等等装备精良的朝廷援军再说;第二,我军士气不足,打仗需要钱粮。

如此,又绕回到一开始薛三才的问题上:要钱。

这钱到底谁出?当初万历皇帝与薛三才就没谈妥,如今形势迫在眉睫,这件大事依然没有着落。

03

内阁首辅方从哲认为,此事不宜再等,随即上书请求万历皇帝发内帑赈济辽东将士,先提振士气,以后的问题以后再说。万历皇帝无奈,只能抠抠搜搜地从内帑中拨银10万两,以赈军资。

这笔钱说到底算是万历皇帝自个儿的私房钱。不论万历皇帝是不是传闻中的"守财奴",要一个坐拥四海、"以国许家"的封建君主为国为民自掏腰包,都是高估了他的道德觉悟。

10万两,不论用于募兵还是振奋辽东士气,无疑都是杯水车薪,故而在拿到钱后,方从哲继续上疏请求皇帝再给点儿。结果,万历皇帝大怒,把他数落了一通:"每年户部按照祖制,只给内帑库进贡100万两作为宫中开销。这笔钱,朕得拿去给嫔妃们发月例、修缮宫殿、改善伙食,每逢年节还要采办礼物发放给你们。年年朕都不够花,如今能给你们10万两银子,还是朕省吃俭用积攒下来的,再要没有了,自己想办法去!"

万历皇帝的"哭穷"着实难以说服诸位大臣,毕竟,当初刚打完"万历三大征"之一的播州战役,恰逢福王朱常洵分府,他一次就从内帑里掏了30万两银子出来大摆宴席,绝对不是他现在所说的这么"穷"。可他是皇帝,方从哲等人是大臣，"君为臣纲"，皇帝一口咬定自己没钱，身为大臣，他们还能要得到吗？没办法，大臣们只能拆东墙补西墙，腾挪腾挪，终于凑齐了一支约10万人的援军。

与之前明宪宗朱见深发起的"成化犁庭"一样，出发前，大明王朝照例致书自己的小弟李氏朝鲜，要求对方发兵数万在外围打下手，也算报答一下当初大明王朝的"救国大恩"。

此时接替父王统管朝鲜八道的光海君接到书信，却打起了"退堂鼓"。无他，此时的朝鲜政局不稳，充满内忧外患，除了要提防身边反对自己的大臣发动政变，还得防范着周边势力的乘虚而入。还有就是，上次朝鲜战役时，日本丰臣秀吉大军把朝鲜士兵揍得太狠，他们尚未缓过劲来。

对于后金势力的威胁，光海君的迫切感估计比万历皇帝还重。毕竟朝鲜半岛紧挨着中国东北地区，后金八旗只要想打，不用10天，朝鲜王朝就得开门投降。

据朝鲜王朝《光海君日记》显示，壬辰倭乱（即万历年间朝鲜战争）后，光海君元年（1609），朝鲜八道常规军为7.64万人；而在壬辰倭乱刚发生时的朝鲜宣祖二十五年（1592），这个数字约为14.85万人。很明显，光海君在位期间的军队人数几乎锐减一半。

朝鲜只有区区不到8万军队，还得给大明"数万大军"，难啊！况且，若把兵借给了明朝，最后还是打不赢，招致后金八旗的怨恨，那么，朝鲜王朝日后再出现灭顶之灾，又有谁能来救？

光海君着实矛盾，他紧急召集了身边的两班大臣商议国事。出乎他本人意料的是，两班大臣的意见出奇一致，全部赞成出兵帮助明朝。朝鲜王朝领议政（相当于明朝内阁首辅）郑仁弘甚至说："上国（明朝）有事，则当奔走尽诚，思效其万一，况有征兵事乎？"

最终，朝鲜方面筹措了1.3万人的军队交付明朝，随军出征的还有无偿献给明军的战马700匹。殊不知，此举为李氏朝鲜埋下了祸患。当然，这是后话。

04

万历四十六年（1618）冬，征剿努尔哈赤的大明劲旅终于集齐，整装待发。

根据明人程开祜的《筹辽硕画》可知，这次大明王朝算是下了血本，不仅超额集合了近9万的大明士兵，更是破天荒地起用了杜松、马林、李如柏、刘綎等四员久经沙场的宿将，分率四路兵马，配合主路大军作战。

临行前，万历皇帝特授予此次战役主帅、辽东经略杨镐一柄尚方宝剑，准许其便宜行事，总兵以下有不听命者，皆可先斩后奏。

可万历皇帝终究还是错付了！

大军到了辽东之后，杨镐并没有立即发动反攻，仍在静待时机。此时，努尔哈赤再度率领八旗部队进犯大明边境，连下数城。兵部急报频频，看得万历皇帝眼睛生疼。内心颇为不满的万历皇帝下旨诘问杨镐："经略任事已久，各处援兵俱集，如何又有会安之失？"按万历皇帝的想法，兵我给你们了，钱粮我也给你们了，你们好歹要打两场漂亮仗给朕瞅瞅。

皇帝这种迫切的心理需求，无疑给一线将士带去极大的压力，而坐在后方指挥的兵部要员及内阁成员其实也都跟皇帝有一样的心理。只不过，他们并非单纯关心战争胜败的结果，他们更为忧心的是，如果战争时间拖得久了，粮饷损耗大，帝国的经济负担持续加重，势必会引发国内的一系列动乱。总之，在皇帝和百官眼中，打仗若不能速战速决，那还不如不打。所以杨镐在接到皇帝圣旨的同时，也多次接到来自兵部的催促檄文。

打仗岂是儿戏？像这种动辄调度十几万大军的军事行动，不探听清楚前方战报就贸然进军，无异于带着大家去"送人头"。杨镐虽是文官，战场上的这点儿逻辑还是懂的。但是，经不住皇帝和朝廷频频催促，杨镐最终只得下令出兵攻打努尔哈赤。

万历四十七年（1619）正月，杨镐下令，兵分四路，以赫图阿拉城为目标，分进合击，四路会攻，一举围歼后金军。

萨尔浒之战正式打响。

根据进兵方略，四路总兵杜松、马林、李如柏、刘綎各带一路人马，分别从沈阳、开原、鸦鹘关（在今辽宁辽阳县）、宽奠（今辽宁宽甸满族自治县）四个方向出击，约定好日期，准备到达二道关后再统一进攻。

这个行军策略乍看天衣无缝，努尔哈赤的老巢赫图阿拉城的东南西北四路方向均被围堵得水泄不通，不出意外的话，"万历犁庭"估计也能立马上演。但自古以来，分兵作战、四面出击都是兵家大忌，因为这样做有一个致命弱点：无法按照精准的时间同时进攻。战场瞬息万变，贻误战机必败无疑。

四路大军的统帅应该都明白这个道理，但将帅不和，貌合神离，四路总兵居然都没有站出来反对杨镐错误的战略部署。就这样，"萨尔浒绞肉机"如期启动。

05

明朝大军出发前气温突降，辽东平原上下起鹅毛大雪，大部队不得不再度推迟进攻时间。

四路大军中，负责从沈阳东进的总兵杜松是个贪功冒进之人。面对大雪，他一马当先，率着麾下大军星夜兼程，先到抚顺城稍作休息，再冒风雪急行军百余里，仅用一天时间就到了浑河北岸，距离会兵地点二道关只有一河之隔。

第二天，杜松不顾其他几路大军尚未跟上，孤军冒进，一头扎进了浑河南岸的萨尔浒地区，与前来阻击明军的八旗精锐展开遭遇战。分兵冒进的杜松部队很快被杀得大败，全军覆没，杜松及其手下副将皆力战而死。

闻讯，从开原出发才走到三岔儿堡（今辽宁铁岭县横道河子镇）的马林大军赶紧停下脚步，固营自守，严密监控战场上的一切信息，结果却在猝不及防间被乘胜追击的努尔哈赤部队发现，被"包了饺子"，落得与杜松一样的下场。

其实，三岔儿堡离马林出发的开原城不过百余里而已，如果马林大军能够及时回城固守，鹿死谁手还未可知，但历史没有如果。

在接到两路大军先后大败的信息后，杨镐赶紧叫停了其余两路大军继续进军的计划，让李如柏和刘𫄧大军原地待命，再图进攻。

可惜，从南边北上的刘𫄧大军由于道路不畅、通信中断等诸多因素，无从得知杨镐的新命令。在率军深入敌阵300余里后，凭借自己多年的战场经验，刘𫄧夺得了此次萨尔浒大战中明军仅有的局部胜利。但此后，遭遇努尔哈赤大军重点打击的刘𫄧也因寡不敌众兵败身亡，随同作战的朝鲜军队也损失惨重。

至此，萨尔浒大战中，明军四路大军除了李如柏外全都没了，合兵会攻已没有了可能。

消息传回紫禁城，京师震动。万历皇帝完全不敢想象，自己辛辛苦苦筹集的10余万大军居然在不到十天的时间里便化为乌有。作为此次大战的主要责任人，辽东经略杨镐被下锦衣卫诏狱论死，以慰死节将士之心。

后来的历史学家说，萨尔浒之战是明清战争史上的重要转折点。"清史研究第一人"萧一山指出，明清之兴亡交替，此战是"最大关键"。

06

尽管败象已显，但大明帝国并非没有补救的机会。

萨尔浒之战惨败后，万历皇帝在朝臣的举荐下任用赋闲在家的熊廷弼经略辽东，以图改变明朝国运一蹶不振的困局。可熊廷弼还未到任，开原即失守。

比起前任，这位曾巡按辽东多年的文官军事家有着更清晰的认识。熊廷弼认为，"辽左为京师肩背，欲保京师，欲保河东，开原必不可弃……不复开原，必不能保辽、沈"。因此，他向万历皇帝建议，应先想办法重夺开原，然后以开原为据点，一步步夺回其他领土。

万历皇帝对此深表赞同，立即像之前授予杨镐尚方宝剑那样，授予熊廷弼辽东地区的最高决策权。

这回万历皇帝是选对人了，可他自己的命却不长了。万历四十八年（1620）七月，没能看到辽东的成果，万历皇帝就驾崩了，而辽东地区的重整筹备才刚刚开始。

根据皇帝的圣旨，熊廷弼到任后立即着手安抚军民，杀逃兵祭奠死难将士，上疏罢免了此前在八旗进攻开原、铁岭时拥兵不救的李成梁第三子、总兵李如桢，在一定程度上稳定了辽东地区的局势。

一切似乎都在向好，可那座皇帝们住了200年的紫禁城里，总是会发生充满着不确定性的党派之争。在帝国的风暴中心，不同政见的大臣对远在辽东宵衣旰食的熊廷弼指手画脚，致使其最终卷入党争之中，成为无休止的口水战的牺牲品。

天启五年（1625），熊廷弼被杀，传首九边，辽东局势每况愈下，大明帝国终究失去了最后一次救命的机会。

这一年，上距萨尔浒之战惨败仅6年，下距明朝亡国不到20年。

党争：

内斗就要亡国，亡国也要内斗

明宫三案：事出反常必有妖

万历皇帝在位晚期，天下动荡不安，朝中接连发生的三件大案和随之而来的党争让时局变得更加复杂，朝中各派将三大案当成打压异己的工具，党争愈演愈烈，直至将大明王朝彻底拖入深渊。

01

王之寀是明朝万历年间的刑部主事，在四衢八街权贵遍地的京城，这是一个不起眼的小人物。

谁也没想到，一起震惊天下的疑案将王之寀卷入了帝国政治风暴的中心，而一切的起因，是一个比他更不起眼的小人物。

万历四十三年（1615），一个叫张差的河北汉子手持枣木棍棒闯进了皇宫。在这个全国戒备最森严的地方，张差竟然如入无人之境，悄悄地来到了太子朱常洛居住的慈庆宫，还打伤了宫门前的内侍，距离内殿不过一步之遥。说时迟，那时快，东华门的守卫指挥迅速派人把张差给逮住了，总算没让他伤到太子。

这就是晚明三大案中的梃击案。

张差被关押后整天表现得疯疯癫癫，看他的样子，像是个精神有问题的人。经过刑部等有关部门会同审问，大家也都认定张差就是个疯子，并得出以下结论：

此人是来自蓟州（今天津）的樵夫，因为自己家柴薪让人烧了，气疯后进京申冤。走到半路，两个不愿透露姓名的热心群众告诉他，诉冤可以带上一根木棒。张差信以为真，就手持木棒，迷迷糊糊地从宫门外一路走到了慈庆宫。

手持凶器入宫，依律当斩。杀了"疯子"张差，这案子就可以结了。

张差受审期间，王之寀一直冷静地旁观，但在内心，他并不同意上司们草率的决断。如果没有王之寀，梃击案或许只会作为一个疯癫樵夫袭击事件载入史册，不存在任何阴谋。但在王之寀看来，探寻真相就是一个刑部官员心中的正道。此后11年，他都在和梃击案死磕，一心想把幕后黑手绳之以法，直到他自己冤死狱中的那一天。

02

张差到底是不是疯子？王之寀自有办法查明。

有一天，王之寀兼职管理牢饭，为狱中的犯人们一一送饭，唯独没有张差的份。王之寀把张差叫来，把饭菜放一边，要他如实相告才有饭吃，不然就把他活活饿死。张差接着装疯卖傻，语无伦次地说："我是来告状的，你们还要问我吗？"王之寀默默观看他的表演，脸上毫无波动。

张差肚子饿得不行，他皮糙肉厚不怕挨打，但要是不让他吃饭，那可受不了。于是，张差"招供"了。原本快要结案的梃击案重启调查，种种线索犹如藤蔓般向帝国的中心伸展。

在王之寀为张差所作的笔录中，故事是这样的：

张差之所以来北京，是听两个乡亲介绍，跟着一个不知姓名的老公（民间对太监的称呼）办些事情。他们跟他说，只要好好听话，事成后就给他几亩田地和一些钱财。张差家里穷，不想错过发横财的机会，就这样进了京。

到北京后，有个太监把他带到慈庆宫门口，给了他一根木棍，告诉他进了门，遇到谁就把谁打死，我们会救你。

两份供状性质完全不同。如果张差是个疯子，单独作案，杀了他也就完事了。可若是团伙作案，问题就来了——谁才是背后真正的主谋？

到底谁想杀太子？满朝文武都知道，最可疑的是一个女人——深受万历皇帝宠爱的郑贵妃。

郑贵妃是万历皇帝的宠妃，太子朱常洛却是皇帝心里的一根刺。这根刺，30多年过去了还没拔出来。

03

万历皇帝年少即位，很多事情由不得自己做主。李太后给他安排的皇后是王氏，虽然她知书达理，但万历皇帝对她很冷淡。万历九年（1581），结婚3年了，万历皇帝还没有皇子。

一天，万历皇帝到慈宁宫向李太后请安，正巧太后不在，一个姓王的宫女过来伺候他洗手。

缘分就是那么奇妙。19岁的万历皇帝正值青春期，在某些方面容易冲动，不知怎的就看上了这个相貌平平的王宫女，和她发生了关系。

万历皇帝很快把这件事置之脑后，但王宫女的肚子藏不住，一天天大了起来。李太后发现有宫女怀孕，就把儿子叫来，问是不是他干的。万历皇帝原本还矢口否认，李太后干脆命人找来起居注，只见上面明明白白地写着：某年某月某日皇帝临幸某宫女。

皇帝每天干什么，起居注都有记录，没法赖账。李太后着急要抱孙子，苦口婆心地劝说道："你也别嫌弃王氏出身低微，她要是能生个皇子，也是社稷之福啊。"

这下子，万历皇帝无法抵赖了。次年（1582）八月，王宫女生下了一个男孩，他就是皇长子朱常洛，王宫女也因此被封为恭妃。

万历皇帝并不喜欢这个意外诞生的皇长子，对王恭妃也早已失去兴趣。到了万历十四年（1586），皇三子朱常洵的出生一度让王恭妃母子的地位岌岌可危。

朱常洵是万历皇帝宠妃郑氏的儿子。万历皇帝爱屋及乌，为皇三子举办了比皇长子还要隆重的生日宴会，还将郑氏封为皇贵妃，偏心都写在脸上了。皇帝中意哪个皇子，喜欢和哪个妃子睡觉，这本来是人家的家事，但是这事儿发展到影响立储的地步，大臣们就要跟皇帝好好讨论一下了。

皇帝选择储君，有嫡立嫡，无嫡立长。王皇后无子，万历也就没有嫡子，王恭妃生的皇长子与郑贵妃生的皇三子都是太子之位的有力争夺者。朝中大臣为此分为几派，有的支持朱常洛，有的支持朱常洵。由此，有了长达10多年的国本之争。

万历在立储一事上一拖再拖，直到朱常洛20岁时才勉强将他册立为太子，迫于群臣的压力，他又封朱常洵为福王，之后命其离京前往洛阳就藩。史书对此评价道："自古父子之间，未有受命若斯之难也。"

争国本事件落下帷幕，郑贵妃母子争立储君失败，很不甘心。

由于万历皇帝此前在立储上犹豫不决，郑贵妃根本没把朱常洛放在眼里，一直暗中谋划扳倒太子，还一心觊觎皇后之位。尴尬的是，正宫娘娘王皇后虽然无子，却是明朝在位时间最长的皇后，大半生执掌后宫，直到万历四十八年（1620）与丈夫同年逝世。郑贵妃想要靠"子以母贵"将儿子扶上皇位，基本不可能。

后宫的另一个女人也对郑贵妃形成威慑，那就是万历皇帝的母亲李太后。李太后对长孙朱常洛有些心疼，之前见万历皇帝迟迟不立太子，就质问皇帝这是为何。

万历皇帝支支吾吾地说："皇长子是宫女之子。"

李太后也是宫女出身，听到儿子这么说，勃然大怒："宫女怎么了，你也是宫女之子！"万历皇帝吓得腿软，连连跟母亲说会马上册立太子。

郑贵妃再怎么闹腾，只要有王皇后在，她就当不了皇后，有李太后当王恭妃母子的保护伞，她也不敢乱来。

这么一看，梃击案发生的时间更是耐人寻味——万历四十三年（1615）是李太后去世的第二年。

04

王之寀发现梃击案另有蹊跷后，刑部会集十三司重审张差。张差给刑部官员带来了更多意外收获，供出了之前没有说出的人名：那两个为他穿针引线的乡亲分别叫马三道与李守才，带他进京入宫的太监分别是内侍庞保与刘成。他还直说，就是这两个太监唆使他打进慈庆宫去，跟他说："你打了小爷，从此吃穿不愁。"住在宫里的小爷，当然是指太子朱常洛。

这一审就都对上号了，形势对郑贵妃极为不利。庞保、刘成都是她宫里的太监，一旦他们被抓去审讯，不知道还会有多少"惊喜"。

郑贵妃慌了，满朝大臣也都沉不住气了。一些大臣支持郑贵妃，仍认为张差是个一无所知的疯子，我们姑且称之为"疯癫派"，就连当时的内阁首辅方从哲也有意巴结郑贵妃，不愿把事情闹大；还有一些大臣则站在了王之寀这边，认为此事必有幕后主使，我们可称之为"阴谋派"。

在真相即将浮出水面之时，"疯癫派"却逆转乾坤获得了最后的胜利。这是因为，郑贵妃与太子和解了。

郑贵妃到底是万历皇帝的小心肝，半老徐娘，风韵犹存。她见朝中大臣气势汹汹，赶紧请万历皇帝为自己做主。万历皇帝叹息道："朝廷的议论难以化解，如果让太子出面，这件事可能还有解决的办法。"作为受害者的太子朱常洛不敢得罪父亲，也只能大事化小，小事化了了。

据史书记载，在父亲万历皇帝的冷落下，朱常洛自小为人怯懦。有一次，朱常洛出阁读书，正值寒冬腊月，太监竟然敢欺负他，不给他生火取暖。这位太子冻得浑身发抖，也不知道跟太监说一声添柴火。

后来万历皇帝病重时，朱常洛带着儿子朱由校（即后来的天启皇帝）去探望，守门太监把他们拦住不让进，朱常洛也不敢和他起争执，从早到晚一直等在门外。后来由杨涟、左光斗等东林党大臣和东宫太监王安周旋，朱常洛才见了父亲最后一面。

郑贵妃听从万历皇帝的建议，亲自去找老实太子朱常洛，一见面就下拜，吓得朱常洛也急忙回拜。两个人一边说话一边拜，郑贵妃向太子哭诉自己受的委屈，请朱常洛救救她。朱常洛差点儿就被人打死了，可听郑贵妃这么说还是心里一软。他让东宫太监王安拟一道令，要群臣勿再纠缠，将凶手张差就地正法即可。然而这并没有什么用，最后还是万历皇帝亲自出马，这才化解了两派的矛盾。

怠政多年的万历皇帝一反常态地把太子、三个皇孙和群臣召来。万历皇帝拉着太子的手说："我这个儿子很孝顺，我也喜爱他，他如今已长大成人，朕怎会别有意图？况且福王已前往封地，距离这里有上千里。"

一番情意绵绵的告白后，万历皇帝对太子说："你有什么话，尽管对大臣们说。"

万历皇帝对立储有意见，这是众所周知的事情，可如今他却在百官面前表演了一出父慈子孝的好戏。太子见父亲都表态了，也很懂事，再次对在场的人说张差不过是个疯子，速速处决就好了，不要再株连他人。

为了劝说支持自己的大臣不要再彻查此案，朱常洛接着说："诸位已经看见了，我们父子二人关系和睦，朝中议论纷纷是要陷我于不孝之地。"

万历皇帝对太子的表现很是满意，连声问群臣："太子的话，你们都听到了吗？"

在皇帝与太子的默契配合下，大臣们只好乖乖听话，尽快结案，将张差处决。张差的"同伙"太监庞保、刘成在刑讯过程中被杖毙于狱中，没有留下证据。张差的同乡马三道、李守才等原本就是不明真相的小人物，保住一命，被判了流刑。

梃击一案不了了之，没有查获幕后主使，也没有找到所谓的真相。

这个结果当然难以服众，坚持查案的王之寀尤为不满，他认为自己是对的。一个刑部官员，将真相大白于天下有何错？但他的执着得罪了郑贵妃，更得罪了皇帝。万历皇帝脸上笑嘻嘻，其实早想除掉王之寀了。史书称万历皇帝"不遽罪之寀也"，可现在不急着报复，不代表不会秋后算账。

梃击案的利益纠纷，表面上是郑贵妃与太子之争，实际上是群臣相互攻讦的一个战场。王之寀的立场与东林党人相近，现在他为皇帝所厌，与其对立的齐楚浙党不会放过打压对手的机会。

在梃击案两年后的"京察"（朝廷对京官的考察）中，王之寀受到齐楚浙三党的清洗，因莫须有的罪名被罢官，削职为民。虽是遭到政敌弹劾，其实也是万历皇帝的意思——"皇祖震怒，削籍为民，追夺敕命"。

王之寀想不到的是，当他再度回到朝中时，梃击案依旧未能水落石出，明宫之中还接连发生了另外两件大案。

05

梃击案之后，朱常洛似乎因祸得福，太子之位得到巩固。之后几年，郑贵妃在他面前也不再专横跋扈,还想尽办法巴结他,隔三岔五就给他送礼。在得知太子有贪恋美色的不良癖好后,郑贵妃给他送去了8个美女。

朱常洛从小被闷在宫里,整日战战兢兢,没过上几天太平日子,看到郑贵妃送来的美女,他应该有种扬眉吐气的感觉,不由得放飞了自我。

不久后,朱常洛就纵欲过度,搞垮了身体。于是,在梃击案的5年后,即万历四十八年(1620)的八九月,发生了晚明三大案的第二大案——红丸案。

朱常洛在长期压抑下当了那么多年太子,熬到这一年,万历皇帝病逝,他终于即位为帝,没想到却成了明朝在位时间最短的皇帝。从朱常洛登基到驾崩,只有一个月的时间。他连自己的年号"泰昌"都没来得及用上,因为依照惯例,新君即位要到次年才能改换年号。

当年八月即位后,沉溺女色的朱常洛身体日衰,到八月十二日甚至卧病不起。掌御药房的太监崔文升针对皇帝的病症,给他开了一服泻药。朱常洛服用后一夜之间腹泻三四十次,整个人都虚脱了。朱常洛告诉众臣,说自己"头目眩晕,身体软弱,不能动履",甚至想要安排后事。

到了八月底,鸿胪寺丞李可灼说自己有一仙药要进献给皇帝,也许能救命。

鸿胪寺主掌朝会、宾客、礼仪之事,不管医疗。李可灼不是专业医生,内阁首辅方从哲起初也不敢相信他,但朱常洛得知此事后病急乱投医,决定豁出去试一试,便让方从哲等人带李可灼入宫。

李可灼献上的是一枚红色药丸,这究竟是什么药,至今仍有争论。朱常洛刚服下此药后效果显著,顿时神清气爽。他连夸李可灼是忠臣,赐予其银币,命他再进一丸。方从哲问起皇帝的身体状况,宫里也回答说"好",称皇帝已经"暖润舒畅,思进饮膳"。

可到了第二天,即九月初一,天还未亮,泰昌帝朱常洛就一命呜呼了,神秘的红丸没有救回皇帝的生命。

方从哲成了众矢之的。他本来就与郑贵妃有千丝万缕的联系,所以有一些大臣认为,红丸案是梃击案的延续。更何况,进献红丸的李可灼是方从哲带进宫的,给皇帝开泻药的崔文升原先还是郑贵妃宫中的内侍。

这里有必要介绍一下方从哲。

当时，方从哲作为阁臣已有7年多。他先后辅佐了万历、泰昌、天启三朝，被一些史书认为是浙党大佬。更为巧合的是，晚明三大案全都发生在他为内阁首辅期间，他最后被迫退休，正是因为在后两案中处置不当，难逃失职之罪。

朱常洛吃药死后，方从哲生怕摊上事儿，更怕被安上"弑君"之罪。他一开始为李可灼与崔文升辩护，声称这不过是一起医疗事故，可还是难以平息众怒。

红丸案愈演愈烈，以礼部尚书孙慎行和左都御史邹元标为首的大臣们上书，要求"诛李可灼，以泄神人之愤"，还指责"方从哲不伸讨贼之义，反行赏奸之典"，一定要给世人一个交代。上书弹劾方从哲的这几个人，都是东林党人。

红丸案一时难解，最后由几位阁臣出马才压住了众议，方从哲也暂时保住官帽。给皇帝看病的两个人都受到了处分，李可灼被判处流徙，崔文升被贬到南京安置。

06

方从哲才想舒口气，晚明三大案的最后一案就爆发了。

明宫中停放着三口棺材未葬，前有"前殿（乾清宫）皇祖（万历皇帝）之尊灵，坤宁宫孝端皇后（万历皇后王氏）尊灵"，现在又多了朱常洛的一口棺材。

朱常洛生前宠爱的李选侍是一个不亚于前朝郑贵妃的野心家，她随朱常洛入居皇帝所在的乾清宫，如今朱常洛死了，她还霸占着宫殿不愿离去，企图以养母身份控制储君朱由校，因此与朝臣起了争执。

明朝后宫中有严格的等级划分，皇后以下是皇贵妃、贵妃、妃、嫔等。选侍就是个龙套角色，可这位李选侍给自己强行加戏，朱由校的生母王选侍便是被她欺凌至死的。李选侍还与前朝郑贵妃有些勾结，朝中大臣曾说她是"郑氏私人"。

朱常洛刚即位时，李选侍难掩执掌后宫的野心。一次，朱常洛和大臣商议，说要封李选侍为皇贵妃。李选侍躲在旁边偷听，对这个安排很不满意，便把身边的朱由校推出去，让他跟他爹说，不要封皇贵妃，要封皇后。

朱常洛吃了红丸丧命后，李选侍什么也没捞着，坚持赖在乾清宫是她最后的倔强。

当以东林党为首的大臣们赶到乾清宫外迎立新君时，守门太监听从李选侍的命令，手持刀棍强行阻拦。大臣们在宫门前面面相觑，不知所措。唯有东林党人、兵科都给事中杨涟忍无可忍，上前呵斥："奴才！皇上召我等入宫，尔等却挡在门口，是何居心！"杨涟气场强大，骂得太监们不敢再有动作，只好放众臣入宫。

李选侍仍不愿妥协，将朱由校藏在乾清宫暖阁中。这时，与东林党交好的司礼监秉笔太监、泰昌帝生前的心腹王安跟李选侍说，皇储必须面见朝臣才能即位，这样藏着也没用。

这话好像很有道理。李选侍把朱由校交给了王安，让他帮忙安排，可看到他领着朱由校急匆匆地往外跑，她就知道自己上当了，立刻命身边的太监去把太子追回来，然而为时已晚。

众臣先迎朱由校至文华殿册立为太子，之后要求赖在乾清宫的李选侍移宫，以便新君即位。

为了打倒李选侍，众臣纷纷上疏，各显神通。东林党人左光斗的批评尤为尖锐："武氏之祸，再现于今，将来有不忍言者！"意思是说李选侍要勾引朱由校，以达到当皇后的目的。几番交锋之后，李选侍知道自己确实不是那帮文臣的对手，只好放弃抵抗，黯然离开乾清宫，徒步走到专供妃嫔养老的哕鸾宫。

方从哲在红丸案与移宫案中表现得里外不是人，自然难辞其咎，事后只好辞职回家。方从哲走了，但党争并未就此平息，齐楚浙等党在天启朝找到了新的依附对象，与东林党继续缠斗。

07

在泰昌帝朱常洛之后即位的，是沉迷木工活儿的明熹宗朱由校，即天启皇帝。大明王朝早已危机四伏，王之寀在此时被再度起用。

当年正是王之寀在监狱中发现了张差的秘密，这个执拗的刑部官员如今还想着调查梃击案，甚至将其与红丸、移宫二案联系起来，认为"李选侍、郑贵妃、崔文升、李可灼共一线索"。

天启二年（1622），王之寀上了一道《复仇疏》，劝告天启皇帝不要忘记君父之仇，谨防阉竖与后宫勾结。他说，泰昌帝朱常洛"一生遭逢多难，弥留之际，饮恨以崩"，有两大仇恨至今未报。一是梃击案的幕后真凶还未查明。王之寀指出，当年支持张差为疯癫者的都是奸佞小人，他将"疯癫派"官员一一揭露，称他们为"诸奸"，指出正是他们收受了郑氏的贿赂才让此案以疯癫定案。二即泰昌帝服用红丸而死。这件事究竟谁是主谋？在王之寀看来，在红丸案中，李可灼、崔文升这两个人绝对有问题，甚至连当时的首辅方从哲都有责任，怀疑他们背后还有什么人。

　　之后几年，王之寀步步高升，当上了刑部右侍郎。朱由校实在应该感激他为自己老爹说话。但朱由校没把王之寀的这道《复仇疏》放在心上，也没有彻查旧案，对于其中劝说皇帝亲近阁臣、远离宦官的建议更是置若罔闻。

　　此后，在天启一朝出任司礼监秉笔太监的魏忠贤逐渐权倾朝野，甚至到了天下"只知有忠贤，而不知有皇上"的地步。齐楚浙三党中不少人为了打击东林党而投靠魏忠贤，成了所谓的"阉党"。

　　阉党得势时，东林党被当作三大案的罪魁祸首，蒙受冤屈。史书称："魏忠贤杀人则借三案，群小求富贵则借三案。"在由阉党所修的《三朝要典》中，万历、泰昌、天启三朝发生的这三大案被颠倒黑白，黑锅都甩到了东林党人身上，原本在此案中有功的人反而受到处分。

　　根据《三朝要典》的记载，红丸案中，上书弹劾方从哲的东林党人邹元标等被论罪；移宫案中，从李选侍手中夺回皇储的杨涟与左光斗被改写成了罪人；梃击案的罪魁祸首，竟然成了兢兢业业的审案官员王之寀。阉党认为，王之寀私审张差是用威逼利诱的手段，张差所招供的"打得东宫，吃穿皆有"等话也都是王之寀教唆的，不足为信。

　　现实有时就是如此荒诞，王之寀最终等来的不是三大案的真相，而是下狱而死的命运。

　　阉党以"捏造案情，用以敲诈"的罪名将王之寀逮捕入狱，还说他当年从郑贵妃家人那里敲诈了2万两银子，要他交出"赃银"。阉党对付东林党人的手段极为恶劣，常诬陷他们得了"赃银"，还要追缴"赃款"，否则就严刑逼供，甚至将他们迫害致死。

王之寀当初只是为了寻求梃击案的真相，根本不曾敲诈勒索。但在镇抚司的严刑逼供下，天启七年（1627），王之寀还是不得不让家人筹集所谓的"赃银"。王家人东拼西凑了8000两银子，可还是没来得及救命。仅仅过了半个月，当初率先揭发梃击案的王之寀冤死于镇抚司大狱之中。

阉党并没有得意太久，崇祯皇帝即位后，三案又被"翻了回去"。崇祯皇帝粉碎了阉党，为因三案被冤之人平反，恢复他们的名誉，其中就包括王之寀。王之寀沉冤昭雪，但此后三大案的草蛇灰线却越发模糊，到后世史书中成了扑朔迷离的疑案、奇案。在当时，也没有多少人还在意这些皇家丑事的真相，只是将其当作党争的工具。

正如《明史》所说，自梃击、红丸、移宫三案后，"两党是非争胜，祸患相寻，迄明亡而后已"。

南明弘光朝时，还有反东林党的大臣罔顾事实，以《三朝要典》为依据，认为王之寀有罪，请求弘光帝重印阉党所编的《三朝要典》，用来保存前朝的"真实历史"。他们还说，梃击案中的张差就是个疯子，不过是贪官酷吏王之寀强行将他当作刺客罢了。

晚明三大案至今依旧没有真相。也许，政治不需要真相，只有王之寀这样的人才在乎真相。

王之寀，字心一，陕西朝邑（今陕西大荔东）人，一个原本默默无闻的刑部官员。有人在研究梃击案时发现，这位万历辛丑科的进士，当年在参加考试时曾写下这么一句话："时止则止，时行则行，动静不失其时，其道光明。"可在明明知道彻查三案将会得罪权贵甚至是最高统治者的情况下，王之寀并没有做到"时止则止，时行则行"，而是一心查案，想要揪出幕后真凶。

面对案件，公正司法，揭露真相，就是王之寀心中的坚持，是人心的光明所在。只可惜那时的大明王朝只剩下沉沉的黑夜，容不得一丝光亮。

魏忠贤与东林党，到底谁在误国？

万历四十八年（1620）九月初一，明光宗朱常洛即位才一个月就一命呜呼，留下一个疑窦丛生的"红丸案"，一个沉迷于木匠活儿的少年储君朱由校以及一个危机四伏的大明王朝。

九月初六，朱由校即位，是为明熹宗，次年改年号为"天启"，因此人们也称其为天启皇帝。

以东林党人为首的外廷在以王安为首的司礼监的协助下，成功辅佐朱由校即位，明朝又恢复到万历初年张居正辅政时"宫府一体"的局面。一时间，"东林势盛，众正盈朝"，东林党人似乎就要实现他们的政治理想了。

01

东林党肇始于万历年间，是个以江南士大夫为主的官僚政治集团。他们以清流自命，以天下兴亡为己任，大多出自社会的中等阶级，处于豪强地主与下层民众之间。东林党领袖顾宪成在东林书院撰写的一副对联反映出其高尚志节，一直流传至今：

> 风声雨声读书声声声入耳，
> 家事国事天下事事事关心。

然而，自明末至今，东林党毁誉参半，甚至有明亡于党争一说。其实，东林党并不只是掀起党争，东林党人也曾提出过一些先进的主张。

一是注重"公论"。

东林党不赞成君主独断专权，而是希望以"天下之公论"作为君主制的施政基础。在万历年间的国本之争中，东林党极力要求万历皇帝尽早立朱常洛为太子，就是因为这关乎皇帝是否遵守规则和迎合舆论的问题。当时，万历皇帝宠爱郑贵妃，本想废长立幼，立她的儿子朱常洵为太子，结果实在拗不过大臣们，才立长子朱常洛为太子。顾允成指出："以私而掩公，以一己而掩天下，亦已偏矣。"在东林党眼中，天下不是皇帝一人的天下，因此皇帝的所作所为不能拂逆民意。

二是关心民间疾苦。

万历年间，宫中派遣到各地的矿监税使大肆搜刮民脂民膏，老百姓苦不堪言。如此行为就不符合"公论"。东林党看不下去了，数十名官员对矿监税使提出抗议，李三才上疏谴责："皇上爱珠玉，人亦爱温饱；皇上爱万世，人亦恋妻帑。奈何皇上欲黄金高于北斗，而不使百姓有糠秕升斗之储？皇上欲为子孙千万年，而不使百姓有一朝一夕之安？"

东林党反对矿监税使并非只是打打嘴炮，而是付诸行动。他们大多为官清廉，"持名检，励风节，严气正性，侃侃立朝"，被誉为"清节姱修"。

在湖广，武昌兵备佥事冯应京因反对税监陈奉残害百姓，惹怒上级，被逮捕入狱，当地上万名百姓纷纷为之鸣不平。

在江南，东林党人钱一本、高攀龙等创立同善会，以救助贫苦为主要目的，使"寒者得衣，饥者得食，病者得药"，主要经费来自会员的捐款。这种慈善组织一直延续到清代中期。同善会不仅救济穷苦，还教化民众，劝人为善。比如，对"不孝不悌、赌博健讼、酗酒无赖以及年力强壮游手游食"之人，该会都不予帮助。

东林人士一心想重振明朝后期衰败的道德风气，在世风日下的社会里，他们始终不忘经世之志。可是在很多人看来，东林党中不乏小人，与齐楚浙党等对立阵营并无不同，几派之间的争斗对国事毫无帮助。

鲁迅先生评价这番看似公允的言论为"瑜中求瑕，屎里觅道"，他又说："苛求君子，宽纵小人，自以为明察秋毫，而实则反助小人张目。"

02

正当东林党人想要施展自己的政治抱负时，天启一朝却成为他们的噩梦。一个由掌握大权的太监和齐楚浙党组成的政治联盟，在天启皇帝即位后逐渐掌握了权柄，成了所谓的阉党，其领袖是魏忠贤。

魏忠贤原是一个市井无赖。万历十七年（1589），因为一次赌博，魏忠贤连裤子都输光了，一怒之下自行阉割，入宫当了太监。

后世为了贬低魏忠贤，说他目不识丁，但事实上，魏忠贤不是文盲。他入宫时30岁左右，虽然老大不小了，可也在宫中专门的宦官教育机构——内书堂学习过，老师还是进士出身。内书堂实行强制性学习，"凡背书不过、写字不堪或损污书仿，犯规有罪者"，或责打，或罚跪，管理相当严格。因此可以说，魏忠贤好歹也是正儿八经从"大明宦官职业技术学校"毕业的。

魏忠贤读过啥书不好说，不过《水浒传》肯定是读过的。后来阉党打压东林党，为了让魏忠贤熟悉东林党，还作了一本《点将录》，就是将东林党人仿照梁山一百零八好汉列出名单。

入宫十九年，魏忠贤一直身处底层太监的行列，直到通过贿赂做了朱由校生母的伙食管理员（典膳），并借此成了朱由校的心腹。魏忠贤做梦也想不到，有一天朱由校会将帝国的权力交给他。

"升职加薪"后，魏忠贤逐步走上人生巅峰，与朱由校的乳母客氏结为对食（太监与宫人结成相好）。朱由校自小由客氏带大，一直到16岁还和她住一起，形影不离，感情深厚。即位后，乳母不得继续居住在宫中，结果客氏才离开两天，朱由校竟然"思念流涕，至日旰不食"，不顾群臣反对又把她接了回来。

有客氏相助，魏忠贤进一步取得了朱由校的信任。朱由校自小失去母亲，又没有储君阶段东宫师保的教育，乳母、太监、宫女就是他最亲近的人。这些来自社会底层的人，愣是把天子惯成了山村野孩子，也导致他亲宦官而远大臣。

朱由校即位后，魏忠贤任司礼监秉笔太监，随后又将东林党的盟友王安驱逐出宫。相比繁重的政务，朱由校更喜欢宅在宫里做木工，掌握批红大权的魏忠贤从此一手遮天。

昏庸的朱由校将大权交给魏忠贤，在圣旨中，口口声声"朕与厂臣（东厂总督）"如何如何，朝中大事全都靠魏忠贤"干国精忠""一腔忠臣"。善于钻营的官僚们早已看出，魏忠贤成了皇帝的代言人。

与东林党对立多年的齐楚浙党等纷纷前来投靠，蝇营蚁聚，形成阉党，"自内阁六部至四方总督巡抚，遍置死党"。其中，"五虎""五彪""十狗""四十孙"之辈臭名远播，朝野上下开始只知有魏忠贤，不知有皇上。

东林党在占得先机的情况下顿失依靠，从此屡遭排挤，东林党中的一些小人甚至也转而投靠了阉党。

03

魏忠贤得势后，举国上下掀起一场疯狂的个人崇拜，满朝文武对一个阉人歌功颂德，成为晚明一出荒诞剧。

魏忠贤的党羽们为了投其所好，为他创造了各种"无上名号"。阉党"五虎"之首兵部尚书崔呈秀称魏忠贤为"殿爷"，将其当作王侯尊崇。蓟州巡抚刘诏不甘落后，称魏忠贤为"老祖爷"，还送去金杯玉器讨好。他听说兵备副使耿如杞见了魏忠贤的雕像只作长揖而不拜，立马对其进行参奏，谄媚之态尽显。

这样的称呼似乎还不能满足魏忠贤的权力欲望，于是阉党又高呼"千岁""九千岁"，乃至"九千九百岁爷爷"，距离皇帝的"万岁"仅一步之遥。此外，位高权重的魏忠贤膝下"儿孙满堂"，朝中重臣为了巴结他，将其视同亲父。

崔呈秀拜倒在魏忠贤脚下，以干儿子自居。内阁首辅顾秉谦想效仿崔呈秀，又怕魏忠贤不收，就厚颜无耻地对魏忠贤说："您若是不肯收我这个老头做义子，可否收我儿子做孙子呢？"

为表忠心，阉党众臣甚至还在各地为魏忠贤建生祠，实在是滑天下之大稽。始作俑者是浙江巡抚潘汝桢，他上疏为魏忠贤歌功颂德，说大明"途歌巷舞"，"百年相沿陋习积弊一旦厘革"，这些都是魏忠贤的功劳，不为他建祠天理难容。

阉党似乎早已习惯将功劳算在魏忠贤身上。紫禁城三大殿的修缮本与魏忠贤毫不相干，他又不懂建筑学，可大功告成之后，朝廷上下一致归功于魏忠贤。辽东战事不归东厂总督指挥，魏忠贤也不懂兵法，可是所有捷报都将功劳记在他头上。天启六年（1626）的宁远大捷，袁崇焕率军取得明朝十余年来难得的一次大胜，魏忠贤却独居功劳簿之首，还唆使言官排挤袁崇焕。

潘汝桢的奏疏得到朝廷许可后，各地竞相效仿，纷纷为魏忠贤建造生祠。当时，全国最气派的新建筑就是魏忠贤的生祠，那建设力度也许可以申报吉尼斯世界纪录。

蓟辽总督阎鸣泰于蓟州、密云、昌平、通州、涿州、河间、保定一口气建了7座生祠，花费数十万两白银。钱自然不是出自阎鸣泰的腰包，而是从军费中开支。

还有人将魏忠贤的生祠建到了皇帝的祖坟边上，如孝陵卫指挥李之才建生祠于孝陵前，河道总督薛茂相建生祠于凤阳皇陵旁。

国子监生陆万龄没钱建生祠，但他是做学问的，便别出心裁地向朝廷提出以魏忠贤配祀孔子，以魏忠贤之父配祀孔子之父，在国子监西侧建魏忠贤生祠。他盛赞魏忠贤，称"驱蔓延之邪党，复重光之圣学，其功不在孟子之下"，其扫除东林党犹如孔子之诛少正卯（春秋时鲁国大夫），编《三朝要典》犹如孔子写《春秋》。

对魏忠贤大肆吹捧的官吏们未尝不知这个权宦原先只是一个吃喝嫖赌无所不为的流氓，可是在权力面前，小人们寡廉鲜耻，卑躬屈膝，他们的名字将和魏忠贤一起钉在历史耻辱柱上。

阉党不仅让朝堂乌烟瘴气，还将从古至今一直存在的官场潜规则放到了台面上。后世史书皆唾骂阉党，对反抗阉党的东林人士则大书特书，但阉党的风气其实从未消失。

04

阉党的所作所为让东林党的士大夫们十分愤慨。尽管东林党中良莠不齐，也有不少败类，但大多数人还是坚守住了底线。

曾在扶持朱由校即位时挺身而出的杨涟不畏强权，上疏陈述魏忠贤24条该杀之罪，包括干预朝政、残害忠良、逼死妃嫔等。可是杨涟写完奏疏，却发现自己根本无法将其送到皇帝手上。皇帝整天不上朝，在加班做木工活儿，也不看奏疏。不出杨涟所料，这份奏疏果然落入阉党手里。

魏忠贤读完之后，决心对东林党实施报复。

天启五年（1625）六月，杨涟与左光斗、袁化中、魏大中、周朝瑞、顾大章等六人被阉党诬陷收受贿赂白银2万两，行贿者为辽东经略熊廷弼。这六名东林党人被打入诏狱。诏狱由锦衣卫北镇抚司主管，只对皇帝负责，可以不通过任何司法程序随意抓人，对"犯人"严刑拷打。如今皇帝不管事，大权掌握在魏忠贤手中，那它就是对魏忠贤负责。

杨涟等六人被捕入狱，遭到锦衣卫镇抚司提督许显纯的酷刑折磨。短短几日，六人都被打得血肉模糊，可依旧宁死不屈。许显纯一定要让他们交出"赃款"，可他们为官清廉，根本凑不齐这么多钱。杨涟的老母亲和儿子为了救他甚至卖掉房子，向乡亲们请求捐款，可还是凑不齐阉党诬蔑其收受的赃款数额。

魏忠贤没有耐心等待，命许显纯将六人赶尽杀绝。

一夜，许显纯趁杨涟昏睡时将装满沙土的麻袋压在他的胸口，想活活闷死他，没想到杨涟竟活到了第二天早上，推开麻袋起来了。看杨涟没死，气急败坏的许显纯便命人用铜锤将他的肋骨砸断，可杨涟还是没死。他又命人将两枚铁钉钉入杨涟双耳，杨涟昏了过去，到晚上又坚强地爬了起来。愤怒的许显纯看杨涟还活着，用一枚铁钉狠狠地钉入了他的头顶。这一回没有再发生奇迹，杨涟永远地闭上了眼睛。

四天后，锦衣卫通知杨涟亲友来认领尸体。由于正逢盛夏，杨涟的尸体已经腐烂生蛆。

据说，杨涟被害之前曾对儿子说："往后万莫再读书，当以我为戒。"一句话看似平淡，其中悲苦不可名状。

"劣币驱逐良币"的事古往今来屡见不鲜，杨涟没有办法，唯有无奈。他一个科举入仕的文人，被一个从"宦官职业技术学校"毕业的半文盲害得家破人亡，最后只能杀身成仁，以此坚守信仰。

为揭露案件真相，杨涟曾在狱中写下血书，藏于牢房的角落。一名狱卒在收拾牢房时发现这封血书，本打算交上去领赏，转念一想还是留了下来。他的妻子知道后吓坏了，可狱卒却坚持说："我要留着，将来用它来赎我的罪过。"

05

一同入狱的左都御史左光斗同样惨遭酷刑，被施以炮烙之刑的他几乎体无完肤。他的学生史可法得知老师蒙冤，每天守在监狱门外，心急如焚。

有一天，史可法终于找到机会，花了50两银子买通狱卒，装扮成清洁工潜入监狱。一见到左光斗，史可法顿时一阵心酸，失声痛哭。他看到老师左膝以下的筋骨全被打烂，炮烙让其双眼失明，只能倚坐在墙根，身体犹如焦炭一般。

左光斗听到史可法的声音，大骂："蠢货！这是你能来的地方吗？国家都烂成这样了，我也是将死之人了，你竟然不顾生命危险来看我，根本是置天下苍生于不顾。还不快走！（国家之事，糜烂至此。老夫已矣，汝复轻身而昧大义，天下事谁可支拄者！）"

史可法的泪水止不住地往下流，只好跪在地上，默默与恩师告别。他始终不忘老师的教诲。20年后，他站在扬州城头，誓死不降清廷，直至城陷，慷慨就义。

被捕的六名东林党人有五人先后被许显纯所害，只剩下顾大章。许显纯担心六人都死在狱中难以服众，就将顾大章提交刑部定罪。刑部会审时，顾大章当众揭露阉党命人严刑拷打、杀害忠良的内幕，可是在阉党的操纵下，他还是被判决斩首。

顾大章深知无法翻案，在狱中饮毒药自尽，没死成，于是又上吊自杀。

此案是阉党对东林党人大肆迫害的开始。

第二年，阉党诬陷东林党人黄尊素、周顺昌等七人贪污受贿，将他们逮捕入狱，史称"东林七君子案"。

黄尊素17岁的儿子黄宗羲为救父亲四处奔走，然而黄尊素还是在当年六月被杀。临死前，他在狱中赋诗一首，长叹道："正气长留海岳愁，浩然一往复何求！"

在恐怖气氛的笼罩下，东林党人高攀龙在绝望之际来到东林书院，心怀悲愤地写下《过东林废院》诗10首。其中最后一首云：

蕞尔东林万古心，道南祠畔白云深。

纵令伐尽林间木，一片平芜也号林。

高攀龙以木喻人，坚信有气节的士大夫是砍伐不尽的。写下此诗后不久，高攀龙被阉党追捕，愤而投水自尽。

06

阉党的好日子在天启七年（1627）朱由校病死后戛然而止。由于朱由校没有子嗣，他的弟弟朱由检接过皇位，改年号为崇祯。

朱由检没什么不良爱好，也不愿当傀儡，上台后没多久就勒令魏忠贤退休，到凤阳看管皇陵。这时，官员们敏锐地察觉到宫中动向，一些阉党的小喽啰也迅速脱离组织，揭发魏忠贤罪状的奏疏如同雪片般飞进京城。

最终，魏忠贤逃过一死，被发配凤阳。一路随从护送，车马相随，40多辆大车满载金银财宝。

途经阜城县南关，魏忠贤在旅店中过夜。此时他已得到密报，崇祯皇帝朱由检要置他于死地，于是坐在房中长吁短叹，坐立不安。相传，那天半夜，一个京师来的书生在隔壁房间高唱一曲《挂枝儿》，讥讽魏忠贤昔日权势滔天如今却有此惨状。不堪受辱的魏忠贤悬梁自尽，40多车财宝被随从和百姓一抢而空。

这时，那个藏着杨涟血书的狱卒将血书拿出来一看，只见上面写着："仁义一生，死于诏狱，难言不得死所，何憾于天，何怨于人？"我一生为人仁义，却死在诏狱之中，这不能说没有死得其所，面对上天，我没有遗憾，面对世人，我没有怨恨。在血书的最后，杨涟写道："大笑，大笑，还大笑，刀砍东风，与我何有哉！"

杨涟等东林义士让我们看到一种难能可贵的献身精神，值得后世同情，正如黄宗羲在《明儒学案》中总结的12个字："一堂师友，冷风热血，洗涤乾坤。"

可是，此时崇祯皇帝将要面对的却是一个充满内忧外患的烂摊子了。无论是阉党还是东林党，都陷入了无意义的争斗与高强度的内耗之中。

历史证明，他们谁也救不了大明。

孙承宗之死：大明死结，无人能解

天启元年（1621），后金政权的努尔哈赤趁着向来被他视为畏敌的"熊蛮子"熊廷弼遭弹劾郁闷还乡的空当，在辽沈之战中一举拿下了明朝孤悬在辽东的两个重镇——沈阳和辽阳。

明军一路向西，退到辽河以西。努尔哈赤随即宣布，要从老家赫图阿拉迁都，迁到辽阳。这是后金剑指中原的关键一步，表明了努尔哈赤征服天下的野心。

辽阳城东，代子河畔，努尔哈赤兴建宫殿城池，称为"东京"。但仅仅4年后，努尔哈赤就决定舍弃新建立的东京，把都城北迁到只有辽阳城一半大小的沈阳。对于这次迁都的原因，当时对战的双方各有说法。

据《清太祖实录》记载，努尔哈赤公开表示，迁都沈阳是因为沈阳地处四通八达之处，西征大明、北征蒙古、南征朝鲜均很便利。

不过，熟悉辽东地理的人一眼就能看出努尔哈赤此话的破绽：作为出兵四战之地，辽阳的地理位置向来比沈阳更具优势，所以明朝当年一建立，就在辽阳设置辽东都指挥使司，使得辽阳在整个明朝都被称为"辽东首府"。

努尔哈赤违背地理常识的解释，肯定是有意在掩饰什么。在明朝人看来，努尔哈赤在掩饰他的害怕。

怕什么？怕一个人。

曾任辽东副总兵的茅元仪后来在《督师纪略》中说："当奴得辽阳，即择形势于代子河北，去旧城数里而城之，甚坚固，其珍异子女皆畜之。及公渐东，奴惧，遂毁其宫室而北徙于沈阳，止以五百人守代子城。奴自筑宫于沈阳瓮城，屡不就，又惧袭之，渐运珍异入老寨，而又营城于抚宁关塞外，渐思遁矣。"意思是，努尔哈赤毁弃精心营建的辽阳代子城，仅留500人守城，原来是惧怕"公"的一路向东推进，甚至做好了随时逃回老寨赫图阿拉的准备。

这里的"公"，正是本文的主角——孙承宗。

天启二年（1622），60岁的孙承宗在帝国边将乏人、连吃败仗的情况下自请出关，督师辽东。他经略辽东的4年，恰好是努尔哈赤定都辽阳的4年。4年间，孙承宗稳扎稳打，几乎收复了明朝在辽河以西的全部失地。努尔哈赤节节后退，不敢发起任何攻势，自发兵讨明以来，首次丧失了战事的主导权。明军的防线向东推进了200多里，一直挺进辽东腹地。

努尔哈赤清醒地意识到，位置更靠近明军防线的辽阳随时可能被夺回去，这才是他最终决定北迁都城的真实原因。

孙承宗以一己之力为晚明大败局挽回了一线生机，但令人痛惜的是，这名老将能让外敌闻风丧胆，却被自己人攻击得体无完肤，只得于天启五年（1625）十月离职还乡。

曙光乍现，而后，乌云又遮蔽了天空。

复盘晚明大败局，这个帝国有许多不堪，但也有许多自救的机会。危难之际，每一位救世英雄的出现都是一根救命稻草。然而，这三五个不世出的英雄，最终却都毁在了自己人的手里。

帝国末日，残酷帝王、无耻权臣与苟且官僚们亲手葬送了每一个扭转时运的可能，只是可惜了殉葬在那个时代的悲情英雄们。

01

孙承宗大器晚成，万历三十二年（1604）考中进士，正式步入政坛时已经42岁。在殿试中，他得到第二名，俗称"榜眼"。如今，在他的老家河北高阳，当地人仍以"孙榜眼"来称呼这名晚明英雄。

孙承宗是文官出身，但后来以做武将闻名，被史学家誉为明代仅有的3位能够出将入相的人物之一（另外两位是徐达与杨一清）。这种经历，与他早年十分注重研读兵法有关。进入官场以前，他趁着赴大同任私塾教师的机会，孤身一人背剑徒步，登恒山，走飞狐峪，行程千里。沿途他还访问戍边将士，绘制防御地图。在大同期间，他协助地方官员平息了一场士兵哗变事件，已经彰显出不凡的才干。

进入官场后，孙承宗同样表现出老练的政治智慧。

晚明三大宫廷疑案之一的"梃击案"发生时，太学生吴道南咨询孙承宗。孙承宗给了一个处理意见："事关东宫，不可不问；事关皇宫，不可深问。"暗示事件本身水很深，处理宜点到为止。

党争是晚明政局逐渐败坏的原因之一。孙承宗一直被认为是东林党，但事实上，他在很多大事上的态度都是只问是非，不问党不党。他曾说，"附小人者为小人，附君子者未必为君子。吾辈当斩钉嚼铁，自立人间"，"不当偕人，亦不当为人偕"。

对东林党中鱼龙混杂，小人伪装成君子制造舆论裹挟士大夫的状况，孙承宗是颇为不屑的。他更加注重个人的独立判断和道德修为。

孙承宗公开力挺东林党，是在东林党最艰难的时候。

天启四年（1624），东林党与阉党矛盾白热化，东林党领袖杨涟、左光斗等人被下狱。孙承宗当时为辽东督师，听闻消息，想赶回帝都当面向天启皇帝朱由校揭露魏忠贤的罪行。阉党对此十分恐慌，遂散布谣言，说孙承宗将领兵数万进京"清君侧"。

孙承宗抵达通州时圣旨下来了，要他回关外去，营救杨、左的努力失败了。不久，东林党35人遇难，孙承宗为此作《三十五忠诗》，在诗中公开表达自己的意志，"东林饶善士，予敢附东林"，坚定地站在处境危难的东林党一边。

东林党得势时，他并不攀附，甚至公开唱反调；当东林党失势时，他却选择站在弱势一边，不惜牺牲自己的政治前途。

在孙承宗眼里，没有党争与意气之争，只有是非与气节。

天启五年（1625），孙承宗从督师辽东的位子上被撸下来，原因便是得罪了阉党。阉党群起上疏弹劾孙承宗，居心险恶地将他比作历史上的王敦、李怀光。

由于恶意中伤，孙承宗被迫解甲归田。阉党以为他们赢了，其实输掉的是整个帝国。

02

时间回到天启二年（1622）。

广宁（今辽宁北镇）战役中，明军又败给了后金。时任辽东经略的王在晋消极退守，打算放弃辽西大片土地，直接在山海关外再筑一道重关。属下袁崇焕、沈棨、孙元化等人不同意，向朝廷报告，朝廷一时不能下决策。

孙承宗自告奋勇出关察看，打算收集更多资料以做定夺。经过实地考察，他当场与王在晋辩论，彻底否定了修筑重关的意见，提出必须坚守关外的宁远（今辽宁兴城）及觉华岛（今兴城南面的海岛）。回京后，孙承宗面奏皇帝，说明王在晋不堪重任，自请出关督师辽东。

自万历四十七年（1619）萨尔浒之战战败后，明军与后金攻守转换，辽东战局就成为帝国边将的修罗场，驻守那里的将领不是战败自杀，就是被捕下狱，鲜有人能全身而退。因此，朝中弥漫着一股贪生怕死的情绪，谁都不敢到关外任职，甚至流传着"入关一步便为乐国，出关一步便是鬼乡"的说法。熊廷弼被下狱后，辽东经略空缺，朝廷命解经邦顶上，解经邦畏难推却，抵死力辞，遭到削籍处分。廷臣再推王在晋，王在晋先是苦苦推辞，后又因为怕步解经邦后尘，不得已赴了任。

了解这个背景，我们才能感受到，此时此刻主动请缨出关的官员有一种怎样的气魄和担当。孙承宗这年已经60岁了，如此高龄，仍自请前往被文臣武将视为"死地"的关外，更显难能可贵。

天启皇帝朱由校任命孙承宗为兵部尚书兼蓟辽总督。上任伊始，孙承宗就向皇帝表明心迹："今天下事无一不难，而兵事更难。自非负十分精敏之才，兼几分痴骏之性，决不肯妄承于身。所谓痴骏者，习闻忠君爱国之说，不徇人情，不听私属，投之贿必告于朝，遗之书必闻于众。"

这是孙承宗的夫子自道。从42岁进入官场开始，他就很有主见，不结交权贵，也不培植私人势力，是污浊官场中一股难得的清流。为此，他也十分担心。自己离开帝都后，皇帝若听信谗言，那么自己在辽东的抱负将无法施展，所以他希望皇帝"以公忠忧国之心，励精敏有为之气"。事关军国要务，只有群策群力，一德一心，才能扭转辽东危局。

天启皇帝在给孙承宗的敕书中呼应了他的诉求，说："朕所倚赖，亦惟卿一人。"并把孙承宗比作当今的诸葛亮和裴度，评价可谓相当高。随后，他赐下尚方宝剑，还亲自为孙承宗送行。

03

孙承宗仅带了两三个幕僚，轻装简从抵达山海关后，就开始大刀阔斧地整顿千疮百孔的防务。他整顿军队，淘汰了胆小无能的将校数百人，裁减了冗兵1.7万余名，同时还提拔了袁崇焕、马世龙、祖大寿、赵率教等勇敢善战的猛将。

孙承宗做事雷厉风行。一日，他召集将吏，问道："各位多次说巡视宁远，为何屡次延期？"众人回答："请督师决定日期。"他说："明日前往，如何？"众人惊愕不已。他说："就这么定了。"

部队果然于次日出发，两天后抵达宁远。

孙承宗决定把关外的防御中心设在宁远，遂命袁崇焕、满桂重新修筑宁远城。一年之后，城堞竣工，这里成为关外军事重镇。他又下令将西洋的红夷大炮运上城头，把宁远建设得固若金汤。

孙承宗还实施"以辽人守辽土，以辽土养辽人"的政策，招募流离失所的辽民为兵，重建了一支能攻善战的劲旅辽军。这支辽军在后来大明与后金（1636年皇太极称帝，改国号为清）之间持续十数年的战争中，曾多次力挫八旗兵的锐气，作为明朝晚期一支最为精锐的军队被载入史册。

孙承宗最主要的功绩，是确定了从山海关到宁远再到锦州的防御策略。这道防线史称"关锦防线"，它是大明与后金（清）之间最重要也是最后一道防线。直到1644年李自成灭了明朝，这道防线都没被清兵攻破过。

任何时代都是事在人为。明末辽东在与后金的争战中遇到一个有为敢为的督师，局面就能得到很好的改观。从之前的熊廷弼，到现在的孙承宗，再到后来的袁崇焕，这三人是晚明所有辽东督师中最有作为的。

他们有很多共同点，比如都曾两度督师辽东；在第一次任职辽东后，都曾含冤去职；去职后，大好局面又被破坏，朝廷只好再请他们出来收拾残局。起落之间，印证了这三人的能力，也从一个侧面说明了辽东局势是被自己人毁掉的。用后来大清皇帝乾隆的话说，明朝是"自毁长城"。

孙承宗用4年时间实现了辽东局势的反转。后金不敢轻易进犯，努尔哈赤慑于孙承宗的威力，干脆舍弃新都城辽阳，北迁到了沈阳。

正当孙承宗准备发动进攻，进一步收复失地之际，朝廷内部却发生了变化。魏忠贤把持朝政，看到孙承宗督师辽东颇有成效，就想拉拢他，于是派人犒劳守辽将士，赐孙承宗坐蟒、金币。孙承宗得知消息，立马上奏说："中使（太监）干涉兵政，自古有戒。"

中使出关后，孙承宗只陪他喝茶，一句话都不说。魏忠贤因此很不爽。加上孙承宗在东林党落难时曾力挺东林党，阉党终于对他展开疯狂报复。他们抓住孙承宗的部将马世龙的一次失利大做文章，弹劾、诬陷孙承宗"丧师数万，关门且旦夕失守"。天启皇帝违背了当初只信赖孙承宗一人的承诺，连下诏书，命孙承宗回师听调。

孙承宗满腹忧愤，上疏请辞，解甲还乡。他在一首诗中，借岳飞当年的遭遇隐喻自己，表明自己的功亏一篑不是溃败于敌人，而是溃败于朝堂：

入夜看荧惑，朝来朝议生。
谁将舌上剑，一割塞垣兵。
未抵黄龙府，先惊白马营。
岳家军尚在，胡骑漫雄行。

辞官回乡后，阉党仍不放过孙承宗，派缇骑日夜监视，想抓到他的把柄，给他治罪。但孙承宗为官清白，阉党缇骑终无所获。

当时，各地督抚都在替魏忠贤修生祠，有人劝孙承宗在高阳也修一座，借此缓和与阉党的关系，但孙承宗说："此好事，公等自为之。"他宁折不屈，绝不向阉党低头。

04

崇祯皇帝即位后，用三个月时间解决了魏忠贤，幸存的东林党人重返庙堂。按理说，此前被阉党构陷、蒙冤乡居的孙承宗该被重新起用了吧？

事实是并没有。

史载，此时的兵部尚书不是别人，正是之前在守辽战略上与孙承宗意见不合的王在晋。王在晋为泄私愤，阻挠了孙承宗的复出。

这就是明末政局的真实写照。一个政权已经溃烂到这种程度：无论谁当权，首先想到的不是怎样救国救民，而是怎样公报私仇；无论谁在台上，首先起用的都是所谓的"自己人"，而不是能干事的人。

孙承宗纵有大才，能够力挽战局，但对不起，我不要这样的人，你继续在家待着吧！

真应了孙承宗那句话：亲附小人的一定是小人，但亲附君子的未必是君子。

直到崇祯二年（1629）十月，八旗劲旅绕道蒙古，打到了帝都门口，制造了震惊京城的己巳之变，朝廷这才想起了老将孙承宗。孙承宗仅率二十七骑星夜赶往通州，调度各路勤王兵马。到崇祯三年（1630）五月，他接连收复永平、迁安、滦州、遵化四城，史称"永平大捷"，缓解了京城之危。

外患方歇，内争又起。

崇祯皇帝追究己巳之变的责任人，将袁崇焕下狱。孙承宗力劝，说国家正是用人之际，不能杀良将，可是没人愿意听。袁崇焕遭凌迟时，京城狂欢，孙承宗只能写诗说："一缕疾肠看赐剑，几行血清洒征衣。"

等到人们读懂孙承宗的意思的时候，为时已晚。

很快，孙承宗自己也陷入熊廷弼式的悲剧中。当年，熊廷弼与王化贞在辽东产生经抚矛盾，导致战败，一个下狱处死，一个举家自杀。而今，经抚矛盾在孙承宗与辽东巡抚丘禾嘉身上重演。

丘禾嘉是兵部尚书梁廷栋安插在辽东战场上的心腹，不能服众，却又大放狂言说："阁部（指孙承宗）老矣，辽事我只手可办。"由此，在辽东形成两套指挥系统：一是孙承宗—马世龙—祖大寿等；一是梁廷栋—丘禾嘉—吴襄等。

孙承宗上疏，强调这种局面乃兵家大忌，但崇祯皇帝似乎对此没有反应，或者说，这正是皇帝希望看到的互为牵制的局面。

皇权的本质是政治平衡术，遇上崇祯皇帝这样猜忌心重的皇帝，更会把文臣武将互相制衡的统治术用到极致。哪怕外战失败，他也在所不惜。在他眼中，朝堂上的窃权者比关外的异族更可怕，更值得防范。

结局由此已经写好。

崇祯四年（1631），后金兵围明军于大凌城，因孙承宗、丘禾嘉意见迟迟不能统一，延误战机，明军惨败。朝臣趁此机会，摇唇鼓舌，欲把早已完成京城解围的孙承宗撸下来。

69岁的孙承宗无奈，连上17道奏疏，请求辞官。这年年底，他终于告老还乡，彻底离开了日渐沉沦的辽东。对他来说，或许只能无限感慨：每因门户误封疆，总为筹边边未筹。

05

"手提孤剑向边州，木叶萧萧又早秋。"这或许是孙承宗写下的最悲怆的两行诗。在生命的最后7年里，他在高阳老家，门无宾朋，唯有一心读书，不废朝夕。

一个壮志未酬的英雄，暮年远离刀光剑影，却能远远听到家国沉沦的消息。这是一种怎样的煎熬心情啊！

他也许会在意念中无数次复盘帝国步步溃败的过程。

他认为，明朝在辽东之战中屡屡战败的关键，就在一个"怕"字："初怕而开铁失，退而守辽阳；再怕而辽阳失，退而守广宁；三怕而广宁失，退而守山海。"

他指出，帝国一些高官"平时怕内贼，临敌怕外贼，只一怕便了一生"。

他的信条是："能以怕死之心怕生，便是豪杰。"

他不相信这是天命，自己败是败在人事，败在政治，败在是非不分，败在争权夺利。

然而，这些反思，手握权柄之人听得到吗？就算听到了，他们又能听得进吗？

陈田《明诗纪事》评价孙承宗时说"有此伟才，旋用旋罢，国欲不亡，不可得矣"，赞扬了孙承宗知其不可为而为之的勇气和魄力，贬斥明王朝自掘坟墓的行为，斥责宵小别无所长，只会剪除自己的英雄。

孙承宗肯定心有不甘，但他已经无能为力，只能把一腔热血与愤懑付与文字。高阳城隍庙里，有他题写的一副对联：

问你生平所做何事，欺人懦，诈人财，坑人命，奸淫人妻女，占夺人田地。日积月累，是不是睁睁眼看，世上多少恶焰凶锋，曾饶过哪个？

来我这里有冤必报，破尔家，荡尔产，追尔魂，殄灭尔子孙，降发尔灾殃。鬼哭神号，怕不怕摸摸心头，从前百千机谋诡谲，还容你做么！

或许，他是希望那些败坏国事之徒死后可以在此受审吧！

崇祯十一年（1638），清军分两路进攻明朝。在清军未到高阳之前，友人劝孙承宗到保定避难，孙承宗让他闭嘴。

孙承宗组织家人和高阳城百姓对清军的围城进行了顽强的抵抗，直到城中火药弹石皆尽。城破后，高阳城军民又与清军展开肉搏，终因寡不敌众而失败。最终，76岁的孙承宗和他的18个儿孙子侄全部在这场家乡保卫战中殒命，19个妇孺殉节而死。

有关孙承宗的死法，历史上说法不一。

《明史》记载，多尔衮派恭顺侯孔尚德劝降，孙承宗对他破口大骂，直言请死。清将说，从来没听说有杀阁老的剑，孙承宗遂从容地以弓弦自缢。

另一种说法是，清将抓住了孙承宗，先是勒索钱财，孙承宗斥责说："没听说过天朝无钱的孙阁老吗？"清兵把他几岁的小孙子领到面前，逼迫他投降，孙承宗说："你放开他，他要向我走，我就降；他要是朝着你们手上的刀走，我就死。"他的小孙子果然脚步蹒跚地走向了屠刀，清将恼羞成怒，将孙承宗五马分尸。

孙承宗殉国6年后，明朝灭亡，清朝定都北京。

孙承宗曾经的下属鹿善继说，孙承宗"功听人分，罪听人卸，以身殉国不见知而不悔"。一语说出了孙承宗身处危局而不沉沦，在逆境中建功立业、卓尔不群的人格操守。

为什么晚明史让人痛恨，又让人忍不住想读？也许正是因为有孙承宗这样不计个人得失、一心救国救民的英雄吧。

今时今日，如此悲情的老英雄，谁人犹记？

时代怪胎：超越政治的思想者

朱载堉：大明皇族中的"大神"

在河南省沁阳市内有一条南北走向的小路，名为"老府门"。这条平平无奇的小路，曾经是明朝宗藩郑王府门前的主干道。

嘉靖二十九年（1550），郑王府世子朱载堉刚满15岁（虚岁）。按祖上的规定，此时意气风发的朱载堉正是娶妻生子的最佳时期。然而，其父郑王朱厚烷因看不惯嘉靖帝修道求永生而犯颜直谏，惹得嘉靖帝震怒，为朱载堉择选世子妃的大事随即泡了汤。

更悲剧的是，一向跟朱厚烷关系不好的宗亲们趁此机会向嘉靖帝诬告其谋反，虽事后查无实据，但愤怒的嘉靖帝还是将这个让自己不爽的王爷发配回老朱家的"龙兴之地"——凤阳。受父亲影响，朱载堉也被革去了世子冠带，以示惩戒。

按规定，亲王、郡王获罪禁锢高墙、闲宅，并不夺其封国，子孙仍可在封国王府内居住，只是暂时不能管理府内宗族大小事宜。因此，身为郑王世子的朱载堉仍旧可以居住在指定的王府内。但一早便知父亲无罪的朱载堉气不过，不惜违抗明朝宗室规定，卷起铺盖搬到了王府外边。在今天的老府门一带，他盖起一座小土屋，自号"狂生"，并发誓，父亲的冤案什么时候平反，他什么时候回家。

朱载堉的誓言显然吓不到从藩王入继大统的嘉靖皇帝。于是，直到隆庆元年（1567），嘉靖皇帝的儿子朱载垕继位后，郑王的冤案才被平反。至此时，朱载堉已经"筑土室宫门外，席藁独处者十九年"。

01

朱载堉所属的郑王一系是正儿八经的皇室血统,其开宗始祖为明仁宗朱高炽的次子朱瞻埈。在明仁宗朱高炽去世后,其长子朱瞻基登基称帝,是为明宣宗。随后,按曾祖父朱元璋《皇明祖训》的要求,朱瞻基将一众弟弟封到各地,分封而不赐土,列爵而不临民。

身为"一众弟弟"之一的朱瞻埈,被哥哥朱瞻基封到了河南怀庆府(今河南沁阳),当了第一任郑王。朱载堉的父亲朱厚烷则是第五任郑王。

自朱棣之后,明代藩王受到的管控愈加严格,再加上天下日渐太平,原先应明太祖朱元璋要求驻守边塞、拱卫皇室的藩王们也都逐渐迁往内地,过上了安生的日子。久而久之,吃喝玩乐、娶妻生子、寻衅滋事等就成了他们生活中不可或缺的一部分。

郑王一脉从朱瞻埈传到朱厚烷,已历经了百年时光。在这百年间,与其他藩王一样,郑王膝下多了成百上千的子孙,然而经过数代传承,郑宗藩也遭遇了其他宗亲藩王一样的变故——大宗绝嗣。

第三代郑王朱祐枔无子,他死后,郑王大宗就绝了嗣。以往遇到这种情况,各宗藩均需报告朝廷,并按照《皇明祖训》要求,按照兄终弟及的原则,择选出适合继承王位的候选人。

按照世系排位,下一任郑王理应为朱祐枔的堂弟朱祐橏,但因这一支先前曾获罪,所以最终朝廷决定让朱祐枔的另一个堂弟朱祐檡袭爵。朱祐檡即是朱厚烷的父亲,朱载堉的祖父。这就埋下了祸根——朱祐橏所在的盟津王一系与朱祐檡所在的东垣王一系从此水火不容,后来才有了朱祐橏诬告朱厚烷谋反的事情发生。

自从父亲朱厚烷蒙冤,朱载堉便离开王府,幽居土屋,静心读书,将一切精神寄托投射到自己感兴趣的学术上。但君心难测,父王的遭遇让离群独居、自我放逐的朱载堉备感郁闷,惶恐不安。

朱载堉出府闲居的第三年,祖母阁太妃就曾托人替时年18岁的他说亲,却遭到了朱载堉本人的拒绝。当时的朱载堉每天都生活在随时可能堕入深渊的恐惧和不安中,无心顾及其他。身为人子,他此时唯一想做的就是冒死替父亲鸣冤,祈望嘉靖帝"良心发现"，让其父王早日回家，郑王一系也能恢复如常。

可每天忙于嗑药修仙的嘉靖皇帝哪有闲心管一个远支宗亲是否冤枉呢？除了皇帝必须处理的烦琐政务，他还有很多修仙晋阶的活儿要干呢！更何况，朱载堉在嘉靖帝眼中相当于戴罪之人，不罚已经是皇恩浩荡，还指望皇帝推翻自己的决定，怎么可能？

于是，心情苦闷又无处排解的朱载堉只能将自己关在小土屋中，过起了"两耳不闻窗外事，一心只读圣贤书"的单调日子。

02

曾经身为天潢贵胄的朱载堉，在小土屋中尝到了"虎落平阳"的滋味。在他赌气离开王府之后，嘉靖皇帝顺势将郑王府内大小事务交托他人，将离家出走、以死明志的朱载堉彻底边缘化。

在投身草根阶层的日子里，迫于生计，朱载堉常常走市井、串集镇，与贩夫走卒为伍，同肩夫娼伶为伴，慢慢看懂了过去从未有机会体验的世态炎凉。在其后来创作的《醒世词》中，流露出这位落难王子的艰辛：

自己跌倒自己爬，指望人扶都是假。至亲人说的是隔山话，虚情儿哄咱，假意儿待咱，还将冷眼观。时下休夸，十年富贵，再看在谁家？

跨海难，虽难犹易；求人难，难到至处。亲骨肉深藏远躲，厚朋友绝交断义。相见时项扭头低，问着他面变言迟。俺这里未曾开口，他那里百般回避。锦上花争先添补，雪里炭谁肯送去。听知！自己跌倒自己起，指望人扶耽搁了自己。

除了说的话特像其老祖宗朱元璋之外，朱载堉字里行间的遗世独立也颇似朱元璋。

既然从前令人羡慕的亲王显贵如今与自己已无瓜葛，身为化外之人，我朱载堉又何须再遵从过去禁锢大明宗室藩王的枷锁呢？故而，挣脱宗族束缚的朱载堉时常离开郑王封地怀庆府，到向南200里外的登封少林寺寻求佛学洗礼。在那里，他遇到了一生的知己松谷和尚。

彼时，松谷和尚正在少林寺内师从小山宗师参禅，对于这名落难王子的遭遇，他深表同情。在朱载堉求佛的路上，松谷亦师亦友，不仅为他指点迷津，更协助他完成了《金刚心经注》。而朱载堉"博综古今"，对印度传来的佛法经义"尤所笃嗜好"，且身体力行，这亦让松谷对面前这个大不了自己几岁的有缘人佩服不已。

在少林寺期间，朱载堉逐渐从愤懑中走了出来，人也变得豁然开朗。

环顾周遭，朱载堉发现自己的境遇正合了世间三教九流的转化。人生百态，世事无常，万般滋味，皆是生活。有感于此，他在少林寺内参照明宪宗朱见深的《一团和气图》，留下了《混元三教九流图赞》。在他看来，世人所分的"三教九流"实则同体，"九流一源，百家一理，万法一门"。总之，百家争鸣，争来争去，都是为了说明世间"求和"的真理罢了。

据说，这也是朱载堉潜心研著的《金刚心经注》的中心思想。可惜，这一著作未能流传至今。

03

嘉靖四十五年十二月，即公元1567年1月，修道求仙20多年的嘉靖皇帝身体终于被丹药噬空，驾崩了。

次年（1568），在凤阳皇家监狱服了18年徒刑的前郑王朱厚烷终于获释，回到了阔别许久的王府。紧接着，遵守诺言的朱载堉也搬出自建房，返回王府居住。

此时朱载堉32岁。条件好的话，这个年龄在明朝可能都要准备做三世同堂的大家长了，但朱载堉这个中年大叔还是光棍一条，一时间，王府上下乃至新登基的隆庆皇帝朱载垕都为他的婚事操起心来。

就在这一年，一直照顾朱厚烷狱中生活的郑王继妃王氏因病去世。身为王氏的继子，朱载堉按照礼法得替母亲守孝3年。就这样，"钻石王老五"朱载堉的婚事又被拖了3年。直到隆庆四年（1570），35岁的郑王世子朱载堉才等来迟到了20年的婚礼。

按说，在外尝遍辛苦的富贵公子回家后的第一件事应该是尽情挥霍，潇洒度日，可朱载堉不是。这些年，精研经史子集、结交三教朋友已是他生活的常态，回家等着继承王位反而让他不自在。回到王府之后，他在《醒世词》中写道："纸糊窗，竹做榻，挂一幅单条画，种几枝得意花，生前有一院，死后有一丘，足矣。"

与儿子的心态相近，复爵后的郑王朱厚烷对无法摆脱的宗室身份也无比讨厌。但碍于现实，朱厚烷很难做出选择。于是，年轻时便通晓音律的朱厚烷与儿子朱载堉一起，投身于古典音乐事业。

彼时，中国人对于乐律的推算方式仍沿用先秦时期著作《管子》中提及的"三分损益法"。所谓三分损益，即将乐律中固定的弦长分成三等份，以增加三分之一或减少三分之一弦长达到变音的效果。通过这种方式，在明朝以前，人们已经推算出乐律中的五声音阶——宫、商、角、徵、羽，并由此延伸至七声音阶中的变徵、变宫两音。

然而，当一段乐谱已经将五声音阶完美重现后，用"三分损益法"却无法将乐曲进行精准升华，也就是无法旋宫转调，致使乐曲一直停留在音色不准的状态。

为了达到旋宫转调，朱载堉查阅了大量书籍。在与父亲讨论后，他提出，乐律运行的规律其实与"天道"有着莫大的联系，甚至可以说乐律本身就是天地自然在音乐当中的反映："盖十二律黄钟为始，应钟为终，终而复始，循环无端，此自然真理，犹贞后元生，坤尽复来也。"

有所顿悟的朱载堉决定按自己的思维演奏乐曲。在传统乐律的基础上，他将一个"八度"平均分成十二等份，每等份称为"半音"，并规定任意相邻的半音为相同的音程可组成一个"闭圈"，完成返宫。这样的调整使音乐听起来更协调。

实际上，这就是现代音律界通用的"十二平均律"，也被称为"新法密率"。

十二平均律的发明，不仅解决了中国2000多年来音乐界的转音难题，更影响了后世欧洲古典音乐的发展。

朱载堉知道，"天运无端，惟数可测其机"。既然通过推演数学可得出相应的概率，预测天机，那么同理，与天理相通的音律也应与数学相通。

说干就干，为了验证自己的理论，朱载堉发明了一种横跨81档的特大算盘，进行开平方、立方根的计算，提出了"异径管说"。以此为据，他又设计并制造出用于定音调音的弦准和律管。

正如朱载堉自己所说："此盖二千余年之所未有，自我圣朝始也，学者宜尽心焉。"

为了将这套在世界音乐界和数学界皆具有划时代意义的理论传承下去，朱载堉呕心沥血，花了整整14年时间，完成了体量巨大的《乐律全书》。

由于中国古代普遍认为乐律与历法相通，因此，有了"十二平均律"理论体系加持的朱载堉随即又投身到对天文历法的研究中。以明代首都北京为蓝本，他通过仔细的观测和计算，最终求出了计算回归年长度值的公式，并获得了明代北京城的大致方位坐标。

1986年，专家们在用现代高科技的测量手段对朱载堉在1554年和1581年这两年的计算结果进行验证时惊讶地发现，朱载堉的测算结果与今天的精密测算几乎相同。朱载堉因此被公认为中国历史上第一个精确计算出北京地理坐标（北纬39°56′，东经116°20′）的人。

04

随着郑王父子陆续达成天文历算等科技上的成就，一生大起大落的朱厚烷病倒了。按照惯例，在世子位多年的朱载堉此时理应承担起宗藩重任，准备继承郑王爵位，管理宗藩大小事宜。可他早就志不在此，随着父亲的病倒，他对外声称自己也卧病在床，无法理事。

得知消息的朝廷照例派人前来抚恤，还敦促朱载堉打起精神来，好好接管郑王府事，不得偷懒。无奈之下，朱载堉只得遵旨行事。

朱载堉准备做个造福百姓的好王爷，可惜天公不作美，连年的粮食歉收波及了河南、山西、陕西等地，万历十五年（1587），河南开封、怀庆府等地更是相继发生地震，"黄河以北，民食草木"。

身为世代镇守怀庆府的郑王继承人，朱载堉知道自己身上的重担，立即下令开放府内粮仓，赈济灾民，以求共渡难关。但朱载堉也明白，这场波及多省的大饥荒与明代分封各地的宗藩白吃俸禄有着莫大的关系。

据嘉靖年间内阁首辅李春芳的一份统计数据，截至嘉靖四十四年（1565），明代宗室人数已突破2.8万人的大关，用于分封宗室子弟的庄田禄米数量之巨可想而知。

长久以来，明代宗藩制度中"分封而不赐土，列爵而不临民，食禄而不治事"的规定，让宗室内部滋生出许多"徒拥虚名，坐靡厚禄"的废材，也让宗族内真正的饱学之士受到严苛的束缚，终身郁郁不得志。所以，思来想去，在万历二十一年（1593），朱载堉以郑王世子的身份正式向朝廷提出七条申请，其中就包括宗室子弟"不愿受封者，许同民俊考送泮学"。

朱载堉此举引起了他的宗侄，也就是万历皇帝朱翊钧的注意。

此时的大明正值内忧外患之际，国家每年花费巨资供养一群闲人，实在支应不来。有这么一位贤王为国分忧，万历皇帝自然十分高兴，遂照朱载堉之请一一遵行。不过，对于此时已年近花甲的朱载堉而言，这不过是舍弃宗室身份、让国辞爵的第一步。

早在两年前父亲去世时，朱载堉就有过不当王爷的想法，一度以身体"微恙"固辞袭爵，只是未被批准。在此次奏疏得到万历皇帝批准并在全国实施后不久，朱载堉作为郑王世子再次请求出爵让国。这次，他以"郑宗之序，盟津为长"为理由，阐明自己这一支在郑王世系中的地位——按《皇明祖训》的兄终弟及要求，兄还未绝嗣，弟如何可继？

当年，父亲朱厚烷因盟津王一系的诬告而蒙冤，朱载堉为此苦闷孤居将近20年。可如今他早已放下了仇恨，还以德报怨，一时间朝廷内外掀起轩然大波。

辞爵让国是件大事，大明开国200多年来这还是破天荒头一回，无前例可参照。当年《皇明祖训》只规定了兄终弟及的爵位、皇位继承顺序，却从来没有一条法则提及"让国出爵"的具体处置办法。一些大臣趁机提出了包括"表彰贤王，惩办劣宗"在内的诸多建议，将郑王世子辞爵让国的高风亮节提升到了天下热议的程度。

身为大明帝国的最高决策者，万历皇帝颇为头疼。直到12年后，朱载堉在万历三十三年（1605）第七次上奏，万历皇帝才被这位宗伯的诚意打动，准许其辞爵。

在最后这份奏疏中，朱载堉说："臣今年七十，衰病之人，死在旦夕，亦抱遗憾之地下。乞令载玺为盟津王，代臣管理府事……从公改正，以成臣忠。"

万历皇帝在准允朱载堉辞爵之后，专门要求有司从优安排朱载堉一支宗室子弟日后的生活，允许朱载堉终身使用郑王世子头衔，并为其敕建"让国高风玉音"牌坊。

朱载堉如愿以偿，从此摆脱了宗族身份的束缚。

05

晚年，离府的朱载堉自称道人，举家迁至九峰山下，造一精舍，名"东复卜园"，过起了与陶渊明"采菊东篱下"类似的田园生活。在那里，种桑树、养猪、修竹剪花成了郑王世子的庶务。人们也常常能见到这位高风亮节的王子与三五好友吹管、弹琴、击缶、唱和，俨然成了一位隐居山林的世外高人。

可惜，这种随心所欲的日子朱载堉并没有过上多久。或许是因为潜心著书耗费了太多精力，又或许是因为离爵出府时年事已高，没过几年，朱载堉便在精舍中驾鹤西归，享年76岁。

纵观朱载堉的一生，天文、历数、乐律等他无所不通，堪称大明宗室全才。

这样一个远离政治的人，身后本来应该清净，可薨后数十年，一个后继王朝的出现将这位前朝的"道德王子"再度推向舆论的风口浪尖。那时，一场延绵数代帝王的文化风波将朱载堉的学说斥为谬论，曾经美名盛传于世的朱载堉也成了官方认定的异端，似乎禁毁其学术成就才是王朝文化的正统。

好在历史终究是公平的。在西来东土的传教士的协助下，朱载堉的《乐律全书》漂洋过海，指导了17世纪欧洲音乐史上的伟大革新。

在欧洲，参照《乐律全书》，意大利人克里斯托弗里于1710年前后在佛罗伦萨制造了世界上第一台钢琴，并命名为Pianoforte——"弱强琴"。这种强弱柔刚意识，唯在中国古代道家学说中有所体现。所以英国科学史学家李约瑟曾言，朱载堉的十二平均律比欧洲人提前了数十年，现代乐器的制造都是用十二平均律来定音的，朱载堉因此享誉欧洲。

可惜了，这样的人才在当时的中国未得其用！

大明"情圣"：汤显祖与《牡丹亭》

"知县大人辞官走啦！"

明万历二十六年（1598）三月，一个消息在浙江西南的穷乡僻壤遂昌县炸开了。仅听着只言片语的人们慌了，纷纷奔向平时最热闹的茶肆打听，更多人簇拥在县衙门前，希望能再见到那道熟悉的身影。

扬州钞关，京杭大运河和长江的交界处，江边停泊着大大小小的行船，一条行船正在做最后的起航准备，船上的汤显祖凝视着北边的河山出神。

北边，风尘滚滚，竟是遂昌官吏和百姓代表赶到了。他们在江关饮泣，恳请汤显祖回遂昌，继续当他们的父母官。汤显祖望着这些熟悉的脸孔，动情地劝道："诸位请多保重，就此别过吧。官场于我如浮云，不必为了我的离去而伤心难过。"

人群只能望着船影消失于江水尽头。汤显祖感于此情此景，哽咽着写了一首《戊戌上巳扬州钞关别遂昌吏民》：

> 富贵年华逝不还，吏民何用泣江关？
> 清朝拂绶看行李，稚子牵舟云水间。

01

今日说"官场于我如浮云"的汤显祖，昔日也曾挥毫写下豪言壮语：

弱冠精华开，上路风云出。

留名佳丽地，希心游侠窟。

历落在世事，慷慨趋王术。

神州虽大局，数着亦可毕。

——汤显祖《三十七》（节选）

汤显祖生于江西临川，这里也是500年前一代名相、"唐宋八大家"之一的王安石的故乡。同王安石一样，汤显祖出身书香门第，天资聪慧，早有文名。他5岁便能对对子，12岁作诗显才华，14岁补县诸生，21岁便中了举人。

除了古文辞章作得好，汤显祖还是个小"百事通"，是传说中的"别人家的孩子"。他"精乐府歌行五七言诗，诸史百家而外，通天官、地理、医药、卜筮、河籍、墨、兵、神经、怪牒诸书"。如无意外，汤显祖接下来就可以体验一番"春风得意马蹄疾，一日看尽长安花"的快乐了，但是，中华上下五千年的历史中哪能没有意外，造化弄人方是常态。

隆庆五年（1571），22岁的汤显祖首次赴北京应春试，落榜了。3年后再去，又落榜了。

汤显祖年轻气盛，没有泄气，他去了南京国子监进修补习，准备3年后再接再厉。补习期间，他结识了"学霸"梅鼎祚和沈懋学，三人惺惺相惜，把酒论诗，约定日后"苟富贵，无相忘"。

万历五年（1577），赴北京赶考的日子又到了，汤显祖和沈懋学都信心十足。这一次放榜，沈懋学状元及第，汤显祖依旧名落孙山。那年的榜眼是张嗣修，当朝首辅张居正的二儿子。

长城内外，大江南北，无人不知张居正的"一条鞭法"改革正开展得如火如荼，其个人的政治威望和权力达到了巅峰。但张居正有个烦恼：他的大儿子在万历二年（1574）的会试中落榜了，气得他想停考五年。现在他的二儿子也要考试了，为了让儿子堂而皇之地金榜题名，张居正想了个绝世好办法，那便是笼络大才子们给张嗣修"陪考"。

你想啊，如果张嗣修天天跟大才子们一起组局玩儿，那么他高中前三名，别人也会觉得这是因为他是个货真价实的第一流才子，不会想到其他。根据晚明人邹迪光《临川汤先生传》记载，张居正甚至私下让人向汤显祖转达承诺，可以保证他拿个好名次。

面对当朝首辅张居正的邀请，汤显祖却摆摆手，而"聪明人"沈懋学则去了。

揭榜当日，汤显祖死盯着状元和榜眼的姓名，久久不能释怀。在后来的诗中，汤显祖呐喊道，这是一个叶公好龙、千里马被埋没的时代，自己28岁了，如同一把可以安邦定国的宝剑，可是君王却不来察看，难道自己只能归隐山林了吗？

> 谁道叶公能好龙？真龙下时惊叶公。
>
> 谁道孙阳能相马？遗风灭没无知者。
>
> ……
>
> 贱子今龄二十八，把剑似君君不察。
>
> 君不察时可奈何？归餐云实荫松萝。
>
> ——汤显祖《别荆州张孝廉》（节选）

万历八年（1580），一模一样的情景再度上演——张居正还有第三个儿子。

平心而论，张居正是个识才的时相，他希望汤显祖识时务者为俊杰，也没打算亏待汤显祖，许个鼎甲是没问题的。然而，汤显祖还是那个汤显祖，他又严词拒绝了："吾不敢从处女子失身也。"

至此，10年之间，汤显祖四度落第。

万历十年（1582）六月，汤显祖的命运出现了转机。张居正在京病死，张家很快被查抄，子嗣功名均被剥夺。

一年后，34岁的汤显祖最终以极低的名次——三甲二百一十一名考中了进士，由此迈上崎岖坎坷的仕途。

02

汤显祖虽然实现了科举梦，但由于考试成绩不太理想，排名靠后，且坚持我行我素，不肯依附后来的首辅申时行和张四维，因而只在南京得了个闲职。然而，闲则闭门读书，出则游玩南京的日子也持续不了多久，汤显祖的第一次贬谪即将到来。

万历十九年（1591）年闰三月，天空中有彗星划过，被视为不祥之兆。言官借此机会向万历皇帝朱翊钧进谏，不料龙颜大怒。万历皇帝怪罪科道诸官"无一喙之忠"，整日只知道"长奸酿乱""旁观避祸"，因而降旨将六科十三道官员全部罚俸一年。

汤显祖想到了500年前那位从临川走出去的老前辈王安石。王安石上万言长书提出变法主张，后来得到宋神宗的认可，随即拜相，得以推行新法。汤显祖也想报效朝廷，有所作为，于是掏心掏肺连夜赶制了一篇《论辅臣科臣疏》送至万历皇帝的案头。

文中指出，此次事件最大的过错方"非必六科十三道尽然"，而是首辅申时行和属下把持朝政结党营私，最后甚至把矛头直指万历皇帝本人，说他先后错用了张居正和申时行二人："陛下经营天下二十年于兹矣。前十年之政，张居正刚而有欲，以群私人嚣然坏之；后十年之政，时行柔而有欲，以群私人靡然坏之。"

奏疏一出，满朝震惊，万历皇帝大怒，将汤显祖贬至瘴疠之地徐闻（今广东湛江徐闻县），让他当个典吏，职位排在县令、县丞、主簿之后。

面对这一盆当头泼来的冷水，汤显祖愤然写下一段话："去岭海，如在金陵。清虚可以杀人，瘴疠可以活人。此中杀活之机，于界局何与邪！"

自吟"伤心不问梁国老，白首湘江逐汉臣"的汤显祖，从来没有忘记报国的初衷。

徐闻地处雷州半岛最南端，与海南岛隔海相望。500年前，苏轼两兄弟也曾被贬到这一带。当地教育落后，人文凋敝，当地人普遍存在"性悍喜斗""轻生""自贱"等倾向。在这个地方，作为典吏的汤显祖本来要负责的是刑政工作，他却投入了大量精力兴教育、启民智，创办了贵生书院。所谓"贵生"，意思是劝人勿轻生，天下之生皆贵重，生命很宝贵。他甚至亲自登堂讲学，在教学上对弟子一视同仁，因材施教，有问必答，"日日津津不厌"，以至于后来当地讲学大受欢迎，"海之南北从游者甚众"。

汤显祖在徐闻任职仅一年左右。随着申时行倒台，汤显祖升任浙江遂昌知县。除了官位提高了一点点之外，所面临的环境不见得比徐闻好多少。刚到遂昌时，汤显祖只见山清水秀，鸟语花香，好似世外桃源，然而"学舍、仓庾、城镇俱废，殆不成县"，这里连个城门都没有，一派萧条景状。

得！又得从头开始建设。

刚来不久的汤显祖还没有来得及修建城门围墙，就听见衙役禀报说，乡西山寨一个姓秦的老汉击鼓哭诉，说他家儿子跑个茅房的工夫就被后山老虎叼走了。

汤显祖对遂昌一带常年虎患早有耳闻，虽没有苏轼当年"倾城随太守，亲射虎"的气魄，亦会为民做主。他立马签发公文，招募灭虎队，布置陷阱，老虎陆续落网，老虎伤人事件渐渐成了如烟往事。事后，汤显祖给予打虎英雄们奖励，主建灭虎祠，还写下一篇《遂昌县灭虎祠记》叙述打虎运动的前因后果。

教育也很重要，汤显祖始终没有忘记这一点。考虑到遂昌县"赋寡民稀"，人民生活水平普遍偏低，不宜劳民伤财，汤显祖带头捐出自己的部分官俸，号召大家踊跃捐资助力，建成了相圃书院，寓意为国哺育将相之才，这也成为该县历史上第一所学堂。

汤显祖心中还有一个更加美好的设想：他要把遂昌建设成"有情之天下"。

万历二十一年（1593）元宵夜，华灯初上，遂昌城人头涌动，热闹非凡。熙熙攘攘的人群中，有人高喊一声："汤知县来了！"

汤显祖来了，身后还跟着一行人——一群本应在昏暗不见天日的牢狱中的囚犯。囚犯们穿着干净的衣服，撤了枷锁，由狱官领着在济川桥上观看花灯。舞狮、龙灯、唢呐、腰鼓、欢歌、笑语……桥上的人望着桥下的繁华，桥下的人望着桥上的故人，中间隔着触摸不到的泪眼蒙眬。

元宵节纵囚观灯之后，汤显祖不顾下属的忧虑，果断迈出了感化劝善的第二步——除夕遣囚。在他心目中，法无可恕，但情有可原。于是除夕那天大牢变空了，值班的狱卒也放假了。三天后，囚犯一一按时回到了狱中，竟无一人趁机脱逃。

隔壁县市的同事们都觉得汤显祖怕不是疯了。

后来，汤显祖在《牡丹亭·劝农》一出中写道，太守与民对唱："山也清，水也清，人在山阴道上行，春云处处生；官也清，吏也清，村民无事到公庭，农歌三两声。"这何尝不是他本人在遂昌为政时的缩影呢？

只是"有情之天下"的美梦，终究只能在曲中长存啊！

到遂昌的5年后，汤显祖不愿屈从朝廷税吏的重税害民要求，不肯为虎作伥，也不忍亲眼见着自己辛苦构筑的有情世界一点一点坍塌，遂毅然决然向吏部递交了辞呈。这与千年前挂冠而去的陶渊明何其相似啊！

03

汤显祖与陶渊明一样弃官归去，心情却比陶渊明沉重复杂。

陶渊明到彭泽任上不过80余天，而汤显祖在遂昌度过了1800多个日日夜夜。遂昌当地人见无法挽留，想念异常，自愿为他修建了生祠——遗爱祠，甚至10年后，还专程派画师到临川摹得汤显祖的画像，张挂在生祠中，见画如见人。

> 彭泽孤舟一赋归，高云无尽恰低飞。
> 烧丹纵辱金还是，抵鹊徒夸玉已非。
> 便觉风尘随老大，那堪烟景入清微？
> 春深小院啼莺午，残梦香销半掩扉。
>
> ——汤显祖《初归》

那年秋天，汤显祖开始了赋闲在家的生活。他把临川的家起名为"玉茗堂""清远楼"。玉茗花"大如山茶而色白，黄心绿蕊，人以比之琼花"，汤显祖很偏爱玉茗花。在这个新居里，他完成了名动江湖、千古流芳的"玉茗堂四梦"，也称"临川四梦"——《紫钗记》《牡丹亭》《邯郸记》《南柯记》。

明朝中后期,不少士大夫去官家居后,选择填词度曲以抒写胸中块垒,汤显祖亦然。他自称:"君不见清远道人(汤显祖的号)官不肯,教舞看经出穷丑。"自归隐后,他花了相当多的精力在钟情的戏曲创作上。

汤显祖在写《牡丹亭》时,曾发生过一个"柴房里的哭声"的故事,这个故事还被清朝的戏曲理论大师焦循津津乐道地写进了《剧说》中。

话说某日,汤显祖的家人给他送饭,推门一看,桌上墨纸凌乱,而汤显祖并不在书房中。家人找遍了玉茗堂的大厅小房,里里外外搜了个遍,怎么都没有见着人影。大家都急得不行,这时忽听后院柴房里隐隐传来一阵一阵的哭声,进去一瞧,只见汤显祖正趴在柴堆上,脸埋在袖子里痛哭。

站在柴房门口的人都被吓着了,连忙问汤显祖怎么了。汤显祖茫然地说:"杜丽娘死了,待我如姐妹的小姐死了。"

家人哭笑不得。原来,汤显祖正填词写到"赏春香还是旧罗裙"时,为剧中人物命运所感染,以为自己正是丫鬟春香呢,于是共着春香一起追忆死去的杜丽娘,哭得断肠。

世总为情,因情生梦,因梦成戏。"二十年来才一梦,牡丹相向后堂中",汤显祖正是这样用尽全副身心创作出"玉茗堂四梦"。

与至情论一脉相连的,是汤显祖对"真"的强调与倡导。他所谓的"真",指的是"古人书,上云'长相思',下云'加餐饭'足矣","古人秉烛夜游,是真实语"。这是针对当时文坛"后七子"好弄虚作假的文风而提出的。

汤显祖尚真,主张"凡文以意趣神色为主",所以在创作中时常跳出清规戒律的束缚,不拘泥于格律的死理,因此引得当时另一位戏曲大师沈璟很不满:汤显祖咋回事儿啊?老祖宗定下的格律怎么能说改就改呢?为此,沈璟甚至亲自帮汤显祖修改《牡丹亭》,圈出了一大堆不协律的字句。但汤显祖可不领情,他知道后非常生气,在给友人的信中疯狂吐槽:"彼恶知曲意哉!余意所至,不妨拗折天下人嗓子!"

这个故事是从徐渭的弟子王骥德嘴里流传下来的。王骥德还说,沈璟和汤显祖两个人简直就像是冰块和火炭，完全两类人。

汤显祖就是这样强调"情之所必有"，强调艺术真实的。他很推崇王维的一幅画，画中一棵充满生机的芭蕉树长在冰天雪地里，映衬着画中人东汉名臣袁安的高洁人品。有人嫌弃王维的冬景芭蕉，非要割蕉加梅应景，汤显祖却认为，"割蕉加梅，冬则冬矣，然非王摩诘（王维）冬景也"。

正是出于这个理念，在汤显祖写的《牡丹亭》中，一个女孩可以因情而死，又可以因情而复生。正是"情不知所起，一往而深，生者可以死，死可以生。生而不可与死，死而不可复生者，皆非情之至也"。

汤显祖有个极其认同他的观点的"超级粉丝"，她就是娄江女子俞二娘。俞二娘也像杜丽娘一般生于闺阁，秀慧能文，然而没有什么人身自由。这位女子读了《牡丹亭》之后，深感自己也如杜丽娘一般事事不如意，终日郁郁寡欢，不得展颜，最后竟"断肠而死"，终年17岁。她用蝇头小楷在剧本间写下密密麻麻的批注，曲词里的一字一句正切中她的心声。

汤显祖听到这个消息后很为俞二娘惋惜，挥笔写下了一首诗：

> 画烛摇金阁，真珠泣绣窗。
>
> 如何伤此曲，偏只在娄江。
>
> 何自为情死，悲伤必有神。
>
> 一时文字业，天下有心人。
>
> ——汤显祖《哭娄江女子二首》（其一）

一时文字业，天下有心人。

这样的"有心人"还包括了曹雪芹。《红楼梦》中有两处直接描写男女主人公宝玉和黛玉赏看、聆听《牡丹亭》的情节，他们"能领略其中的趣味"。曹雪芹让笔下的两个"情种"与《牡丹亭》共情，不正充分说明了"两梦"悲剧精神一脉相承吗？

04

万历四十四年（1616），夏。

玉茗花纷纷从枝头滑落，让位于接天莲叶无穷碧的盛荷。随着洁白的玉茗花谢世的，还有临川玉茗堂的主人。

汤显祖病逝的消息传到了徐闻，徐闻县兴建了汤公祠。消息传到了遂昌，遂昌人在遗爱祠前抱头痛哭。

同一年的三个月前，大西洋东北边的一个岛国，另一位戏剧大师也辞世了，他的名字叫威廉·莎士比亚。

从此，戏剧最繁华时代的双子星再不见于人世。

冯梦龙：超越时代的"怪胎"

46岁的冯梦龙摊上大事了。

万历四十八年（1620）的一天，有几名男子来到县衙内告状。他们说，自己的儿子都受到不良书籍教唆，以致沉迷赌博，严重的已经害得自己家徒四壁了。几名状告人口中的不良书籍，是指冯梦龙早些年写的《叶子新斗谱》（现《牌经十三篇》《马吊脚例》），一本总结牌戏经验的游戏小书。

冯梦龙怎么也想不到，这本随手写的小书会让自己惹上官司。

这不是冯梦龙第一次，也不是他最后一次遭受舆论攻击。自称"东吴畸人"的冯梦龙一生在封建礼教中奋力挣扎，行事狂放不羁，走到哪儿都能成为焦点。

然而，正是这个不被大多数体面人所接受的"刺儿头"，却成了照亮17世纪东方夜空的一颗璀璨流星。

01

在这次被状告之前，冯梦龙已经遭到过士大夫的集体批判了，他们说他"坏人子弟"。那次被炮轰的不是牌经，而是他整理编撰的民歌合集《挂枝儿》。

《挂枝儿》里面有八成是反映男女爱情生活的作品，其中多数是不为当时人所"承认"的情感：要么是男女相悦时的偷情，要么是对负心人的谴责等。

是谁人把奴的窗来舔破，眉儿来，眼儿去，暗送秋波。俺怎肯把你的恩情负，欲要搂抱你，只为人眼多，我看我的乖亲也，乖亲又看着我。

——《挂枝儿·私窥》

在饱读诗书、恪守礼教的文人眼中，这些来自民间的俚曲歌谣不管是在内容上还是在形式上都是些不入流的东西。但《挂枝儿》出版后，竟意外地受到了民众的追捧，尤其是那些"不肖子弟"。士大夫们可气坏了，他们对冯梦龙发起了舆论攻击。

冯梦龙对针对自己的口舌议论已经形成了免疫力，他压根就不在乎别人怎么想。那些士大夫瞧不上他，他还瞧不上那些人呢！对于那些死守礼法、内心不敢有半点儿"波动"的士大夫，冯梦龙认为他们的生活其实"很苦"。

在冯梦龙编写的笑话集《古今谭概》中，记录了一个跟理学创始人程颐有关的故事：某日，皇帝一时兴起倚着栏杆去折垂挂的柳枝。刚讲学完毕的程颐看到后连忙上前说："春天刚刚来临，不可以无缘无故去摧残柳枝。"皇帝听了这话，一下兴致全无，气得把柳枝扔到地上。

对此，冯梦龙是这样认为的："遇了孟夫子，好货好色都自不妨。遇了程夫子，柳条也动一些不得。苦哉，苦哉。"

自宋明理学兴起以来，三纲五常等伦理道德对人的束缚渐深，而冯梦龙骨子里就对这些扼杀人性和生命力的条条框框厌弃至深。比起"理"，他更重"情"。他说："天地若无情，不生一切物。一切物无情，不能环相生。生生而不灭，由情不灭故。四大皆幻设，惟情不虚假。"

冯梦龙认为，情是万物的根本。《挂枝儿》便是他在至情的状态下一点一点辑录整理出来的。

02

冯梦龙年轻时是个浪子，正因为敢"浪"，才让他活出了另一片天地。

明朝中晚期，朝中政治腐败，满腹经纶之人反不得志，报国无门，唯有青楼买醉排解心中忧愤。于是文人狎妓之风开始盛行，一群不得志的文士与颇有学识的名妓交往，谈论文学与政治。

这一时期，江南一带商品经济发展，也使得民风逐渐开放。人们的重利思想和感官欲望都在滋长，享乐之风大盛。生于苏州的冯梦龙不可避免地加入到这场市井体验之中，好友王挺评价他是"逍遥艳冶场，游戏烟花里"。

在秦楼楚馆里，冯梦龙与数名女子交往密切。他总是怀着平等、尊重的心态与她们往来，以真心换真心，逐渐将她们发展为红颜知己。作为一名优秀的"妇女之友"，他善于倾听，总是能从女子的倾诉中察觉出人类最真挚的情感，也能从她们的歌声里听出许多故事。

冯梦龙把红颜们唱给他听的民歌一一记下，同时又马不停蹄地去搜集了更多的民间小曲，将它们稍作润色，便成了今日流传下来的《挂枝儿》。

在各种各样的小曲里，人类显得多么真实和可爱——有爱，有恨，有欲望。

俏冤家，我待你是金和玉，你待我好似土和泥，到如今中了傍人意。痴心人是我，负心人是你，也有人说我也，也有人说着你。

咱两个，说甚么心相对。常说道，有了我还有谁。哄得我上手时，你又把心儿昧。辜恩负意的贼，受了你许多亏。再不信你蜜罐里的砂糖也，棉花样儿的嘴。

——《挂枝儿·负心》

值得一提的是，冯梦龙对各种男女感情颇有感悟，并非只作旁观——他也是过来人。别人看他"浪"，实则他用情极深。

冯梦龙曾与苏州名妓侯慧卿有过一段情。初识不久，冯梦龙便被侯慧卿清醒的头脑所折服，坠入爱河后，两人订下白头偕老的盟约。但好景不长，正因为侯慧卿过于清醒，这段感情最后无疾而终——比起嫁给一名儒士，饱受世俗非议，还不如嫁给一个富商，轻松过活。

两人分手后，冯梦龙很受伤，专门写了套散曲来纪念他死去的爱情：

忽地思量图苟且，少磨勒恁样豪侠。谩道书中自有千钟粟，比着商人终是赊。

将此情诉知贤姐姐，从别后我消瘦些。

这歌案的相思无了绝，怎当得大半世都结。毕竟书中哪有颜如玉，我空向窗前读五车。将此情诉知贤姐姐，从别后你可也消瘦些？

——冯梦龙《太霞新奏·怨离词》（节选）

直到两人分手一周年，他还在感慨：

巧妻村汉，多少苦埋怨！偏是才子佳人不两全，年年此日泪涟涟。好羞颜，单相思万万不值半文钱。

——冯梦龙《太霞新奏·端二忆别》（节选）

"最是一生凄绝处，鸳鸯冢上欲招魂"，这段没有结果的爱情让他痛彻心扉。好友董斯张说："子犹（冯梦龙）自失慧卿，遂绝青楼之好。"可见，侯慧卿当真是冯梦龙的一生挚爱，情断后他连青楼都不去了。

如此至情之人，也难怪冯梦龙的作品中总是把"情"放在第一位。

03

除了情歌和牌经，当时社会上对冯梦龙议论最多的，还有他的考经——《麟经指月》《春秋衡库》《四书指月》等。简单来说，这些就是明朝版的《五年高考三年模拟》，是科举教辅书。

冯梦龙被状告的那一年已经46岁了，那会儿他正好受邀前往黄州麻城讲学，这些考经就是他在讲学过程中写下的。

冯梦龙给别人讲什么？讲《春秋》，他的老本行。

冯梦龙出身儒士之家，年幼时，父亲曾给予他很高的期待，希望他走上传统的读书中举道路。于是，他自小跟随王仁孝学《春秋》，认真学习了包括《春秋》在内的各种儒家经典，只要遇上有识之人就要去请教。这一读，就是20多年。

但上天并没有眷顾冯梦龙的勤奋。从青年开始，他的考学之路就不顺利，屡屡落第。

是他学得还不够吗？当然不是。凡是与冯梦龙有过交往或是听过他讲学的人，无不称赞其才华出众：

> 早岁才华众所惊，名场若个不称兄。
> 一时文士推盟主，千古风流引后生。
>
> ——文从简《赞冯犹龙》

有人推测，冯梦龙一直落榜，除了命运对他的垂青不够，也许还跟他的各种奇葩事迹有关：他整日流连烟花地，又擅长赌博、行酒令等民间娱乐活动，横竖都不像一个封建礼教和儒学经典熏陶出来的正统文人，这大大影响了他的风评。

清代文学家褚人获曾写过一桩冯梦龙的逸事：

冯梦龙与几个年轻人饮酒时，行起了酒令，规定酒令里要满足花名、人名、回文三点。

第一人说："十姊妹，十姊妹，二八佳人多姊妹，多姊妹，十姊妹。"第二人说："佛见笑，佛见笑，二八佳人开口笑，开口笑，佛见笑。"轮到冯梦龙，他说："月月红，月月红，二八佳人经水通，经水通，月月红。"年轻人面面相觑，一时语塞，只能乖乖饮酒。

虽然无法确定这则逸事的真实性，但冯梦龙给大众的印象大概就是这样非一般的"俗"。他是个非一般的怪才。

不管因为什么，没考上就是没考上。冯梦龙是否会因此忧伤，我们不得而知，只知道他并没有白白浪费自己的一身好本领。在他编的考经中，有着相当清晰的应试思路：

> 今将一经始末，自周而下，总载首帙，使人一览可尽；其每年止录某君元年、崩卒之类，以备查阅；若经中无事者，则并省之。
>
> ——冯梦龙《春秋衡库·发凡》

熟悉的考试提纲味道是不是扑面而来？

当时有不少学子看了他的书后达到了快速记忆的目的，可以说，冯梦龙"帮助"了不少人成功中第，他由此成为"科举名师"。一时之间，洛阳纸贵。

这就是用魔法打败魔法。虽然我没考上，但我的学生考上了！

从治学到讲学再到写考经，一路走来，冯梦龙都很重视学问的实用性。这样的思想一直影响着他的写作。

04

屡试不中，通过做官去改变社会的路被堵住了，若还不死心，对改造社会、启发民智仍有执念，冯梦龙便只能靠手中的笔。于是，"三言"——《喻世明言》《警世通言》《醒世恒言》出现了。

来自现实生活或前人小说的故事，经过冯梦龙不同程度的加工整理，成为具有现实指导意义的篇章。冯梦龙深谙在故事中讲道理的技巧，讲着讲着就金句频出："毁誉从来不可听，是非终久自分明""世人大多眼孔浅显，只见皮相，未见骨相""要人知重勤学，怕人知事莫做"……

冯梦龙在通俗文学上投入不小，最后获得巨大成功。通过一则又一则的通俗故事，他针砭时弊，讽刺酸腐，展述自由，为的是让更多人意识到社会上的种种不妥，并予以反击。尽管这种讽世劝善成了"三纲五常"以外的另一种形式的"教化"，但终归，还是与日益僵化的理学有着极大的不同。

在那样一个时代，遥远的欧洲正展开种种与人文主义相关的讨论，而大明帝国的思想禁锢却越来越紧，所幸，也有冯梦龙这样的"畸人"发出追求人性自由的呼声。

冯梦龙热爱自己选的这条路，至于那些始终围绕在自己身上的是是非非，一笑置之是他最常用的方法。

一笑而富贵假，而骄吝愒求之路绝；一笑而功名假，而贪妒毁誉之路绝；一笑而道德亦假，而标榜猖狂之路绝……则又安见夫认真之必是，而取笑之必非乎？非谓认真不如取笑也，古今来原无真可认也。无真可认，吾但有笑而已矣；无真可认而强欲认真，吾益有笑而已矣。

——冯梦龙《古今谭概·自叙》

万事万物，难辨真假。既然如此，不管三七二十一，笑了再说。

真的假不了，假的真不了，时间定会给出公允的答案。

亡国：君王死社稷与南明一梦

崇祯皇帝的最后二十四小时

01

崇祯十七年（1644）农历三月十八日夜晚，是大明王朝灭亡前的最后一夜，也是崇祯皇帝朱由检生命中的最后一夜。

这天晚上9点来钟，已经做了17年皇帝的崇祯皇帝，将自己的三个孩子叫到跟前，他们是16岁的太子朱慈烺、13岁的永王朱慈照、9岁的定王朱慈炯。他想着要见孩子们最后一面。

可看到三个皇子出现在他眼前时仍然穿着光鲜的冠带袍服，崇祯皇帝心里猛地一惊，因为就在当天夜晚，李自成的农民军已经攻破了北京外城，并正在朝着北京内城和紫禁城快速推进。就像天底下所有充满父爱的父亲一样，崇祯皇帝护子心切，又是吃惊又是责备地对孩子们说："都什么时候了，你们还穿成这样？赶紧换衣服！"

说完，这位34岁的父亲、大明帝国的皇帝亲自动手，帮着给三个孩子换上普通老百姓的衣服，然后为他们一一系好腰带。他语带凄楚地说："今天你们还是皇帝的儿子，明天可就是老百姓了……在这种乱世里，要隐姓埋名，看见老人家要叫老翁，看见年轻一点儿的长辈，要叫伯伯或者叔叔！"接着他又嘱咐说："社稷倾覆，使天地、祖宗震怒，这些都是你们的父亲我的罪责。但是我已经竭尽心力了，怎奈文武大臣各为私心，不肯先国后家，以致国家败坏如此。如今，没必要再问祸福与否，只是合理去做就行了。我没有什么好担心的了。"

02

看着眼前的三个孩子，周皇后在一边也是悲恸欲绝。尽管已经到了帝国和人生的穷途末路，但是崇祯皇帝和周皇后这对夫妻，却仍然在尽着作为皇帝和皇后最后的职责。

在这生命的最后一天，在获悉李自成的军队已经攻进北京外城后，33岁的周皇后"持节"，绕着整个紫禁城，一边流着眼泪，一边挨个宫殿地劝告，对在惶恐中不知如何是好的宫人和太监们说："天灾已降，大祸临头，你们有门路的，快点儿逃生去吧！"

担心有的宫人仍然迟疑不肯离去，尽职的周皇后整整绕着紫禁城走了两圈，到处劝告宫人们快点儿逃命。作为一个母仪天下的皇后，她要用生命站好这最后一班岗。

周皇后出身贫寒人家，15岁那年嫁给了当时还是信王的朱由检。1627年，朱由检的哥哥明熹宗朱由校驾崩，朱由检继承皇位。

当时，魏忠贤把持朝政，一手遮天。担心丈夫入宫遇害，周皇后亲自下厨给朱由检做干粮，以防止别人下毒。在跟丈夫从信王到皇帝的18年婚姻岁月中，她勤勤恳恳、处事谨慎，时时为崇祯皇帝着想，尽显母仪风范。

李自成兵临城下，危急之际，周皇后有心劝崇祯皇帝南迁避难，但又不便直说，于是她便跟崇祯皇帝说："我在南方有个家。"向来严禁后宫干政的崇祯皇帝立马追问她是什么意思，周皇后也不敢再说什么。

成婚18年，周皇后给崇祯皇帝生下了三个儿子，分别是太子朱慈烺、怀王朱慈烜（早夭）以及定王朱慈炯。眼下，看着自己还活着的两个亲生儿子以及田贵妃所生的儿子纷纷出宫逃命，周皇后泪如雨下。

临死前，周皇后含着眼泪对崇祯皇帝说："我侍奉皇帝18年了，你从来不肯听别人一句话，才会有今天。"说完这些话，她便悬梁自尽了。

崇祯皇帝黯然，默默走开。

03

在生命的最后一夜，崇祯皇帝在紫禁城中大开杀戒。

眼下，大明帝国忽喇喇似大厦倾，昏惨惨似灯将尽，在绝望中，崇祯皇帝提着剑来到袁贵妃的住处。

在和袁贵妃同饮了几杯绝命酒后，崇祯皇帝命令袁贵妃上吊自杀，袁贵妃只好应命上吊，没想到绳子断了，她倒落在地。丧失了自杀勇气的她站起来就开始逃跑，崇祯皇帝追了上去，一剑刺在了袁贵妃肩上。随后，他又挥剑刺伤了几位妃嫔。在他看来，帝国要亡了，作为他的女人要保全名节，可不能落在逆贼的手中。

紧接着，崇祯皇帝又来到了寿宁宫，在这里，他见到了15岁的大女儿长平公主。当时，长平公主拉着崇祯皇帝的衣襟痛哭，崇祯皇帝一边流着眼泪一边说："孩子，你怎么就偏偏生在我们帝王家呢！"然后，崇祯皇帝用左袖掩着脸，右手挥剑想杀死女儿，可砍偏了，只砍下了长平公主的左臂。看着倒在血泊中的女儿，崇祯皇帝浑身颤抖得厉害，再也下不了手了。他转身离开，来到昭仁殿，又亲自动手将自己年仅6岁的女儿昭仁公主杀死了。

尽管生命已到了最后的时刻，但崇祯皇帝心中仍然涌动着求生的欲望。杀死女儿后，崇祯皇帝让宦官王承恩坐在他的面前，一起喝了几杯酒。半夜三更时分，他让人给他换上便服，然后带着几十个宦官一起出到朝阳门，假称是王太监奉命要出城。

此时北京城内早已乱成一片，守城的人要求他们必须等到天亮才能出城。崇祯皇帝手下的太监们开始群起夺门，守门部队以为发生了内乱，于是开炮还击。人少不敌，崇祯皇帝只能退了回来。

这时，崇祯皇帝猛然想起来，朝阳门是成国公朱纯臣负责守卫的防区，于是带着一帮太监绕路到了朱家，想请朱纯臣开门放行。结果朱家看门的人回答说："成国公赴宴去了。"是的，在北京即将城破、大明即将亡国的前一夜，担有京师守卫重任的成国公朱纯臣竟然赴宴吃饭去了。

本来想做困兽一斗、最后突围的崇祯皇帝只能又跑到安定门，想夺门而出，结果发现门闸太结实了，他根本打不开。

天已放亮，突围仍然无望。折腾了一整夜，他累了，放弃了。

这是农历三月十九日清晨，大明亡国的当天。

崇祯皇帝转身返回紫禁城中，在前殿，他命令内官们敲钟召集百官，钟声响了一遍又一遍，前殿却始终空荡荡：臣子们没有一人前来。

04

此时，李自成的农民军攻破了北京内城，迎着黎明的清辉，他们开始向紫禁城迅速挺进。

仓皇之中，崇祯皇帝带着太监王承恩跑到紫禁城后面的万岁山（煤山）寿皇亭，由于跑得太急，他左脚的鞋子都跑丢了。此时，不知道他是否还会再次想起，明熹宗朱由校临死前对他的期望和嘱咐："吾弟，当为尧舜！"

眼下，崇祯皇帝仓皇辞庙。万岁山寿皇亭曾经是他号令、操练大内士兵的地方，但眼下，他狼狈至此，生命即将走到尽头。

崇祯皇帝最终选择在一棵树下上吊自尽，就这样和自己17年的帝王生涯，和自己34岁的生命说了再见。陪伴他的是太监王承恩。在崇祯皇帝死后，王承恩选择了为崇祯皇帝殉死，自杀身亡。帝国的殉葬者，是让大明帝国的皇帝们又爱又恨的太监。

后来，人们在崇祯皇帝身上发现了他的遗诏："朕凉德藐躬，上干天咎，致逆贼直逼京师，皆诸臣误朕。朕死，无面目见祖宗，自去冠冕，以发覆面，任贼分裂，无伤百姓一人。"

至死，崇祯皇帝都不忘埋怨臣子们误国。此前，刚愎自用的他曾跟太监说："臣皆亡国之臣……文臣个个可杀。"然而对于北京城内的黎民百姓，他却表达了深刻的同情，并在遗书中恳求李自成不要屠城报复，希望他能给老百姓一条活路。

05

两天后，正为到处找不到崇祯皇帝发愁的李自成才终于得到确切消息：崇祯皇帝死了。

李自成下令，将崇祯皇帝的尸体从万岁山中抬出，停放在北京东华门旁边。在李自成的指示下，崇祯皇帝和周皇后的尸体才得以被装殓，放进了柳木棺材。

皇帝死了，除了太监王承恩，明朝工部尚书范景文、户部尚书倪元璐等40多人也纷纷跟随崇祯皇帝一起自杀。

在停灵期间，着急想要投靠大顺政权的人们根本无暇理会已死的崇祯皇帝和周皇后。翰林院庶吉士周钟在经过灵枢时甚至直接策马而过，连去祭拜一下做做样子都不愿意了；当初那些被崇祯皇帝提拔擢用的大臣，此时纷纷跪在了紫禁城门外，一个个翘首等待着新主子——大顺皇帝李自成的接见。

几乎没有人前往吊唁崇祯皇帝，反倒是一些过往的路人可怜这位大明帝国的末代皇帝。

昌平州官吏赵一桂在《状中州》中，讲述了他参与埋葬崇祯皇帝和周皇后的经过。赵一桂说，李自成虽然下令埋葬崇祯皇帝，却完全没有拨给经费。崇祯皇帝生前没有修陵墓，在此情况下，赵一桂和士子、村民们一起好不容易凑了"三百四十千钱"，最后"督工四昼夜"，至崇祯十七年（1644）农历四月初四，也就是崇祯皇帝上吊自杀半个月后，终将崇祯皇帝和周皇后的尸骨草草葬入了早先去世的崇祯皇帝爱妃田贵妃的墓中。

崇祯皇帝、周皇后、田贵妃三个人被潦草地合葬一处，这就是明十三陵中的思陵。

06

崇祯皇帝自尽后，他的儿女们饱经颠沛和苦难。

当时兵荒马乱，为了保护崇祯皇帝的血脉，宦官们急忙将太子朱慈烺、定王朱慈炯送到周皇后的父亲嘉定侯周奎府外。然而因为担心揽祸，周奎将自己的两个亲外孙拒之门外。

崇祯皇帝走投无路的三个儿子最终被宦官们一起献出，落入李自成之手。

李自成亲自审讯太子朱慈烺，并命令他下跪，没想到这位16岁的亡国太子却倔强地说："我是绝对不会向你屈服的！"

李自成于是严厉叱问朱慈烺说："你知道你家为什么失去天下吗？"

朱慈烺回答说："我哪里知道！百官们自然很清楚。"他接着反问李自成说："你为什么不杀我？"

对这个问题，李自成也显示出了气量，他回答说："你本无罪之人，我不杀你。"

听了这个回答，太子朱慈烺当即向李自成提了三条要求："第一是不可惊扰我祖宗的陵墓；第二是礼葬我的父母；第三是不可杀我的百姓。"

李自成一一答应，随后，崇祯皇帝的三个儿子被收押监管。

然而，在当年农历四月底的山海关大战失败后，崇祯皇帝的三个儿子在乱军之中全部失踪，太子朱慈烺、定王朱慈炯两个人更是从此彻底消失在历史的迷云之中。

两年后，被斩断手臂后侥幸逃生的长平公主最终在对父母和故国的思念中忧郁病逝。在后世人的武侠小说中，她化身成为一个武功高强的独臂神尼，终生为反清复明的大业不懈奋斗。但在真实的历史中，她只是一个17岁就芳华永逝的末代公主，褪去小说里高强武功的浪漫传奇，伴随她的是血腥和永恒的梦魇。

康熙四十七年（1708），在山海关大战后失踪的永王朱慈照，被人发现并举报后被捕，时年76岁。康熙下诏将朱慈照凌迟处死，朱慈照的几个儿子也全部被判斩立决。

至此，大明帝国的末代皇帝崇祯皇帝一家彻底消失在了历史的烟云之中，一切归于尘埃，冷落无声。

吴三桂：因为一个选择，他被骂了三百多年

连日来，吴三桂马不停蹄赶往北京，准备促成自己与李自成之间的和谈，尽早结束这场乱世纷争。然而，吴氏族人冒死带回来一则消息，这个满怀信心结束战争的前大明将领遂掉转马头，返回自己的老巢山海关。

原来，李自成等人进京以后，除了给崇祯皇帝收尸，还对大明王朝那群"贪官污吏"进行鞭打勒索，吴三桂的父亲吴襄也在此列。更过分的是，李自成手下大将刘宗敏还趁机霸占了吴三桂的爱妾、"秦淮八艳"之一的陈圆圆。对于此事，李自成居然是睁一只眼闭一只眼。

我们今天只能通过"冲冠一怒为红颜"的诗句想象吴三桂听闻此事后的反应。父亲被打、家人被囚、爱妾被抢，一瞬间把他灵魂里最后那点儿忠孝之心全毁了。

回到山海关后不久，吴三桂开关门，迎清军。从此，中国历史翻开新的一页。

01

曾几何时，这个一度死守山海关抵挡清军西进的大明山海关总兵也是一个忠臣孝子。

想当年，吴三桂的父亲吴襄在与清八旗军作战中被围，年轻的吴三桂骁勇善战，仅率五百将士就杀入阵中救出父亲，成了举世瞩目的少年英雄。

然而，在吴三桂的少年时期，大明早已不再是铁骑踏平草原的时代了。大明的军队不仅没了成祖朱棣时期称霸天下的实力，连明宪宗朱见深成化年间的"犁庭扫

穴"也搞不动了。

此时的大明充满内忧外患。大明帝国的主人崇祯皇帝虽有治国之心，却无救国之能。在他手底下当差的，有曾经用红夷大炮轰死努尔哈赤的袁崇焕，也有治军卓越的卢象升，还有农民军的克星孙传庭，然而这些人最终都成了迅速衰颓的大明王朝的陪葬品。

在这个充满将才、帅才的末世王朝，吴三桂本无用武之地，却因皇帝的刚愎自用、滥杀名将，反倒得以崭露头角，通过一次次的军功获得地位的提升。

27岁那年，吴三桂荣升大明宁远团练总兵，成为蓟辽总督洪承畴手下的一员猛将。为报答皇帝的知遇之恩，吴三桂在接下来的松锦会战里屡立奇功。为此，他的上司洪承畴曾以"忠可炙日，每逢大敌，身先士卒，绞杀虏级独多"的字句来赞美这位大明末日里的军中希望。

不过，可笑的是，曾被吴三桂的忠心所感动的洪承畴最终投降了曾经的敌人大清。曾在战场上建立殊功的吴三桂从此走入崇祯皇帝的内心，成了他眼中可以拯救大明危局的最后一根救命稻草。

崇祯十七年（1644），大明帝国的丧钟敲响，李自成率领的农民军连克大同（今山西大同）、宣府（今河北张家口），兵锋直指居庸关。最后时刻，崇祯皇帝还在"救命"与"全节"之间徘徊。直到李自成兵临北京城下，他才如梦初醒，下旨封时任山海关总兵吴三桂为平西伯，令其火速带手下的3万关宁铁骑进京勤王。

02

接到命令的吴三桂或许下意识也想过忠君救国，不过，从当时大明军与农民军乃至关外的清八旗军的态势上来看，吴三桂据守山海关的3万关宁铁骑无疑是夹在三方势力之间的一枚"棋子"。收到朝廷调兵命令的吴三桂可以说是"压力山大"。

作为曾经打哭过皇太极、阵斩过蒙古王子的明末最强部队之一，关宁铁骑也不是想调就能调的。正所谓"兵马未动，粮草先行"，给到吴三桂的圣旨只有一个空空的平西伯头衔，没钱、没粮，哪个士兵愿意拿命去给即将倾覆的王朝陪葬？

这意味着，一向由朝廷负担的军费开支一下子转到了吴三桂的头上。根据万历年间宋应昌编著的《经略复国要编》记载，关宁骑兵每月可获得的俸禄是一两六钱银子和半石大米，以明朝折价一石大米约等于一两银子来推算，养一个关宁骑兵一年至少得花掉25两银子。除此之外，还得计算与士兵相关的各项安置费用。如此庞大的军费开支，即便吴三桂腰缠万贯，也扛不了多久。

在李自成军队入京之前，崇祯皇帝曾紧急召见吴三桂的父亲吴襄。吴襄明确跟皇帝表态，要调动关宁铁骑，大概需要朝廷拨给粮饷100万两。虽然吴襄并未夸大和虚报，但崇祯皇帝听到这个"报价"还是惊呆了。他直言自己没钱，询问将士们能否看在军人职责与使命的分儿上，先干活后拿钱。

此刻，吴三桂也有自己的算盘。在他眼里，大明覆灭意味着他及麾下的关宁铁骑会失去朝廷倚靠，成为顶着大明旗号的散兵游勇。因此，吴三桂最终还是选择率兵救驾。但决定战争胜负的往往是时间，吴三桂在犹豫间丢失的时间，让统治天下达276年的大明帝国和它的末代主人崇祯皇帝已经无法挽救。

崇祯十七年（1644）三月十九日，闯王李自成率先一步进入京城，大明帝国随即灭亡。

没福气等到"勤王之师"的崇祯皇帝只能顶着亡国之君的头衔去面见大明的列祖列宗。正在全力督促部队抵近京城勤王救驾的吴三桂对此一无所知，直到次日，部队抵达河北丰润时，吴三桂才听闻命自己前来救驾的崇祯皇帝已经身死，大明帝国已经灭亡。

吴三桂没有想到，关宁铁骑星夜奔驰也赶不上大明江山的坍塌速度。无奈，他只能命令大军掉转马头，全速赶回山海关，从长计议。

至此，吴三桂进入了一生中最纠结、最矛盾的时光。

03

对于吴三桂而言，此时他更关心的是自己和麾下的关宁铁骑该何去何从。毕竟曾经的"忠君爱国"，说白了也只是想在乱世中求得一份属于自己的功名利禄，光耀门楣，仅此而已，并没有世人所认为的那么伟大。

纵观天下格局，除了吴三桂和李自成之外，至少还有两股势力活动频繁，即在关外伺机而动的大清摄政王多尔衮以及尚在南方负隅顽抗的大明其他残余武装，但远在山海关的吴三桂无法与南方的大明残余部队取得联系。那么，摆在他面前的路只有两条：要么投靠李自成，要么选择多尔衮。

吴三桂明白，投靠李自成自然要比投诚多尔衮来得安全。毕竟他与李自成之间算是"往日无冤，近日无仇"，而入关解救北京之围纯属听命行事，更何况面都没碰上，自然也不存在所谓的恩怨。况且，在当时的民族观念下，李自成虽说是大明的掘墓人，但好歹不是外族。在吴三桂的心中，投靠李自成倒也不是不能考虑。用现在的话说，不过就是换个老板继续打工，从大义上讲并无违逆。

而关外的多尔衮则不同，且不说自己与关外八旗长期作战，各有胜负，单从关宁铁骑以往痛击八旗、刺杀多尔衮的战绩上看，投诚关外简直不要太危险。

打从心底里，吴三桂或许一开始就有投靠李自成的想法。但关宁铁骑好歹也是大明正规军，自己想投诚，手底下的人还不一定跟自己一条心呢。因此，在这段时日里，吴三桂的基本态度就是"揣着明白装糊涂"。

对于吴三桂的小算盘，李自成或许也心领神会。吴三桂前脚掉头返回山海关，李自成后脚就派大明前任宣府总兵唐通给吴三桂送去4万两白银以及其父吴襄手书的一封信函。

抛却情感倾向，当时的吴三桂与关宁铁骑就像被绑在时局里的重要砝码，倒向哪一方，哪一方就能增加胜算。李自成此时如此"器重"吴三桂，难免让吴三桂产生了被利用的感觉，但父亲的来信以及4万两白银的粮饷军资，却又不得不让吴三桂对此予以重视。

面对李自成的劝降，吴三桂很明白，这事能不能成，关键要看关宁众将士的"决心"。据记载，面对即将上门的李自成使者，吴三桂召集了军中将领说明情况，由将士们"投票"决定未来。这支关宁铁骑并未像他们的主帅那样优柔寡断，也许他们不想再在这乱世中漂泊不定，守着一个已经逝去的王朝的背影；又或者他们早就为自己的命运计划好了未来，总之，将士们居然异口同声地说，唯吴三桂命令是从。

选择权再次回到了吴三桂手中，但他的目的也终于达到了——他决定亲率关宁铁骑入关，面见李自成，共谋大业。

04

不过，劝降吴三桂的李自成却不见得是这么想的。

吴三桂手底下的关宁铁骑，对于心怀天下的李自成而言如鲠在喉。可以说，李自成招降吴三桂并非看重对方什么，完全只是出于担心关宁铁骑得知自己称帝后在背后下黑手，或直接投降多尔衮，从而使自己"坐天下"少了胜算。

因此，进京后的李自成还是按照原计划拷掠了所有大明官员，包括吴三桂的父亲吴襄，同时纵容手下抢夺吴三桂的爱妾陈圆圆。

对君王可以"不忠"，但此时，吴三桂却不能对父亲"不孝"，而身为一个男人，自己的爱妾被人霸占了，不得不说是一种耻辱。种种因素叠加，便有了世间传闻的"冲冠一怒为红颜"。

从更深一层理解，无论是父亲还是吴三桂自己，都曾是大明王朝的官员。即便李自成今日看在关宁铁骑的震慑力上不会对吴三桂怎样，但难保他坐稳了天下后，不会给吴三桂来个卸磨杀驴。

于是，倒霉的吴三桂停下了投奔李自成的步伐，再一次带兵折返山海关。

随后，义愤填膺的关宁铁骑在农民军毫无准备的情况下偷袭了他们，重新夺回了山海关。当远在京城的李自成看到从山海关逃回的残兵败将时，心里很是纳闷：怎么，我诚心实意邀你共商国是，你居然给脸不要脸？

面对摇摆不定的吴三桂，李自成决定亲率10万大军，押着吴三桂的父亲及大明崇祯皇帝的遗孤，前往山海关问个清楚。

赶跑了农民军的吴三桂此时心里也很痛苦。他明白，自己带兵杀回山海关，必然导致与李自成之间微妙的关系彻底破裂，而破裂的结果，就是葬送了吴氏家族在北京的一干族人，还将自己逼到了退无可退的边缘。

05

形势紧迫，李自成的大军已经向山海关进发。自知无力抵抗农民军大部队的吴三桂只能求助身边的军师。军师建议，在这种情形下必须迅速做出决定，请关外的多尔衮帮个忙，共同消灭李自成，事成之后再重谢对方。

吴三桂照着军师的意思给多尔衮写了一封信。他不知道，仅凭一封求援信能否打动尚在关外"坐山观虎斗"的多尔衮。毕竟他长年与清八旗军作战，双方有不共戴天的血仇，曾经的仇人如今行将就戮，多尔衮不伸出援手也在情理之中。

当多尔衮看到信中所言的"乞念亡国孤臣忠义之言，速选精兵，直入中胁、西胁"一句，他明白吴三桂是真的摊上事了，不然怎么会把进军路线也告诉自己呢？但信中的吴三桂明明已经毫无退路，却还摆出一副末代良臣的模样，乞求与多尔衮合作。因此，多尔衮照着吴三桂的说话方式回了一封信，信中大致意思说，他相当同情大明皇上的遭遇，愿意率军入关平叛，不过他更欣赏吴三桂的爱国之情，愿以亲王之位相赠，换取边关安宁。

在回信里，多尔衮压根儿没提借兵给吴三桂的事，甚至还对吴三桂进行了招降。

反观这头，吴三桂见到多尔衮这封模棱两可的书信，也是摸不着头脑。碍于李自成强大的军事实力，他不得不采纳手下的建议，先跟李自成谈判，能拖一天是一天，同时继续等待多尔衮方面的消息。

令吴三桂始料未及的是，双方在兵临山海关这个事情上表现出截然相反的态度。史载，李自成仗着人多势众，一路慢悠悠地走，花了将近半个月才抵达山海关，而远在关外的多尔衮居然"一昼夜间行军两百里矣"。正因如此，身处夹缝危机中的吴三桂及关宁铁骑才有了宝贵的喘息时间。

可惜，当李自成大军抵达永平（今河北秦皇岛）时，多尔衮的援军还未到。吴三桂只能做好一切战斗准备，在山海关西侧石河展开防御态势，严阵以待。一场大战即将爆发。

此时，吴三桂的心里既焦急又担心。他只能再次致书多尔衮，催促对方尽快出兵。史载，在信中，他一度称多尔衮的八旗为"仁义之师"，出兵只为拯救大明，非为一己之私，而自己与多尔衮之间纯属合作关系。

直到名震天下的山海关大战爆发之时，多尔衮的援兵距此尚有一段距离。

06

山海关大战爆发了，农民军一上来就从后包抄，切断了吴三桂投奔清军的退路，然后押着吴三桂的父亲到阵前劝降。

事已至此，吴三桂还能怎样呢？投降李自成吗？

长期以来，一直牵绊吴三桂的不正是所谓"忠君爱国"和"孝悌亲族"的思想吗？如今这个天下，君不君，臣不臣，他还有必要高举着"仁义道德"的旗帜继续战争到底吗？既然昨日已选择对君不忠，那现在如何不可弃父而去？要怪只能怪自己生不逢时，身处乱世，岂能独善其身？

最终，吴三桂决定彻底与父亲及吴氏族人划清界限，打开山海关关门，迎接清军。在清军的介入下，李自成的农民军大败于山海关前。

至此，吴三桂彻底成了孤家寡人，顶着被万夫唾骂的罪名，凭着自己仅剩的价值，从"平西伯"摇身一变成了"平西王"。此后，吴三桂以自己卓越的军事才能和值得彪炳史册的战功，为大清国奋斗了近20年，以擒杀旧主南明永历皇帝的大功劳，终于换得了偏安云南的资格。

或许吴三桂曾幻想过在余生继续享受荣华，安稳度日。然而，作为一个一直打着与清军合作旗号的降将而言，当剩余价值被榨干之后，也就是该被抛弃的时候了。

康熙皇帝上台后，随着天下逐渐安稳，能打的"内战"越来越少。吴三桂等名义上服从朝廷调度，实际上独掌一方大权的外姓王爷们自然就成为大清皇帝革除弊政、发展民生的最大障碍。

为了实现天下真正意义上的统一，康熙皇帝力排众议，实施削藩。以吴三桂为首的明末三大降将组成的"三藩"不服，率先挑起一场长达8年、以反清为旗号的叛乱。或许是曾经的卖主求荣让他们不得民心，又或许是如今民心思定不愿再起战乱，三藩之乱尽管声势浩大，最终还是敌不过大清铁骑，以失败收场。

康熙十七年（1678），折腾了一辈子，曾数度沉浮的吴三桂终于到达了人生巅峰——他在湖南衡州（今湖南衡阳）称帝，改国号为"周"。几个月后，他便病死了。

吴三桂一生身处乱世，做出的数次选择看起来似乎都是大义凛然、被逼无奈，其实，他更多考虑的是自己，是利益至上，所以最终有如此下场，也怨不得旁人。只是，若知道自己终将背上千古骂名，利己的他会不会选择与李自成一战，战死全节呢？

1644：天翻地覆的甲申年

公元1644年，农历甲申年。

这一年，大明王朝落下帷幕。

关内，农民军在李自成的带领下已经进入了被称为"天下第一藩"的西安府（今陕西西安），离大明的政治中心又近了一步。

关外，一支人数10余万、骁勇善战的八旗部队在摄政王多尔衮的带领下，正密切窥探着中原的一举一动。

01

这年春节，"大明劳模"崇祯皇帝感受到了大厦将倾的紧张与压迫。

那天，北京城里突然狂风呼啸，黄沙蔽日，本应张灯结彩欢庆新年的大街上人烟稀少，满目萧条。

那天，本应进宫朝贺的大臣们竟然集体"旷工"，空荡荡的大殿中仅剩崇祯皇帝一人。他想要勉强挤出喜迎新年的笑容，却笑不出来。

此前，抗金名将袁崇焕因为己巳之变被凌迟处死，三边总督郑崇俭因遭大臣诬陷削职被杀，天雄军领袖卢象升在战场上身中四箭壮烈殉国，大秦军领袖孙传庭被迫出战失关身亡，蓟辽督师洪承畴因粮草不济被迫降清……

崇祯皇帝明白，事情发展到这一步，固然有自己优柔寡断、性格多疑的影响，但此时最严重的问题是，自己似乎已经无将可用了。

七天后，崇祯皇帝的"催命符"送到了紫禁城：攻入西安的李自成已在春节那天登基，建立大顺王朝，改元永昌。

下一步，李自成要率兵攻入顺天府（今北京），做这个天下的主人！

02

崇祯皇帝再也坐不住了，他要逼自己尽快做出决定。如今唯有两种方法可以再救大明一次，救他一命：要么调在长城驻守的关宁铁骑回京勤王，要么直接迁都金陵（今江苏南京）。

关宁铁骑总兵力3万，由抗金名将袁崇焕一手打造，是明末三大精锐部队之一，此前曾痛击多尔衮，揍哭皇太极，也是目前为止战斗力最强的大明"正规军"。而金陵城是曾经的大明首都，太祖朱元璋就是在那里宣布了大明的诞生。成祖朱棣迁都北京后，金陵城仍保有完整的行政部门，以备帝国日后发生不测时可以借力东山再起。

如若调关宁铁骑入关，那就相当于把辽东大片领土拱手让给关外虎视眈眈的大清八旗。而自明成祖朱棣以来，大明皇帝的陵寝都在北京附近，若迁都金陵，岂不是会使祖宗身后不得安宁？

不管采取哪种方法，崇祯皇帝这"锅"是背定了。他想起了哥哥临终前说的"吾弟，当为尧舜"，感到一丝无力。

在经过几个日夜的反复思量后，崇祯皇帝最终决定调关宁铁骑入关。他想保住自己的命，但不想背负背弃祖宗的恶名，他可以接受做"天子守国门，君王死社稷"的典范。关宁铁骑的指挥者正是日后大名鼎鼎的吴三桂，此时他爹吴襄正在京城负责皇帝的保卫工作。

接到崇祯皇帝的命令后，吴襄迅速入宫。

崇祯皇帝见到吴襄就像见到亲人一样，拉着他的手，亲切地问他："到了北京住得习惯吗？穿得暖和吗？有什么需要呀？尽管提，朕都能办到。"吴襄当然明白皇帝紧急召见自己的意图，但既然皇帝开了口，他可就"照实"说了："臣有家丁三千，跟自己的儿子一样，平常都用美酒肥羊、绫罗绸缎供着，打仗时，只要我一声令下，他们都能出死力。另外，犬子吴三桂手底下还有能征善战的关宁军3万兵士，正在全力抵御关外八旗。不过，皇上如果要调动他们，依臣的估算，大概需要朝廷拨给粮饷100万两。"

崇祯一听，下巴差点儿掉下来。怎么会要这么多？

吴襄说："100万不多的，除了3万作战的士兵，咱还得替人考虑军属安排，要是算上安置费，这些估计都不够。"

吴襄这个"报价"是否存在夸大之嫌呢？

按3万士兵口粮算，再根据大明晚期通货膨胀的状况来看，吴襄说的是实话。

崇祯皇帝犯难了。他心里很希望关宁铁骑能回防救自己，但这个价格太高了，他给不起，整个大明也承担不起。于是他直言自己没钱，问将士们能否看在军人职责与使命的分上先干活后拿钱。

吴襄摇了摇头。

03

作为一代帝王，崇祯皇帝居然选择了一个不甚明智的做法——求助大臣。他对大臣们说，目前西北有李自成大军，关外有多尔衮的八旗精锐，都虎视眈眈。由于连年征战，大明国库已经没几个钱了，我甚至都拿出自己的私房钱捐助前线，你们能不能也出点儿钱，请关宁铁骑回防北京？

说实话，这种求援很难奏效。

纵观中国历史，传统礼法强调"君为臣纲"，历来都是大臣唯君主命令是从，极少出现"臣权"高于"君权"的局面，而崇祯皇帝这次是主动倒置了本末。

大臣们看到高高在上的皇上现在用如此低的姿态近乎哀求地"命令"自己，大概也感觉王朝没希望了，于是纷纷选择了沉默。他们中的许多人都认为，假若有一天京城改旗易帜了，自己依旧是臣，谁做皇帝不都一样！

崇祯皇帝终究是做出了抉择。像之前在迁都和调兵中表现出的犹豫一样，他在思想上折磨了自己一段时间后，才决定封吴三桂为平西伯，让他火速调关宁铁骑进京勤王。

然而时间不等人，此时的大明王朝已经被拖得快断气了。

崇祯十七年（1644）三月十九日，没等到援军的崇祯皇帝万念俱灰，爬上了紫禁城后的万岁山（煤山），找了棵歪脖子树，用三尺白绫完成了"君王死社稷"的"壮举"。

此时，进京勤王的关宁铁骑才到直隶丰润（今河北唐山），离京城还有数百里。

假若崇祯皇帝泉下有知，是否会悔恨自己白白浪费掉的时间呢？

04

回想起1644年开年，李自成大概会开心到睡不着觉吧。这一年，承蒙老天爷眷顾，他迎来了人生的巅峰。从没想过做皇帝的他竟然有机会在西安过了把皇帝瘾，关键是，如果再努把力，更进一步做天下之主也不是不可能的。在给远在京城的崇祯皇帝"下战书"时，李自成就是这么想的。

大顺永昌元年（1644）正月，李自成刚过完春节，就带着大军浩浩荡荡朝北京方向进发了。

二月，农民军攻下汾州（今山西汾阳）、阳城（今山西阳城）、蒲州（今山西永济）、怀庆（今河南焦作）等地，一路顺风顺水。

李自成以为不久之后天下就能易主了，怎知竟在代州（今属山西忻州）遇到了周遇吉。双方经过一场激战，周遇吉率部退守宁武关（今忻州宁武县），据险力守，拒不投降。

在多番劝降无果后，李自成只能硬着头皮采取强攻，最后以伤亡7万多人的代价拿下宁武关。查继佐在《罪惟录》中记载此次战役："后贼（指李自成）陷京师，多有手足创者，皆经战宁武者也。"

经此一战，李自成被打怕了，他没想到小小的代州差点儿把自己打回原形。接下来大军要攻打的是宣府（今河北张家口）、大同（今山西大同），那里才是大明历来重点防守的战略要地，精兵强将自是比代州多了不少。自己的百万农民军弟兄，是否能扛得住那两拨人的攻击呢？

事实证明，李自成想多了。

宣府、大同的守军听到闯王李自成来了，纷纷打开了城门，主动请降。大军所到之处，"举城哗然皆喜，结彩焚香以迎"。

三月十五日，李自成顺利抵达京师的门户居庸关。在那里，总兵唐通、监军太监杜之秩早已大开城门，等着闯王进城检阅部队。

三月十六日，李自成部过昌平，抵沙河。

三月十七日，李自成进高碑店、西直门，以大炮轰城，入午攻打阜成门、彰义门、西直门。

至此，李自成已率领大军抵达了北京城的大门口。

想起自己一路走来的辛酸，李自成决定"大度"一次，暂停进攻。他派太监致书崇祯皇帝，要求崇祯皇帝割让西北一带给自己，好让自己在那儿称王，交换条件是，他可以率农民军帮助崇祯皇帝抵抗天下各路反贼以及关外的多尔衮。

很显然，这种要求对于早已做好"死社稷"的崇祯皇帝而言一点儿诱惑力都没有。

三月十九日，李自成由太监王德化引导，从德胜门入，经承天门步入内殿，结束了明朝276年的统治。

05

李自成进入京城后，立即下令以礼厚葬上吊的崇祯皇帝，并在东华门外举行公祭。同时，他约束进入京城的农民军弟兄，要求他们继续保持过去不"打砸抢"的优良传统。

虽然是自己的对手，但李自成挺同情崇祯皇帝的。他不明白，偌大一个大明帝国，为什么始终拿不出救命的100万两银子？到底是皇帝穷，还是大臣穷？

据《明季北略》记载，李自成入京师后，从宫中搜出内帑"银三千七百万锭，金一千万锭"，"旧有镇库金积年不用者三千七百万锭，锭皆五百两，镌有永乐字"。不过，这只是一种说法。另一些史料则表明，大明的国库和内帑确实被掏空了，银钱所剩无几。

那么大臣呢？

仍心存疑问的李自成开始了入主紫禁城后最大规模的"拷掠官员"行动。拷掠官员，就是根据李自成设立的征税指标，对不同等级的官员强制征收银两。不愿配合的，或是少交、漏交的，通通会被抓起来往死里打。什么时候交够了，什么时候放人。

李自成可不是崇祯皇帝，既不优柔寡断，对这帮大臣也没啥感情。

从三月二十七日起，农民军开始四处抄家，拷掠大明各勋臣、富户、世家大族，其中就包括先前管崇祯皇帝要百万军饷的吴襄。

彼时，吴三桂手下的关宁铁骑正在直隶玉田（今属河北唐山）一带活动。听闻崇祯皇帝上吊了，大明灭亡了，吴三桂一时失了分寸，不知道自己该何去何从。摆在吴三桂面前的局势是：他对内不敌李自成，对外又打不过多尔衮，况且此时，因为自己的撤兵，已经相当于给了多尔衮一张直达北京的通关凭证。

天下英雄纷争，自古有之。吴三桂也不是没考虑过投诚李自成，可当听到李自成派人抄了他家、抓了他爸，农民军的二号人物刘宗敏霸占了他的"红颜知己"陈圆圆后，吴三桂二话不说便掉转马头，率军返回了驻地山海关。

对于这些情况，李自成不是不了解。自小成长在陕西黄土高原的他养成了豪爽、倔强、硬碰硬的性格，这或许就是他能一路顺风顺水地打入京师的原因之一。李自成认为，陈圆圆就是一个妾，与亲如兄弟的刘宗敏一比，简直微不足道。所以，当听说自己的拜把子兄弟刘宗敏抢了吴三桂的小妾陈圆圆时，他并没有立即劝阻，反而任凭事态发展，直到吴三桂"冲冠一怒为红颜"，掉头折返山海关。

李自成不明白，吴三桂居然会为了一个女人，连自己父亲的性命都可以不顾，带兵退回山海关。此时，恐怕酿成恶果的李自成才紧急召见左右，试图"剿抚兼用"，收服吴三桂。

四月十三日，李自成命刘宗敏率6万大军奔向山海关，此行他的初衷是尽全力劝降吴三桂，因为吴三桂手中有农民军一直想得到的军事力量——关宁铁骑。如果得不到，关宁铁骑转而与他们为敌，必成心腹大患。

李自成明知吴三桂与刘宗敏"有仇"，却让刘宗敏打头阵，不得不说是失策。

最终，大明平西伯吴三桂选择答应多尔衮的条件，做了大清的平西王。

四月二十三日，多尔衮部八旗劲旅与刘宗敏领导的大顺军在山海关前展开争夺天下的大战。史载，"此战万马奔腾，飞矢如蝗，大顺军猝不及防，伤亡惨重"。

四月二十九日，被吴三桂及八旗精锐打残后的李自成怒杀吴家老小34口。

四月三十日，前后"旅居"紫禁城42天的李自成决定在城中放一把火，为即将西撤的农民军壮行。

06

1644年对于多尔衮来说很值得被铭记。

几个月前，大清的建立者、多尔衮的哥哥皇太极新丧，继承皇位的是多尔衮的小侄子福临，但大清的实际掌控者却是多尔衮自己。自父亲以"七大恨"起兵反明，父兄两人数十年来日夜不懈地努力，但都没有等到成功跨过山海关、入主中原的机会。而今，因为大明的败亡，多尔衮以及其身后同样努力了数十年的八旗子弟们，终于有机会实现父兄的遗愿了。

多尔衮深知机会来之不易，所以自始至终，他都没有轻易发出一兵一卒踏入已经被搅得天翻地覆的中原。他一直在作壁上观，直到大明平西伯吴三桂的书信呈在他的书案上。

吴三桂在信中言辞恳切地请求多尔衮发兵救他，救山海关。他还表示，事成之后愿意"裂土以酬"。

多尔衮看完书信，并没有立即出兵协助吴三桂。他知道，吴三桂能以割地答谢他出兵帮忙，说明还有进退余地。如果现在贸然出兵帮了吴三桂，难保其不会在踢走了李自成后再拥立一个皇帝，重新建立大明，把他多尔衮赶回关外老窝。

但老臣范文程却给他提了个建议："如秦失其鹿，楚汉逐之，是我非与明朝争，实与流寇争也。"范文程认为应该马上出兵，因为现在需要面对的敌人是李自成，不是大明，不存在"师出无名"的状况，况且清军的战斗素养不是李自成的农民军可比的，己方出手不会吃亏。不过，要注意约束士兵的行为，千万不要再犯李自成犯过的错。

多尔衮听从了范文程的建议，但还是决定先按兵不动。他要等，等一个合适的时机。

四月十三日，李自成部刘宗敏率领6万大军直趋山海关，进剿吴三桂。此时的吴三桂早已急得像热锅上的蚂蚁，他一次次派使者请求多尔衮发兵山海关，与自己共同抗击李自成的大顺军。

多尔衮不傻。凭什么与你联合讨伐李自成？我大清要的是天下，而不是打败李自成！在吴三桂表态投降大清之前，多尔衮虽然距离山海关很近，却始终不动声色。

四月二十一日，山海关大战前夕，顶不住压力的吴三桂终于松口答应多尔衮，决定降清，以此换取清军出兵山海关，协助自己赶走李自成。

四月二十二日，投降大清的吴三桂在多尔衮的命令下率领关宁铁骑与大顺军展开决战。此战，双方皆损失惨重，大明倚重的关宁铁骑自此在历史上衰落。在大顺军即将攻取山海关之际，多尔衮才急令多铎和阿济格各率2万精兵，从侧翼发动突袭。全力攻城的大顺军一时不备，很快溃败，清兵一举进入山海关。

1644年，精明的多尔衮成为最后的赢家。

天翻地覆，王朝转换，历史在这一年拐了一道弯。

南明一梦：崇祯皇帝死后的十八年

在1644年崇祯皇帝上吊自杀以后，大明帝国四分五裂。

从1644年到1662年的18年间，大明风华不再，帝国的统治分崩离析。在大明帝国的南方，先后出现了几个以皇族人员为皇帝的南方政权，一个在后世被称为"南明"的短暂时代在与清朝的拉锯争战中拉开帷幕。

南明的尴尬之处在于，它始终处于一种深度彷徨的状态，在定义大清和明末农民军上，没有一个清晰的图景。

谁是敌人？谁是朋友？南明不明。

01

第一个建立的南明政权是1644年建立的弘光朝廷。这个建都在南京的政权，以和之前的明朝皇帝血统很近的福王朱由崧为皇帝。弘光朝像一个明朝的自组织，它完整地复制了明代的官僚制度、税赋制度、仪轨以及渗入骨髓的危机和腐败。

最重要的一点，弘光朝驾驭不了在外驻扎的武将们。著名的"四镇"，指的是四个大将镇守的地盘，但弘光朝廷调不动这些地方势力。南明弘光朝最有名的大臣是兵部尚书史可法，但史可法能做的不过是在大敌当前时去前方协调这些地方势力，并无多少实权。

谁是大敌？弘光朝犯的最致命的错误，就是没有判断清楚这个问题。

或者从更根本的层面看，这个在混乱时局中仓促成立的政权缺乏对自身身份的定位。一开始，因为倾覆明朝政权的是李自成的大顺军，所以它骨子里是和传统的封建王朝一样，视农民军为最大敌人的。它没有将清朝看作致命的敌人，而是看作一个可以利用的盟友，甚至一度想和清朝结盟，共同对付农民军。

但弘光朝的君臣们误判了。误判的结果，是长达数月的时间里，弘光朝都致力于和清朝谈判，而不是加强自身的军事布防，最终贻误了时机。

左良玉的兵变让弘光朝的主力军西进，让南京北边的防线虚弱，也给清军的南进制造了机会。所以当1645年多铎率铁骑南进时，弘光朝在慌乱之中瞬时瓦解。

清军攻入扬州后，制造了南明史上最大的针对平民的屠杀。长达10多日的杀戮让扬州城内的一些池塘都被尸体塞满了。此次屠杀的死难者，包括在扬州指挥的史可法。"国家昏乱有忠臣"，这句老子的名言用在史可法身上很贴切，但"忠臣"二字在这里充满反讽意味。

弘光朝继承了晚明的国家机器，也继承了它所有的弊病和腐败。激烈的党争、卖官鬻爵、鱼肉百姓，这些恶政具有的特征，弘光朝一样不差。这个短命王朝的皇帝朱由崧以荒淫无道著称，他以大婚为名，在治下大肆搜刮民女。沉湎于酒色的朱由崧加快了王朝覆灭的步伐。清军压境时，朱由崧在出逃途中被活捉。当他被押解进南京城时，有些旁观的百姓不仅愤怒唾骂，还向他扔瓦块。

02

南明史不只是一个腐败王朝被倾覆的故事，还包含着尖锐的民族矛盾叙事。这种叙事的核心就是身份的争执：是选择做清朝的臣民，还是反抗？

在南明的历史上，两种选择都很致命。

选择的具体体现是发型。清朝建立自身统治后，一个重要举措就是在征服区推行满人的服饰和发型。剃不剃头关乎尊严、民族身份和王朝认同，因此，一个著名的口号在抗清人士中间广为流传："留头不留发，留发不留头。"当清朝的剃发令一下，大批的百姓揭竿而起。满人的辫子和朱氏皇族的法统，成为南明抗清势力的两个最有效的法宝。

清朝对反抗剃发令的人的惩罚也极为严酷，不剃发者要处斩。有一次，多尔衮发现一个县的生员张苏之子张东海没有剃发,立马将其斩首,张苏也被打了50大板。当然,清朝招降一些有重要影响的明将时,态度会文明很多,但剃发仍是招降谈判的重要条件之一。

辫子后面蕴含的民族矛盾,绝非一纸命令可以平息。辫子在清朝的官方讨论那里甚至演变为一种禁忌,因为这里面有敏感的民族问题,不但皇帝不愿意提(乾隆皇帝在谕旨里就刻意回避了这个话题),大臣也不愿意提。汉学家孔飞力在名作《叫魂》里,对这种禁忌心态有绝佳的勾勒。

在南明,不剃头可能面临死亡,剃头也可能面临死亡,这取决于你是谁的臣民。南明官兵抓住那些被迫剃头的百姓后,往往也会大开杀戒。在这些因为发型而引起的血案中,少数能幸免的人士是一些僧人。最终,在南明的开明君主隆武帝朱聿键那里,这些严酷的杀戮被禁止了,隆武帝的仁政可见一斑。隆武帝下令给已经剃发者颁发免死牌,这一政策吸引了众多难民来归附。

03

弘光朝覆灭后,南明在相隔不远的时间里诞生了两个政权,隆武朝和鲁监国政权。

隆武帝朱聿键被誉为南明最有作为且最正直的皇帝。1645年登基之前,朱聿键曾长期入狱,历经生活磨炼,比较深入地了解过百姓疾苦。与荒淫的弘光帝相反,隆武帝生活朴素,且没有任何嫔妃。

隆武帝登基后不久,在浙江出现了另一个南明政权——鲁监国政权。两个政权曾取得联系,试图联合,其中一个方案是两国的官员可以到另一个政权任职。但最终,联合的计划流产。这次联合事件反映了南明各政权中普遍存在的问题,那就是竞争多于合作,火并多于谈判。这个问题给了蒸蒸日上的清朝铲除威胁的机会。

隆武帝满足明君的一切条件,但时代没有给他更多施展能力的机会。发动战争使得他重蹈前辈的覆辙,让辖区百姓一贫如洗。

在军事上,隆武帝依赖著名的"地头蛇"郑氏家族。郑成功的父亲郑芝龙是隆武帝的军事支柱,但郑芝龙并不是真心想把自己强有力的军队和海上力量用于恢复明朝大业。因为郑氏近乎海盗的家族背景,在江湖上缺乏正义性和号召力,明朝的余脉对郑芝龙来说就是一个有价值的牌位。他只是想利用隆武帝的法统来壮大自己而已，相比成为谁的臣属，他更想成为一方独立的势力。

隆武朝广受尊敬的文官黄道周孤身北伐，他未能从郑芝龙处取得一兵一卒，而是沿途自己招募了数千人马，结果可想而知。黄道周的殉国反映了隆武朝的困境：空有理想却无实现的条件。

对于隆武帝的军事大计，郑芝龙也并非全然不问不管。比如1646年，郑芝龙就派私人代表去日本借兵和武器。但这次借兵没有取得实质性进展，且具有讽刺意味的是，在借兵过程中，郑芝龙就投降清朝了。郑芝龙的作为反映了那个时代普遍的特点，人们的立场是飘忽不定的。

明代的灭亡不光是行政系统的瓦解和土地、人口的丧失，它也是一种身份和信仰的瓦解。现实主义政治取代了意识形态，也就是对明王朝的忠诚。如果降清有利，那就降清；如果降明有利，那就降明，这是那个时代很多官兵的谋生路径。著名的将领吴三桂就是典型，原大西军将领孙可望也是很有名的一个例子。

当然，在这种现实主义政治的框架下，清朝也主要是把郑芝龙当作一个人质。他投入清营后，就处于半软禁状态，后来被送到了北京，从此无自由可言，成为清朝招降郑成功的筹码。

04

南明不明，这个说法也充满历史的反讽：南明最忠贞的将领李定国，竟然曾是被明朝视为乱贼的大西军的首领之一。

在南明最后一个政权永历朝建立之后，原大西军张献忠的部将孙可望、李定国等投诚归来，变身为明朝将领。永历帝没有地盘和军队，只能倚靠大西军将领和郑氏家族来撑腰。但这些政治合作都是基于利益，而不是基于信仰，因此相当脆弱。

孙可望利用永历帝朱由榔的法统来为自己的野心服务，他甚至把自己的祖父和明朝皇帝放在一起供人朝拜，而他自己则试图充当永历帝真正的掌权者。一度被清军追逐的永历帝逃到了孙可望的地盘，在贵州的安龙羁旅达数年之久，后来他不满被孙可望控制，在忠于他的大将李定国的营救下才摆脱了孙可望。

基于这样的君臣关系，南明王朝最后的结局可想而知。

永历帝朱由榔是南明最后的象征性人物。这位末代皇帝带着明朝的法统，被清军一路追赶，一直从云南逃到缅甸境内。在缅甸，他和随行的臣子、嫔妃及仆人们饱受虐待。在缅甸人展开的一场屠杀之后，他们一行人所剩无几。

1662年，在生命的最后阶段，永历帝碰到了前来捉拿他的人——吴三桂派来的总兵王惠。见面后，永历帝面对王惠表现出明朝最后的尊严："偷生匹夫，快下去！此地是忠臣良将跪的，你有何颜面跪在此？"

四个月后，永历帝在云南被害。

又过了三个月，一直忠于他的大将李定国听闻消息，在疾病中故去。

05

郑芝龙降了清朝，而成为郑氏家族新首领的郑成功名义上是永历朝的大将，但和孙可望一样，他也只是利用法统壮大自己。他继承了家族的基业，是福建沿海一带的实际统治者，也拥有当时中国最强大的海军。

李定国曾设想和郑成功一起夹攻清朝军队，但郑成功出于自己的利益考量，对这个提议无动于衷，这也使得南明最后的扩展企图化为泡影。

像对待南明一样，郑成功对待清朝也只是利用。清朝多次想招抚郑成功，但后者只是想保全和扩大自身势力，和清朝的谈判也是敷衍了事。

身在北京的郑芝龙成为人质，多次劝说郑成功归附清朝，但郑成功在回复父亲的信中提到了对清朝的不信任："夫虎豹生于深山，百物惧焉；一入槛阱之中，摇尾而乞怜者，自知其不足以制之也。"他申明了自己的立场："清朝若能信儿言，则为清人；果不信儿言，则为明臣而已。"

作为清朝最后一个强大的敌人，郑成功的摇摆也显示了南明的古怪特质。他曾率领舰队到长江作战，试图攻克南京；他也曾在和清军的水战中多次击败对手。他拥有统帅冷酷的一面，面对被软禁的父亲的求援信也无动于衷，但他的强硬无法扭转历史趋势。当他最终把基地迁往台湾时，就已在事实上默认了清朝对大陆的统治。

1662年，38岁的郑成功最终在台湾病逝。他的死，宣告了南明最后的反抗之光熄灭，至此，南明宣告彻底陨落。

明朝亡国时，开国功臣的后代们去哪了？

大明王朝不是一天建成的。

明太祖朱元璋以一介贫民发家，高筑墙，广积粮，缓称王，最终力摧群雄，驱逐胡虏，平定天下。这一切，离不开其手下众多能人志士、精兵强将的辅佐。

洪武年间，朱元璋两次大封功臣，一次是在洪武三年（1370），徐达、李文忠等名将征西、征北凯旋，朱元璋封徐达等6人为公，汤和等28人为侯，刘基为诚意伯。另一次是在洪武十四年（1381），朱元璋以"平西番功"封沐英为西平侯，留滇镇守，两年后再封蓝玉等13人为侯。

起初，朱元璋对老部下优待有加，明确了爵位承袭制，许诺公侯皆世世承袭，赐诰命与铁券，又与部分功臣联姻，甚至将一些功臣之子带到身边培养。郑国公常茂是常遇春长子，年纪尚幼，朱元璋为表关爱，特许他若以后无子，爵位可以兄终弟及，并让他与皇子们共同读书、饮食。此时的朱元璋可谓十分仗义，让下属们享不尽荣华富贵。

在明朝近300年的历程中，这些功臣家族的命运又是如何呢？

01

伴君如伴虎，开国功臣家族的好日子没过多久就到头了，先后遭到了朱元璋和朱棣的打压。

洪武二十六年（1393），蓝玉案事发，受牵连者上万，开国功臣家族的鼎盛时代宣告结束，许多勋臣宿将彻底退出政治舞台，家族就此衰落。

靖难之役，以曹国公李文忠之子李景隆、长兴侯耿炳文父子、诚意伯刘基之子刘璟等为代表的开国功臣家族在政治站队时选择了建文帝，他们的名字都让朱棣记在了小本子上，等着秋后算账。朱棣夺位后，这些勋臣之后大多遭到清洗，被削夺爵位，甚至沦为平民。

虽说李景隆在靖难之役为朱棣送上了"神助攻"（他被建文帝拜为大将军后，面对燕军屡战屡败，还在燕军逼近南京时开金川门迎敌，导致南京失守，实为朱棣一大"帮手"），但公事公办，永乐年间，李景隆还是遭到罢黜，一度被贬到辽东戍边，削去功臣称号。到永乐末年李景隆去世，昔日显赫一时的曹国公家族迁回南京，家属仅剩14名。他们被监禁在锦衣卫镇抚司，20年后才被开释。

哲学家罗素说，最渴望权力之人就是最可能获得权力之人。明代勋臣家族被迫退出中枢之后处处受到节制，这反而不断激发他们参与政治的欲望，一心想再次投入权力的游戏中。他们等待着，终于遇上一个一心想巩固权力的皇帝，得到了重回历史舞台的机会。

02

1521年，嘉靖皇帝以外藩入统继承皇位，极力拉拢各方势力，其中就包括勋臣家族。他恢复了洪武、永乐年间被削夺的李（文忠）、常（遇春）、刘（基）、邓（愈）、汤（和）五家勋臣的爵位，并给予他们实权。

明代中期本来已经形成"禁勋臣预九卿事"和"以文统武"的格局，勋臣只不过是保有尊贵身份的"寄生"阶级。这群不务正业的纨绔子弟只知声色犬马，政治能力叫人难以恭维，可在嘉靖皇帝的默许下，他们逐步参与国政。尤其是武定侯郭勋和咸宁侯仇鸾，这两个功臣后代在嘉靖皇帝的支持下长期作威作福，压制群臣。

郭勋是明朝开国元勋郭英的后代，他在"大礼议"事件中表现积极，为嘉靖皇帝追加生父尊号宣传造势，从而取得皇帝的信任。之后他又投皇帝所好，引荐道士帮嘉靖皇帝炼丹。郭勋得宠后经常排挤众臣，上书弹劾政敌，一旦有文臣反对他，他便予以猛烈抨击。对此，嘉靖皇帝看了直点头，并不反对。

明代，科举殿试后，朝廷按例要在礼部为新科进士们举办恩荣宴。有一次，嘉靖皇帝命郭勋在恩荣宴中列主席，礼部官员不同意，和郭勋就席位问题产生争执，郭勋自然不肯退让。嘉靖皇帝知道后，不顾大臣反对，坚持让郭勋位列主席，眼神满是宠信。

郭勋赢了礼部，又去招惹兵部。在武举会试上，郭勋要求列座于兵部尚书之上，兵部官员不甘退让，与他争吵。嘉靖皇帝知道后依旧回护郭勋，郭勋嚣张之势更炽。

除此之外，郭勋还私吞公款数十万两计，"在京店舍多至千余区"。

另一个功臣后代仇鸾也是恃宠跋扈之辈。在嘉靖二十九年（1550）的"庚戌之变"中，仇鸾以大同总兵身份领兵勤王，从而得到嘉靖皇帝的长期宠信，实际上他当时不过是贿赂了蒙古的俺答汗，以此请蒙古人避开大同，战后又冒领军功。

此战后，仇鸾凭借提督京营的便利长期私通蒙古，向各边守臣索贿，同时期的文人高岱在《鸿猷录》一书中直言仇鸾"不过窃一时之权，以肆其毒"。

到隆庆、万历时期，朝中勋臣腐败堕落的现象变本加厉。

03

"嗜欲者，逐祸之马也。"

同样在嘉靖朝得以续封的诚意伯刘世延野心勃勃，他紧随郭勋、仇鸾之后，总是想在朝中占一席之地，玩儿命地刷存在感。诚意伯家族的祖先很厉害，是被后世赞为"帷幄奇谋，功冠有明一代"的刘伯温，可这个家族在明朝后期却很窝囊，子孙不仅腐败无能，还在晚明的党争中瞎掺和。

见魏国公徐鹏举（徐达后人）家中堆金积玉，其幼子徐邦宁是个前途无量的未婚"富二代"，刘世延就有意与其结为亲家，也有积极提升自己政治地位的意思。

隆庆三年（1569），刘世延受徐鹏举贿赂，答应帮助他打通关节，让徐邦宁替代徐鹏举的长子徐邦瑞入国子监读书，以承袭魏国公爵位。他用一切手段讨好徐鹏举，以期日后可与徐家结为姻亲。此事很快被吏科揭发，经吏部核实，刘世延以金银珠宝贿赂南京国子监祭酒进行暗中操作，从而引起魏国公二子之争。案件真相大白，刘世延被勒令罢职闲住。

刘世延一生数次被勒令罢职，但往往很快又因优待勋贵政策而复爵，人生大起大落跟闹着玩似的。他因此无所忌惮，甚至还是挑动党争的罪魁祸首之一。

万历十年（1582）张居正病逝后，御史丁此吕上书弹劾礼部侍郎高启愚，称其在主持南京会试时以"舜亦以命禹"为题，有劝张居正篡位的嫌疑。这一事件揭开了万历皇帝清算张居正的序幕，还牵涉时任内阁首辅申时行等人，一时朝野震动。长期被压制的朝臣对已去世的张居正群起而攻之，晚明党争的态势正是在此时形成。

《明实录》等史料显示，丁此吕弹劾"舜亦以命禹"一事正是出自刘世延的授意。刘世延从中作祟，搅动各党之纷争，想坐收渔翁之利。此举使勋臣集团卷入晚明的党争之中。作恶多端的刘世延最终于万历二十二年（1594）被人弹劾长期鱼肉乡里、草菅人命，再次被勒令回籍闲住。

刘世延至此还不悔改，拿出勋臣的"护身符"，叫嚣着："我有铁券，捶死一人纳一可免，谁难我者！"忍无可忍的万历皇帝最终将其下南京刑部狱，治罪处死。

04

刘世延妄议朝政，是诚意伯家族在晚明变局中胡作非为的开端。到了其曾孙刘孔昭一代，竟与其他功臣后代依附阉党及其余孽，与东林党争斗不休。

根据抗清志士夏允彝回顾，明末党争中，"攻东林者，始为四明（沈一贯），继为元（诗教）赵（兴邦），继为魏（忠贤）崔（呈秀），继为温（体仁）周（延儒），又继为马（士英）阮（大铖）"。在这四个阶段的党争中，以诚意伯为代表的部分勋臣家族几乎全部参与了。

魏忠贤得势时，这些拥有高贵出身的开国功臣之后对魏阉点头哈腰，加入为魏忠贤建生祠的队伍中。李逊之在《三朝野记》中毫不留情地揭露当时勋贵的丑态，并不禁感慨："勋戚之建祠，独何心乎？……今乃齐心拥戴，罔念国恩，生何以颜称世臣，死何以对二祖列宗也！"

这些世受皇恩的能臣名将之后在朝政混乱之时不仅没有挺身而出，力挽狂澜，反而为了自身利益，顺势向权阉低三下四地献媚，毫无报国之心。

天启一朝，勋臣大多投靠阉党。到了崇祯年间，诚意伯家族的刘孔昭继续和阉党余孽沆瀣一气。而崇祯皇帝与嘉靖皇帝一样，是在非常时期继承大统的，不得不拉拢包括勋臣在内的各方势力。

05

崇祯皇帝即位后，内忧外患加剧，他给了勋臣报效朝廷的机会，要求他们"实心立事"，并授予重任。如崇祯十一年（1638）三月，他便任命刘孔昭担任提督操江。这一职务长期掌握着江防实权，为刘孔昭在南明弘光朝廷立足埋下伏笔。

直到明朝覆灭前夕，崇祯皇帝依旧命勋臣镇守南北各地，企图依靠他们建立一个从南、北两京连接江、淮的防御体系，做好决战或南迁的准备。

崇祯皇帝对这些勋贵寄予厚望，可经过200多年的腐化，他们实在不堪重用。当年朱元璋带领他们的祖先打下江山，如今他们却只能眼睁睁地看着祖辈的基业毁于一旦。

有的勋臣完全没上过前线，毫无才干，却飞扬跋扈。

襄城伯李守锜（朱棣部将李濬之后）接过提督京营的重任后纵容士兵肆掠，行径如同盗贼，城外百姓不得安宁。他的儿子李国桢更是一个傲慢无礼的"官二代"，有辩才，却没一点儿军事才能，甚至连最基本的礼法都不知。每逢皇帝下诏，其他大臣都跪奉，唯独李国桢站在一旁。可崇祯皇帝居然还认为他是个人才。

李国桢还向朝廷谎报，称京营兵力雄厚，唯有粮草不足。等到李自成的军队兵临城下，崇祯皇帝才从前线逃回的太监口中得知，京营早就四散无人了。

不过，李国桢倒也有可取之处，他是个有气节的勋臣。北京城破之日，崇祯皇帝自杀殉国，李国桢以泥涂面，摘去头巾，跪在宫前大哭。他被农民军抓去见李自成，"以头触阶，血流被面"，最后追随崇祯皇帝，自缢而死。

至于其他留在城中的勋臣，如成国公朱纯臣、定国公徐允祯等，也大多被俘或投降，等待他们的命运，是被起义军追赃、拷问和处决。

06

崇祯十七年（1644），随着北京失陷，明朝宗室和勋贵四下逃亡。此时，聚集在南京的勋臣与奸臣马士英、阮大铖勾结，争权夺势，排除异己，使朝堂乌烟瘴气。

马士英、阮大铖是同科进士。崇祯初年，阮大铖因曾经依附阉党遭到罢黜，流寓南京。为人自负的阮大铖喜好谈论兵事，自视才高，但遭到东林士人的排挤。适逢马士英因贪污受贿而被贬南京，二人有同年之谊，又同病相怜，自然结为莫逆。

福王朱由崧进入南京后，提督操江的刘孔昭和众多勋臣都想在拥立的功劳簿上分一杯羹，于是迅速向马、阮等人靠拢，和他们一起拥立福王即皇帝位。昏庸的福王最终在南京群臣和江北四镇的支持下建立弘光政权，史称南明。

勋臣们不顾朝中危机，不遗余力地捞取政治资本，一心想要恢复祖上曾拥有的权力。刘孔昭甚至图谋入阁参政，以史可法为首的东林势力当即反对，称明朝没有勋臣入阁的先例。

刘孔昭吃了闭门羹，对东林势力恨之入骨，掌控权力的欲望不减反增。既然自身无法参政，就只能依附于权臣，于是他将希望放在盟友马士英身上。

马士英最初并没有入阁，却有拥立之功，因此掌握着大权。他虽与阮大铖私交甚密，但未入"逆案"，名义上不是阉党。刘孔昭对文官集团抗议："即我不可，马瑶草有何不可？"众臣无言以对。

马士英得以跻身内阁，直至首辅，弘光政权一时形成以史可法为中心的东林势力和以马士英为首的一党相抗衡的状态，无力地支撑着半壁江山。

马士英发达之后，没有忘记老朋友阮大铖。在勋臣安远侯柳祚昌的"举荐"下，阮大铖由马士英起用，正式入朝。

倾向东林的文官们立马爆发了，纷纷指摘阮大铖的阉党身份，以刘孔昭为首的勋臣则极力协助马、阮，攻击东林党人，弹劾异己。

自万历年间兴起的党争在摇摇欲坠的弘光朝廷再度上演，依附于马、阮的勋臣在其中起了推波助澜的作用。此后，史可法等人被迫离朝，马士英一党把持朝政，勋臣不断举荐奸党入朝以填补空缺，弘光政权被推向崩溃的边缘。

刘孔昭为了一己私利不顾朝廷安危。他编造"循良卓异"的名目进行举荐，受荐者中有一人名叫冯大任，讽刺的是，这个人竟以"赃私狼戾"著称，早已被户科所弹劾。后来，刘孔昭又推荐钱位坤，称其"忠实可信"，而钱其实是曾投降李自成的逆臣。

弘光政权招揽这样的人才，注定难以长久。

07

大明王朝不是一天灭亡的。

勋臣们终将"山河带砺"之誓弃之不顾，不但没能追随祖先遗风，成为挽救弘光政权的中坚力量，反而成为新一轮党争的主力军，更加快了政权的覆灭。

当清兵南下，南京防线崩溃时，刘孔昭泛海出走，不知所终。留在城中的忻城伯赵之龙率领魏国公徐允爵（徐达后人）、临淮侯李祖达（李文忠后人）、灵璧侯汤国祚（汤和后人）等勋臣组成欢迎队伍，向攻进南京的清将多铎投降。多铎喜不自胜，授予赵之龙一个大清爵位——三等阿思哈尼哈番。

前朝的勋贵就这样拜倒在大清亲王的脚下。在此前200多年的岁月里，他们沉迷享受，到了政权鼎革时果断投奔新主，只为能在新王朝继续保留自己的贵族地位。

只有少数勋贵直到南明灭亡仍秉持正义，忠贞不屈。

沐英的后代、末代黔国公沐天波，随着镇守云南3个世纪的沐王府的败落走向末路。后来，他保护永历帝朱由榔一同逃往缅甸避难，却被缅甸王出卖，与其他永历朝廷官员一起遭遇缅甸军埋伏，身陷"咒水之难"。绝境之下，沐天波奋起抵抗，击杀了十来个敌兵后才被杀害。其余明朝官员见状，在他的鼓舞下纷纷拿起木棍，或夺对方的刀反击，最后全部遇害。

怀远侯常延龄是常遇春十二世孙，在弘光朝廷里从不向马、阮卑躬屈膝。阮大铖入朝时，常延龄不愿为虎作伥，坚决反对，奏称："阮大铖这个人是阉党分子。魏阉被诛，阮大铖就算跟着受刑也是死有余辜。如今仅仅是禁锢终身，已经是极大宽容了，怎能再度起用？"

常延龄的仗义执言引来奸臣的忌恨，不得已解任而去。弘光朝廷覆灭后，常延龄与家人在南京城外灌园种菜，以一介布衣之身度过余生。他虽然无法像祖上常遇春一样，率领10万兵马北伐中原，纵横天下，但在清朝仍以明臣自居，清贫度日，不为五斗米折腰。乾隆年间，常延龄已去世多年，文人们仍称赞其气节，一时竞赋《开平王孙种菜歌》以作纪念。

疾风知劲草，烈火试真金。何为真正的贵族？当然是常延龄、沐天波这样赤胆忠心之人，而非刘孔昭等趋炎附势之辈。后者只知坐享富贵、腐败堕落，最终成为摧毁大明王朝根基的一股腐朽力量。

只愿天下能有更多如常延龄的清流，而少一些如刘孔昭的小人。

主要参考文献

一、古籍、档案汇编

[1]〔汉〕司马迁：《史记》，中华书局，2006年。

[2]〔汉〕班固：《汉书》，中华书局，2012年。

[3]〔晋〕陈寿撰、〔南朝宋〕裴松之注：《三国志》，中华书局，2006年。

[4]〔唐〕魏徵等：《隋书》，中华书局，1997年。

[5]〔宋〕欧阳修、宋祁：《新唐书》，中华书局，1975年。

[6]〔宋〕司马光：《资治通鉴》，中华书局，2009年。

[7]〔明〕宋濂等：《元史》，中华书局，1976年。

[8]〔明〕姚广孝：《姚广孝集》，商务印书馆，2016年。

[9]〔明〕何乔远：《名山藏》，福建人民出版社，2010年。

[10]〔明〕沈周：《沈周集》，浙江人民美术出版社，2013年。

[11]〔明〕王守仁：《王阳明全集》，上海古籍出版社，1992年。

[12]〔明〕严嵩：《钤山堂集》，上海古籍出版社，2003年。

[13]〔明〕计六奇：《明季北略》，中华书局，1984年。

[14]〔明〕查继佐：《罪惟录》，北京图书馆出版社，2006年。

[15]〔明〕沈德符：《万历野获编》，上海古籍出版社，2012年。

[16]〔明〕张瀚：《松窗梦语》，上海古籍出版社，1986年。

[17]〔明〕谈迁：《国榷》，中华书局，2005年。

[18]〔明〕王世贞：《嘉靖以来内阁首辅传》，中州古籍出版社，2016年。

[19]〔明〕王世贞：《弇州山人四部稿》，全国图书馆文献缩微中心，1992年。

[20]〔明〕宋应昌：《复经略要编》，全国图书馆文献微缩中心，2003年。

[21]〔明〕邓士龙：《国朝典故》，北京大学出版社，1993年。

[22]〔明〕张惟贤：《明神宗实录》，"中央"研究院历史语言研究所，1962年。

[23]〔明〕冯梦龙：《冯梦龙全集》，凤凰出版社，2007年。

[24]〔明〕魏焕：《皇明九边考》，全国图书馆缩微文献复制中心，1992年。

[25]〔清〕谷应泰：《明史纪事本末》，中华书局，2015年。

[26]〔清〕张廷玉等：《明史》，中华书局，1974年。

[27]〔清〕黄宗羲：《明儒学案》，中华书局，2008年。

[28]赵尔巽等：《清史稿》，中华书局，1998年。

[29]柯劭忞：《新元史》，上海古籍出版社，2017年。

[30]吴元丰主编：《大清太祖武皇帝实录》，民族出版社，2016年。

[31]辽宁省档案馆：《满洲实录》，辽宁教育出版社，2012年。

[32]中国第一历史档案馆：《满文老档》，中华书局，1990年。

[33]吴晗：《朝鲜李朝实录中的中国史料》，中华书局，1980年。

[34]郭厚安：《明实录经济资料选编》，中国社会科学出版社，1989年。

[35]谭其骧：《中国历史地图集》，中国地图出版社，1996年。

[36]〔日〕末松保和编：《李朝实录》（影印本），日本学习院东洋文化研究所，1961年。

[37]〔朝〕柳成龙：《惩毖录》，上海交通大学出版社，2019年。

二、专著

[1]梁启超：《中国近三百年学术史》，中华书局，2019年。

[2]钱穆：《国史大纲》，商务印书馆，2013年。

[3]钱穆：《阳明学述要》，九州出版社，2015年。

[4]葛兆光：《中国思想史》，复旦大学出版社，2001年。

[5] 孟森：《明清史讲义》，商务印书馆，2011年。

[6] 孟森：《明清史论著集刊》，中华书局，2006年。

[7] 孟森：《清代史实六考》，故宫出版社，2012年。

[8] 商鸿逵：《明清史论著合集》，北京大学出版社，1988年。

[9] 郑天挺：《清史探微》，商务印书馆，2014年。

[10] 萧一山：《清代通史》，华东师范大学出版社，2006年。

[11] 樊树志：《明史讲稿》，中华书局，2012年。

[12] 韩茂莉：《中国历史地理十五讲》，北京大学出版社，2015年。

[13] 邹逸麟：《中国历史地理概述》，上海教育出版社，2007年。

[14] 谢国桢：《明清之际党社运动考》，上海书店出版社，2005年。

[15] 何炳棣：《明清社会史论》，台北联经出版公司，2013年。

[16] 费孝通：《中华民族多元一体格局》，中央民族大学出版社，1999年。

[17] 葛剑雄：《统一与分裂：中国历史的启示》，商务印书馆，2013年。

[18] 侯家驹：《中国经济史》，新星出版社，2008年。

[19] 齐涛：《中国古代经济史》，山东大学出版社，1999年。

[20] 陈高华、史卫民：《中国经济通史：元代经济卷》，中国社会科学出版社，2007年。

[21] 赵冈：《中国历史上生态环境之变迁》，中国环境科学出版社，1996年。

[22] 杜婉言：《佞幸：中国宦官与中国政治》，东方出版社，2017年。

[23] 邓小南等：《中国妇女史读本》，北京大学出版社，2011年。

[24] 王天有、高寿仙：《明史：多重性格的时代》，中信出版集团，2017年。

[25] 周群：《刘基评传》，南京大学出版社，2001年。

[26] 吴晗：《朱元璋传》，陕西师范大学出版社，2008年。

[27] 黄仁宇：《万历十五年》，中华书局，2006年。

[28] 王天有：《明朝十六帝》，故宫出版社，2010年。

[29] 傅小凡：《大明疑案》，电子工业出版社，2015年。

[30] 王春南、赵映林：《宋濂方孝孺评传》，南京大学出版社，1998年。

[31] 赵中男：《宣德皇帝大传》，中国社会出版社，2008年。

[32] 方志远：《王阳明评传》，中国社会出版社，2010年。

[33] 张祥浩：《王守仁评传》，南京大学出版社，1997年。

[34] 陈来：《有无之境——王阳明哲学的精神》，北京大学出版社，2006年。

[35] 陈正宏：《沈周年谱》，复旦大学出版社，1993年。

[36] 毛静：《邓子龙传》，学苑出版社，2015年。

[37] 聂付生：《冯梦龙研究》，学林出版社，2002年。

[38] 马步升、巨虹：《冯梦龙》，江苏人民出版社，2015年。

[39] 徐朔方：《徐朔方集》，浙江古籍出版社，1993年。

[40] 温功义：《三案始末》，生活·读书·新知三联书店，2013年。

[41] 樊树志：《万历传》，人民出版社，2001年。

[42] 卞利：《胡宗宪传》，安徽大学出版社，2013年。

[43] 阎崇年：《努尔哈赤传》，北京出版社，1983年。

[44] 庞乃明：《明代中国人的欧洲观》，天津人民出版社，2006年。

[45] 王兆春：《中国火器史》，军事科学出版社，1991年。

[46] 孙文良、李治亭：《明清战争史略》，江苏教育出版社，2005年。

[47] 饶胜文：《布局天下：中国古代军事地理大势》，解放军出版社，2006年。

[48] ［美］司徒琳：《南明史：1644—1662》，上海人民出版社，2017年。

[49] ［美］魏斐德：《洪业：清朝开国史》，江苏人民出版社，2008年。

[50] ［美］牟复礼、［美］崔瑞德：《剑桥中国明代史》，中国社会科学出版社，1992年。

[51] ［美］欧阳泰：《1661，决战热兰遮》，九州出版社，2014年。

[52] ［美］狄·约翰、王笑然：《气候改变历史》，金城出版社，2014年。

[53] ［美］穆黛安：《华南海盗：1790—1810》，商务印书馆，2019年。

三、论文

[1] 梁曼容：《明代藩王研究》，东北师范大学博士学位论文，2016年。

[2] 范传南：《明代九边京运年例银及其经管研究》，东北师范大学博士学位论文，2011年。

[3] 朱忠文：《明代开国功臣家族研究》，华中师范大学博士学位论文，2017年。

[4] 罗中峰：《沈周的生活世界》，中国美术学院博士学位论文，2011年。

[5] 雒雪：《王之寀与梃击案研究》，黑龙江大学硕士学位论文，2017年。

[6] 秦博：《明代勋臣政治权力的演变》，中国社会科学院研究生院硕士学位论文，2013年。

[7] 孙经纬：《明代军籍进士研究》，辽宁师范大学硕士学位论文，2011年。

[8] 赵浩林：《陆炳研究》，山西师范大学硕士学位论文，2017年。

[9] 廖元琨：《明代锦衣卫行为研究》，西北师范大学硕士学位论文，2007年。

[10] 贾永恒：《明英宗天顺年间政局转变探究》，西北师范大学硕士学位论文，2013年。

[11] 李见喜：《明建文帝帝王身份的恢复》，《第十六届明史国际学术研讨会暨建文帝国际学术研讨会论文集》，九州出版社，2015年。

[12] 全伟：《明建文帝去向的历史语境研究》，《四川民族学院学报》，2010年第2期。

[13] 王伟、刘喜涛：《从明清两代方孝孺评价看士人与政府的博弈》，《求索》，2011年第8期。

[14] 赵伟：《以道事君：方孝孺与明初士大夫政治文化》，《东方论坛》，2011年第1期。

[15] 何孝荣：《论姚广孝与"新明朝"的建立》，《史学集刊》，2019年第3期。

[16] 解芳：《诗僧姚广孝简论》，《文学评论》，2006年第5期。

[17] 方超：《姚广孝轶事源流考》，《宁夏大学学报（人文社会科学版）》，2018年第4期。

[18] 陈文源：《明宣德弃守安南始末考述》，《暨南史学》第4辑，2005年。

[19] 朱鸿：《论明宣宗的另面样貌》，《明清论丛》第1辑，1999年。

[20] 王思怀：《于谦之死与景泰年间中央权力的再分配》，《北方论丛》，

2006年第3期。

[21] 王天有：《实录不实的一个例证》，《北京大学学报（哲学社会科学版）》，1981年第1期。

[22] 李洵：《正德皇帝下江南》，《紫禁城》，2010年第3、4期。

[23] 应宗华：《浅析明代粮长制度》，《南昌师范学院学报》，2017年第3期。

[24] 阮明道：《关于夏言从政与弃市的考察》，《西华师范大学学报（哲学社会科学版）》，2006年第5期。

[25] 宁侠：《严嵩何时上疏反对复套——与马楚坚先生商榷》，《内蒙古师范大学学报（哲学社会科学版）》，2005年第4期。

[26] 童杰：《"嘉靖大倭寇"成因新探》，《中国社会历史评论》第12卷，天津古籍出版社，2011年。

[27] 王玉祥：《论明代中叶的皇权之争》，《广西师范学院学报（社会科学版）》，2005年第4期。

[28] 朱子彦、王安中：《明代宫殉制度探究》，《历史教学问题》，2010年第3期。

[29] 李庆勇：《英宗复辟的人物因素分析》，《山西大同大学学报（社会科学版）》，2016年第4期。

[30] 田澍：《张璁与大礼议——大礼议新解》，《社会科学战线》，2012年第9期。

[31] 赵轶峰：《明中期皇帝的即位诏——从景泰到嘉靖》，《古代文明》，2013年第1期。

[32] 赵晓耕、欧甸丘：《略论"兼祧"制度》，《湘潭大学学报（哲学社会科学版）》，2010年第1期。

[33] 苏洪洋：《明代嘉靖朝"平宸濠功"评定研究》，《濮阳职业技术学院学报》，2012年第6期。

[34] 林延清：《"壬寅宫变"与嘉靖朝政的转变》，《辽宁大学学报（哲学社会科学版）》，2010年第1期。

[35] 乔根：《明代徽州作家汪道昆散文艺术特色论》，《鸡西大学学报》，2011年第1期。

[36] 张德信：《从"寒素起家"到"位极人臣"——严嵩成长道路探析》，《齐鲁学刊》，1997年第4期。

[37] 邓庆平：《重新评价历史人物应注意的几个问题——以严嵩的评价为例》，《新余高专学报》，2005年第3期。

[38] 文革红：《严嵩与明代的权力斗争》，《黑河学刊》，2003年第4期。

[39] 黎业明：《湛若水与严嵩交往述略》，《中国哲学史》，2007年第2期。

[40] 韩茂莉：《近五百年来玉米在中国境内的传播》，《中国文化研究》，2007年第1期。

[41] 王双怀：《明代从海外引入华南的粮食作物》，《中国历史地理论丛》，1998年第1期。

[42] 沈登苗：《明清全国进士与人才的时空分布及其相互关系》，《中国文化研究》，1999年第4期。

[43] 朱星：《〈金瓶梅〉的作者究竟是谁》，《社会科学战线》，1979年第3期。

[44] 王雪萍：《明代婢女生存模式探析》，《长春师范学院学报》，2002年第3期。

[45] 董倩：《试论明代贞节观的嬗变》，《中华女子学院学报》，2003年第6期。

[46] 赵崔莉：《明代妇女的二元性及其社会地位》，《辽宁大学学报（哲学社会科学版）》，2004年第5期。

[47] 王兰：《试论晚明人的财富意识》，《山西师大学报（社会科学版）》，2011年第1期。

[48] 全亮、曹旭：《〈金瓶梅〉的作者是王世贞的仇家》，《古典文学知识》，2018年第4期。

[49] 樊树志：《晚明的一出荒诞剧》，《书城》，2018年第1期。

[50] 王卫平：《明清时期江南地区的民间慈善事业》，《社会学研究》，1998年第1期。

[51] 韩大成：《天启时东林党人失败的教训》，《明史研究》，1994年。

[52] ［日］山根幸夫：《明代倭寇问题研究》，《黄淮学刊（社会科学版）》，1992年第1期。